ちくま学芸文庫

近代日本思想選

福沢諭吉

宇野重規 編

筑摩書房

目次

近代日本思想選　福沢諭吉

凡　例

一、本書を編むにあたり、底本は『福澤諭吉著作集』（全十二巻、慶應義塾大学出版会、二〇〇二―〇三年）を用いた。

一、読みやすさを考慮し、一部の漢字をひらがなに改めたり、送りがなを変更した箇所がある。また、難読と思われる漢字にはルビを付した。

一、文中、誤りと判断される文字が使用されていたり、通用とは異なる当て字が用いられている場合は、とくに断らずに修正した。

一、読者の便を鑑み、必要最小限の範囲で語釈を施した。

一、巻末には、解題と解説、年譜を付した。

学問のすすめ（抄）

合本学問之勧序

本編は余が読書の余暇、随時に記すところにして、明治五年二月第一編を初めとして、同九年十一月第十七編を以て終わり、発兌の全数、今日に至るまでおよそ七十万冊にして、そのうち初編は二十万冊に下らず。これに加うるに前年は版権の法、厳ならずして、偽版の流行盛んなりしことなれば、その数もまた十数万なるべし。仮に初編の真偽版本を合して二十二万冊とすれば、これを日本の人口三千五百万に比例して、国民百六十名のうち一名は必ずこの書を読みたる者なり。古来稀有の発兌にして、また以て文学の急進の大勢を見るに足るべし。書中所記の論説は、随時急須のためにするところもあり、また遠く見るところもありて、怱々筆を下したるものなれば、毎編意味の甚だ近浅なるあらん、また迂闊なるがごときもあらん。今これを合して一本となし、一時合本を通読するときは、あるいは前後の論脈、相通ぜざるに似たるものあるを覚うべしといえども、少しく心を潜めてその文を外にしその意を玩味せば、論の主義においては決して違うなきを発明すべきのみ。発兌後、既に九年を経たり。先進の学者、いやしくも前の散本を見たるものは、もとよりこの合本を読むべきにあらず。合本はただ今後の進歩の輩のためにするものなれば、いささか本編の履歴およびその体裁のことを記すことかくのごとし。

明治十三年七月三十日

福澤諭吉　記

学問のすすめ　初編

○天は人の上に人を造らず、人の下に人を造らずと云えり。されば天より人を生ずるには、万人は万人皆同じ位にして、生まれながら貴賤上下の差別なく、万物の霊たる身と心との働きを以て、天地の間にあるよろずの物を資り、以て衣食住の用を達し、自由自在、互いに人の妨げをなさずして、おのおの安楽にこの世を渡らしめたまうの趣意なり。されども今広くこの人間世界を見渡すに、かしこき人あり、おろかなる人あり、貧しきもあり、富めるもあり、貴人もあり、下人もありて、その有り様雲と泥との相違あるに似たるは何ぞや。その次第甚だ明らかなり。実語教[1]に、人学ばざれば智なし、智なき者は愚人なりとあり。されば賢人と愚人との別は、学ぶと学ばざるとによりて出来るものなり。また世の中にむずかしき仕事もあり、やすき仕事もあり。そのむずかしき仕事をする者を身分重き人と名づけ、やすき仕事をする者を身分軽き人と云う。すべて心を用い心配する仕事はむずかしくして、手足を用ゆる力役はやすし。ゆえに医者、学者、政府の役人、または大なる商売をする町人、あまたの奉公人を召し使う大百姓などは、身分重くして貴き者と云うべし。身分重くして貴ければ、おのずからその家も富んで、下々の者より見れば、及ぶべからざるようなれども、その本を尋ぬれば、ただその人に学問の力あるとなきとによりて、その相違も出来たるのみにて、天より定めたる約束にあらず。諺に云く、天は富貴を人に与えずして、これをその人の働きに与うる者なりと。されば前にも云える通り、人は生まれながらにして貴賤貧富の別なし。ただ学問を勤めて物事をよく知る者は貴人となり富人となり、無学なる者は貧人となり下人となるなり。

○学問とは、ただむずかしき字を知り、解しがたき古文を読み、和歌を楽しみ、詩を作るなど、世上に実のなき文学を云うにあらず。これらの文学もおのずから人の心を悦ばしめ、ずいぶん調法なる者なれども、古来世間の儒者、和学者などの申すよう、さまであがめ貴むべき者にあらず。古来漢学者に世帯持ちの上手なる者も少なく、和歌をよくして商売に巧者なる町人も稀なり。これがため心ある町人百姓は、その子の学問に出精するを見て、やがて身代を持ち崩すならんとて、親心に心配する者あり。無理ならぬことなり。畢竟その学問の実に遠くして、日用の間に合わぬ証拠なり。されば今かかる実なき学問はまず次にし、専ら勤むべきは人間普通日用に近き実学なり。譬えば、イロハ四十七文字を習い、手紙の文言、帳合の仕方、算盤の稽古、天秤の取り扱い等を心得、なおまた進みて学ぶべき箇条は甚だ多し。地理学とは日本国中はもちろん、世界万国の風土道案内なり。究理学とは天地万物の性質を見て、その働きを知る学問なり。歴史とは年代記のくわしき者にて、万国古今の有り様を詮索する書物なり。経済学とは一身一家の世帯より天下の世帯を説きたる者なり。修身学とは身の行いを修め、人に交わり、この世を渡るべき天然の道理を述べたる者なり。これらの学問をするに、いずれも西洋の飜訳書を取り調べ、大抵のことは日本の仮名にて用を便じ、あるいは年少にして文才ある者へは横文字をも読ませ、一科一学も実事を押さえ、そのことにつき、そのものに従い、近く物事の道理を求めて今日の用を達すべきなり。右は人間普通の実学にて、人たる者は貴賤上下の区別なく皆ことごとくたしなむべき心得なれば、この心得ありて後に士農工商おのおのその分を尽くしめいめいの家業を営み、身も独立し、家も独立し、天下国家も独立すべきなり。

○学問をするには分限を知ること肝要なり。人の天然生まれつきは、繋がれず縛られず、一人前の男は男、一人前の女は女にて、自由自在なる者なれども、ただ自由自在とのみ唱えて分限を知らざれば、わがまま放蕩に陥ること多し。すなわちその分限とは、天の道理に基づき、人の情に従い、他人の妨げをなさずして我が一身の自由を達することなり。自由とわがままとの界は、他人の妨げをなすとなさざるとの間にあり。譬えば自分の金銀を費やしてなすことなれば、たとい酒色に耽り放蕩を尽くすも、自由自在なるべきに似たれども、決して然らず、一人の放蕩は諸人の手本となり、遂に世間の風俗を乱りて人の教えに妨げをなすがゆえに、その費やすところの金銀はその人のものたりとも、その罪許すべからず。また自由独立のことは人の一身にあるのみならず、一国の上にもあることなり。我が日本は亜細亜洲の東に離れたる一個の島国にて、古来外国と交わりを結ばず、独り自国の産物のみを衣食して不足と思いしこともなかりしが、嘉永年中「アメリカ」人渡来せ[2]しより、外国交易のこと始まり、今日の有り様に及びしことにて、開港の後も色々と議論多く、鎖国攘夷などとやかましく云いし者もありしかども、その見るところ甚だ狭く、諺に云う井の底の蛙にて、その議論取るに足らず。日本とても西洋諸国とても同じ天地の間にありて、同じ日輪に照らされ、同じ月を眺め、海をともにし、空気をともにし、情合相同じき人民なれば、ここに余るものは彼に渡し、彼に余るものは我に取り、互いに相教え、互いに相学び、恥ずることもなく、誇ることもなく、互いに便利を達し、互いにその幸を祈り、天理人道に従いて互いの交を結び、理のためには「アフリカ」の黒奴にも恐れ入り、道のためには英吉利、亜米利加の軍艦をも恐れず、国の恥辱とありては、日本国中の人民一人も残らず命を棄てて国の威光を落とさざることそ、一国の自由独立と申すべきなり。然るを支那人などのごとく、我が国より外に国なきごとく、外国の人を見ればひとくちに夷狄々々と唱え、四足にてあるく畜類のようにこれを賤しめ、これを嫌い、自国の力をも計らずしてみだりに外国人を追い払わんとし、かえってその夷狄に窘めらるるなどの始末は、実に国の分限を知らず、一人の身の上にて云えば天然の自由を達せずして、わがまま放蕩に陥る者と云うべし。王制ひとたび新たなりしより以来、我が日本の政風大いに改まり、外は万国の公法を以て外国に交わり、内は人民に自由独立の趣旨を示し、既に平民へ苗字乗馬を許せしがごときは、開闢以来の一美事、士農工商、四民の位を一様にするの基、ここに定まりたりと云うべきなり。されば今より後は日本国中の人民に、生まれながらその身に付きたる位などと申すはまずなき姿にて、ただその人の才徳とその居処とによりて位もある者なり。譬えば、政府の官吏を粗略にせざるは当然のことなれども、こはその人の身の貴きにあらず、その人の才徳を以てその役義を勤め、国民のために貴き国法を取り扱うがゆえ、これを貴ぶのみ。人の貴きにあらず、国法の貴きなり。旧幕府の時代、東海道に御茶壺の通行[3]せしは、皆人の知るところなり。そのほか御用の鷹は人よりも貴く、御用の馬には往来の旅人も路を避くる等、すべて御用の二字を付くれば石にても瓦にても恐ろしく貴きもののように見え、世の中の人も数千百年の古よりこれを嫌いながらまた自然にそのしきたりに慣れ、上下互いに見苦しき風俗を成せしことなれども、畢竟これらは皆法の貴きにもあらず、品物の貴きにもあらず、ただいたずらに政府の威光を張り、人を畏して人の自由を妨げんとする卑怯なる仕方にて、実なき虚威と云うものなり。今日に至りては、もはや全日本国内にかかる浅ましき制度風俗は絶えてなきはずなれば、人々安心いたし、かりそめにも政府に対して不平を抱くことあらば、これを包みかくして暗に上を怨むることなく、その路を求め、その筋により、静かにこれを訴うて、遠慮なく議論すべし。天理人情にさえ叶うことならば、一命をも抛ちて争うべきなり。これすなわち一国人民たる者の分限と申すものなり。

○前条に云える通り、人の一身も一国も、天の道理に基づきて不羈自由なるものなれば、もしこの一国の自由を妨げんとする者あらば、世界万国を敵とするも恐るるに足らず、この一身の自由を妨げんとする者あらば、政府の官吏も憚（はばか）るに足らず。ましてこのごろは四民同等の基本も立ちしことなれば、いずれも安心いたし、ただ天理に従いて存分に事をなすべしとは申しながら、およそ人たる者はそれぞれの身分あれば、またその身分に従い相応の才徳なかるべからず。身に才徳を備えんとするには物事の理を知らざるべからず。物事の理を知らんとするには、字を学ばざるべからず。これすなわち学問の急務なるわけなり。昨今の有り様を見るに、農工商の三民はその身分以前に百倍し、やがて士族と肩を並ぶるの勢いに至り、今日にても三民のうちに人物あれば、政府の上に採用せらるべき道既に開けたることなれば、よくその身分を顧み、我が身分重きものと思い、卑劣の所行あるべからず。およそ世の中に無知文盲の民ほど憐むべくまた悪（にく）むべきものはあらず。智恵なきの極みは恥を知らざるに至り、己が無智を以て貧窮に陥り、飢寒に迫るときは、己が身を罪せずしてみだりに傍の富むる人を怨み、甚だしきは徒党を結び、強訴一揆などとて乱暴に及ぶことあり。恥を知らざるとや云わん、法を恐れずとや云わん。天下の法度（はっと）を頼みてその身の安全を保ちその家の渡世をいたしながら、その頼むところのみを頼みて、己が私欲のためにはまたこれを破る、前後不都合の次第ならずや。あるいはたまたま身本慥（たし）かにして相応の身代ある者も、金銭を貯うることを知りて子孫を教うることを知らず。教えざる子孫なれば、その愚なるもまた怪しむに足らず。遂には遊惰放蕩に流れ、先祖の家督をも一朝の煙となす者少なからず。かかる愚民を支配するには、とても道理を以て諭すべき方便なければ、ただ威を以て畏すのみ。西洋の諺に、愚民の上に苛(から)き政府ありとはこのことなり。こは政府の苛きにあらず、愚民の自ら招く災いなり。愚民の上に苛き政府あれば、良民の上には良き政府あるの理なり。ゆえに今、我が日本国においてもこの人民ありてこの政治あるなり。仮に人民の徳義今日よりも衰え、なお無学文盲に沈むことあらば、政府の法も今一段厳重になるべく、もしまた人民皆学問に志して、物事の理を知り文明の風に赴くことあらば、政府の法もなおまた寛仁大度の場合に及ぶべし。法の苛きと寛(ゆる)やかなるとは、ただ人民の徳不徳によりておのずから加減あるのみ。人誰か苛政を好みて良政を悪む者あらん、誰か本国の富強を祈らざる者あらん、誰か外国の侮りを甘んずる者あらん、これすなわち人たる者の常の情なり。今の世に生まれ報国の心あらん者は、必ずしも身を苦しめ思いを焦がすほどの心配あるにあらず。ただその大切なる目当ては、この人情に基づきてまず一身の行いを正し、厚く学に志し、博(ひろ)く事を知り、めいめいの身分に相応すべきほどの智徳を備えて、政府はその政(まつりごと)を施すに易く、諸民はその支配を受けて苦しみなきよう、互いにそのところを得て、ともに全国の太平を護らんとするの一事のみ、今余輩の勧むる学問も専らこの一事を以て趣旨とせり。

端書(はしがき)

このたび余輩の故郷中津に学校を開くにつき[5]、学問の趣意を記して、旧（ふる）く交わりたる同郷の友人へ示さんがため一冊を綴りしかば、ある人これを見て云く、この冊子を独り中津の人へのみ示さんより、広く世間に布告せば、その益もまた広かるべしとの勧めにより、すなわち慶應義塾の活字版を以てこれを摺り、同志の一覧に供うるなり。

明治四年未（ひつじの）十二月

福澤諭吉
小幡篤次郎　記

1実語教　平安末期ごろの作と推定される教訓書。児童向けの道徳教科書として明治初期まで広く用いられた。　**2「アメリカ」人渡来**　一八五三年（嘉永六）のペリー来航のこと。　**3御茶壺の通行**　徳川将軍家へ宇治産の新茶を献上する江戸時代の行事。　**4寛仁大度**　度量が大きく思いやりがあること。　**5中津に学校を開く**　一八七一年（明治四）に小倉県中津（現・大分県中津市）に開校された中津市学校のこと。福沢の右腕として活躍した小幡篤次郎が同学校の初代校長となった。

学問のすすめ　二編

端書

○学問とは広き言葉にて、無形の学問もあり、有形の学問もあり。心学[1]、神学、理学[2]等は形なき学問なり。天文、地理、窮理、化学等は形ある学問なり。いずれにても皆、知識見聞の領分を広くして、物事の道理を弁え、人たる者の職分を知ることなり。知識見聞を開くためには、あるいは人の言を聞き、あるいは自ら工夫を運らし、あるいは書物をも読まざるべからず。ゆえに学問には文字を知ること必用なれども、古来世の人の思うごとく、ただ文字を読むのみを以て学問とするは、大いなる心得違いなり。文字は学問をするための道具にて、譬えば家を建つるに槌鋸の入用なるがごとし。槌鋸は普請に欠くべからざる道具なれども、その道具の名を知るのみにて家を建つることを知らざる者は、これを大工と云うべからず。まさしくこのわけにて、文字を読むことのみを知りて物事の道理を弁えざる者は、これを学者と云うべからず。いわゆる論語よみの論語しらずとはすなわちこれなり。我が邦の古事記は諳誦すれども、今日の米の相場を知らざる者は、これを世帯の学問に暗き男と云うべし。経書史類[3]の奥義には達したれども、商売の法を心得て正しく取引をなすこと能わざる者は、これを帳合の学問に拙き人と云うべし。数年の辛苦を嘗め、数百の執行金を費やして、洋学は成業したれども、なおも一個私立の活計をなし得ざる者は、時勢の学問に疎き人なり。これらの人物はただこれを文字の問屋と云うべきのみ。その功能は飯を喰う字引きに異ならず。国のためには無用の長物、経済を妨ぐる食客と云うて可なり。ゆえに世帯も学問なり。帳合も学問なり。時勢を察するもまた学問なり。何ぞ必ずしも和漢洋の書を読むのみを以て学問と云うの理あらんや。この書の表題は学問のすすめと名づけたれども、決して字を読むことのみを勧むるにあらず。書中に記すところは、西洋の諸書より、あるいはその文を直に訳し、あるいはその意を訳し、形あることにても、形なきことにても、一般に人の心得となるべき事柄を挙げて、学問の大趣意を示したるものなり。先に著したる一冊を初編となし、なおその意を拡めてこのたびの二編を綴り、次いで三、四編にも及ぶべし。

人は同等なること

○初編の首に、人は万人皆同じ位にて生まれながら上下の別なく自由自在云々とあり。今この義を拡めて云わん。人の生まるるは天の然らしむるところにて人力にあらず。この人々互いに相敬愛して、おのおのその職分を尽くし互いに相妨ぐることなきゆえんは、もと同類の人間にして、ともに一天を与にし、ともに与に天地の間の造物なればなり。譬えば一家のうちにて兄弟相互に睦(むつ)ましくするは、もと同一家の兄弟にして、ともに一父一母を与にするの大倫あればなり。

〇ゆえに今、人と人との釣り合いを問えば、これを同等と云わざるを得ず。ただしその同等とは有り様の等しきを云うにあらず、権理通義[4]の等しきを云うなり。その有り様を論ずるときは、貧富、強弱、智愚の差あること甚だしく、あるいは大名華族とて御殿に住居し美服美食する者もあり、あるいは人足とて裏店(うらだな)に借屋して今日の衣食に差し支える者もあり、あるいは才智逞(たくま)しうして役人となり商人となりて天下を動かすものあり、あるいは智恵分別なくして生涯飴やおこしを売る者もあり、あるいは強き相撲取りあり、あるいは弱き御姫様あり、いわゆる雲と坭との相違なれども、また一方より見て、その人々持ち前の権理通義を以て論ずるときは、いかにも同等にして一厘一毛の軽重あることなし。すなわちその権理通義とは、人々その命を重んじ、その身代所持の物を守り、その面目名誉を大切にするの大義なり。天の人を生ずるや、これに体と心との働きを与えて、人々をしてこの通義を遂げしむるの仕掛けを設けたるものなれば、何らのことあるも人力を以てこれを害すべからず。大名の命も人足の命も、命の重きは同様なり。豪商百万両の金も、飴やおこし四文の銭も、己が物としてこれを守るの心は同様なり。世の悪(あ)しき諺に、泣く子と地頭には叶わずと。また云く、親と主人は無理を云うものなどとて、あるいは人の権理通義をも枉(ま)ぐべきもののよう唱うる者あれども、こは有り様と通義とを取り違えたる論なり。

地頭と百姓とは、有り様を異にすれども、その権理を異にするにあらず。百姓の身に痛きことは地頭の身にも痛きはずなり、地頭の口に甘きものは百姓の口にも甘からん。痛きものを遠ざけ甘きものを取るは人の情欲なり、他の妨げをなさずして達すべきの情を達するは、すなわち人の権理なり。この権理に至りては地頭も百姓も厘毛の軽重あることなし。ただ地頭は富みて強く、百姓は貧にして弱きのみ。貧富強弱は人の有り様にてもとより同じかるべからず。然るに今、富強の勢いを以て貧弱なる者へ無理を加えんとするは、有り様の不同なるがゆえにとて他の権理を害するにあらずや。これを譬えば力士が我に腕の力ありとて、その力の勢いを以て隣の人の腕を捻(ひね)り折るがごとし。隣の人の力はもとより力士よりも弱かるべけれども、〔弱ければ〕弱きままにてその腕を用い、自分の便利を達して差し支えなきはずなるに、謂(いわ)れなく力士のために腕を折らるるは迷惑至極と云うべし。

○また右の議論を世の中のことに当てはめて云わん。旧幕府の時代には士民の区別甚だしく、士族はみだりに権威を振るい、百姓町人を取り扱うこと目の下の罪人のごとくし、あるいは切捨御免(きりすてごめん)などの法あり。この法に拠れば、平民の生命は我が生命にあらずして借り物に異ならず。百姓町人は由縁(ゆかり)もなき士族へ平身低頭し、外にありては路を避け、内にありて席を譲り、甚だしきは自分の家に飼いたる馬にも乗られぬほどの不便利を受けたるはけしからぬことならずや。

○右は士族と平民と一人ずつ相対したる不公平なれども、政府と人民との間柄に至りては、なおこれよりも見苦しきことあり。幕府はもちろん、三百諸侯の領分にもおのおの小政府を立てて、百姓町人を勝手次第に取り扱い、あるいは慈悲に似たることあるも、その実は人に持ち前の権理通義を許すことなくして、実に見るに忍びざること多し。そもそも政府と人民との間柄は、前にも云えるごとく、ただ強弱の有り様を異にするのみにして、権理の異同あるの理なし。百姓は米を作りて人を養い、町人は物を売買して世の便利を達す。これすなわち百姓町人の商売なり。政府は法令を設けて悪人を制し善人を保護す。これすなわち政府の商売なり。この商売をなすには莫大の費えなれども、政府には米もなく金もなきゆえ、百姓町人より年貢運上を出だして政府の勝手方を賄わんと、双方一致の上、相談を取り極めたり。これすなわち政府と人民との約束なり。ゆえに百姓町人は年貢運上を出だして固く国法を守れば、その職分を尽くしたりと云うべし。政府は年貢運上を取りてまさしくその使い払いを立て、人民を保護すれば、その職分を尽くしたりと云うべし。双方既にその職分を尽くして約束を違うることなき上は、さらに何らの申し分もあるべからず、おのおのその権理通義を逞しうして、少しも妨げをなすの理なし。然るに幕府のとき、政府のことを御上様と唱え、御上の御用とあれば、馬鹿に威光を振るうのみならず、道中の旅籠までもただ喰い倒し、川場に銭を払わず、人足に賃銭を与えず、甚だしきは旦那が人足をゆすりて酒代を取るに至れり。沙汰の限りと云うべし。あるいは殿様のものずきにて普請をするか、または役人の取り計らいにていらざることを起こし、無益に金を費やして入り用不足すれば、色々言葉を飾りて年貢を増し、御用金を云い付け、これを御国恩に報いると云う。そもそも御国恩とは何事を指すや。百姓町人らが安穏に家業を営み、盗賊、ひとごろしの心配もなくして渡世するを、政府の御恩と云うことなるべし。もとよりかく安穏に渡世するは政府の法あるがためなれども、法を設けて人民を保護するは、もと政府の商売柄にて当然の職分なり。これを御恩と云うべからず。政府もし人民に対しその保護を以て御恩とせば、百姓町人は政府に対しその年貢運上を以て御恩と云わん。政府もし人民の公事訴訟を以て御上の御厄介と云わば、人民もまた云うべし、十俵作り出だしたる米のうちより五俵の年貢を取らるるは、百姓のために大いなる御厄介なりと。いわゆる売り言葉に買い言葉にて、はてしもあらず。とにかくに等しく恩のあるものならば、一方より礼を云いて一方より礼を云わざるの理はなかるべし。

○かかる悪風俗の起こりし由縁を尋ぬるに、その本は人間同等の大趣意を誤りて、貧富強弱の有り様を悪しき道具に用い、政府富強の勢いを以て、貧弱なる人民の権理通義を妨ぐるの場合に至りたるなり。ゆえに人たる者は常に同位同等の趣意を忘るべからず。人間世界に最も大切なることなり。西洋の言葉にてこれを「レシプロシチ」[5]または「エクウヲリチ」[6]と云う。すなわち初編の首に云える、万人同じ位とはこのことなり。

○右は百姓町人に左袒（さたん）して、思うさまに勢いを張れと云う議論なれども、また一方より云えば別に論ずることあり。およそ人を取り扱うには、その相手の人物次第にて、おのずからその法の加減もなかるべからず。元来人民と政府との間柄は、もと同一体にて、その職分を区別し、政府は人民の名代となりて法を施し、人民は必ずこの法を守るべしと、固く約束したるものなり。譬えば今、日本国中にて明治の年号を奉ずる者は、今の政府の法に従うべしと条約を結びたる人民なり。ゆえにひとたび国法と定まりたることは、たといあるいは人民一個のために不便利あるも、その改革まではこれを動かすを得ず。小心翼々、謹みて守らざるべからず。これすなわち人民の職分なり。然るに無学文盲、理非の理の字も知らず、身に覚えたる芸は飲食と寝ると起くるとのみ、その無学のくせに慾は深く、目の前に人を欺きて、巧みに政府の法を遁れ、国法の何物たるを知らず、己が職分の何物たるを知らず、子をばよく生めどもその子を教うるの道を知らず、いわゆる恥も法も知らざる馬鹿者にて、その子孫繁昌すれば一国の益はなさずして、かえって害をなす者なきにあらず。かかる馬鹿者を取り扱うには、とても道理を以てすべからず、不本意ながら力を以て威し、一時の大害を鎮むるより外に方便あることなし。これすなわち世に暴政府のあるゆえんなり。独り我が旧幕府のみならず、亜細亜諸国古来皆然り。されば一国の暴政は必ずしも暴君暴吏のせいのみにあらず、その実は人民の無智を以て自ら招く禍なり。他人にけしかけられて暗殺を企つる者あり、新法を誤解して一揆を起こす者あり、強訴を名として金持ちの家を毀ち、酒を飲み、銭を盗む者あり。その挙動はほとんど人間の所業と思われず。かかる賊民を取り扱うには、釈迦も孔子も名案なきは必定、ぜひとも苛酷の政を行うことなるべし。ゆえに云く、人民もし暴政を避けんと欲せば、速やかに学問に志し、自ら才徳を高くして、政府と相対し、同位同等の地位に登らざるべからず。これすなわち余輩の勧むる学問の趣意なり。

1心学 石田梅岩の石門心学などに代表される、実生活における道徳の実践を重んじる学問。 **2理学** 宇宙の根本原理である理を追究する学問。 **3経書史類** 四書五経など儒教の基本的な教えを記した書物や歴史書などのこと。 **4権理通義** 権利。［英］right **5レシプロシチ** 相互関係。［英］reciprocity **6エクウヲリチ** 平等、対等。［英］equality

学問のすすめ　三編

国は同等なること

○およそ人とさえ名あれば、富めるも貧しきも、強きも弱きも、人民も政府も、その権義において異なるなしとのことは、第二編に記せり。（二編にある権理通義の四字を略して、ここにはただ権義と記したり。いずれも英語の「ライト」と云う字に当たる）今この義を拡めて国と国との間柄を論ぜん。国とは人の集まりたるものにて、日本国は日本人の集まりたるものなり、英国は英国人の集まりたるものなり。日本人も英国人も等しく天地の間の人なれば、互いにその権義を妨ぐるの理なし。一人が一人に向かいて害を加うるの理なくば、二人が二人に向かいて害を加うるの理もなかるべし。百万人も千万人も同様のわけにて、物事の道理は人数の多少によりて変ずべからず。今世界中を見渡すに、文明開化とて、文学も武備も盛んにして富強なる国あり、あるいは蛮野未開とて、文武ともに不行届きにして貧弱なる国あり。一般に欧羅巴（ヨーロッパ）、亜米利加（アメリカ）の諸国は富んで強く、亜細亜（アジア）、阿非利加（アフリカ）の諸国は貧にして弱し。されどもこの貧富強弱は国の有り様なれば、もとより同じかるべからず。然るに今、自国の富強なる勢いを以て貧弱なる国へ無理を加えんとするは、いわゆる力士が腕の力を以て病人の腕を握り折るに異ならず、国の権義において許すべからざることとなり。近くは我が日本国にても、今日の有り様にては西洋諸国の富強に及ばざるところあれども、一国の権義においては厘毛の軽重あることなし。道理に戻(もと)りて曲を蒙(こうむ)るの日に至りては、世界中を敵にするも恐るるに足らず。初編第八葉[1]にも云えるごとく、日本国中の人民、一人も残らず命を棄てて国の威光を落とさずとはこの場合なり。しかのみならず、貧富強弱の有り様は天然の約束にあらず、人の勉と不勉とによりて移り変わるべきものにて、今日の愚人も明日は智者となるべく、昔年の富強も今世の貧弱となるべし。古今その例少なからず。我が日本国人も今より学問に志し、気力を慥かにして、まず一身の独立を謀り、したがって一国の富強を致すことあらば、何ぞ西洋人の力を恐るるに足らん。道理あるものはこれに交わり、道理なきものはこれを打ち払わんのみ。一身独立して一国独立するとはこのことなり。

一身独立して一国独立すること

○前条に云えるごとく、国と国とは同等なれども、国中の人民に独立の気力なきときは、一国独立の権義を伸ぶること能わず。その次第三箇条あり。

第一条　独立の気力なき者は、国を思うこと深切(しんせつ)ならず。

○独立とは、自分にて自分の身を支配し、他に依りすがる心なきを云う。自ら物事の理非を弁別して処置を誤ることなき者は、他人の智恵に依らざる独立なり。自ら心身を労して私立の活計をなす者は、他人の財に依らざる独立なり。人々この独立の心なくして、ただ他人の力に依りすがらんとのみせば、全国の人は皆依りすがる人のみにて、これを引き受くる者はなかるべし。これを譬えば盲人の行列に手引きなきがごとし、甚だ不都合ならずや。ある人云く、民はこれによらしむべし、これを知らしむべからず、[2]世の中は目くら千人、目あき千人なれば、智者、上にありて諸民を支配し、上の意に従わしめて可なりと。この議論は孔子様の流儀なれども、その実は大いに非なり。一国中に人を支配するほどの才徳を備うる者は、千人のうち一人に過ぎず。仮にここに人口百万人の国あらん、このうち千人は智者にして、九十九万余の者は無智の小民ならん。智者の才徳を以てこの小民を支配し、あるいは子のごとくして愛し、あるいは羊のごとくして養い、あるいは威し、あるいは撫し、恩威ともに行われて、その向かうところを示すことあらば、小民も識らず知らずして上の命に従い、盗賊、人ごろしの沙汰もなく、国内安穏に治まることあるべけれども、この国の人民、主客の二様に分かれ、主人たる者は千人の智者にて、よきように国を支配し、その余の者は悉皆何も知らざる客分なり。既に客分とあればもとより心配も少なく、ただ主人にのみ依りすがりて身に引き受くることなきゆえ、国を患うることも主人のごとくならざるは必然、実に水くさき有り様なり。国内のことなればともかくもなれども、いったん外国と戦争などのことあらば、その不都合なること思い見るべし。無智無力の小民ら、戈を倒にすることもなかるべけれども、我々は客分のことなるゆえ、一命を棄つるは過分なりとて逃げ走る者多かるべし。さすればこの国の人口、名は百万人なれども、国を守るの一段に至りてはその人数甚だ少なく、とても一国の独立は叶いがたきなり。

○右の次第につき、外国に対して我が国を守らんには、自由独立の気風を全国に充満せしめ、国中の人々貴賤上下の別なく、その国を自分の身の上に引き受け、智者も愚者も、目くらも目あきも、おのおのその国人たるの分を尽くさざるべからず。英人は英国を以て我が本国と思い、日本人は日本国を以て我が本国と思い、その本国の土地は他人の土地にあらず、我が国人の土地なれば、本国のためを思うこと我が家を思うがごとくし、国のためには財を失うのみならず、一命をも抛ちて惜しむに足らず。これすなわち報国の大義なり。もとより国の政をなす者は政府にて、その支配を受くる者は人民なれども、こはただ便利のために双方の持ち場を分かちたるのみ。一国全体の面目にかかわることに至りては、人民の職分として政府のみに国を預け置き、傍らよりこれを見物するの理あらんや。既に日本国の誰、英国の誰と、その姓名の肩書に国の名あれば、その国に住居し、起居眠食自由自在なるの権義あり。既にその権義あれば、またしたがってその職分なかるべからず。

○昔戦国のとき、駿河の今川義元、数万の兵を率いて織田信長を攻めんとせしとき、信長の策にて桶狭間に伏勢を設け、今川の本陣に迫りて義元の首を取りしかば、駿河の軍勢は蜘蛛の子を散らすがごとく、戦いもせずして逃げ走り、当時名高き駿河の今川政府も一朝に亡びてその痕なし。近く両三年以前、仏蘭西と孛魯士[3]との戦に、両国接戦の初め、仏蘭西帝「ナポレオン」は孛魯士に生け捕られたれども、仏人はこれによりて望みを失わざるのみならず、ますます憤発して防ぎ戦い、骨をさらして血を流し、数月籠城の後、和睦に及びたれども、仏蘭西は依然として旧の仏蘭西に異ならず。かの今川の始末に較ぶれば、日を同じうして語るべからず。そのゆえは何ぞや。駿河の人民はただ義元一人に依りすがり、その身は客分のつもりにて、駿河の国を我が本国と思う者なく、仏蘭西には報国の士民多くして、国の難をめいめいの身に引き受け、人の勧めを待たずして、自ら本国のために戦う者あるゆえ、かかる相違も出来しことなり。これによりて考うれば、外国へ対して自国を守るに当たり、その国人に独立の気力ある者は国を思うこと深切にして、独立の気力なき者は不深切なること推して知るべきなり。

第二条　内に居て独立の地位を得ざる者は、外にありて外国人に接するときもまた独立の権義を伸ぶること能わず。

○独立の気力なき者は必ず人に依頼す、人に依頼する者は必ず人を恐る、人を恐るる者は必ず人に諂うものなり。常に人を恐れ、人に諂う者は次第にこれに慣れ、その面の皮、鉄のごとくなりて、恥ずべきを恥じず、論ずべきを論ぜず、人をさえ見ればただ腰を屈するのみ。いわゆる習い性となるとはこのことにて、慣れたることは容易に改めがたきものなり。譬えば今、日本にて平民に苗字、乗馬を許し、裁判所の風も改まりて、表向きはまず士族と同等のようなれども、その習慣にわかに変ぜず、平民の根性は依然として旧の平民に異ならず、言語も賤しく応接も賤しく、目上の人に逢えば一言半句の理屈を述ぶること能わず、立てと云えば立ち、舞えと云えば舞い、その柔順なること家に飼たる痩せ犬のごとし。実に無気無力の鉄面皮と云うべし。昔鎖国の世に、旧幕府のごとき窮屈なる政を行う時代なれば、人民に気力なきもその政事に差し支えざるのみならず、かえって便利なるゆえ、ことさらにこれを無智に陥れ、無理に柔順ならしむるを以て役人の得意とせしことなれども、今外国と交わるの日に至りては、これがため大いなる弊害あり。譬えば田舎の商人ら、恐れながら外国の交易に志して横浜などへ来る者あれば、まず外国人の骨格逞しきを見てこれに驚き、金の多きを見てこれに驚き、商館の洪大なるに驚き、蒸気船の速きに驚き、既にすでに胆を落として、おいおいこの外国人に近づき取引するに及んでは、その掛け引きのするどきに驚き、あるいは無理なる理屈を云い掛けらるることあれば、ただに驚くのみならずその威力に震い懼(おそ)れて、無理と知りながら大いなる損亡を受け、大いなる恥辱を蒙ることあり。こは一人の損亡にあらず、一国の損亡なり。一人の恥辱にあらず、一国の恥辱なり。実に馬鹿らしきようなれども、先祖代々独立の気を吸わざる町人根性、武士には窘められ、裁判所には叱られ、一人扶持取る足軽に逢いても御旦那様と崇(あが)めし魂は腹の底まで腐れつき、一朝一夕に洗うべからず、かかる臆病神の手下どもが、かの大胆不敵なる外国人に逢いて、胆をぬかるるは無理ならぬことなり。これすなわち内に居て独立を得ざる者は、外にありても独立すること能わざるの証拠なり。

第三条　独立の気力なき者は、人に依頼して悪事をなすことあり。

○旧幕府の時代に名目金[4]とて、御三家などと唱うる権威強き大名の名目を借りて金を貸し、ずいぶん無理なる取引をなせしことあり。その所業甚だ悪むべし。自分の金を貸して返さざる者あらば、再三再四力を尽くして政府に訴うべきなり。然るにこの政府を恐れて訴うることを知らず、きたなくも他人の名目を借り、他人の暴威に依りて返金を促すとは卑怯なる挙動ならずや。今日に至りては名目金の沙汰は聞かざれども、あるいは世間に外国人の名目を借る者はあらずや。余輩いまだその確証を得ざるゆえ、明らかにここに論ずること能わざれども、昔日のことを思えば今の世の中にも疑念なきを得ず。この後万々一も外国人雑居[5]などの場合に及び、その名目を借りて奸を働く者あらば、国の禍実に云うべからざるべし。ゆえに人民に独立の気力なきは、その取り扱いに便利などとて油断すべからず。禍は思わぬところに起くるものなり。国民に独立の気力いよいよ少なければ、国を売るの禍もまたしたがってますます大なるべし。すなわちこの条の初めに云える、人に依頼して悪事をなすとはこのことなり。

　右三箇条に云うところは皆人民に独立の心なきより生ずる災害なり。今の世に生まれ、いやしくも愛国の意あらん者は、官私を問わず、まず自己の独立を謀り、余力あらば他人の独立を助け成すべし。父兄は子弟に独立を教え、教師は生徒に独立を勧め、士農工商ともに独立して、国を守らざるべからず。概してこれを云えば、人を束縛して独り心配を求むるより、人を放ちてともに苦楽を与にするにしかざるなり。

1初編第八葉　本書一三ページ。　**2民はこれを……**　『論語』泰伯編の一節。本来の大意は「人びとを、定められた道に従わせることはできるが、ひとりひとりにその理由を説いて知らせることは難しい」であるが、しばしば「知らせてはいけない」の意に取られた。　**3仏蘭西と孛魯士の戦**　普仏戦争（一八七〇―七一年）のこと。ナポレオン三世が捕虜となり降伏したことによって第二帝政は終焉したが、パリ市民はその後も抵抗をつづけた。　**4名目金**　有力な農商人が御三家（徳川一門の尾張・紀伊・水戸の三家）や公家、寺社などの名前を借りて利貸しする仕組み。　**5外国人雑居**　外国人に国内の移動・居住の自由を認めること。

学問のすすめ　四編

学者の職分を論ず

近来ひそかに識者の言を聞くに、今後日本の盛衰は人智を以て明らかに計りがたしといえども、到底その独立を失うの患えはなかるべしや、方今目撃するところの勢いによりて次第に進歩せば、必ず文明盛大の域に至るべしやと云いて、これを問う者あり。あるいはその独立の保つべきと否とは、今より二、三十年を過ぎざれば、明らかにこれを期すること難かるべしと云いて、これを疑う者あり。あるいは甚だしくこの国を蔑視したる外国人の説に従えば、とても日本の独立は危うしと云いて、これを難ずる者あり。もとより人の説を聞きてにわかにこれを信じ、我が望みを失するにはあらざれども、畢竟この諸説は、我が独立の保つべきと否とにつきての疑問なり。事に疑いあらざれば問いのよりて起くるべき理なし。今試みに英国に行き、貌利太（ブリテン）の独立保つべきや否と云いてこれを問わば、人皆笑いて答うる者なかるべし。その答うる者なきは何ぞや、これを疑わざればなり。然らばすなわち我が国文明の有り様、今日を以て昨日に比すれば、あるいは進歩せしに似たることあるも、その結局に至りてはいまだ一点の疑いあるを免れず。いやしくもこの国に生まれて日本人の名ある者は、これに寒心せざるを得んや。今我が輩もこの国に生まれて日本人の名あり、既にその名あれば、またおのおのその分を明らかにして尽くすところなかるべからず。もとより政の字の義に限りたることをなすは政府の任なれども、人間(じんかん)の事務[1]には政府の関わるべからざるものもまた多し。ゆえに一国の全体を整理するには、人民と政府と両立して、始めてその成功を得べきものなれば、我が輩は国民たるの分限を尽くし、政府は政府たるの分限を尽くし、互いに相助け、以て全国の独立を維持せざるべからず。

○すべて物を維持するには力の平均なかるべからず。譬えば人身のごとし。これを健康に保たんとするには、飲食なかるべからず、大気光線なかるべからず、寒熱痛痒(つうよう)、外より刺衝して内よりこれに応じ、以て一身の働きを調和するなり。今にわかにこの外物の刺衝を去り、ただ生力の働くところに任してこれを放頓することあらば、人身の健康は一日も保つべからず。国もまた然り。政は一国の働きなり。この働きを調和して国の独立を保たんとするには、内に政府の力あり、外に人民の力あり、内外相応じてその力を平均せざるべからず。ゆえに政府はなお生力のごとく、人民はなお外物の刺衝のごとし。今にわかにこの刺衝を去り、ただ政府の働くところに任してこれを放頓することあらば、国の独立は一日も保つべからず。いやしくも人身窮理の義を明らかにし、その定則を以て一国経済の議論に施すことを知る者は、この理を疑うことなかるべし。

○方今我が国の形勢を察し、その外国に及ばざるものを挙ぐれば、曰(いわ)く学術、曰く商売、曰く法律、これなり。世の文明は専らこの三者に関し、三者挙がらざれば国の独立を得ざること識者を俟たずして明らかなり。然るに今、我が国において一もその体を成したるものなし。

○政府一新のときより、在官の人物、力を尽くさざるにあらず、その才力また拙劣なるにあらずといえども、事を行うに当たりいかんともすべからざるの原因ありて、意のごとくならざるもの多し。その原因とは人民の無知文盲、すなわちこれなり。政府既にその原因のあるところを知り、しきりに学術を勧め、法律を議し、商法を立つるの道を示す〔等〕、あるいは人民に説諭し、あるいは自ら先例を示し、百方その術を尽くすといえども、今日に至るまでいまだ実効の挙ぐるを見ず、政府は依然たる専制の政府、人民は依然たる無気無力の愚民のみ。あるいは僅かに進歩せしことあるも、これがため労するところの力と、費やすところの金とに比すれば、その奏功見るに足るもの少なきは何ぞや。けだし一国の文明は独り政府の力を以て進むべきものにあらざるなり。

○人あるいは云く、政府はしばらくその愚民を御するに一時の術策を用い、その智徳の進むを待ちて、後におのずから文明の域に入らしむるなりと。この説は言うべくして行うべからず。我が全国の人民、数千百年専制の政治に窘められ、人々その心に思うところを発露する能わず、欺きて安全を偸み、詐りて罪を遁れ、欺詐術策は人生必需の具となり、不誠不実は日常の習慣となり、恥ずる者もなく怪しむ者もなく、一身の廉恥既に地を払いて尽きたり、あに国を思うに遑(いとま)あらんや。政府はこの悪弊を矯めんとしてますます虚威を張り、これを嚇(おど)しこれを叱し、強いて誠実に移らしめんとして、かえってますます不信に導き、その事情あたかも火を以て火を救うがごとし。遂に上下の間隔絶して、おのおの一種無形の気風を成せり。その気風とはいわゆる「スピリット」なるものにて、にわかにこれを動かすべからず。近日に至り、政府の外形は大いに改まりたれども、その専制抑圧の気風は今なお存せり。人民もやや権利を得るに似たれども、その卑屈不信の気風は依然として旧に異ならず。この気風は無形無体にして、にわかに一個の人につき、一場のことを見て名状すべきものにあらざれども、その実の力は甚だ強くして、世間全体の事跡に顕(あらわ)るるを見れば、明らかにその虚にあらざるを知るべし。試みにその一を挙げて云わん。今在官の人物少なしとせず、私にその言を聞きその行いを見れば、皆おおむね闊達(かったつ)大度の士君子にて、我が輩これを間然[2]する能わざるのみならず、その言行あるいは慕うべきものあり。また一方より云えば、平民といえども悉皆無気無力の愚民のみにあらず、万に一人は公明誠実の良民もあるべし。然るに今この士君子、政府に会して政をなすに当たり、その為政の事跡を見れば、我が輩の悦ばざるもの甚だ多く、またかの誠実なる良民も、政府に接すればたちまちその節を屈し、偽詐術策、以て官を欺きかつて恥ずるものなし。この士君子にしてこの政を施し、この民にしてこの賤劣に陥るは何ぞや。あたかも一身両頭あるがごとし。私にありては智なり、官にありては愚なり。これを散ずれば明なり、これを集むれば暗なり。政府は衆智者の集むるところにして、一愚人の事を行うものと云うべし。あに怪しまざるを得んや。畢竟その然る由縁は、かの気風なるものに制せられて、人々おのずから一個の働きを逞しうすること能わざるによりて致すところならんか。維新以来政府にて学術、法律、商売等の道を興さんとして効験なきも、その病の原因はけだしここにあるなり。然るに今、一時の術を用いて下民を御し、その知徳の進むを待つとは、威を以て人を文明に強ゆるものか、然らざれば欺きて善に帰せしむるの策なるべし。政府威を用ゆれば人民は偽を以てこれに応ぜん、政府欺きを用ゆれば人民は容を作りてこれに従わんのみ。これを上策と云うべからず。たといその策は巧みなるも、文明の事実に施して益なかるべし。ゆえに云く、世の文明を進むるには、ただ政府の力のみに依頼すべからざるなり。

○右所論を以て考うれば、方今我が国の文明を進むるには、まずかの人心に浸潤したる気風を一掃せざるべからず。これを一掃するの法、政府の命を以てしがたし、私の説諭を以てしがたし、必ずしも人に先だって私に事をなし、以て人民のよるべき標的を示す者なかるべからず。今この標的となるべき人物を求むるに、農の中にあらず、商の中にあらず、また和漢の学者中にもあらず、その任に当たる者は、ただ一種の洋学者流あるのみ。然るにまたこれに依頼すべからざるの事情あり。近来この流の人、ようやく世間に増加し、あるいは横文を訳しあるいは訳書を読み、専ら力を尽くすに似たりといえども、学者あるいは字を読みて義を解さざるか、あるいは義を解してこれを事実に施すの〔誠〕意なきか、その所業につき、我が輩の疑いを存するもの尠からず。その疑いを存するとは、この学者士君子、皆官あるを知りて私あるを知らず、政府の上に立つの術を知りて、政府の下に居るの道を知らざるの一事なり。畢竟漢学者流の悪習を免れざるものにて、あたかも漢を体にして洋を衣にするがごとし。試みにその実証を挙げて云わん。方今世の洋学者流はおおむね皆官途に就き、私に事をなす者は僅かに指を屈するに足らず。けだしその官にあるは、ただ利これ貪るのためのみにあらず、生来の教育に先入してひたすら政府に眼を着し、政府にあらざれば決して事をなすべからざるものと思い、これに依頼して宿昔青雲の志[3]を遂げんと欲するのみ。あるいは世に名望ある大家先生といえども、この範囲を脱するを得ず、その所業あるいは賤しむべきに似たるも、その意は深く咎むるに足らず、けだし意の悪しきにあらず、ただ世間の気風に酔いて自ら知らざるなり。名望を得たる士君子にしてかくのごとし。天下の人、あにその風に倣わざるを得んや。青年の書生、僅かに数巻の書を読めばすなわち官途に志し、有志の町人、僅かに数百の元金あればすなわち官の名をかりて商売を行わんとし、学校も官許なり、説教も官許なり、牧牛も官許、養蚕も官許、およそ民間の事業、十に七、八は官の関せざるものなし。これを以て世の人心ますますその風に靡き、官を慕い官を頼み、官を恐れ官に諂い、毫も独立の丹心を発露する者なくして、その醜体見るに忍びざることなり。譬えば、方今出版の新聞紙および諸方の上書建白の類もその一例なり。出版の条令甚だしく厳なるにあらざれども、新聞紙の面を見れば政府の忌諱に触るることは絶えて載せざるのみならず、官に一毫の美事あれば、みだりにこれを称誉してその実に過ぎ、あたかも娼妓の客に媚びるがごとし。またかの上書建白を見れば、その文常に卑劣を極め、みだりに政府を尊崇すること鬼神のごとく、自ら賤しんずること罪人のごとくし、同等の人間世界にあるべからざる虚文を用い、恬として恥ずる者なし。この文を読みてその人を想えば、ただ狂人を以て評すべきのみ。然るに今、この新聞紙を出版しあるいは政府に建白する者は、おおむね皆世の洋学者流にて、その私につきて見れば必ずしも娼妓にあらず、また狂人にもあらず。然るにその不誠不実、かくのごときの甚だしきに至るゆえんは、いまだ世間に民権を首唱する実例なきを以て、ただかの卑屈の気風に制せられ、その気風に雷同して、国民の本色を見わし得ざるなり。これを概すれば日本にはただ政府ありて、いまだ国民あらずと云うも可なり。ゆえに云く、人民の気風を一洗して世の文明を進むるには、今の洋学者流にもまた依頼すべからざるなり。

○前条所記の論説果たして是ならば、我が国の文明を進めてその独立を維持するは、独り政府の能するところにあらず、また今の洋学者流も依頼するに足らず、必ず我が輩の任ずるところにして、まず我より事の端を開き、愚民の先をなすのみならず、またかの洋学者流のために先駆して、その向かうところを示さざるべからず。今我が輩の身分を考うるに、その学識、もとより浅劣なりといえども、洋学に志すこと日既に久しく、この国にありては中人以上の地位にある者なり。輓近世の改革も、もし我が輩の主として始めしことにあらざれば、暗にこれを助け成したるものなり。あるいは助成の力なきも、その改革は我が輩の悦ぶところなれば、世の人もまた我輩を目するに改革家流の名を以てすること必せり。既に改革家の名ありて、またその身は中人以上の地位にあり、世人あるいは我が輩の所業を以て標的となす者あるべし。然らばすなわち今人に先だって事をなすは、まさにこれを我が輩の任と云うべきなり。そもそも事をなすに、これを命ずるはこれを諭すにしかず、これを諭すは我よりその実の例を示すにしかず。然りしこうして政府はただ命ずるの権あるのみ、これを諭して実の例を示すは私のことなれば、我が輩まず私立の地位を占め、あるいは学術を講じ、あるいは商売に従事し、あるいは法律を議し、あるいは書を著し、あるいは新聞紙を出版する等、およそ国民たるの分限に越えざることは忌諱を憚らずしてこれを行い、固く法を守りて正しく事を処し、あるいは政令信ならずして曲を被ることあらば、我が地位を屈せずしてこれを論じ、あたかも政府の頂門に一針を加え[4]、旧弊を除きて民権を恢復(かいふく)せんこと方今至急の要務なるべし。もとより私立の事業は多端[5]、かつこれを行う人にもおのおの所長あるものなれば、僅かに数輩の学者にて悉皆その事をなすべきにあらざれども、我が目的とするところは事を行うの巧みなるを示すにあらず、ただ天下の人に私立の方向を知らしめんとするのみ。百回の説諭を費やすは一回の実例を示すにしかず。今我より私立の実例を示し、人間の事業は独り政府の任にあらず、学者は学者にて私に事を行うべし、町人は町人にて私に事をなすべし、政府も日本の政府なり、人民も日本の人民なり、政府は恐るべからず近づくべし、疑うべからず親しむべしとの趣を知らしめなば、人民ようやく向かうところを明らかにし、上下固有の気風も次第に消滅して、始めて真の日本国民を生じ、政府の玩具たらずして政府の刺衝となり、学術以下三者もおのずからその所有に帰して、国民の力と政府の力と互いに相平均し、以て全国の独立を維持すべきなり。

○以上論ずるところを概すれば、今の世の学者、この国の独立を助け成さんとするに当たりて、政府の範囲に入り官にありて事をなすと、その範囲を脱して私立するとの利害得失を述べ、本論は私立に左袒したるものなり。すべて世の事物を精しく論ずれば、利あらざるものは必ず害あり、得あらざるものは必ず失あり、利害得失、相半ばするものはあるべからず。我が輩もとよりためにするところありて私立を主張するにあらず、ただ平生の所見を証してこれを論じたるのみ。世人もし確証を掲げてこの論説を排し、明らかに私立の不利を述ぶる者あらば、余輩は悦びてこれに従い、天下の害をなすことなかるべし。

付録

本論につき、二、三の問答あり、よりてこれを巻末に記す。その一に云く、事をなすは有力なる政府に依るの便利にしかずと。答えて云く、文明を進むるは独り政府の力のみに依頼すべからず、その弁論既に本文に明らかなり。かつ政府にて事をなすは既に数年の実験あれども、いまだその奏功を見ず、あるいは私のことも果たしてその功を期しがたしといえども、議論上において明らかに見込みあれば、これを試みざるべからず。いまだ試みずしてまずその成否を疑う者はこれを勇者と云うべからず。○二に云く、政府人に乏し、有力の人物政府を離れなば官務に差し支えあるべしと。答えて云く、決して然らず、今の政府は官員の多きを患うるなり。事を簡にして官員を減ずれば、その事務はよく整理してその人員は世間の用をなすべし、一挙して両得なり。ことさらに政府の事務を多端にし、有用の人を取りて無用のことをなさしむるは、策の拙なるものと云うべし。かつこの人物政府を離るるも、去りて外国に行くにあらず、日本に居て日本のことをなすのみ、何ぞ患うるに足らん。○三に云く、政府の外に私立の人物集むることあらば、おのずから政府のごとくなりて、本政府の権を落とすに至らんと。答えて云く、この説は小人の説なり。私立の人も在官の人も等しく日本人なり。ただ地位を異にして事をなすのみ。その実は相助けてともに全国の便利を謀るものなれば、敵にあらず真の益友なり。かつこの私立の人物なる者、法を犯すことあらばこれを罰して可なり、毫も恐るるに足らず。○四に云く、私立せんと欲する人物あるも、官途を離れば他に活計の道なしと。答えて云く、この言は士君子の云うべき言にあらず。既に自ら学者と唱えて天下のことを患うる者、あに無芸の人物あらんや。芸を以て口を糊するは難きにあらず。かつ官にありて公務を司るも私に居て業を営むも、その難易異なるの理なし。もし官の事務易くして、その利益私の営業よりも多きことあらば、すなわちその利益は働きの実に過ぎたるものと云うべし。実に過ぐるの利を貪るは君子のなさざるところなり。無芸無能、僥倖によりて官途に就き、みだりに給料を貪りて奢侈の資となし、戯れに天下の事を談ずる者は我が輩の友にあらず。

1人間の事務　世間のつとめ。2間然する　欠点を取り上げて批判すること。3宿昔青雲の志　若いころから抱いていた立身出世しようとする意志。4頂門に一針を加え　相手の急所を突いて戒めること。5多端　多忙であること。

文明論之概略（抄）

文明論之概略　緒言

文明論とは人の精神発達の議論なり。その趣意は一人の精神発達を論ずるにあらず、天下衆人の精神発達を一体に集めて、その一体の発達を論ずるものなり。ゆえに文明論、あるいはこれを衆心発達論と云(い)うも可なり。けだし人の世に処するには局処の利害得失に掩(おお)われてその所見を誤るもの甚だ多し。習慣の久しきに至りてはほとんど天然と人為とを区別すべからず。その天然と思いしもの、果たして習慣なることあり。あるいはその習慣と認めしもの、かえって天然なることなきにあらず。この紛擾雑駁(ふんじょうざつぱく)の際について条理の紊(みだ)れざるものを求めんとすることなれば、文明の議論また難しと云うべし。

今の西洋の文明は羅馬(ローマ)の滅後より今日に至るまでおおよそ一千有余年の間に成長したるものにて、その由来すこぶる久しと云うべし。我が日本も建国以来既に二千五百年を経て、我が邦一己(いっこ)の文明はおのずから進歩してその達するところに達したりといえども、これを西洋の文明に比すれば趣の異なるところなきを得ず。嘉永(かえい)年中米人渡来、次いで西洋諸国と通信貿易の条約を結ぶに及んで、我が国の人民始めて西洋あるを知り、彼我の文明の有り様を比較して大いに異別あるを知り、一時に耳目を驚かしてあたかも人心の騒乱を生じたるがごとし。もとより我が二千五百年の間、世の治乱興廃によりて人を驚かしたることなきにあらずといえども、深く人心の内部を犯してこれを感動せしめたるものは、上古、儒仏の教えを支那より伝えたるの一事を初めとなし、その後は特に輓近の外交を以て最とす。しかのみならず、儒仏の教えは亜細亜の元素を伝えて亜細亜に施したることなれば、ただ粗密の差あるのみにてこれに接すること難からず。あるいは我がためには新にして奇ならずと云うも可なりといえども、かの輓近の外交に至りてはすなわち然らず。地理の区域を異にし、文明の元素を異にし、その元素の発育を異にし、その発育の度を異にしたる特殊異別のものに逢うてとみに近く相接することとなれば、我が人民においてそのことの新にして珍しきはもちろん、事々物々見るとして奇ならざるはなし、聞くとして怪ならざるはなし。これを譬えば極熱の火を以て極寒の水に接するがごとく、人の精神に波瀾を生ずるのみならず、その内部の底に徹して転覆回旋の大騒乱を起こさざるを得ざるなり。

　この人心騒乱の事跡に見われたるものは、前年の王制一新なり、次いで廃藩置県なり。以て今日に及びしことなれども、これらの諸件を以て止むべきにあらず。兵馬の騒乱は数年前にありて既に跡なしといえども、人心の騒乱は今なお依然として日にますます甚だしと云うべし。けだしこの騒乱は全国の人民文明に進まんとするの奮発なり。我が文明に満足せずして西洋の文明を取らんとするの熱心なり。ゆえにその期するところは、到底我が文明をして西洋の文明のごとくならしめてこれと並立するか、あるいはその右に出ずるに至らざれば止むことなかるべし。しこうしてかの西洋の文明も今まさに運動の中にありて日に月に改進するものなれば、我が国の人心もこれとともに運動を与(とも)にして遂に消息の期あるべからず。実に嘉永年中米人渡来の一挙はあたかも我が民心に火を点じたるがごとく、ひとたび燃えてまたこれを止むべからざるものなり。

人心の騒乱かくのごとし。世の事物の紛擾雑駁なることほとんど想像すべからざるに近し。この際に当たりて文明の議論を立て条理の紊れざるものを求めんとするは、学者のことにおいて至大至難の課業と云うべし。西洋諸国の学者が日新の説を唱えて、その説したがって出ずればしたがって新たにして、人の耳目を驚かすもの多しといえども、千有余年の沿革により先人の遺物を伝えてこれを切磋(せっさ)琢磨(たくま)することなれば、たといその説は新奇なるも、等しく同一の元素より発生するものにて新たにこれを造るにあらず。これを我が国今日の有り様に比してあに同日の論ならんや。今の我が文明はいわゆる火より水に変じ、無より有に移らんとするものにて、卒突の変化、ただにこれを改進と云うべからず、あるいは始造と称するもまた不可なきがごとし。その議論の極めて困難なるも謂(いわ)れなきにあらざるなり。

今の学者はこの困難なる課業に当たるといえども、ここにまた偶然の僥倖(ぎょうこう)なきにあらず。その次第を云えば、我が国開港以来、世の学者はしきりに洋学に向かい、その研究するところもとより粗鹵狭隘(そろきょうあい)[2]なりといえども、西洋文明の一斑は彷彿(ほうふつ)として窺(うかが)い得たるがごとし。

また一方にはこの学者なるもの、二十年以前は純然たる日本の文明に浴し、ただにそのことを聞見したるのみにあらず、現にそのことに当たりてそのことを行うたる者なれば、既往を論ずるに臆測推量の曖昧に陥ること少なくして、直に自己の経験を以てこれを西洋の文明に照らすの便利あり。この一事については、彼の西洋の学者が既に体を成したる文明の内に居て他国の有り様を推察する者よりも、我が学者の経験を以てさらに確実なりとせざるべからず。今の学者の僥倖とはすなわちこの実験の一事にして、しかもこの実験は今の一世を過ぐれば決して再び得べからざるものなれば、今のときは殊に大切なる好機会と云うべし。

　試みに見よ、方今我が国の洋学者流、その前年は悉皆漢書生ならざるはなし、悉皆神仏者ならざるはなし。封建の士族にあらざれば封建の民なり。あたかも一身にして二生を経るがごとく、一人にして両身あるがごとし。二生相比し両身相較し、その前生前身に得たるものを以てこれを今生今身に得たる西洋の文明に照らして、その形影の互いに反射するを見ば果たして何の観をなすべきや。その議論必ず確実ならざるを得ざるなり。けだし余が彷彿たる洋学の所見を以て、あえて自ら賤劣を顧みずこの冊子を著すに当たりて、直に西洋諸家の原書を訳せず、ただその大意を斟酌してこれを日本の事実に参合したるも、余輩のまさに得て後人のまた得べからざる好機会を利して、今の所見を遺して後の備考に供せんとするの微意のみ。ただしその議論の粗鹵にして誤謬の多きはもとより自ら懺悔白状するところなれば、特に願わくは後の学者、大いに学ぶことありて、あくまで西洋の諸書を読み、あくまで日本の事情を詳らかにして、ますます所見を博くしますます議論を密にして、真に文明の全大論と称すべきものを著述し、以て日本全国の面を一新せんことを企望するなり。余もまた年いまだ老したるにあらず、他日必ずこの大挙あらんことを待ち、今よりさらに勉強してその一臂の助けたらんことを楽しむのみ。

書中西洋の諸書を引用してその原文を直に訳したるものはその著書の名を記して出典を明らかにしたれども、ただその大意を撮りてこれを訳するか、または諸書を参考して趣意のあるところを探り、その意に拠りて著者の論を述べたるものは、いちいち出典を記すべからず。これを譬えば食物を喰らいてこれを消化したるがごとし。その物は外物なれども、ひとたび我に取ればおのずから我が身内のものたらざるを得ず。ゆえに書中稀に良説あらば、その良説は余が良説にあらず、食物の良なるゆえと知るべし。

この書を著すに当たり、往々社友[3]に謀りてあるいはその所見を問い、あるいはそのかつて読みたる書中の議論を聞きて益を得ること少なからず。なかんずく、小幡篤次郎君へは特にその閲見を煩わして正刪[4]を乞い、すこぶる理論の品価を増したるもの多し。明治八年三月二十五日、福澤諭吉記。

1紛擾雑駁　雑然としてまとまりがなく、紛糾していること。　2粗鹵狭隘　粗雑で役に立たず、偏狭であること。　3社友　慶應義塾の同志のこと。　4正刪　文章表現を正したり削り改めたりすること。

第一章　議論の本位を定むること

軽重、長短、善悪、是非等の字は相対したる考えより生じたるものなり。軽あらざれば重あるべからず、善あらざれば悪あるべからず。ゆえに軽とは重よりも軽し、善とは悪よりも善しと云うことにて、これと彼と相対せざれば軽重善悪を論ずべからず。かくのごとく相対して重と定まり善と定まりたるものを議論の本位と名づく。諺に云く、腹は脊に替えがたし。また云く、小の虫を殺して大の虫を助くと。ゆえに人身の議論をするに、腹の部は脊の部よりも大切なるものゆえ、むしろ脊に疵を被るも腹をば無難に守らざるべからず。また動物を取り扱うに、鶴は鰌よりも大にして貴きものゆえ、鶴の餌には鰌を用ゆるも妨げなしと云うことなり。譬えば日本にて封建の時代に大名藩士無為にして衣食せしものを、その制度を改めて今のごとくなしたるは、いたずらに有産の輩を覆して無産の難渋に陥れたるに似たれども、日本国と諸藩とを対すれば、日本国は重し、諸藩は軽し、藩を廃するはなお腹の脊に替えられざるがごとく、大名藩士の禄を奪うは鰌を殺して鶴を養うがごとし。すべて事物を詮索するには枝末を払うてその本源に溯り、止まるところの本位を求めざるべからず。かくのごとくすれば議論の箇条は次第に減じてその本位はますます確実なるべし。「ニウトン」[1]初めて引力の理を発明し、およそ物、ひとたび動けば動きて止まらず、ひとたび止まれば、止まりて動かずと、明らかにその定則を立ててより、世界万物運動の理、皆これによらざるはなし。定則とはすなわち道理の本位と云うも可なり。もし運動の理を論ずるに当たりて、この定則なかりせばその議論区々にして際限あることなく、船は船の運動を以て理の定則を立て、車は車の運動を以て論の本位を定め、いたずらに理論の箇条のみを増してその帰するところの本は一なるを得ず、一ならざればすなわちまた確実なるを得ざるべし。

議論の本位を定めざればその利害得失を談ずべからず。城郭は守る者のために利なれども攻むる者のためには害なり。敵の得は味方の失なり。往者の便利は来者の不便なり。ゆえにこれらの利害得失を談ずるには、まずそのためにするところを定め、守る者のためか、攻むる者のためか、敵のためか、味方のためか、いずれにてもその主とするところの本を定めざるべからず。古今の世論多端にして互いに相齟齬するものも、その本を尋ぬれば初めに所見を異にして、その末に至り強いてその枝末を均しうせんと欲するによりて然るものなり。譬えば神仏の説、常に合わず、おのおのその主張するところを聞けばいずれももっとものように聞こゆれども、その本を尋ぬれば神道は現在の吉凶を云い、仏法は未来の禍福を説き、議論の本位を異にするを以て両説遂に合わざるなり。漢儒者と和学者との間にも争論ありて千緒万端なりといえども、結局その分かるるところの大趣意は、漢儒者は湯武の放伐[2]を是とし、和学者は一系万代を主張するにあり。漢儒者の困却するはただこの一事のみ。かくのごとく事物の本に還らずして末のみを談ずるの間は、神儒仏の異論も落着するの日なくして、その趣はあたかも武用に弓矢剣鎗の得失を争うがごとく際限あるべからず。もしこれを和睦せしめんと欲せば、そのおのおの主張するところのものよりも一層高尚なる新説を示して、おのずから新旧の得失を判断せしむるの一法あるのみ。弓矢剣鎗の争論もかつて一時は喧しきことなりしが、小銃の行われてより以来は世上にこれを談ずる者なし。神官の話を聞かば、神道にも神葬祭の法あるゆえ未来を説くなりと云い、また僧侶の説を聞かば、法華宗などには加持祈禱のしきたりもあるゆえ仏法においても現在の吉凶を重んずるものなりと云い、必ず込み入りたる議論を述ぶるならん。されどもこれらは皆神仏混合の久しきにより、僧侶が神官の真似を試み、神官が僧侶の職分を犯さんとせしのみにて、神仏両教の大趣意を論ずれば、一は未来を主とし一は現在を主とすること、数千年来の習慣を見て明らかなり。今日また喋々の議論を聞くに足らず。

また議論の本位を異にする者を見るに、説の末は相同じきに似たれども中途より互いに枝別してその帰するところを異にすることあり。ゆえに事物の利害を説くに、そのこれを利としこれを害とするところを見れば両説相同じといえども、これを利としこれを害とするゆえんの理を述ぶるに至れば、その説、中途より相分かれて帰するところ同じからず。譬えば頑固なる士民は外国人を悪むを以て常とせり。また学者流の人にても少しく見識ある者は外人の挙動を見て決して心酔するにあらず、これを悦ばざるの心はかの頑民に異なることなしと云うも可なり。この一段までは両説相投ずるがごとくなれども、そのこれを悦ばざるの理を述ぶるに至りて始めて齟齬を生じ、甲はただ外国の人を異類のものと認め、事柄の利害得失にかかわらずしてひたすらこれを悪むのみ。乙は少しく所見を遠大にして、ただこれを悪み嫌うにはあらざれども、その交際上より生ずべき弊害を思慮し、文明と称する外人にても我に対して不公平なる処置あるを忿るなり。双方ともにこれを悪むの心は同じといえども、これを悪むの源因を異にするがゆえに、これに接するの法もまた一様なるを得ず。すなわちこれ攘夷家と開国家と、説の末を同じうすれども中途より相分かれてその本を異にするところなり。すべて人間万事遊嬉宴楽のことに至るまでも、人々そのことをともにしてその好尚を別にするもの多し。一時その人の挙動を皮相してにわかにその心事を判断すべからざるなり。

またあるいは事物の利害を論ずるに、その極度と極度とを持ち出だして議論の始めより相分かれ、双方互いに近づくべからざることあり。その一例を挙げて云わん。今、人民同権の新説を述ぶる者あれば、古風家の人はこれを聞きてたちまち合衆政治の論とみなし、今我が日本にて合衆政治の論を主張せば我が国体をいかがせんと云い、遂には不測の禍あらんと云い、その心配の模様はあたかも今に無君無政の大乱に陥らんとてこれを恐怖するもののごとく、議論の始めより未来の未来を想像して、いまだ同権の何物たるを糺さず、その趣旨のあるところを問わず、ひたすらこれを拒むのみ。またかの新説家も始めより古風家を敵のごとく思い、無理を犯して旧説を排せんとし、遂に敵対の勢いをなして議論の相合うことなし。畢竟双方より極度と極度とを持ち出だすゆえこの不都合を生ずるなり。

手近くこれを譬えて云わん。ここに酒客と下戸と二人ありて、酒客は餅を嫌い下戸は酒を嫌い、等しくその害を述べてその用を止めんと云うことあらん。然るに下戸は酒客の説を排して云く、餅を有害のものと云わば我が国数百年来の習例を廃して正月の元旦に茶漬を喰らい、餅屋の家業を止めて国中に餅米を作ることを禁ずべきや、行わるべからざるなりと。酒客はまた下戸を駁して云く、酒を有害のものとせば明日より天下の酒屋を毀ち、酩酊する者は厳刑に処し、薬品の酒精には甘酒を代用となし、婚礼の儀式には水盃をなすべきや、行わるべからざるなりと。かくのごとく異説の両極相接するときはその勢い必ず相衝いて相近づくべからず、遂に人間の不和を生じて世の大害をなすことあり。天下古今にその例少なからず。この不和なるもの学者士君子の間に行わるるときは、舌と筆とを以て戦い、あるいは説を吐きあるいは書を著し、いわゆる空論を以て人心を動かすことあり。ただ無学文盲なる者は舌と筆とを用ゆること能わずして筋骨の力に依頼し、ややもすれば暗殺等を企つること多し。

また世の議論を相駁するものを見るに、互いに一方の釁[3]を撃ちて双方の真面目を顕し得ざることあり。その釁とは事物の一利一得に伴うところの弊害を云うなり。譬えば田舎の百姓は正直なれども頑愚なり、都会の市民は怜悧なれども軽薄なり。正直と怜悧とは人の美徳なれども、頑愚と軽薄とは常にこれに伴うべき弊害なり。百姓と市民との議論を聞くに、その争端このところにあるもの多し。百姓は市民を目して軽薄児と称し、市民は百姓を罵りて頑陋物と云い、その状情あたかも双方の匹敵おのおの片眼を閉ざし、他の美を見ずしてその醜のみを窺うもののごとし。もしこの輩をしてその両眼を開かしめ、片眼以て他の所長を察し片眼以てその所短を見せしめなば、あるいはその長短相償うてこれがため双方の争論も和することあらん。あるいはその所長を以てまったく所短を掩い、その争論止むのみならず、遂には相友視して互いに益を得ることもあるべし。

世の学者もまたかくのごとし。譬えば方今日本にて議論家の種類を分かてば古風家と改革家と二流あるのみ。改革家は穎敏にして進みて取るものなり、古風家は実着にして退きて守るものなり。退きて守る者は頑陋に陥るの弊あり、進みて取る者は軽率に流るるの患いあり。然りといえども、実着は必ずしも頑陋に伴わざるべからざるの理なし、穎敏は必ずしも軽率に流れざるべからざるの理なし。試みに見よ、世間の人、酒を飲んで酔わざる者あり、餅を喰ろうて食傷せざる者あり。酒と餅とは必ずしも酩酊と食傷との原因にあらず、その然ると然らざるとはただこれを節するいかんにあるのみ。然らばすなわち古風家も必ず改革家を悪むべからず、改革家も必ず古風家を侮るべからず。ここに四の物あり、甲は実着、乙は頑陋、丙は穎敏、丁は軽率なり。甲と丁と当たりて乙と丙と接すれば、必ず相敵して互いに軽侮せざるを得ずといえども、甲と丙と逢うときは必ず相投じて相親しまざるを得ず。既に相親しむの情を発すれば始めて双方の真面目を顕し、次第にその敵意を鎔解するを得べし。

昔封建のときに大名の家来、江戸の藩邸に住居する者と国邑(こくゆう)にある者と、その議論常に齟齬して同藩の家中ほとんど讐敵(しゅうてき)のごとくなりしことあり。これまた人の真面目を顕さざりし一例なり。これらの弊害はもとより人の智見の進むに従いておのずから除くべきものとはいえども、これを除くに最も有力なるものは人と人との交際なり。その交際は、あるいは商売にてもまたは学問にても、甚だしきは遊芸、酒宴あるいは公事訴訟喧嘩戦争にても、ただ人と人と相接してその心に思うところを言行に発露するの機会となる者あれば、大いに双方の人情を和らげ、いわゆる両眼を開きて他の所長を見るを得べし。人民の会議、社友の演説、道路の便利、出版の自由等、すべてこの類のことについて識者の眼を着する由縁も、この人民の交際を助くるがために殊(こと)にこれを重んずるものなり。

すべて事物の議論は人々の意見を述べたるものなればもとより一様なるべからず。意見高遠なれば議論もまた高遠なり、意見近浅なれば議論もまた近浅なり。その近浅なるものは、いまだ議論の本位に達することを能わずして早く既に他の説を駁せんと欲し、これがため両説の方向を異にすることあり。譬えば今外国交際の利害を論ずるに、甲も開国の説なり、乙も開国の説にて、にわかにこれを見れば甲乙の説符合するに似たれども、その甲なる者ようやくその論説を詳らかにしてすこぶる高遠の場合に至るに従い、その説ようやく乙の耳に逆ろうて遂に双方の不和を生ずることあるがごとき、これなり。けだしこの乙なる者はいわゆる世間通常の人物にして通常の世論を唱え、その意見の及ぶところ近浅なるがゆえに、いまだ議論の本位を明らかにすること能わず、にわかに高尚なる言を聞きてかえってその方向を失うものなり。世間にその例少なからず。なおかの胃弱家が滋養物を喰らい、これを消化すること能わずしてかえって病を増すがごとし。この趣を一見すれば、あるいは高遠なる議論は世のために有害無益なるに似たれども、決して然らず。高遠の議論あらざれば後進の輩をして高遠の域に至らしむべき路なし。胃弱を恐れて滋養を廃しなば患者は遂に斃るべきなり。この心得違いよりして古今世界に悲しむべき一事を生ぜり。

いずれの国にてもいずれの時代にても、一世の人民を視るに、至愚なる者も甚だ少なく至智なる者も甚だ稀なり。ただ世に多き者は、智愚の中間に居て世間と相移り罪もなく功もなく互いに相雷同して一生を終うる者なり。この輩を世間通常の人物と云う。いわゆる世論はこの輩の間に生ずる議論にて、まさに当世の有り様を摸出し、前代を顧みて退くこともなく、後世に向かいて先見もなく、あたかも一処に止まりて動かざるがごときものなり。然るに今世間にこの輩の多くしてその衆口の喧しきがためにとて、その所見を以て天下の議論を画し、僅かにこの画線の上に出ずるものあればすなわちこれを異端妄説と称し、強いて画線の内に引き入れて天下の議論を一直線のごとくならしめんとする者あるは、果たして何の心ぞや。もしかくのごときならしめなば、かの智者なるものは国のために何らの用をなすべきや。後来を先見して文明の端を開かんとするには果たして何人に依頼すべきや。思わざるの甚だしきものなり。

試みに見よ、古来文明の進歩、その初めは皆いわゆる異端妄説に起こらざるものなし。「アダムスミス」が始めて経済の論を説きしときは世人皆これを妄説として駁したるにあらずや。「ガリレヲ」[4]が地動の論を唱えしときは異端と称して罪せられたるにあらずや。異説争論年また年を重ね、世間通常の群民はあたかも智者の鞭韃を受けて知らず識らずその範囲に入り、今日の文明に至りては学校の童子といえども経済地動の論を怪しむ者なし。ただにこれを怪しまざるのみならず、この議論の定則を疑うものあればかえってこれを愚人として世間に歯[5]せしめざるの勢いに及べり。

また近く一例を挙げて云えば、今を去ること僅かに十年、三百の諸侯おのおの一政府を設け、君臣上下の分を明らかにして生殺与奪の権を執り、その堅固なることこれを万歳に伝うべきがごとくなりしもの、瞬間に瓦解して今の有り様に変じ、今日となりては世間にこれを怪しむ者なしといえども、もし十年前に当たりて諸藩士のうちに廃藩置県等の説を唱うる者あらば、その藩中にてこれを何とか云わん。立ちどころにその身を危うすること論を俟たざるなり。ゆえに昔年の異端妄説は今世の通論なり、昨日の奇説は今日の常談なり。然らばすなわち今日の異端妄説もまた必ず後年の通論常談なるべし。学者よろしく世論の喧しきを憚らず、異端妄説の譏りを恐るることなく、勇を振るいて我が思うところの説を吐くべし。あるいはまた他人の説を聞きて我が持論に適せざることあるも、よくその意のあるところを察して、容るべきものはこれを容れ、容るべからざるものはしばらくその向かうところに任して、他日双方帰するところを一にするのときを待つべし。すなわちこれ議論の本位を同じうするの日なり。必ずしも他人の説を我が範囲のうちに籠絡して天下の議論を画一ならしめんと欲するなかれ。

右の次第を以て事物の利害得失を論ずるには、まずその利害得失の関わるところを察してその軽重是非を明らかにせざるべからず。利害得失を論ずるは易しといえども、軽重是非を明らかにするは甚だ難し。一身の利害を以て天下のことを是非すべからず、一年の便不便を論じて百歳の謀(はかりごと)を誤るべからず。多く古今の論説を聞き、博(ひろ)く世界の事情を知り、虚心平気以て至善の止まるところを明らかにし、千百の妨碍(ぼうがい)を犯して世論に束縛せらるることなく、高尚の地位を占めて前代を顧み、活眼を開きて後世を先見せざるべからず。けだし議論の本位を定めてこれに達するの方法を明らかにし、満天下の人をして悉皆我が所見に同じからしめんとするは、もとより余輩の企つるところにあらずといえども、あえて一言を掲げて天下の人に問わん。今のときに当たりて、前に進まんか、後に退かんか、進みて文明を逐(お)わんか、退きて野蛮に返らんか、ただ進退の二字あるのみ。世人もし進まんと欲するの意あらば余輩の議論もまた見るべきものあらん。そのこれを実際に施すの方法を説くはこの書の趣旨にあらざればこれを人々の工夫に任ずるなり。

1ニウトン　アイザック・ニュートン（一六四二―一七二七年）。イギリスの物理学者。　2湯武の放伐「放伐」は中国の王朝交代の一形式で、有徳者が武力によって暴君を放逐し、代わりにその地位につくこと。殷の湯王と周の武王が典型とされる。　3釁　隙間、弱点。　4ガリレヲ　ガリレオ・ガリレイ（一五六四―一六四二年）。イタリアの天文学者。　5歯す　同列になること、仲間に入ること。

第九章　日本文明の由来

前章[1]に云えるごとく、西洋の文明は、その人間の交際に諸説の並立してようやく相近づき、遂に合して一となり、以てその間に自由を存したるものなり。これを譬えば金銀銅鉄等のごとき諸元素を鎔解して一塊となし、金にあらず、銀にあらず、また銅鉄にあらず、一種の混和物を生じておのずからその平均を成し、互いに相維持して全体を保つもののごとし。顧みて我が日本の有り様を察すれば大いにこれに異なり。日本の文明もその人間の交際においてもとより元素なかるべからず。立君なり貴族なり、宗教なり人民なり、皆古より我が国に存しておのおの一種族をなし、各自家の説なきにあらざれども、その諸説並立するを得ず、相近づくを得ず、合して一となるを得ず。これを譬えば金銀銅鉄の諸品はあれども、これを鎔解して一塊となすこと能わざるがごとし。もしあるいは合して一となりたるがごときものありといえども、その実は諸品の割合を平均して混じたるにあらず。必ず片重片軽、一を以て他を滅し、他をしてその本色を顕すを得せしめざるものなり。なおかの金銀の貨幣を造るに十分一の銅を混合するも、銅はその本色を顕すを得ずして、その造り得たるものは純然たる金銀貨幣なるがごとし。これを事物の偏重と名づく。

そもそも文明の自由は他の自由を費やして買うべきものにあらず。もろもろの権義を許しもろもろの利益を得せしめ、もろもろの意見を容れもろもろの力を逞しうせしめ、彼我平均の間に存するのみ。あるいは自由は不自由の際に生ずと云うも可なり。ゆえに人間の交際において、あるいは政府、あるいは人民、あるいは学者、あるいは官吏、その地位のいかんを問わず、ただ権力を有する者あらば、たとい智力にても腕力にても、その力と名づくるものについては必ず制限なかるべからず。すべて人類の有する権力は決して純精なるを得べからず。必ずその中に天然の悪弊を胚胎して、あるいは卑怯なるがために事を誤り、あるいは過激なるがために物を害すること、天下古今の実験によりて見るべし。これを偏重の禍と名づく。有権者常に自ら戒めざるべからず。我が国の文明を西洋の文明に比較して、その趣の異なるところは特にこの権力の偏重について見るべし。

日本にて権力の偏重なるは、あまねくその人間交際の中に浸潤して至らざるところなし。本書第二章[2]に、一国人民の気風と云えることあり。すなわちこの権力の偏重も、かの気風の中の一箇条なり。今の学者、権力のことを論ずるには、ただ政府と人民とのみを相対して、あるいは政府の専制を怒りあるいは人民の跋扈を咎むる者多しといえども、よく事実を詳らかにして細かに吟味すれば、この偏重は交際の至大なるものより至小なるものに及び、大小を問わず公私にかかわらず、いやしくもここに交際あればその権力偏重ならざるはなし。その趣を形容して云えば、日本国中に千百の天秤を掛け、その天秤大となく小となく、ことごとく皆一方に偏して平均を失うがごとく、あるいはまた三角四面の結晶物を砕きて、千分となし万分となし遂に細粉となすも、その一分子はなお三角四面の本色を失わず、またこの砕粉を合して一小片となしまた合して一塊となすも、その物は依然として三角四面の形を保つがごとし。権力偏重の一般にあまねくして事々物々微細緻密(ちみつ)の極にまで通達する有り様はかくのごとしといえども、学者の特にこれに注意せざるは何ぞや。ただ政府と人民との間は交際の大にして公なるものにて著しく人の耳目に触るるがゆえに、その議論もこれを目的とするもの多きのみ。

今実際について偏重のあるところを説かん。ここに男女の交際あれば男女権力の偏重あり、ここに親子の交際あれば親子権力の偏重あり、兄弟の交際にもこれあり、長幼の交際にもこれあり、家内を出でて世間を見るもまた然らざるはなし。師弟、主従、貧富貴賤、新参故参、本家末家、いずれも皆その間に権力の偏重を存せり。なお一歩を進めて人間のやや種族を成したるところのものについてこれを見れば、封建のときに大藩と小藩あり、寺に本山と末寺あり、宮に本社と末社あり、いやしくも人間の交際あれば必ずその権力に偏重あらざるはなし。あるいはまた政府の中にても官吏の地位階級に従いてこの偏重あること最も甚だし。政府の吏人が平民に対して威を振るう趣を見ればこそ権あるに似たれども、この吏人が政府中にありて上級の者に対するときは、その抑圧を受くること平民が吏人に対するよりもなお甚だしきものあり。譬えば地方の下役らが村の名主どもを呼び出だして事を談ずるときはその傲慢厭うべきがごとくなれども、この下役が長官に接する有り様を見ればまた憫笑に堪えたり。名主が下役に逢うて無理に叱らるる模様は気の毒なれども村に帰りて小前[3]の者を無理に叱る有り様を見ればまた悪むべし。甲は乙に圧せられ乙は丙に制せられ、強圧抑制の循環、窮極あることなし。また奇観と云うべし。もとより人間の貴賤貧富、智愚強弱の類は、その有り様（コンヂーション）[4]にて幾段も際限あるべからず。この段階を存するも交際に妨げあるべからずといえども、この有り様の異なるに従いてかねてまたその権義（ライト）をも異にするもの多し。これを権力の偏重と名づくるなり。

今世間の事物を皮相すれば有権者はただ政府のみのごとくなれども、よく政府の何物たるを吟味してその然る由縁を求めなば、やや議論の密なるものに達すべし。元来政府は国人の集まりて事をなすところなり。この場所にある者を君主と名づけ官吏と名づくるのみ。しこうしてこの君主官吏は生まれながら当路の君主官吏にあらず。たとい封建の時代に世位世官の風あるも、実際に事を執る者は多くは偶然に撰ばれたる人物なり。この人物、一旦政府の地位に登ればとて、たちまち平生の心事を改むるの理なし。そのあるいは政府にありて権を恣にすることあるは、すなわち平生の本色を顕したるもののみ。その証拠には封建の時代にても賤民を挙げて政府の要路に用いたることなきにあらずといえども、その人物の所業を見れば決して奇なるものなし。ただ従前の風に従いて少しく事を巧にするより外ならず。その巧はすなわち擅権(せんけん)の巧にて、民を愛して愚にするにあらざれば、これを威して退縮せしむるものなり。もしこの人物をして民間にあらしめなば、必ず民間にありてこのことを行うべし。村にあらば村にて行い、市にあらば市にて行い、到底我が国民一般に免るべからざるの流行病なれば、独りこの人に限りてこれを脱却することあるべからず。ただ政府にあればその事業盛大にしてよく世間の耳目に触るるを以て、人の口吻(こうふん)にも掛くることとなり。

ゆえに政府は独り擅権の源にあらず、擅権者を集会せしむるの府なり。擅権者に席を貸して平生の本色を顕し盛んに事を行わしむるにあたかも適当したる場所なり。もし然らずして擅権の源は特に政府にありとせば、全国の人民はただ在官の間のみこの流行病に感じて前後は果たして無病なるか、不都合なりと云うべし。そもそも権を恣にするは有権者の通弊なれば、既に政府にありて権を有すればその権のために自ら眩惑(げんわく)してますますこれを弄(もてあそ)ぶの弊もあらん、あるいはまた政府一家の成り行きにて擅権にあらざれば事を行うべからざるの勢いもあらんといえども、この一般の人民にして平生の教育習慣に絶えてなきところのものを、ただ政府の地位に当たればとてとみにこれを心に得て事に施すの理は万々あるべからざるなり。

右の議論に従えば、権を恣にしてその力の偏重なるは決して政府のみにあらず、これを全国人民の気風と云わざるを得ず。この気風はすなわち西洋諸国と我が日本とを区別するに著しき分界なれば、今ここにその源因を求めざるべからずといえども、そのこと甚だ難し。西人の著書に亜細亜洲に擅権の行わるる源因は、その気候温暖にして土地肥沃なるによりて人口多きに過ぎ、地理山海の険阻洪大なるによりて妄想恐怖の念甚だしき等にありとの説もあれども、この説を取りて直に我が日本の有り様に施し、以て事の不審を断ずべきや、いまだ知るべからず。たといこれによりて不審を断ずるも、その源因は悉皆天然のことなれば人力を以てこれをいかんともすべからず。ゆえに余輩はただ事の成り行きを説きて、擅権の行わるる次第を明らかにせんと欲するのみ。その次第既に明らかならばまたこれに応ずるの処置もあるべし。

そもそも我が日本国も開闢の初めにおいては、世界中の他の諸国のごとく、若干の人民一群を成し、その一群のうちより腕力最も強く智力最も逞しき者ありてこれを支配するか、あるいは他の地方より来りこれを征服してその酋長たりしことならん。歴史に拠れば神武天皇、西より師を起こしたりとあり。一群の人民を支配するはもとより一人の力にて能すべきことにあらざれば、その酋長に付属して事を助くる者なかるべからず。その人物は、あるいは酋長の親戚、あるいは朋友のうちより取りて、ともに力を合わせ、おのずから政府の体裁を成したることならん。既に政府の体裁を成せば、この政府にある者は人民を治むる者なり、人民はその治を被る者なり。ここにおいてか始めて治者と被治者との区別を生じ、治者は上なり主なりまた内なり、被治者は下なり客なりまた外なり。上下主客内外の別、判然として見るべし。けだしこの二者は日本の人間交際において最も著しき分界をなし、あたかも我が文明の二元素と云うべきものなり。往古より今日に至るまで交際の種族は少なからずといえども、結局その至るところはこの二元素に帰し、一も独立して自家の本分を保つものなし。（治者と被治者と相分かる）

人を治むるはそのことももとより易からず。ゆえにこの治者の党に入る者は必ず腕力と智力と兼ねてまた多少の富なかるべからず。既に身心の力あり、またこれに富有を兼ぬるときは、必ず人を制するの権を得べし。ゆえに治者は必ず有権者ならざるを得ず。王室はこの有権者の上に立ち、その力を集めて以て国内を制し、戦いて克(か)たざるはなし、征して降(くだ)さざるはなし。かつ被治者なる人民も、王室の由来久しきのゆえを以てますますこれに服従し、神后[5]の時代よりしばしば外征のこともあり、国内に威福の行われて内顧の患いなかりしこと推して知るべし。爾後(じご)人文ようやく開け、養蚕造船の術、織縫耕作の器械、医儒仏法の書、その他文明の諸件は、あるいは朝鮮より伝え、あるいは自国にて発明し、人間生々の有り様は次第に盛大に及ぶといえども、この文明の諸件を施行するの権は悉皆政府の一手に属し、人民はただその指揮に従うのみ。しかのみならず全国の土地、人民の身体までも、王室の私有にあらざるはなし。この有り様を見れば被治者は治者の奴隷に異ならず。後世に至るまでも御国、御田地、御百姓等の称あり。この御の字は政府を尊敬したる語にて、日本国中の田地も人民の身体も皆政府の私有品と云う義なり。仁徳天皇民家に炊(すい)

烟の起くるを見て朕既に富めりと云いしも[6]、必竟愛人[7]の本心より出でて、民の富むはなお我富むがごとしとの趣意にて、いかにも虚心平気なる仁君と称すべしといえども、天下を一家のごとくみなしてこれを私有するの気象は窺い見るべし。

この勢いにて天下の権はことごとく王室に帰し、その力、常に一方に偏して、以て王代の末に至れり。けだし権力の偏重は前に云えるごとく至大より至細に至り、人間の交際を千万に分かてば千万段の偏重あり、集めて百となせば百段の偏重あり、今王室と人民との二段に分かてば、偏重もまたこの間に生じて、王室の一方に偏したるものなり。(国力王室に偏す)

源平の起くるに及んで天下の権は武家に帰し、これによりてあるいは王室と権力の平均をなし、人間交際の勢い一変すべきに似たれども、決して然らず。源平なり、王室なり、皆これ治者中の部分にて、国権の武家に帰したるは治者中のこの部分よりかの部分に力を移したるのみ。治者と被治者との関係は依然として上下主客の勢いを備え、毫も旧時に異なることなし。ただに異なることなきのみならず、曩に光仁天皇、宝亀年中天下に令を下して兵と農とを分かち、百姓の富みて武力ある者を撰びて兵役に用い、その羸弱なる者をして農に就かしめたりとあり。この令の趣意に従えば、人民の富みて強き者は武力を以て小弱を保護し、その貧にして弱き者は農を勉めて武人に給することとなれば、貧弱はますます貧弱に陥り、富強はますます富強に進み、治者と被治者との分界ますます判然として、権力の偏重はますます甚だしからざるを得ず。

　諸書を案ずるに、頼朝(よりとも)が六十余州の総追捕使[8]となりて、毎国に守護を置き、荘園に地頭を補し、以て従前の国司荘司の権を殺(そ)ぎしより以来、諸国の健児(こんでい)[9]のうちにて筋目もあり人をも持つ者は守護地頭の職に任じ、以下の者は御家人と称して守護地頭の支配を受け、悉皆幕府の手の者となりて、あるいは百日交代にて鎌倉に宿衛するの例もありと云う。北条の時代にも大抵同じ有り様にて、国中処(ところ)として武人あらざるはなし。承久の乱[10]に泰時(やすとき)十八騎にて鎌倉を打ち立ちたるは五月二十二日のことなるが、同二十五日まで三日の間に東国の兵ことごとく集まりて、都合十九万騎とあり。これによりて考うれば、諸国の武人なる者は平生より出陣の用意に忙しく、もとより農業を勉むるの暇(いとま)あるべからず、必ず他の小民の力によりて食いしこと明らかに知るべし。兵農の分界いよいよ明らかに定まりて、人口の増加するに従い武人の数も次第に増したることならん。頼朝のときにはおおむね関東伺候の武家を以て諸国の守護に配し、三、五年の交代なりしが、その後いつとなく譜代世禄[11]の職となり、北条亡びて足利の代に至りては、この守護なる者、互いに相併呑(へいどん)し、あるいは興りあるいは廃し、あるいは土豪に逐われあるいは家来に奪われ、ようやく封建の勢いを成したるなり。

　王代以来の有り様を概して云えば、日本の武人、始めは国内の処在に布散して一人一人の権を振るい、以て王室の命に服したるもの、鎌倉の時代に至るまでにようやく合して幾個の小体を成し、始めて大小名の称あり。足利の代に至りてはまた合して体の大なるものを成したれども、その体と体と合するを得ず。すなわち応仁以後の乱世にて、武人の最も盛んなるときなり。かくのごとく、武人の世界には合離集散あり進退栄枯あれども、人民の世界には何らの運動あるを聞かず。ただ農業を勉めて武人の世界に輸するのみ。ゆえに人民の目を以て見れば、王室も武家も区別あるべからず。武人の世界に治乱興敗あるは、人民のためにはあたかも天気時候の変化あるに異ならず。ただ黙してその成り行きを見るのみ。（武家興りて神政府の惑溺を一掃したるの利益は第二章三十五葉に論じたり）

新井白石の説[12]に、天下の大勢九変して武家の代となり、武家の世また五変して徳川の代に及ぶと云い、そのほか諸家の説も大同小異なれども、この説はただ日本にて政権を執る人の新陳交代せし模様を見て幾変と云いしのみのことなり。すべてこれまで日本に行わる る歴史はただ王室の系図を詮索するものか、あるいは君相有司[13]の得失を論ずるものか、あるいは戦争勝敗の話を記して講釈師の軍談に類するものか、大抵これらの箇条より外ならず。稀に政府に関係せざるものあれば仏者の虚誕妄説のみ、また見るに足らず。概して云えば日本国の歴史はなくして日本政府の歴史あるのみ。学者の不注意にして国の一大欠典と云うべし。新井先生の読史余論（とくしよろん）などもすなわちこの類の歴史にて、その書中に天下の勢変とあれども、実は天下の大勢の変じたるにあらず、天下の勢いは早く既に王代のときに定まりて、治者と被治者との二元素に区別し、兵農の分かるるに及びてますますこの分界を明らかにして、今日に至るまでひとたびも変じたることなし。

ゆえに王代の末に藤原氏、権を専らにし、あるいは上皇、政を聴くことあるも、ただ王室内のことにてもとより世の形勢に関係あるべからず。平家亡びて源氏起こり、新たに鎌倉に政府を開くも、北条が陪臣にて国命を執るも、足利が南朝に敵して賊と称せらるるも、織田も豊臣も徳川もおのおの日本国中を押領してこれを制したれども、そのこれを制するにただ巧拙あるのみ。天下の形勢は依然として旧に異ならず。ゆえに北条足利にて悦びしことは徳川もこれを喜び、甲の憂いしことは乙もこれを憂い、その喜憂に処するの法も甲乙において毫も異なることなし。譬えば北条足利の政府にて五穀豊熟人民柔順を喜ぶの情は、徳川の政府もこれに同じ。北条足利の政府にて恐るるところの謀反（むほん）人の種類は、徳川の時代にてもその種類を異にせず。

顧みてかの欧洲諸国の有り様を見れば大いに趣の異なるところあり。その国民の間に宗旨の新説ようやく行わるれば政府もまたこれに従いて処置を施さざるべからず。昔日は封建の貴族をのみ恐れたりしが、世間の商工次第に繁昌して中等の人民に権力を有する者あるに至れば、またこれを喜びあるいはこれを恐れざるべからず。ゆえに欧羅巴（ヨーロッパ）の各国にてはその国勢の変ずるに従いて政府もまたその趣を変ぜざるべからずといえども、独り我が日本は然らず、宗旨も学問も商売も工業も悉皆政府の中に籠絡したるものなれば、その変動を憂うるに足らず、またこれを恐るるに足らず、もし政府の意に適せざるものあればすなわちこれを禁じて可なり。唯一の心配は同類の中より起くる者ありて、政府の新陳交代せんことを恐るるのみ。（同類の中より起くる者とは治者の中より起くる者を云う）ゆえに建国二千五百有余年の間、国の政府たるものは同一様の仕事を繰り返し、その状あたかも一版の本を再々復読するがごとく、同じ外題(げだい)の芝居を幾度も催すがごとし。新井氏が天下の大勢九変また五変と云いしは、すなわちこの芝居を九たび催しまた五たび催したることのみ。ある西人の著書に、亜細亜洲の諸国にも変革騒乱あるは欧羅巴に異ならずといえども、その変乱のために国の文明を進めたることなしとの説あり。けだし謂(いわ)れなきにあらざるなり。（政府は新旧交代すれども国勢は変ずることなし）

　右のごとく政府はときとして変革交代することあれども、国勢はすなわち然らず、その権力常に一方に偏して、あたかも治者と被治者との間に高大なる隔壁を作りてその通路を絶つがごとし。有形の腕力も無形の智徳も、学問も宗教も、皆治者の党に与(くみ)し、その党与互いに相依頼しておのおの権力を伸ばし、富もここに集まり才もここに集まり、栄辱もここにあり廉恥もここにあり、はるかに上流の地位を占めて下民を制御し、治乱興廃、文明の進退、悉皆治者の知るところにして、被治者はかつて心にこれを関せず、恬(てん)として路傍のことを見聞するがごとし。

　譬えば古来日本に戦争あり。あるいは甲越の合戦と云い、あるいは上国と関東との取り合いと云い、その名を聞けば両国互いに敵対して戦うがごとくなれども、その実は決して然らず。この戦はただ両国の武士と武士との争いにして、人民はかつてこれに関することなし。元来敵国とは全国の人民一般の心を以て相敵することにて、たといみずから武器を携えて戦場に赴かざるも、我が国の勝利を願い敵国の不幸を祈り、事々物々些末のことに至るまでも敵味方の趣意を忘れざるこそ、真の敵対の両国と云うべけれ。人民の報国心はこの辺にあるものなり。然るに我が国の戦争においては古来いまだその例を見ず。戦争は武士と武士との戦にして、人民と人民との戦にあらず。家と家との争いにして、国と国との争いにあらず。両家の武士、兵端を開くときは、人民これを傍観して、敵にても味方にてもただ強きものを恐るるのみ。ゆえに戦争の際、双方の旗色次第にて、昨日味方の輜(し)重(ちょう)[14]を運送せし者も今日は敵の兵糧を担うべし。勝敗決して戦罷(や)むときは、人民はただ騒動の鎮まりて地頭の交代するを見るのみ、その勝利を栄とするにあらず、またその敗北を辱とするにあらず。あるいは新地頭の政令寛にして年貢米の高を減ずることもあらばこれを拝して悦ばんのみ。その一例を挙げて云わん。後北条の国は関八州[15]なり。いったん豊臣と徳川に敵対して敗滅を取り、滅後直に八州を領したる者は讐敵なる徳川なり。徳川家康いかなる人傑なればとて一時に八州の衆敵を服するを得んや。けだし八州の人民は敵にもあらず味方にもあらず、北条と豊臣との戦争を見物したるものなり。徳川の関東に移りし後に敵の残党を鎮撫(ちんぶ)征討したりとは、ただ北条家の遺臣を伐(う)ちしのみのことにて、百姓町人らの始末に至りてはあたかも手を以てその頭を撫(な)で即時に安堵(あんど)したることとなり。

これらの例を計うれば古来枚挙に遑（いとま）あらず。今日は至りてもいまだその趣の変じたるを見ず。ゆえに日本は古来いまだ国を成さずと云うも可なり。今もしこの全国を以て外国に敵対する等のことあらば、日本国中の人民にてたとい兵器を携えて出陣せざるも戦のことを心に関する者を戦者と名づけ、この戦者の数とかのいわゆる見物人の数とを比較していずれか多かるべきや、あらかじめこれを計えてその多少を知るべし。かつて余が説に、日本には政府ありて国民（ネーション）なし[16]と云いしもこの謂（いい）なり。もとより欧羅巴諸国にても戦争によりて他国の土地を兼併することしばしばこれありといえども、そのこれを併すること甚だ易からず、非常の兵力を以て抑圧するか、もしくばその土地の人民と約束して幾分の権利を付与するにあらざれば、これを我が版図に入るること能わずと云う。東西の人民その気風を殊にすること以て見るべし。（日本の人民は国事に関せず）

ゆえにたまたま民間に才徳を有する者あれば、己が地位に居てこの才徳を用ゆるに方便なきがため、自らその地位を脱して上流の仲間に入らざるを得ず。ゆえに昨日の平民、今日は将相となりしこと、古今にその例少なからず。これを一見すればかの上下の隔壁もなきがごとくなれども、この人物はただその身を脱して他に遁（のが）れたるのみ。これを譬えば土地の卑湿を避けて高燥の地に移りたるがごとし。一身のためには都合よろしかるべしといえども、もとその湿地に自ら土を盛りて高燥の地位を作りたるにあらず。ゆえに湿地は旧の湿地にて、目今己が居を占めたる高燥の地に対すれば、その隔壁なお存して上下の別は少しも趣を変ずることなし。
なお在昔尾張の木下藤吉が太閤となりたれども、尾張の人民は旧の百姓にしてその有り様を改めざるがごときものこれなり。藤吉はただ百姓の仲間を脱走して武家の党に与したるなり。その立身は藤吉一人の立身なり、百姓一般の地位を高くしたるにあらず。もとよりそのときの勢いなれば今よりこれを論ずべからず、これを論ずるも万々無益なれども、もし藤吉をしてその昔欧羅巴の独立市邑にあらしめなば、市民は必ずこの英雄の挙動を悦ばざることとなるべし。あるいはまた今の世に藤吉を生じて藤吉のことをなさしめ、かの独立の市民を今の世に蘇生せしめてその事業を評せしめなば、この市民は必ず藤吉を目して薄情なる人物と云うならん。墳墓の地を顧みず、仲間の百姓を見捨て、独り武家に依頼して一身の名利を貪る者は、我が党の人にあらずとて、これを詈ることならん。到底藤吉とこの市民とはその説の元素を異にするものなれば、その挙動の粗密寛猛は互いに相似たるも、時勢によらず世態にかかわらず、古より今に至るまで遂に相容るることを得ざるものなり。

けだし欧羅巴にて千二、三百年代の頃、盛んに行われたる独立市民のごときは、その所業もとより乱暴過激、あるいは固陋蠢愚[17]なるものありといえども、決して他に依頼するにあらず、その本業には商売を勉め、その商売を保護するために兵備をも設けて、自らその地位を固くしたる者なり。近世に至り英仏その他の国々において、中等の人民次第に富を致してしたがってまたその品行を高くし、議院等にありて論説の喧しきものあるも、ただ政府の権を争うて小民を圧制するの力を貪らんとするにあらず、自ら自分の地位の利を全うして他人の圧制を圧制せんがために勉強するの趣意のみ。その地位の利とは、地方については「ロカルインテレスト」[18]あり、職業については「カラッスインテレスト」[19]あり、おのおのおのその人の住居する地方、またはその営業をともにする等の交情によりて、おのおの自家の説を主張し自家の利益を保護し、これがためにはあるいは一命をも棄つる者なきにあらず。この趣を見れば、古来日本人が自分の地位を顧みずして便利の方に付き、他に依頼して権力を求むるか、あるいは他人に依頼せざれば、自ら他に代えて他のことをなし、暴を以て暴に易えんとするがごときは、鄙劣の甚だしきものなり。これを西洋独立の人民に比すれば雲壌の相違と云わざるべからず。

昔支那にて楚の項羽が秦の始皇の行列を見て、かれ取りて代わるべしと云い、漢の高祖はこれを見て大丈夫まさにかくのごとくなるべしと云いたることあり[20]。今この二人の心中を察するに、自分の地位を守らんがために秦の暴政を怒るにあらず、実はその暴政を好機会となして己が野心を逞しうし、秦皇の位に代わりて秦のことを行わんと欲するに過ぎず。あるいはその暴虐秦のごとくならざるも、少しく事を巧にして人望を買うのみ。その擅権を以て下民を御するの一事に至りては、秦皇も漢祖も区別あることなし。我が国にても古来英雄豪傑と称する者少なからずといえども、その事跡を見れば項羽にあらざれば漢祖なり。開闢の初めより今日に至るまで、全日本国中において独立市民らのことは夢中の幻に妄想したることもあるべからず。（国民その地位を重んぜず）

宗教は人心の内部に働くものにて、最も自由最も独立して、毫も他の制御を受けず、毫も他の力に依頼せずして、世に存すべきはずなるに、我が日本においてはすなわち然らず。元来我が国の宗旨は神仏両道なりと云う者あれども、神道はいまだ宗旨の体を成さず。たとい往古にその説あるも、既に仏法の中に籠絡せられて、数百年の間本色を顕すを得ず。あるいは近日に至りて少しく神道の名を聞くがごとくなれども、政府の変革に際し僅かに王室の余光に藉りて微々たる運動をなさんとするのみにて、ただ一時偶然のことなれば、余輩の所見にてはこれを定まりたる宗旨と認むべからず。とにかくに古来日本に行われて文明の一局を働きたる宗旨は、唯一の仏法あるのみ。然るにこの仏法も初生のときより治者の党に入りてその力に依頼せざる者なし。古来名僧智識と称する者、あるいは入唐して法を求め、あるいは自国にありて新教を開き、人を教化し寺を建つるもの多しといえども、大概皆天子将軍らの眷顧を徼倖し、その余光を仮りて法を弘めんとするのみ。甚だしきは政府より爵位を受けて栄とするに至れり。僧侶が僧正、僧都等の位に補せらるるの例は最も古く、延喜式[21]に僧都以上は三位に准ずと云い、後醍醐天皇建武二年の宣旨には、大僧正を以て二位大納言、僧正を以て二位中納言、権僧正を以て三位参議に准ずとあり（釈家官班記[22]）。この趣を見れば、当時の名僧智識も天朝の官位を身に付け、その位を以て朝廷の群臣と上下の班を争い、一席の内外を以て栄辱となしたることならん。

これがため日本の宗旨には、古今その宗教はあれども自立の宗政なるものあるを聞かず。なおその実証を得んと欲せば、今日にても国中有名の寺院に行きてその由来記を見るべし。聖武天皇の天平年中、日本の毎国に国分寺を立て、桓武天皇延暦七年には伝教大師比叡山を開き根本中堂を建てて王城の鬼門を鎮し、嵯峨天皇弘仁七年には弘法大師高野山を開き帝より印符を賜りてその大伽藍を建立したり。その他南都の諸山、京都の諸寺、中古には鎌倉の五山、近世には上野の東叡山、芝の増上寺等、いずれも皆政府の力に依らざるものなし。その他歴代の天子自ら仏に帰し、あるいは親王の僧たる者も甚だ多し。白河天皇に八男ありて、六人は僧たりしと云う。これまた宗教に権を得たる一の源因なり。独り一向宗は自立に近きものなれどもなおこの弊を免れず。足利の末、大永元年、実如上人のときに天子即位の資を献じ、その賞として永世准門跡とて法親王に準ずるの位を賜りたることあり。王室の衰微貧困を気の毒に思うて有余の金を給するは僧侶の身分としてもっとものことなれども、その実は然らず、西三条入道の媒妁により銭を以て官位を買いたるものなり。これを鄙劣と云うべし。

ゆえに古来日本国中の大寺院と称するものは、天子皇后の勅願所にあらざれば将軍執権の建立なり。概してこれを御用の寺と云わざるを得ず。その寺の由来を聞けば、御朱印[23]は何百石、住職の格式は何々とて、その状あたかも歴々の士族が自分の家柄を語るに異ならず。一聞以て厭悪の心を生ずべし。寺の門前には下馬札を建て、門を出ずれば党勢を召し連れ、人を払い道を避けしめ、その威力は封建の大名よりも盛んなるものあり。然りしこうしてその威力の源を尋ぬれば、宗教の威力にあらず、ただ政府の威力を借用したるものにして、結局俗権中の一部分たるに過ぎず。仏教盛んなりといえども、その教えは悉皆政権の中に摂取せられて、十方世界にあまねく照らすものは、仏教の光明にあらずして、政権の威光なるがごとし。寺院に自立の宗政なきもまた怪しむに足らず、その教えに帰依する輩に信教の本心なきもまた驚くに足らず。

　その一証を挙ぐれば、古来日本にて宗旨のみのために戦争に及びしことの極めて稀なるを見ても、また以て信教者の懦弱（だじゃく）を窺い知るべし。その教えにおいて信心帰依の表に現れたるところは、無智無学の田夫野嫗（でんぷやおう）が涙を垂れて泣くもののあるに過ぎず。この有り様を見れば、仏教はただこれ文盲世界の一器械にして、最愚最陋（さいぐさいろう）の人心を緩和するの方便たるのみ。その他には何らの功用もなく、また何らの勢力もあることなし。その勢力なきの甚だしきは、徳川の時代に、破戒の僧とて、世俗の罪を犯すにあらず、ただ宗門上の戒を破る者あれば、政府より直にこれを捕え、市中に晒（さら）して流刑に処するの例あり。かくのごときはすなわち僧侶は政府の奴隷と云うも可なり。近日に至りては政府より全国の僧侶に肉食妻帯を許すの令あり。この令に拠れば、従来僧侶が肉を食わず婦人を近づけざりしは、その宗教の旨を守るがためにはあらずして、政府の免許なきがために勉めて自ら禁じたるこ

とならん。これらの趣を見れば、僧侶はただに政府の奴隷のみならず、日本国中既に宗教なしと云うも可なり。（宗教権なし）

宗教なおかつ然り。いわんや儒道学問においてをや。我が国に儒書を伝えたるは日既に久し。王代に博士を置きて、天子自ら漢書を読み、嵯峨天皇のときに大納言冬嗣、勧学院[24]を建てて宗族子弟を教え、宇多天皇のときには中納言行平、奨学院[25]を設くる等、漢学も次第に開け、殊に和歌の教えは古より盛んなりしことなれども、すべてこの時代の学問はただ在位の子弟に及ぶのみにて、著述の書といえども悉皆官の手に成りしものなり。もとより印書の術もいまだ発明あらざれば、民間に教育の達すべき方便あるべからず。鎌倉のときに大江広元、三善康信[26]等、儒を以て登用せられたれども、これまた政府に属したるものにて、人民の間に学者あるを聞かず。承久三年、北条泰時、宇治勢多に攻め入りたるとき、後鳥羽上皇より宣旨来り、従兵五千余人のうちよりこの宣旨読むべき者をと尋ねしに、武蔵国の住人藤田三郎なる者一人を得たりと云う。世間の不文なること以て知るべし。これより足利の末に至るまで、文学はまったく僧侶のこととなり、字を学ばんとする者は必ず寺に依らざればその方便を得ず。後世習字の生徒を呼んで寺子と云うもその因縁なり。ある人の説に、日本に版本の出来たるは鎌倉の五山を始めとすと云えり。果たして信ならん。徳川の初めにその始祖家康、首として藤原惺窩[27]を召し、次いで林道春を用い、太平の持続するに従いて碩儒輩出、以て近世に及びしことなり。かくのごとく学問の盛衰は世の治乱と歩をともにして、独立の地位を占むることなく、数十百年干戈騒乱の間、まったくこれを僧侶の手に任したるは、学問の不面目と云わざるを得ず。この一事を見ても儒は仏に及ばざること以て知るべし。

然りといえども、兵乱の際に学問の衰微するは独り我が日本のみにあらず、世界万国皆然らざるはなし。欧羅巴においても中古暗黒のときより封建の代に至るまでは、文字の権、まったく僧侶に帰して、世間にようやく学問の開けたるは実に千六百年代以降のことなり。また東西の学風その趣を異にして、西洋諸国は実験の説を主とし、我が日本は孔孟の理論を悦び、虚実の相違、もとより日を同じうして語るべきにあらざれども、また一概にこれを咎むべからず。とにかく我が人民を野蛮の域に救いて今日の文明に至らしめたるものは、これを仏法と儒学との賜と云わざるを得ず。殊に近世儒学の盛んなるに及びて、俗間に行わるる神仏者流の虚誕妄説を排して人心の蠱惑を払いたるがごときは、その功最も少なからず。この一方より見れば儒学もまた有力のものと云うべし。ゆえに今東西学風の得失はしばらく擱き、ただその学問の行われたる次第につき、著しき両様の異別を掲げてここにこれを示すのみ。

けだしその異別とは何ぞや。乱世の後、学問の起くるに当たりて、この学問なるもの、西洋諸国においては人民一般の間に起こり、我が日本にては政府のうちに起こりたるの一事なり。西洋諸国の学問は学者の事業にて、その行わるるや官私の別なく、ただ学者の世界にあり。我が国の学問はいわゆる治者の世界の学問にして、あたかも政府の一部分たるに過ぎず。試みに見よ、徳川の治世二百五十年の間、国内に学校と称するものは、本政府の設立にあらざれば諸藩のものなり。あるいは有名の学者なきにあらず、あるいは大部の著述なきにあらざれども、その学者は必ず人の家来なり、その著書は必ず官の発兌なり。あるいは浪人に学者もあらん、私の蔵版もあらんといえども、その浪人は人の家来たらんことを願いて得ざりし者なり、その私の蔵版も官版たらんことを希うて叶わざりし者なり。国内に学者の社中あるを聞かず、議論新聞等の出版あるを聞かず、技芸の教場を見ず、衆議の会席を見ず、すべて学問のことについては毫も私の企てあることなし。

たまたま碩学大儒、家塾を開きて人を教うる者あれば、その生徒は必ず士族に限り、世禄を食みて君に仕うるの余業に字を学ぶ者のみ。その学流もまた治者の名義に背かずして、専ら人を治むるの道を求め、数千百巻の書を読み了するも、官途に就かざれば用をなさざるがごとし。あるいは稀に隠れ君子と称する先生あるも、その実は心に甘んじて隠するにあらず、ひそかに不遇の歎をなして他を怨望する者か、然らざれば世を忘れて放心したる者なり。その趣を形容して云えば、日本の学者は政府と名づくる籠の中に閉じ込められ、この籠を以て己が乾坤となし、この小乾坤の中に煩悶するものと云うべし。幸いにして世の中に漢儒の教育あまねからずして学者の多からざりしこそめでたけれ、もし先生の思い通りに無数の学者を生ずることあらば、狭き籠の中に混雑し、身を容るるべき席もなくして、怨望ますます多く、煩悶ますます甚だしからざるを得ず。気の毒千万なる有り様にあらずや。

かくのごとく限りある籠の中に限りなき学者を生じ、籠の外に人間世界のあるを知らざる者なれば、自分の地位を作るの方便を得ず。ひたすらその時代の有権者に依頼して、何らの軽蔑を受くるもかつてこれを恥ずるを知らず。徳川の時代に学者の志を得たる者は政府諸藩の儒官なり。名は儒官と云うといえども、その実は長袖の身分とて、これを貴ぶにあらず、ただ一種の器械のごとくに御して、かねて当人の好物なる政治上の事務にも参(あずか)らしめず、僅かに五斗米(ごとべい)を与えて少年に読書の教えを授けしむるのみ。字を知る者の稀なる世の中なれば、ただその不自由を補うがために用いたるまでのことにて、これを譬えば革細工に限りて穢多に命ずるがごとし。卑屈賤劣の極と云うべし。この輩に向けてまた何をか求めん、また何をか責めん。その党与のうちに独立の社中なきも怪しむに足らず、一定の議論なきもまた驚くに足らざるなり。しかのみならず、政府専制よく人を束縛すと云い、少しく気力ある儒者はややもすればこれに向けて不平を抱く者なきにあらず。然りといえどもよくその本を尋ぬれば、夫子自ら種を蒔(ま)きてこれを培養し、その苗の蔓延(まんえん)するがためにかえって自ら窘(くるし)めらるるものなり。政府の専制、これを教うる者は誰ぞや。たとい政府本来の性質に専制の元素あるも、その元素の発生を助けてこれを潤色するものは漢儒者流の学問にあらずや。古来日本の儒者にて最も才力を有して最もよく事をなしたる人物と称する者は、最も専制に巧にして最もよく政府に用いられたる者なり。この一段に至りては漢儒は師にして政府は門人と云うも可なり。

憐むべし、今の日本の人民、誰か人の子孫にあらざらん。今の世にありて専制を行い、またその専制に窘めらるるものは、独りこれを今人の罪に帰すべからず、遠くその祖先に受けたる遺伝毒の然らしむるものと云わざるを得ず。しこうしてこの病毒の勢いを助けたる者は誰ぞや、漢儒先生もまた預かって大いに力あるものなり。（学問に権なくしてかえって世の専制を助く）

前段に云えるごとく、儒学は仏法とともにおのおのその一局を働き、我が国において今日に至るまでこの文明を致したることとなれども、いずれも皆古を慕うの病を免れず。宗旨の本分は人の心の教えを司り、その教えに変化あるべからざるものなれば、仏法または神道の輩が数千百年の古を語りて今世の人を諭さんとするももっとものことなれども、儒学に至りては宗教に異なり、専ら人間交際の理を論じ、礼楽六芸[28]のことをも説き、半ばはこれを政治上に関する学問と云うべし。今この学問にして変通改進の旨を知らざるは遺憾のことならずや。人間の学問は日に新たに月に進みて、昨日の得は今日の失となり、前年の是は今年の非となり、毎物に疑いを容れ毎事に不審を起こし、これを糺しこれを吟味し、これを発明しこれを改革して、子弟は父兄に優り後進は先進の右に出でて、年々歳々生まれた生を重ね、次第に盛大に進みて、顧みて百年の古を見れば、その粗鹵不文にして愍笑すべきもの多きこそ、文明の進歩、学問の上達と云うべきなり。

然るに論語に曰く、後生畏るべし、焉ぞ来者の今に如かざるを知らんと[29]。孟子に曰く、舜何人ぞ、予何人ぞ、為ることある者は亦是の如し[30]。また曰く、文王は我が師なり、周公豈我を欺かんやと。この数言以て漢学の精神を窺い見るべし。後生畏るべし云々とは、後進の者が勉強せばあるいは今人のごとくなることもあらん、油断はならぬと云う意味なり。されば後人の勉強して達すべき頂上はかろうじて今人の地位にあるのみ。しかのみならずその今人も既に古人に及ばざる季世の人なれば、たといこれに及ぶことあるもあまり頼もしき事柄にあらず。また後進の学者が大いに奮発して、大声一喝、その慷慨の志を述べたるところは、数千年以前の舜のごとくならんと欲するか、または周公を証人に立てて恐れながら文王を学ばんとするまでのことにて、その趣は不器用なる子供が先生に習字の手本を貰い、御手本の通りに字を書かんとして苦心するがごとし。初めより先生には及ばぬものと覚悟を定めたれば、ごくごくよく出来たるところにて先生の筆法を真似するのみ、とてもそれ以上に出ずることは叶うべからず。

漢儒の道の系図は、堯舜より禹、湯、文、武、周公、孔子に伝え、孔子以後は既に聖人の種も尽きて、支那にも日本にも再びその人あるを聞かず。孟子以後宋の世の儒者または日本の碩学大儒にても、後世に向けては矜るべしといえども、孔子以上の古聖に対しては一言もあるべからず。ただこれを学で及ばざるの歎をなすのみ。ゆえにその道は後の世に伝うれば伝うるほど悪しくなりて、次第に人の智徳を減じ、ようやく悪人の数を増し、ようやく愚者の数を増して、一伝また一伝、以て末世の今日に至りては、とく既に禽獣の世界となるべきは十露盤の上に明らかなる勘定なれども、幸いにして人智進歩の定則はおのずから世に行われて儒者の考えのごとくならず、往々古人に優る人物を生じたることにや、今日までの文明を進めて、かの勘定の割合に反したるこそ、我が人民の慶福と云うべけれ。かくのごとく古を信じ古を慕うて毫も自己の工夫を交えず、いわゆる精神の奴隷（メンタルスレーヴ）とて、己が精神をば挙げてこれを古の道に捧げ、今の世に居て古人の支配を受け、その支配をまた伝えて今の世の中を支配し、あまねく人間の交際に停滞不流の元素を吸入せしめたるものは、これを儒学の罪と云うべきなり。

　然りといえどもまた一方より云えば、在昔もし我が国に儒学と云うものなかりせば、今の世の有り様には達すべからず。西洋の語に「リファインメント」[31]とて、人心を鍛錬して清雅ならしむるの一事については、儒学の功徳また少なしとせず。ただ昔にありては功を奏し今にありては無用なるのみ。物の不自由なる時節においては、敗莚も夜着に用ゆべし、糠も食料となすべし。いわんや儒学においてをや、必ずその旧悪を咎むべからず。余思うに儒学を以て古の日本人を教えたるは、田舎の娘を御殿の奉公に出だしたるがごとし。御殿にて起居動作はおのずから清雅に倣い、その才智もあるいは穎敏を増したれども、活発なる気力は失い尽くして、家産営業のためには無用なる一婦人を生じたることなり。けだしその時節には娘を教ゆべき教場もなかりしゆえ、奉公も謂れなきにあらざれども、今日に至りてはその利害得失を察して別に方向を定めざるべからず。

古来我が日本は義勇の国と称し、その武人の慓悍にして果断、誠忠にして率直なるは、亜細亜諸国においても愧るものなかるべし。なかんずく足利の末年に至りて天下大乱、豪傑所在に割拠して攻伐止むときなく、およそ日本に武の行われたる、前後このときより盛んなるはなし。一敗、国を亡す者あり、一勝、家を興す者あり、門閥もなく由緒もなく、功名自在、富貴瞬間に取るべし。文明の度に前後の差はあれども、これをかの羅馬の末世に北狄の侵入せし時代に比して彷彿たる有り様と云うも可なり。この事勢の中にありては日本の武人にもおのずから独立自主の気象を生じ、あるいはかの日耳曼の野民が自主自由の元素を遺したるがごとく、我が国民の気風も一変すべきに思わるれども、事実においては決して然らず。この章の首に云える権力の偏重は、開闢の初めより人間交際の微細なるところまでも入り込み、何らの震動あるもこれを破るべからず。

この時代の武人快活不羈なるがごとくなれども、この快活不羈の気象は一身の慷慨より発したるものにあらず、自ら認めて一個の男児と思い、身外無物、一己の自由を楽しむの心にあらず、必ず外物に誘われて発生したるものか、然らざれば外物に藉りて発生を助けたるものなり。何を外物と云う。先祖のためなり、家名のためなり、君のためなり、父のためなり。己が身分のためなり。およそこのときの師に名とするところは必ずこれらの諸件に依らざるものなし。あるいは先祖家名なく、君父身分なき者は、ことさらにその名義を作りて口実に用ゆるの風なり。いかなる英雄豪傑にして有力有智の者といえども、その智力のみを恃みて事をなさんと企てたる者あるを聞かず。ここにその事跡に見われたるものを撮りて一、二の例を示さん。

足利の末年に諸方の豪傑、あるいはその主人を逐い、あるいはその君父の讐を報じ、あるいは祖先の家を興さんとし、あるいは武士たるの面目を全うせんがためにとて、党与を集め土地を押領し、割拠の勢をなすといえども、その期するところはただ上洛の一事にあるのみ。そもそもこの上洛の何物たるを尋ぬれば、天子もしくは将軍に謁し、その名義を借用して天下を制せんとすることなり。あるいはいまだ上洛の方便を得ざる者は、はるかに王室の官位を受け、この官位に藉りて自家の栄光を増し、以て下を制するの術に用ゆる者あり。この術は古来日本の武人の間に行わるる一定の流儀にて、源平の酋長、皆然らざるはなし。北条に至りては直に最上の官位をも求めずして、名目のために将軍を置き、身は五位を以て天下の権柄を握りたるは、ただに王室を器械に用ゆるのみならず、かねて将軍をも利用したるものなり。その外形を皮相すれば美にして巧なるに似たれども、よく事の内部についてこれを詳らかにすれば、必竟人心の鄙怯より生じたることにて、真に賤しむべく悪むべきの元素を含有するものと云わざるを得ず。足利尊氏が赤松円心の策を用いて後伏見帝の宣旨[32]を受け、その子光明天皇を立てたるがごときは、万人の目を以て見るもこれを尊王の本心より出でたるものと認むべからず。信長が初めは将軍義昭を手に入れたれども、将軍の名は天子の名にしかざるを悟り、すなわち義昭を逐うて直に天子を挟みたるも、その情厚しと云うべからず。いずれも皆詐謀偽計の明著なるものにて、およそ天下に耳目を具したる者ならば、その内情を洞察すべきはずなれども、なおその表面には忠信節義を唱え、児戯に等しき名分を口実に用いて自らこれを策の得たるものとなし、人もまたこれに疑いを容れざるは何ぞや。けだしその党与のうちにおいて上下ともに大いに利するところあればなり。

日本の武人は開闢の初めよりこの国に行わるる人間交際の定則に従いて、権力偏重の中に養われ、常に人に屈するを以て恥とせず。かの西洋の人民が自己の地位を重んじ、自己の身分を貴びて、おのおのその権義を持張する者に比すれば、その間に著しき異別を見るべし。ゆえに兵馬騒乱の世といえども、この交際の定則は破るべからず。一族の首に大将あり、大将の下に家老あり、次いで騎士あり、また徒士あり、以て足軽中間に及び、上下の名分判然として、その名分とともに権義をも異にし、一人として無理を蒙らざる者なく、一人として無理を行わざる者なし。無理に抑圧せられ、また無理に抑圧し、これに向けて屈すれば、かれに向けて矜るべし。

譬えばここに甲乙丙丁の十名ありて、その乙なる者、甲に対して卑屈の様をなし、忍ぶべからざるの恥辱あるに似たれども、丙に対すれば意気揚々として大いに矜るべきの愉快あり。ゆえに前の恥辱は後の愉快によりて償い、以てその不満足を平均し、丙は丁に償いを取り、丁は戊（ぼ）に代わりを求め、段々限りあることなく、あたかも西隣へ貸したる金を東隣へ催促するがごとし。またこれを物質に譬えて云えば、西洋人民の権力は鉄のごとくにして、これを膨脹すること甚だ難く、これを収縮することもまた甚だ易からず。日本の武人の権力はゴムのごとく、その相接するところのものに従いて縮張の趣を異にし、下に接すれば大いに膨脹し、上に接すればとみに収縮するの性あり。この偏縮偏張の権力を一体に集めてこれを武家の威光と名づけ、その一体の抑圧を蒙る者は無告の小民なり。小民を思えば気の毒なれども、武人の党与においては上（かみ）大将より下（しも）足軽中間に至るまで、上下一般の利益と云わざるを得ず。

ただに利益を謀るのみにあらず、その上下の関係、よく整斉してすこぶる条理の美なるものあるがごとし。すなわちその条理とは党与のうちにて、上下の間に人々卑屈の醜態ありといえども、党与一体の栄光を以て強いて自らこれを己が栄光となし、かえって独一個の地位をば棄ててその醜体を忘れ、別に一種の条理を作りてこれに慣れたるものなり。この習慣の中に養われてついに以て第二の性（さが）を成し、何らの物に触るるもこれを動かすべからず。威武も屈すること能わず、貧賤も奪うこと能わず、儼然（げんぜん）たる武家の気風を窺い見るべし。その一局のことにつき一場の働きについてこれを察すれば、真に羨むべくまた慕うべきもの多し。在昔三河の武士が徳川家に付属したる有り様などもこの一例なり。

かかる仕組みを以て成り立ちたる武人の交際なれば、この交際を維持せんがためには、止むを得ず一種無形最上の権威なかるべからず。すなわちその権威のあるところは王室に止まるといえども、人間世界の権威は、事実、人の智徳に帰するものなるがゆえに、王室といえども実の智徳あらざれば実の権威はこれに帰すべからず。ここにおいてかその名目のみを残して王室に虚位を擁せしめ、実権をば武家の統領に握らんとするの策を運（めぐ）らしたることにて、すなわち当時諸方の豪傑が上洛の一事に熱中し、児戯に等しき名分をもことさらに存してこれを利用したる由縁なり。必竟その本を尋ぬれば、日本の武人に独一個人の気象（インヂヴィヂュアリチ）[33]なくして、かかる卑劣なる所業を恥とせざりしことなり。

（乱世の武人に独一個の気象なし）

古来世の人の等閑に看過して意に留めざりしところなれども、今特にこれを記せば、日本の武人に独一個人の気象なき趣を窺い見るべき一個条あり。すなわちその個条とは人の姓名のことなり。元来人の名は父母の命ずるものにて、成長の後あるいは改名することあるも、他人の差図を受くべきにあらず。衣食住の物品は人々の好尚に任し、自由自在たるに似たれども、多くは外物によりて動かされ、おのずから時の流行に従うものなれども、人の姓名は衣食住の物に異なり、これを命ずるに他人の差図を受けざるはもちろん、たとい親戚朋友といえども、我より求めて相談を受くるにあらざれば喙（くちばし）を入るるべき事柄にあらず。人事の形に見われたるものの中にて最も自由自在なる部分と云うべし。法によりて改名を禁ずる国においては、もとよりその法に従うも自由を妨ぐるにあらざれども、改名自由の国において、源助と云う名を平吉と改むるか、またはこれを改めざるの自由は、まったく一己の意に任して、夜寝る右を枕にしまた左を枕にするの自由なるがごとし。毫も他人に関係あるべからず。

然るに古来我が日本の武家に、偏諱を賜り姓を許すの例あり。卑屈賤劣の風と云うべし。上杉謙信の英武もなおこれを免れず、将軍義輝[34]の偏諱を拝領して輝虎と改名したることあり。なお甚だしきは、関原の戦争後に天下の大権徳川氏に帰して、諸侯の豊臣氏を冒す者はことごとく本姓に復し、また松平を冒す者あり。これらの変姓はあるいは自ら願いあるいは上命にて賜ることもあらんといえども、いずれにも事柄においては賤しむべき挙動と云わざるを得ず。ある人謂えらく、改名冒姓のことは、当時の風習にて人の意に留めざることなれば、今より咎むべからずと云うものあれども、決して然らず。他人の姓名を冒して心に慊しと思わざるの人情は、古今皆同じ。その証拠には足利のとき、永享六年、鎌倉の公方持氏[35]の子、元服して名を義久と命じたりしに、管領上杉憲実は例のごとく室町の諱を願わるべしと諫めたれども聴かずとあり。このとき持氏は既に自立の志あり。その志は善にも悪にも、他の名を冒すは賤しき挙動と思いしことならん。また徳川の時代に、細川家へ松平の姓を与えんとせしに辞したりとて、民間にはこれを美談として云い伝えり。虚実詳らかならざれども、これを美とするの人情は今も古も同様なること明らかに証すべし。

以上記すところの姓名のことはさまで大事件にもあらざれども、古来義勇と称する武人の、その実は思いの外卑怯なるを知るべく、また一には権威を握る政府の力は恐ろしきものにて、人心の内部までも犯してこれを制するに足るとの次第を示さんがために、数言をここに贅したるなり。

右条々に論ずるごとく、日本の人間交際は、上古のときより治者流と被治者流との二元素に分かれて、権力の偏重を成し、今日に至るまでもその勢いを変じたることなし。人民の間に自家の権義を主張する者なきはもとより論を竢たず。宗教も学問も皆治者流のうちに籠絡せられてかつ自立することを得ず。乱世の武人義勇あるに似たれども、また独一個人の味を知らず。乱世にも治世にも、人間交際の至大より至細に至るまで、偏重の行われざるところなく、またこの偏重によらざれば事として行わるべきものなし。あたかも万病に一薬を用ゆるがごとく、この一薬の功能を以て治者流の力を補益し、その力を集めてこれを執権者の一手に帰するの趣向なり。前既に云えるごとく、王代の政治も将家の政治も、北条足利の策も徳川の策も、決して元素を異にする者にあらず。ただかれをこれより善しとし、これをかれより悪しと云うものは、この偏重を用ゆるの巧なると拙なるとを見てその得失を判断するのみ。巧に偏重の術を施して最上の権力を執権者の家に帰するを得れば、百事既に成りて他にまた望むべきものなし。

古来の因襲に国家と云う文字あり。この家の字は人民の家を指すにあらず、執権者の家族または家名と云う義ならん。ゆえに国はすなわち家なり、家はすなわち国なり。甚だしきは政府を富ますを以て御国益などと唱うるに至れり。かくのごときはすなわち国は家のために滅せられたる姿なり。これらの考えを以て政治の本を定むるがゆえに、その策の出ずるところは常に偏重の権力を一家に帰せしめんとするより外ならず。山陽外史、足利の政を評して尾大不掉とてその大失策とせり。この人もただ偏重の行われずして足利の家に権力の帰せざりしを論じたるまでのことにて、当時の儒者の考えにはもっとものことなれども、到底家あるを知りて国あるを知らざるの論なり。もし足利の尾大不掉を失策とせば、徳川の首大偏重を見てこれに満足せざるべからず。およそ偏重の政治は古来徳川家より巧にして美なるものはなし。一統の後、しきりに自家の土木を起こして諸侯の財を費やさしめ、一方には諸方の塁堡を毀ち藩々の城普請を止め、大船を造るを禁じ、火器を首府に入るるを許さず、侯伯の妻子を江戸に拘留して盛んに邸宅を築かしめ、おのずからこれを奢侈に導きて人間有用の事業を怠らしめ、なおその余力あるを見れば、あるいは御手伝と云い、あるいは御固めと云い、百般の口実を設けて奔命に疲れしめ、令するとして行われざるなく、命ずるとして従わざるなかりしは、その状あたかも人の手足を挫きてこれと力を較するがごとし。偏重の政治においては実に最上最美の手本となすべきものにて、徳川一家のためを謀れば巧を尽くし妙を得たるものと云うべし。

もとより政府を立つるには中心に権柄を握りて全体を制するの釣り合いなかるべからず。

この釣り合いの必用なるは独り我が日本のみならず世界万国皆然らざるはなし。野蛮不文なる古の日本人にてもなおかつこの理を解したればこそ、数千百年の前代より専制の趣意ばかりは忘れざりしことならずや。いわんや文物次第に開けたる後の世において、誰か政府の権を奪い去りて然る後に文明を期すると云うものあらん。政権の必用なるは学校の童子も知るところなり。然りといえども、西洋文明の各国にてはこの権の発源ただ一所にあらず、政令は一途に出ずるといえども、その政令は国内の人心を集めたるものか、たといあるいはまったくこれを集むること能わざるも、その人心によりて多少の趣を変じ、様々の意見を調合してただその出ずるところを一にしたるものなり。然るに古来日本においては、政府と国民とはただに主客たるのみにあらず、あるいはこれを敵対と称するも可なり。すなわち徳川政府にて諸侯の財を費やさしめたるは、敵に勝ちて償金を取るに異ならず。国民に造船を禁じ、大名に城普請を止めたるは、戦勝ちて敵国の台場を毀つに異ならず。これを同国人の所業と云うべからざるなり。

すべて世の事物には初歩と次歩との区別あるものにて、初段の第一歩を処するには、これをして次の第二歩に適せしむるの工夫なかるべからず。ゆえに次歩は初歩を支配するものと云うも可なり。譬えば諺に、苦は楽の種と云い、良薬口に苦しと云うことあり。苦痛を苦痛としてこれを避け、苦薬を苦薬としてこれを嫌うは、人情の常にして、事物の初歩にのみ精神を注ぐときは、これを避け嫌うももっともなるに似たれども、次の第二歩なる安楽と病の平癒とに眼を着すれば、これを忍んでこれに堪えざるべからず。かの権力の偏重も、一時国内の人心を維持して事物の順序を得せしむるには止むを得ざるの勢いにて、決して人の悪心より出でたるものにはあらず。いわゆる初歩の処置なり。しかのみならずその偏重の巧なるに至りては、一時、人の耳目を驚かすほどの美を致すものありといえども、ただいかんせん、第二歩に進まんとするのときに及び、すなわち前年の弊害を顕して初歩の宜しきを得ざりし徴候を見るべし。これを以て考うれば、専制の政治はいよいよ巧なればその弊いよいよ甚だしく、その治世いよいよ久しければその余害いよいよ深く、永世の遺伝毒となりて容易に除くべからざる者のごとし。徳川の太平のごときはすなわちその一例なり。今日に至りて世の有り様を変革し、交際の第二歩に進まんとして、そのこと極めて難きにあらずや。その難き由縁は何ぞや。徳川の専制は巧にしてその太平の久しかりしを以てなり。

余かつて鄙言を以てこの事情を評したることあり。云く、専制の政治を修飾するは、閑散なる隠居が瓢箪を愛してこれを磨くがごとし。朝に夕に心身を労して磨き得たる者は、依然たる円き瓢箪にして、ただ光沢を増したるのみ。時勢のまさに変化して第二歩に入らんとするに当たり、なお旧物を慕うて変通を知らず、到底求めて得べからざるところの物を求めて脳中に想像を画き、これを実に探り得んとして煩悶する者は、瓢箪の既に釁きたるを知らずしてなおこれを磨くがごとし。愚もまた一層甚だしと云うべしと。この鄙言あるいは当たることあらん。いずれも皆事物の初歩に心配して次歩あるを知らず、初歩に止まりて次歩に進まざるものなり、初歩を以て次歩を妨ぐるものなり。かくのごときはすなわち、かの初歩の偏重を以て事物の順序を得せしめたりと云うも、その実は順序を得たるにあらず、人間の交際を枯死(こし)せしめたるものと云うべし。交際を枯死せしむるものなれば、山陽外史のいわゆる尾大不掉も、徳川の首大偏重も、いずれか得失を定むべからず。必竟外史などもただ事の初歩に眼を着して瓢箪を磨くの考えあるのみ。

試みに徳川の治世を見るに、人民はこの専制偏重の政府を上に戴き、顧みて世間の有り様を察して人の品行いかんを問えば、日本国中幾千万の人類はおのおの幾千万個の箱の中に閉ざされ、また幾千万個の墻壁(しょうへき)に隔てらるるがごとくにして、寸分も動くを得ず。士農工商、その身分を別にするはもちろん、士族の中には禄(ろく)を世にし官を世にし、甚だしきは儒官医師のごときもその家に定めありて代々職を改むるを得ず。農にも家柄あり、商工にも株式ありて、その隔壁の堅固なること鉄のごとく、何らの力を用ゆるもこれを破るべからず、人々才力を有するも進みて事をなすべき目的あらざれば、ただ退きて身を守るの策を求むるのみ。数百年の久しき、その習慣遂に人の性となりて、いわゆる敢為(かんい)の精神を失い尽くすに至れり。

譬えば貧士貧民が無智文盲にして人の軽蔑を受け、年々歳々貧また貧に陥り、その苦はおよそ人間世界に比すべきもののなきがごとくなれども、自ら難を犯してあえて事をなすの勇なし。期せずして来るの難には、よく堪ゆれども、自ら難を期して未来の愉快を求むる者なし。ただに貧士貧民のみならず、学者もまた然り、商人もまた然り。概してこれを評すれば、日本国の人は、尋常の人類に備わるべき一種の運動力を欠きて停滞不流の極に沈みたるものと云うべし。これすなわち徳川の治世二百五十年の間、この国に大業を企つる者、稀なりし由縁なり。輓近廃藩の一挙ありしかども、全国の人、にわかにその性を変ずること能わず、治者と被治者との分界は今なお判然として毫もその趣を改めざる由縁なり。その本を尋ぬれば悉皆権力の偏重より来りしものにて、事物の第二歩に注意せざるの弊害と云うべし。ゆえにこの弊害を察して偏重の病を除くにあらざれば、天下は乱世にても治世にても、文明は決して進むことあるべからず。ただしこの病の療法は、目今現に政治家の仕事なれば、これを論ずるは本書の旨にあらず、余輩はただその病の容体を示したるのみ。

そもそもまた西洋諸国の人民においても、貧富強弱一様なるにあらず。その富強なる者は貧弱を御するに、刻薄残忍なることもあらん、傲慢無礼なることもあらん。貧弱もまた名利のために、人に諂諛(てんゆ)することもあらん、人を欺くこともあらん。その交際の醜悪なるは決して我が日本人に異なることなし、あるいは日本人より甚だしきこともあるべしといえども、その醜悪の際、おのずから人々のうちに独一個人の気象を存して精神の流暢(りゅうちょう)を妨げず。その刻薄傲慢はただ富強なるがゆえなり、別に恃(たの)むところあるにあらず。その諂諛(てんゆ)

欺詐はただ貧弱なるがゆえなり、他に恐るるところあるにあらず。しかりしこうして、富強と貧弱とは天然にあらず、人の智力を以て致すべし。智力を以てこれを致すべきの目的あれば、たとい事実に致すこと能わざるも、人々自らその身に依頼して独立進取の路に赴くべし。試みにかの貧民に向けて問わば、口に云う能わずといえども、心には左のごとく答うることならん。我は貧乏なるがゆえに富人に従順するなり、貧乏なる時節のみ彼に制せらるるなり、我の従順は貧乏とともに消すべし、彼の制御は富貴とともに去るべしと。けだし精神の流暢とはこの辺の気象を指して云うことなり。これを我が日本人が、開闢以来世に行わるる偏重の定則に制せられて、人に接すればその貧富強弱にかかわらず、智愚賢不肖を問わずして、ただその地位のためにあるいはこれを軽蔑しあるいはこれを恐怖し、秋毫の活気をも存せずして、自家の隔壁のうちに固着する者に比すれば、雲壌の相違あるを見るべきなり。（権力偏重なれば治乱ともに文明は進むべからず）

　この権力の偏重よりして全国の経済に差し響きたる有り様も等閑に看過すべからざるものなり。そもそも経済の議論はすこぶる入り組みたるものにて、これを了解すること甚だ易からず。各国の事態時状によりて一様なるものにあらざれば、西洋諸国の経済論を以て直に我が国に施すべからざるはもとより論を俟たずといえども、ここにいずれの国においてもいずれの時にありても、あまねく通用すべき二則の要訣あり。すなわちその第一則は財を積みてまた散ずることなり。しこうしてこの積むと散ずるとの両様の関係は、最も近密にして決して相離るべきものにあらず。積はすなわち散の術なり、散はすなわち積の方便なり。譬えば春の時節に種を散ずるは秋の穀物を積むの術にして、衣食住のために財を散ずるは、身体を健康に保ちてその力を養い、また衣食住の物を積むの方便なるがごとし。この積散の際に、あるいは散じて積むこと能わざるものあり。火災水難のごときこれなり。あるいは人心の嗜慾にて奢侈を好み、いたずらに財物を費散して跡なきものあり。これまた水火の災難に異ならず。経済の要は決して費散を禁ずるにあらず、ただこれを費やしこれを散じたる後に、得るところのものの多少を見てその費散の得失を断ずるのみ。その所得のもの、所費より多ければ、これを利益と名づけ、所得所費相同じければこれを無益と名づけ、所得かえって所費よりも少なきか、あるいはまったく所得あらざれば、これを損と名づけまた全損と名づく。経済家の目的は、常にこの所得をして所損より多からしめ、次第に蓄積しまた費散して全国の富有を致さんとするにあるなり。

ゆえにこの蓄積費散の二箇条は、いずれを術となしいずれを目的となすべからず、いずれを前となしいずれを後となすべからず。前後緩急の別なく、難易軽重の差なし。まさしく同一様のことにして、まさしく同一様の心を以て処置すべきものなり。けだし蓄積してよくこれを散ずるの法を知らざる者は、遂に大いに蓄積するを得ず。費散してまたよく積むの働きなき者は、遂に大いに散ずるを得ざればなり。富国の基はただこの蓄積と費散とを盛大にするにあるのみ。その盛大なる国を名づけてこれを富国と称す。これによりて考うれば、国財の蓄積費散は全国の人心を以て処置せざるべからず。既に国財の名あれば国心の名あるも謂れなきにあらず。国財は国心を以て扱わざるべからざるなり。政府の歳入歳出も国財の一部分なれば、西洋諸国にて政府の会計を民と議するも、その趣意はけだしここに基づきしものなり。

第二則、財を蓄積しまたこれを費散するには、その財に相応すべき智力とそのことを処するの習慣なかるべからず。いわゆる理財の智、理財の習慣なるもの、これなり。譬えば、千金の子、その家を亡し、博奕に贏つ者、永くその富を保つこと能わざるがごとし。いずれも皆その財とその智力習慣と相当せざるものなり。智力なく習慣なき者へ過分の財を付するは、いたずらにその財を失うのみならず、小児の手に利刀を任するがごとく、かえってこれを以て身を害し人を傷うの禍を致すべし。古今にその例甚だ多し。

右所記の二則果たして是ならば、これを照らして古来我が日本国に行われたる経済の得失を見るべし。王代のことはしばらく擱き、葛山伯有先生の田制沿革考[36]に云く、

源平の乱に至り、徴発国衙[37]によらず。民奉ずるところを知らず。一郷一荘の地、官に奉じ、平族に奉じ、源氏に奉ず。まままた奸窃の徒のために粮食を取られ、無告の民、塗炭これきわまる。ついに源公の権行われ、国に守護を置き、荘に地頭を設く。国司荘司は依然として存すれば、民両君を戴くと云うべし。(中略)足利氏の国郡を

制する、他の政令なく、国郡郷荘ことごとく割きて士に与え、租税はその主の指揮に任せ、別に五十分の一の課を充て、自ら奉とす。譬えば租米五十石を出だすべき地は、別に一石を出ださしめて京に運送し、将軍の厨料に充てられしなり。あるいは増して二十分一に至りし年もあり。守護地頭は自らその出ずる用を量りて入ることを制するゆえに、両税なり。（中略）また段銭、棟別、倉役は時を撰ばずしてこれを取る。段銭とは田地にかけて銭を出ださしむ、今の高掛かりと云うがごとし。棟別とは軒別に割り付けて銀を出ださしむるなり、今云う鍵役[38]などに同じ。倉役とは富民富商人へばかり割り付けるなり、今云う分限割[39]と云うに同じ。倉役、義満公の代には四季にあてられ、義教公の代には一箇年十二度に及び、義政公には十一月九度、十二月八度に至りしゆえ、百姓は田宅を棄てて逃散し、商旅、戸を閉じて財を交えざりしこと応仁記に出ず、云々。また云く、豊臣家一統の後、文禄三年に至り、定則ありしところは、天下の租税三分の二は地頭取りて、三分の一は百姓の得分たるべしとあり、云々。また云く、ここに国初（徳川）に及び、勝ち国[40]の苛刻を厭い、租税三分の一を弛め（四公六民の法を云う）民の倒懸[41]の急を解き、云々。

右沿革考の説に拠れば、古来我が国の租税は甚だ苛刻なりしこと疑いなし。徳川の初めに至りて少しく弛めたるも、年月を経るに従いいつとなく旧の苛税に復したることとなり。また古より世の識者と称する人の説に、農民は国の本なれども、工商の二民は僅かに賦を出だすか出ださずして坐食逸飽、理においてあるまじきことなりとて、しきりに工商を咎むれども、よく事実を詳らかにすれば、工商は決して逸民[42]にあらず。稀に富商大賈は逸して食う者もあらんといえども、こはただその財本に依りて活計を立つるものなれば、豪農が多分の田地を所持して坐食する者に異ならず。以下の貧商に至りてはたとい直に公の税を払わざるも、その生産の難きは農民に異ならず。日本には古来工商の税なし。その税なきがゆえに、これを業とする者もおのずから増加せざるを得ず。されどもその増加するやまた必ず際限あるものなり。この際限は農の利と工商の利と互いに平均するに至りて止むべし。

譬えば四公六民の税地を耕すは、その利、もとより饒なるにあらずといえども、平年なればなお妻子を養うて饑を免るべし。工商が都邑に住居して無税の業を営むは、農民に比すれば便利なるに似たれども、なお饑寒を免れざる者多し。その然る由縁は何ぞや。仲間の競いによるものなり。けだし全国工商の仕事には限りありて、若干の人員あればこれをなすべきに定まりたるところへ、仕事を増さずして人員のみを増せば、十人にてなすべき商業をば二、三十人の手に分かち、百人にて取るべき日傭賃をば二、三百人に配分し、三割の口銭を得べき商売も一割に減らし、二貫文を取るべき賃銭も五百文に下がり、おのずから仲間の競業を以ておのずからその利潤を薄くし、かえって他の便利をなして農民もまたこの便利を受くべければなり。ゆえに工商の名は無税なりと云うといえども、その実は有税の農に異ならず。あるいは工商に利益の多きことあらば、その多き由縁は、政府にて識者の言を用い、様々の故障を設けて、農民の商に帰するを妨げ、その人数の割合なお少なきがために、いささか専売の利を得せしめたるものなり。この事情によりて考うれば、農と工商とはまさしくその利害をともにして、ともに国内有用の事業をなすものなれば、その名目に有税と無税との別ありといえども、いずれも逸民にあらず。双方ともに国財を蓄積する種類の人民と云うべし。

ゆえに人間の交際において、治者流と被治者流とに区別したるものを、今ここには経済の上にて生財者と不生財者との二種に分かつべし。すなわち農工商以下被治者の種族は国財を生ずる者にして、士族以上治者の種族はこれを生ぜざる者なり。あるいは前段の文字を用いて、一を蓄積の種族と云い、一を費財の種族と云うも可なり。この二種族の関係を見るに、その労逸損徳の有り様、もとより公平ならずといえども、人口多くして財本の割合に過ぎ、互いに争うて職業を求むるの勢いに迫れば、富者は逸して貧者は労せざるを得ず。これまた独り我が邦のみにあらず、世界普通の弊害にして、いかんともすべからざるものなれば深く咎むるに足らず。かつまた士族以上、治者流の人を不生財また費散の種族と名づくといえども、政府にて文武のことを施行して世の事物の順序を整斉ならしむるは、経済を助くるの大本(たいほん)なれば、政府の歳出を以て一概にこれを無益の費と云うべからず。ただ我が国の経済において、特に不都合にして特に他の文明国に異なるところは、この同一様のことなる国財の蓄積と費散とを処置するに、同一様の心を以てせざるの一事にあり。

古来我が国の通法において、人民は常に財を蓄積し、譬えば四公六民の税法とすれば、その六分を以て僅かに父母妻子を養い、残余の四分はこれを政府に納め、ひとたび己が手を離ればその行くところを知らず、その何の用に供するを知らず、余るを知らず、足らざるを知らず。概して云えばこれを蓄積するを知りてその費散の道を知らざるものなり。政府もまた既にこれを己が手に請け取るときは、その来るところを忘れ、その何の術によりて生じたるを知らず、あたかもこれを天与のもののごとくに思うて、これを費やしこれを散じて一も意のごとくならざるはなし。概して云えばこれを費散するを知りて蓄積の道を知らざるものなり。

経済の第一則に、蓄積と費散とはまさしく同一様のことにして、まさしく同一様の心を以て処置すべきものなりと云えり。然るに今この有り様を見れば、同一様の事をなすに二様の心を以てし、これを譬えば一字の文字を書くに、偏と旁とを分けて二人の手を用ゆるがごとし。いかなる能筆にても字を成すべからざるや明らかなり。かくのごとく上下の心を二様に分かちて、おのおのその所見の利益を別にし、互いに相知らざるのみならず、互いにその挙動を見て相怪しむに至れり。いずくんぞ経済の不都合を生ぜざるを得んや。費やすべきに費やさず、費やすべからざるに費やし、到底その割合のよろしきを得べからざるなり。

足利義政が大乱の最中に銀閣寺を興し、花御所の甍(いらか)珠玉に金銀を飾りて六十万緡(びん)、高倉御所の腰障子一間に二万銭を費やすほどの奢侈にて、諸国の人民へ段銭、棟別を譴責(けんせき)して、政府に一銭の余財もなきは、上下ともに貧なる時節なり。太閤が内乱の後に大阪城を築き、次いでまた朝鮮を征伐し、外は兵馬の冗費、内は宴楽の奢侈を尽くして、なお金馬の貯えあるは、下は貧にして上は殷富(いんぷ)なる時節と云うべし。また歴代のうちにて賢明の名ある北条泰時(やすとき)以下時頼(ときより)貞時(さだとき)らの諸君は、その自ら奉ずること必ず質素倹約なりしことならん。下って徳川のときに至り、その初代には明君賢相(けんしょう)輩出して、政府の体裁は一も間然すべきものなし。これを義政の時代などに比すれば同日の論にあらずといえども、民間に富を致して事を企てたる者あるを聞かず。北条および徳川の遺物として今日に伝えたるもののうちにて最も著しきは、鎌倉の五山なり、江戸および名古屋の城なり、日光山なり、東叡(とうえい)山なり、増上寺なり、いずれも盛大なるものなれども、独り怪しむべきはその時代の日本にしてかかる盛大なる工業を興し得たるの一事なり。果たして全国経済の割合に適したるものか、余輩は決してこれを信ぜず。

今国内にある城郭はもちろん、神社仏閣の古跡とて、あるいは大仏大鐘、あるいは大伽(が)藍(らん)等の壮大なるものあるは、大概皆神道仏教の盛んなりし徴(しるし)にはあらずして、独裁君主の盛んなるを証するに足るのみ。稀には水道堀割(ほりわり)等の大工(だいこう)を起こしたることもあれども、決して人民の意に出でたるにあらず。ただそのときの君相有司(くんしょうゆうし)の好尚に従い、いわゆる民の疾苦を問うてその便利を推量したるもののみ。もとより古代無智の世の中なれば、政府にて独り事をなすは必然の勢いにて、誰かこれを怪しむ者あらん。今よりその挙動を是非するの理は万々あるべからずといえども、国財の蓄積と費散とその路を別にして、経済上に限りなき不都合を生じ、明君賢相の世にても暴君汚吏のときにても、ともにこの弊を免れざりしは明らかに証すべきことなれば、後世いやしくもここに眼力の達したる者あらば、再びその覆轍を踏むべからず。

明君賢相は必ず有用のことに財を費やすべしといえども、その有用とは君相の意を以て決するところの有用なれば、人々の好尚によりて武を有用とする者もあらん、文を有用とする者もあらん、あるいは真に有用のことを有用とすることもあらんといえども、または無用のことを有用とすることもあらん。足利義政の時代に、政府より令して一切借金の約束を破りてこれを徳政と名づけたることあり。徳川の時代にもこれに似たる例なきにあらず。これらも政府より徳と云えば徳なるがごとし。いずれにも国内の蓄積者は費散者の処置につき少しも喙を入れざる風なれば、費散者は出ずるを量りて入るを制するにあらず、出入ともに限りなく、ただ下民の生計を察して従前の有り様に止まれば、これを最上の仁政として他に顧みるところあらず。年々歳々同一様のことを繰り返して、ここに積みては彼処に散じ、一字の文字を二人にて書き、以て数百年の今日に至り、顧みて古今を比較して全国経済の由来を見れば、その進歩の遅きこと実に驚くに堪えたり。

その一例を挙げて云わんに、徳川の治世二百五十年、国内に寸兵を用いたることもなきは、万古世界中に比類なき太平と云うべし。この世界に比類なき太平の世に居れば、日本の人民愚なりといえども、工芸の道開けずといえども、たといその蓄積は徐々たりといえども、二百五十年の間には経済の上に長足の進歩をなすべきはずなるに、事実において然らざるは何ぞや。独りこれを将軍および諸藩主の不徳のみに帰すべからず。もしあるいはこれを君相有司の不徳不才によって来りし禍とせば、その不徳不才はその人の罪にあらず、その地位に居れば止むを得ず不徳不才ならざるを得ざるの勢いとなりて、その勢いに迫られたるものなり。ゆえに経済の一方より論ずれば、明君賢相も思いの外に頼もしからず、天下太平も思いの外に功能薄きものなり。

ある人の説に、戦争は実に恐るべく悪むべき禍なれども、その国の経済に差し響くところは、これを人身に譬えるに金創[43]のごとし、一時は人の耳目を驚かすといえども、生命貴要の部分にかかわらざれば、その癒着は案外に速やかなるものなり、ただ経済について格別に恐るべきは、金創にあらずしてかの労症[44]のごとく、月に日に次第に衰弱する病にありと。この説に拠りて考うれば、我が日本の経済においても、もと権力の偏重よりして蓄積者と費散者との二流に分かち、双方の間に気脈を通ぜずして、月に日に衰弱せざれば、歳に月に同一の有り様に止まり、あるいは数百年の間に少しく進みたるも到底盛大活発の域に入るを得ずして、徳川氏二百五十年の治世にも著しき進歩を見ざりしは、いわゆる経済の労症なるべし。昔より日本の学者の論に、政府の勘定奉公と郡奉行とは課を分かたざるべからずと云えり。けだしその趣意は、勘定奉行に収税の権を任すればおのずから聚斂に陥るがゆえに、民に近き郡奉行の権を以てこれを平均するのつもりならん。もとより一政府同穴のうちにある役人に課を分かつも、事実に益はなかるべしといえども、その論の意を推して考うれば、費散者の一手に財用の権を付するの害は、古人も暗に知らざるにあらざるなり。

経済の第二則に、財を蓄積しまたこれを費散するには、その財に相応すべき智力とそのことを処するの習慣なかるべからずとあり。そもそも理財の要は、活発敢為の働きと節倹勉強の力とにあるものにて、この二者そのよろしきを得て、互いに相制し互いに相平均して、始めて蓄積費散の盛大を致すべきなり。もし然らずして一方に偏し、敢為の働きなくして節倹を専らとすれば、その弊や貪慾吝嗇（どんよくりんしょく）に陥り、節倹の旨を忘れて敢為の働きを逞しうすれば、その弊や浪費乱用となり、いずれも理財の大本に背くものと云うべし。然るに前段に云えるごとく、全国の人を蓄積者と費散者との二種族に区分して、その分界判然たるときは、その種族全体の品行において必ず一方に偏し、甲の種族には節倹勉強の元素を有するも、敢為の働きを失して吝嗇の弊に陥らざるを得ず、乙の種族には活発敢為の元素を有するも、節倹の旨を失して浪費の弊に陥らざるを得ず。

日本の国人、その教育あまねからずといえども、天稟（てんぴん）の愚なるにあらざれば理財の一事において特に拙なりと云うの理なし。ただその人間交際の勢によりて分かつべからざるの業を分かちて各種族の習慣を成し、遂にその品行を殊にして拙を見（あら）わすに至りしものなり。その品行の素質は決して悪性なるにあらず、適宜にこれを調和すれば敢為活発、節倹勉強と名づくるものを生じて、理財に無二の用をなすべきはずなれども、その用をなさずしてかえって浪費乱用、貪欲吝嗇の形に変じたるは、必竟素質の悪性にあらず、調和のよろしきを失したるものなり。これを譬えば酸素と窒素とを調和すれば空気と名づくる物を生じて、動植物の生々に欠くべからざる功徳をなすべきはずなれども、この二元素を分析しておのおの別にするときは、功徳をなさざるのみならず、かえって物の生を害するがごとし。

古来我が国理財の有り様を見るに、銭を費やして事をなす者は常に士族以上治者の流なり。政府にて土木の工を興し、文武のことを企つるはもちろん、すべて世間にて書を読み、武を講じ、あるいは技芸を研き、あるいは風流を楽しむ等、その事柄は有用にても無用にても、一身の衣食を謀るの外に余地を設けて、人生のやや高尚なる部分に心を用ゆる者は、必ず士族以上に限り、その品行もおのずから穎敏活発にして、あえて事をなすの気力に乏しからず。実に我が文明の根本と称すべきものなれども、ただいかんせん、理財の一事に至りては数千百年の勢いに従い、出ずるを知りて入るを知らず、散ずるを知りて積むを知らず、有るものを費やすを知りて、無きものを作るを知らざる者なれば、その際におのずから浪費乱用の弊を免るべからず。しかのみならず因襲の久しき、遂に一種の風俗を成し、理財を談ずるは士君子のことにあらずとして、これを知らざるを恥とせざるのみならず、かえってこれを知るを恥となし、士君子の最も上流なる者と、理財の最拙なる者とは、二字同義なるに至れり。迂遠(うえん)もまた極まると云うべし。

また一方より農商以下被治者の種族を見れば、上流の種族に対して明らかに分界を限り、あたかも別に一場の下界を開きて、人情風俗を殊にし、他の制御を蒙り、他の軽侮を受け、言うに称呼を異にし、坐するに席を別にし、衣服にも制限あり、法律にも異同あり、甚だしきは生命の権義をも他に任するに至れり。徳川の律書に、[45]

足軽体（てい）に候（そうらえども）共軽き町人百姓の分として法外の雑言（ぞうごん）等不届（ふとどき）の仕方にて不得止（やむをえず）切殺し候者は吟味の上紛（まぎれ）無之（これなく）候わば無構事（かまいなきこと）

とあり。この律に拠れば、百姓町人は常に幾千万人の敵に接するがごとく、その無事なるは幸いにして免るるのみ。既に生命をも安んずること能わず、何ぞ他を顧みるに遑（いとま）あらん。廉恥功名の心は身を払って尽き果て、また文学技芸等に志すべき余地を遺さず、ただ上命に従いて政府の費用を供するのみにて、身心ともに束縛を蒙るものと云うべし。然りといえども人類の天性において、心の働きは何様の術を用ゆるもまったくこれを圧窄禁錮（あっさくきんこ）すべきものにあらず、いずれにか間隙を求めて僅かに漏洩（ろうえい）の路あらざるはなし。今この百姓町人らの身分も進退もとより不自由なりといえども、私財を蓄積して産を営むの一事においては、その心の働きを伸ばすべき路を開きてこれを妨ぐるもの少なし。ここにおいてかやや気力ある者は蓄財に心を尽くして、千辛万苦を憚らず節倹勉強して往々巨万の富を致す者なきにあらず。されどももとこの輩は、ただ富を欲して富を致したる者にて、他に志すところあるにあらず、富を求むるは他の目的を達するための方便にあらずして、まさにこれ生涯無二の目的なるがごとし。

ゆえに人間世界、富の外に貴ぶべきものなし、富を抛ちて易(か)うべきものなし、学術以上人心の高尚なる部分に属するところの事件は、これを顧みざるのみならず、かえって奢侈の一箇条としてこれを禁じ、上流の人の挙動を見てひそかにその迂遠を歴笑するに至れり。事勢においてはまた謂れなきにあらざれども、その品行の鄙劣にして敢為の気象なきは、真に賤むに堪えたるものなり。試みに日本国中富豪と称する家の由来とその興敗の趣とを探索せば、明らかに事の実証を見るべし。古来大賈豪農の家を興したる者は、決して学者士君子の流にあらず、百に九十九は無学無術の野人にして、恥ずべきを恥じず、忍ぶべからざるを忍び、ただ吝嗇の一方によりて蓄積したる者のみ。またその家を亡す者を見れば、気力乏しくして蓄積の術を怠るか、あるいは酒色游宴(ゆうえん)肉体の欲を恣にして銭を失うものに過ぎず。かの士族の流が飄然(ひょうぜん)として産を治めず、その好むところに耽(ふけ)りてあえてその志を屈せず、あえてその志すところのことをなして貧を患えざる者に比すれば、同日の論にあらず。もとより肉体の欲を以て家を破るも、飄然として家を破るも、その家を破るの実は同様なれども、心思(しんし)の向かうところを論ずれば、上流の人にはなお智徳の働きに余地を存し、下流の人にはただ銭を好み肉体の欲に奉ずるの一元素あるがごとし。その品行の異別また大いなりと云うべし。

右の次第を以て被治者流の節倹勉強はその形を改めて貪欲吝嗇となり、治者流の活発敢為はその性を変じて浪費乱用となり、ともに理財の用に適せず、以て今日の有り様に至りしものなり。そもそも我が日本を貧なりと云うといえども、天然の産物乏しきにあらず、いわんや農耕の一事においては、世界万国に対して誇るべきもの多きをや。決してこれを天然の貧国と云うべからず。あるいは税法苛刻ならんか、税法苛刻なりといえども、その税は集めてこれを海に投げるにあらざれば、国内に留まりて財本の一部分たらざるを得ず。然るに今日の有り様にて全国の貧なるは何ぞや。必竟財の乏しきにあらず、その財を理するの智力に乏しきなり。その智力の乏しきにあらず、その智力を両断して上下おのおのその一部分を保つがゆえなり。これを概言すれば、日本国の財は開闢の初めより今日に至るまで、いまだこれに相応すべき智力に逢わざるものと云うべし。けだしこの智力の両断したるものを調和して一となし、実際の用に適せしむるは経済の急務なれども、数千百年の習慣を成したるものなれば、一朝一夕の運動を以て変革すべきことにあらず。近日に至りて少しくその運動の端を見るがごとくなれども、上下の種族、互いにその所長を採らずしてかえってその所短を学ぶ者多し。これまたいかんともすべからざるの勢いにて、必ずしもその人の罪にあらず。蕩々（とうとう）たる天下の大勢は上古より流れて今世に及び、億兆の人類を推し倒してその向かうところに傾きしものなれば、今においてにわかにこれに抗抵すること能わざるもまた宜（むべ）なりと云うべし。

1前章　「第八章　西洋文明の由来」、本書未収録。　**2本書第二章**　「第二章　西洋の文明を目的とする事」、本書未収録。　**3小前**　有力な農民層や地主層をさす「大前」に対する語で、「小前百姓」の略。下層の農民層。　**4コンヂーション**　状況。［英］condition　**5神后**　神功皇后。記紀にみえる伝承上の人物。朝鮮半島に遠征したとされる。　**6仁徳天皇民家に……**　家々のかまどから炊飯の煙が立ち上るようになった様子を見て、「もし民が貧しければ私が貧しいのだ。もし民が豊かならば私が豊かなのだ」と語ったとされる、仁徳天皇の逸話。　**7愛人**　人を愛すること。　**8総追捕使**　平安時代末期から各地に置かれるようになった職。軍事警察権をつかさどった。　**9健児**　平安時代、兵庫、鈴蔵、国府などの守衛のために各地に配置された兵。　**10承久の乱**　一二二一年（承久三）、鎌倉幕府内の内紛に乗じて後鳥羽上皇が挙兵し、敗北した争乱。　**11譜代世禄**　家に支給され、代々世襲される俸禄。　**12新井白石の説**　新井白石が『読史余論』で提唱した時代区分。建武の中興までの公家政治に九つの変化を、源頼朝以後の武家政治に五つの変化を認めた。　**13君相有司**　君主と宰相、役人。　**14輜重**　食糧、衣類、武器などの軍需品。　**15関八州**　相模、武蔵、安房、上総、下総、常陸、上野、下野の関東八州。　**16かつて余が説に……**　『学問のすすめ』四編、本書四〇ページ参照。　**17固陋蠢愚**　偏狭で愚かなこと。**18ロカルインテレスト**　地域の利害。［英］local interest　**19カラッスインタレスト**　階級の利害。［英］class interest　**20昔支那にて……**　秦の始皇帝を見て、項羽は「彼にとって代わりたいものだ」と言い、劉邦（高祖）は「あのようになりたいものだ」と言ったとされる逸話。『史記』の「項羽本紀」「高祖本紀」に見える。　**21延喜式**　律令に関する施行細則を編纂した平安中期の法典。　**22釈家官班記**　一三五五年（文和四）に著された僧の官職に関する書。　**23御朱印**　御朱印地。江戸時代に幕府が発行する御朱印状によって所有を認められた土地。　**24勧学院**　藤原氏の子弟を教育するため、藤原冬嗣により創立された教育施設。　**25奨学院**　在原行平が勧学院にならって創立した学寮。　**26大江広元、三善

康信　ともに鎌倉幕府の政治体制の確立に貢献した源頼朝の側近。27藤原惺窩　安土桃山から江戸時代初期に活躍した儒学者。近世儒学の祖とされ、林道春（林羅山）らを輩出した。28礼楽六芸　古代中国で一定身分以上の者が修めるべきとされた教養課目。礼、楽、射、御、書、数から成る。29後生畏るべし……　『論語』子罕編の一節。「後に生まれてくる者たちは畏敬すべきである。将来の彼らが現在の自分に及ばないということがどうしてあるだろうか」といった意。30舜何人ぞ……　『孟子』滕文公章句上の一節。直後の「文王は我が師なり……」も同じ。それぞれ、「舜とはいかなる人間だろうか。自分はいかなる人間だろうか。どちらも同じ人間であり、何かを大いに成し遂げようとする者は、だれでもこのようになれる」「文王は私の師である。また、周公の言葉が自分を欺くことがどうしてあるだろうか。大いに努力すればそこまで達することができよう」といった意。31リフハインメント　洗練すること、上品にすること。[英] refinement　32後伏見帝の宣旨　光厳院の院宣のことと思われる。33インヂウヰヂュアリチ　個人、個性。[英] individuality　34偏諱を賜り　将軍や大名が功臣などに自分の名の一字を与えること。35公方持氏　第四代鎌倉公方であった足利持氏。永享十年、長子の元服に際して将軍家の諱の一字をもらう先例に反し、関東管領であった上杉憲実と対立した。36田制沿革考　江戸後期の儒者、星野常富（葛山）の著書。37国衙　律令制における国司の役所、またはその統治機構。38鍵役　鉤役。江戸時代、世帯ごとに課せられた税のこと。39分限割　分限者（富豪、資産家）に課せられる税。40勝ち国　攻め滅ぼされた国。41倒懸　手足を縛って逆さにつるすこと。非常な苦しみのたとえ。42逸民　気ままに暮らす人。43金創　切り傷、刀傷。44労症　肺病、肺結核。45徳川の律書　江戸幕府の法典『公事方御定書』のこと。

民情一新

民情一新緒言

世論皆云く、西洋諸国は文明開化なりと。この言、誠に然り。余もまた決してその然らざるを説く者にあらずといえども、ただ漠然これを文明開化と称してその文明開化たるゆえんの事実を指示明言するにあらざれば、これを学びこれを採用するに当たりて大なる過なきを期すべからず。そもそもかの文明開化は、土地の広狭、人口の多寡にあらざるは無論、徳教[1]の盛衰にもあらず、文学の前後にもあらず、また理論の深浅にもあらず。試みに亜細亜と欧羅巴とを比較して、東西に行わるる徳教の旨に何らの差別あるや。耶蘇も孔子も釈氏も、正と云えばともに正なり、邪と云えばともに邪なり、互いにこれを論弁して唯一場の宗門争論に終うるべきのみ。文明開化の深浅に縁なきものなり。また西洋の文学と支那、日本の文学とを比較して、流儀こそ違え、その巧拙に至りては決して判断すべからず。ただ東の文学に巧なる者が西の文学を知らずしてこれを拙と称し、西に巧なる者が東を知らずして不文と称するのみ。その巧拙、文不文は他にあらずして各自の知不知に存するものなり。文学の前後を以て決して文明開化の標準とするに足らず。いわんや理論の深浅においてをや。西洋の理論決して深きにあらず、東洋の理論決して浅きにあらず。あるいはその深遠なるものはかえって往古の印度(インド)にありと云うも可ならん。西洋諸国の文明開化は徳教にもあらず文学にもあらずまた理論にもあらざるなり。然らばすなわちこれを何処に求めて可ならん。余を以てこれを見ればその人民交通の便にありと云わざるを得ず。両間の人類相互いに交通往来するもの、これを社会と云う。社会に大あり小あり、活発なる者あり無力なる者あり、皆交通往来の便不便によらざるはなし。交通の便を以てあたかも人類を摩擦刺衝してその身心に活発を致すときはまた閑静に安(やす)んずべからず。これを譬(たと)えば山居独坐(どくざ)の幽人[2]はその心もおのずから虚無にして求むるところ少なしといえども、この幽人をして市井喧嘩の地に移らしむるときはその心、虚無ならんとするも決して得べからずして、耳目鼻口の働きおのずから世俗に通達するを常とす。風流を以て云えば一幽人を俗了することなれども、文明の点よりこれを評するときはその人の身心を活発にして実地の働きを得せしめたるものなり。人間社会もまたかくのごとし。交通の便を開くは人の身心を実用に導くの一大原因にして、人心ひとたび実用に赴くときは、その社会に行わるる文学なり理論なり皆実用の範囲を脱すべからず。ゆえに東西の文学理論を比較してその前後深浅に差なしといえども、甲は実用に遠くして乙はこれに近きの別あるは、その原因遠く社会交通の便不便にありと云わざるを得ず。東洋風流人の評論には西方の文学理論は俚俗(りぞく)なりと云うことならんといえども、その俚俗は今の文明世界の有り様なればこれを人事進退の動力と認めざるを得ざるなり。社会交通の大切なるかくのごとくにして、西洋諸国においてはつとに航海の術を研究し、百千年来、その人民が北海、地中海の地方に往来するのみならず、遠く大洋を渡りて地球上、処として到らざるはなし。その物を貿易しその人を移し、風俗殊異の国土に到り言語不通の人に交わり、名状すべからざるの艱苦もありしことならん、言うべからざるの愉快もありしことならん。その心身を切瑳琢磨してその聞見を広くし、以て活発進取の気風を養成したるの利益は、東洋人民のかつて知らざるところなり。されば今西洋諸国の文明開化は単にこれをその交通便利の一原因に帰し、西洋諸国は開明なり何となればすなわち交通便利なればなり、東洋諸国はいまだ開明に至らざるものあり何となればすなわち交通なお不便利なればなりと云いて可ならん。

然るに千八百年代に至りて蒸気船、蒸気車、電信、郵便、印刷の発明工夫を以てこの交通の路に長足の進歩[3]をなしたるは、あたかも人間社会を顚覆するの一挙動と云うべし。本編は専らこの発明工夫によりて民情に影響を及ぼしたる有り様を論じ、蒸気船車、電信、郵便、印刷と四項に区別したれども、その実は印刷も蒸気機関を用い、郵便を配達するも蒸気船車に付し、電信も蒸気に依りて実用をなすことなれば、単にこれを蒸気の一力に帰して、人間社会の運動力は蒸気にありと云うも可なり。千八百年は蒸気の時代なり、近時の文明は蒸気の文明なりと云うも可なり。蒸気ひとたび世に行われてより、現に旧物を顚覆するは無論、およそ人事の是非得失を論ずるに、旧時の先轍に照らしてこれを判断すべからず。まさにこれ今日は世界一新の紀元と称すべき者なり。昔年西洋人がかの緩慢遅鈍なる帆船を以て僅かに遠方の各地に交通して、なおかつ人民に活発の気風を生じて位を東洋人の右に占めたり。いわんや今後この蒸気船車を以て地球の水陸を飛走し、電信、郵便、印刷の利器を以て人民の思想を伝達分布することあらば、その勢力の増進、実に測るべからざるものあらん。一新また一新、一変また一変、遂に旧物を廃滅しまた変革し尽くすにあらざれば止むことなかるべし。ただその際にいささか旧慣を維持して古俗を存せんとするは、かろうじて改進急変の震動を制節するものにして、臨時の策たるに過ぎざるのみ。これをこれ知らずして、何者の腐儒[4]か旧物を墨守し徹頭徹尾以て大勢の方向に激せんとす、何者の軽薄児か古風を装い以て一時を瞞着(まんちゃく)して社会の大計を誤る。咄々(とつとつ)怪事なるかな。然りといえども大勢はあたかも世を載するの船のごとく、心波情海滔々(とうとう)たるその間に居て、独りこれに抵抗し独りこれを瞞着せんとするは、船に乗りて動くことなからんを欲するものにして、その策の拙にしてその心事の鄙(いや)しきもとより論なし。この腐儒、軽薄児のごときも早晩大勢の船に乗せられて帰するところあるべきのみ。

蒸気、電信の勢力かくのごとしといえども、特に西洋人の私有にあらず。その発明は西洋にありといえども、西人(せいじん)も自らこれを発明し今日僅かにその功用を試みて自らその勢力の強大なるに驚駭(きょうがい)しまた狼狽(ろうばい)する者なり。西洋人がこの利器を発明したるは鳩にして鷹を生む者のごとし。雛鷹(すうよう)の羽翼既に成れば半天に飛揚して衆鳥を鷙攫(しかく)し、ときとしてはその所生[5]を嚇(かく)することもあらん。母鳩の驚駭狼狽もまた謂(いわ)れなきにあらず。然りしこうしてこの鷹の生まれたるは僅かに五十年以来にして、その勢力のやや実際に顕れたるは二、三十年に足らず。今日はもとより世界中共有の物なれば、各国人民の気力に応じてよくこれを利用する者は人を制し、然らざる者は人に制せられんのみ。余かつて言あり、鉄は文明開化の塊なりと。けだしまたこの文の意なり。今後我が日本においても、鉄を掘り鉄を製し、これを自由自在にすること軟弱なる飴を取り扱うがごとくにして、以て鉄道を敷き電線を架し機関を作り船を作り武具を作り器什を作り、人間需用の品物一切、鉄を元にして製作するに至りて、始めて文明開化の日本を見るべし。ただし人民に気力を生じて然る後によく鉄を用ゆるか、あるいは鉄を用いて然る後によく気力を生ずるか、この点については必ず世間に議論もあることならん。余もまたこれを推考せざるにあらずといえども、本編の趣旨にあらざればこれを他日の論に付す。

前に云えるごとく、西洋人は蒸気、電信の発明に遭うてまさに狼狽するものなり。その狼狽は何ぞや。民情の変化にあるのみ。老人は少年の活発にしてその心事の早成に驚き、富人は貧者の不遜を憤り、また一方にはその思想の高上して往々言論に条理あるを見てこれに感服し、政府は人民に苦情多くして飽くことを知らざるを憂い、また一方にはその気力活発にしてともに国を守るに足るを見てこれを喜び、喜ぶがごとく憂うるがごとく憤るがごとく感服するがごとく、これを要するにただまさに狼狽するものより外ならず。かの英国の風俗のごときは最も今日の民情に適するものと称してなおかつ民情変化の徴候を顕し、役夫の輩が「ストライキ」とて、仲間に結約しその賃銀を貴くせんがために職に就かずして雇い主を要するの風は、近来に至りてますます熾なりと云う。貧賤者の心事次第に異常なるを見るべし。また同国「ジッボン・ウヲークフヒールド」[6]氏出版の植民論に云えることあり。

人民の教育を称賛するは方今の流行にして、社会の百善皆教育より生ずと云わざる者なし。余もまた甚だ同説にして、かくあらんことこそ企望するところなれども、いかんせん今日に至るまでいまだこれによりて一善の生ずるを見ず。下民の教育はその身の幸福を増さずしてかえってその心の不平を増すに足るべきのみ。我が国普通教育の成跡として見るべき者は、方今「チャルチスム」[7]と「ソシヤリスム」[8]と二主義の流行を得たり。（この主義は仏蘭西その他の国々に行わるる社会党と大同小異、いずれも皆下民の権理を主張して貧富を平均し議員撰挙の法を改革する等の説にして、結局貧賤に左袒して富貴を犯すものなり。）警察の官吏はこの党与の説を圧倒すること甚だ易しと云い、またある人の考えにはこの党与の根元は微々たるものにして憂うるに足らずと云う者あれども、余を以てこれを観れば決して然らず。右二様の主義は畢竟人民の不平心を表するの徴候にして、その人民は役夫中に教育を受くること最も深くして、いわゆる土民の境界を去ること最も遠き者なり。この景況を以て察すれば、今後教育の次第に分布するにしたがいまさしくその割合に準じて貧賤の権理説もまた次第に分布し、教育に一歩を進むれば不平にもまた一分を増し、多々ますます増進して富貴の権柄とその私有とを犯し遂には国安を害するに至るべし。また危険ならずや。云々。

右は植民の法を勧むるの弁論中、かかる有り様なるがゆえに早く過剰の人口を他処に移すべしとの説にして、本編の所記とはその旨を異にすれども、また以て英国民情の一斑を窺(うかが)い見るべし。されば今日の欧洲各国は人知進歩のために社会の騒擾(そうじょう)を醸(かも)し、朝野ともにいまだその方向を得ざるや明らかなり。今後の成り行きを察するに、物価もなお昇降することあらん、賃銀の割合、利足の法も次第に改まることあらん、文学技芸、商売工業、一切の人事に影響を及ぼして、したがっては政府の治略も一変すべきは疑いを容れず。仏蘭西(フランス)民法も不都合の条を発見することならん、魯西亜(ロシア)、日耳曼(ゼルマン)の警察法も無力なるを悟ることならん、いわゆる、驚駭狼狽の世の中と云うべし。然るにここに怪しむべきは、我が日本普通の学者論客が西洋を盲信するの一事なり。十年以来、世論の赴くところを察するに、ひたすらかの事物を称賛し、これを欽慕(きんぼ)しこれに心酔し、甚だしきはこれに恐怖して、毫(ごう)も疑いの念を起こさず、一も西洋、二も西洋とて、ただ西洋の筆法を将(と)って模本(もほん)に供し、小なるは衣食住居のことより大なるは政令法制のことに至るまでも、その疑わしきものは西洋を標準に立てて得失を評論するもののごとし。奇もまた甚だしと云うべし。今日の西洋諸国はまさに狼狽して方向に迷う者なり。他の狼狽する者を将って以て我が方向の標準に供するは、狼狽の最も甚だしき者にあらずや。某家に火を失したり、家婦にわかに起きて周章[9]なすところを知らず、金箱の大切なるを忘却して僅かに一個の行灯(あんどん)を携えて路傍に彷徨したり。また某家の主人急病に罹りたり、家人医を招くを後にしてまず遠方の親戚に報知したり。いずれも皆狼狽にして、火事急病に処するの標準とするに足らず。我が日本にも西洋の文明を談ずるに当たりてこの家婦家人を学ぶ者なきを期すべからず、いたずらに世界識者の嘲りを買うに足るべきのみ。ゆえに云く、余は西洋の文明ならざるを説くにはあらずといえども、その文明は特に近時の文明にあるの義を弁ずる者なり。しこうしてその近時の文明は蒸気の発明によりて生じ、この発明を以て世界各国の民情に影響を及ぼしてあたかも斯民を一新したるものなれば、この一新の実況に応じて事を処する者にして始めてともに文明を語るべし。本編立論の旨はただこの一義にあるのみ。

また終わりに一言を贅す。前記のごとく本編は蒸気船車、電信、印刷、郵便の四者を以て近時文明の元素となして論を立てたるものなれども、文明の事物は甚だ繁多にして必ずしもこの四者に限らずとの説もあらん。もしその説あらば、学者試みに今の西洋の文明を欽慕すべきもの、恐怖すべきものとしてまず考えを定め、然る後にとみに不可思議の因縁を以て世界中にこの四者を滅却するか、または人類をしてこの四者の用法を忘れしむることあらば、そのときにもなおかの西洋諸国に欽慕すべきもの、恐怖すべきものありや、必ずこれなきを見出すべし。たといあるいはこの他に見るべき事物あるも、その事物は西洋にもあり東洋にもあり、是非長短おのおの固有を存してにわかに優劣を判断すべからざるものならん。然らばすなわち今の世界中文明の元素は蒸気以下の四者として妨げあることなし。その旨は縷々本編中に記したれども、読者の了解を便にせんがために、重複を厭わず簡単に数行の文字を緒言の末に付するのみ。明治十二年七月七日、著者誌。

1徳教　道徳によって人を教え導く教理。　2幽人　世俗から離れて隠れ住む人。　3長足の進歩　短期間のうちに著しく進歩すること。　4腐儒　時勢に疎く、役に立たない儒者。　5所生　実の親。　6ジッボン・ウヲークフヒールド　エドワード・ギボン・ウェイクフィールド（一七九六―一八六二年）。イギリスの政治家。人口と土地との不均衡に注目し、組織的植民論を展開した。　7チャルチスム　チャーティスト運動。普通選挙権の獲得などをめざしたイギリスの労働者運動。［英］Chartism　8ソシヤリスム　社会主義運動。［英］socialism　9周章　あわてふためくこと。

第一章　保守の主義と進取の主義とは常に相対峙して　その際におのずから進歩を見るべし

在来のものを保ち旧(ふる)きことを守りて以て当世の無事平穏を謀(はか)る、これを保守の主義と云う。新しきことに進み奇なる物を取りて以て将来の盛大を謀る、これを進取の主義と云う。あるいはこれを改進と名づくるも可なり。この両様の主義は世界古今いずれの社会にも行われておのおのその働きを顕し、またおのおの一時にその働きを逞(たくま)しうすること能(あた)わずして相互いに軋轢し、その軋轢錬磨の際に些少の進歩を見るものなり。もしも両様の働きその平均を得ずして一方に偏し、天下の事物頑固に停滞して動かざるか、もしくはにわかに進動して止まるところを忘るるときは、大いに人類の不幸を致すことあり。譬えば徳川二百五十余年の太平を見るに、元和偃武(げんなえんぶ)[1]、ひとたび天下の平穏を致して、朝野相共(あいとも)にその平穏無事に慣れ、一事一物として新奇に企てたるものなきがごとし。幕府を始め諸藩においてもただ旧法保守を以て専一となし、あるいは事に当たりて法なきものは先例を以て標準に定め、いかに困難なる事変に際するも古格先例に依らざるはなし。概してこれを云えば、徳川の世は先例の力大にして[2]出格の働きなき時代と称すべきものなり。二百五十年の久しき寸鉄を用いざるの太平は古来世界中にその例を見ず。この太平の割合にして文明進歩の遅々たりしは何ぞや。その原因けだし保守の固きに過ぎたるものと云わざるを得ず。その事実を計うれば枚挙に遑あらずといえども、今一例を示さん。寛永年中、耶蘇教を防ぐとて外国人の渡来を禁じ我が国人の外国に往来するを止め、次いで天草一揆の後はますますこの禁令を厳にして一定の国法となしまたしたがって一般の先例習慣となり、何らの要用あるも外国人に交わり外国の事情を知らんと欲する者なきがごとし。文化年中には魯西亜の軍船蝦夷地に来りて事を起こし[3]その騒擾前後八年、国の一大事変とも云うべきものなれども、なお外情探索の念はなくして、横文など読みて海外のことを談ずるはこのときまでもほとんど禁制の有り様なりき。畢竟外交拒絶の先例を保守すること固きに過ぎたるの弊と云わざるを得ず。もしも寛永の後に、たとい外交は拒絶するも天下の士人に許して荷蘭舶来の書籍にても自由に読むことを得せしめたらば、西洋の事情は「ペルリ」渡来の前に既に明らかにして、嘉永年中の狼狽もなかりしことならん。保守に偏するの害もまた大なりと云うべし。この一点のみについて考えれば、当時社会のために極まりて願うべき事柄にはあらざれども、むしろ二百五十年の太平を持続するよりも、その際に五十年または百年を隔てて内乱外戦の劇しきものに逢わば、ために人心を震動してかえって文明の進歩を助くるの機を得たることもあらん。保守の禍は戦争の禍に交易して益することありと云うも可なり。

保守の弊害極めて大なりといえども、また一方より論ずれば進取の進みて止まるを知らざる者もまた甚だ恐るべし。すべて世事の弊害を矯めるは斜めに傾きたる柱を槌以て打ち直すがごとく、一槌いまだ正を得ず、次いで二槌を試み、二槌、三槌、正を過ぎてまた反対に斜めに傾き、その過ぎたるを直さんとして一方より槌すれば、旧の斜傾に復して初めより槌せざるにしかず。けだしこの柱を正立せしむるの法は、鉛直線に照らして螺旋の器械を用い静かにその位地に至らしむるにあるのみ。柱においてはこの器械を用ゆべしといえども、人事はすなわち然らず。たといその弊害の明らかにして斜めに傾きたる柱に類するものあるも、開闢以来、人類の智と情とにおいては鉛線螺旋のごとき穎敏なる働きを以てその弊害を矯めたる者あるを聞かず。これを矯めんとすれば矯むるに過ぎて直を失い、その過ぎたるを止めんとすればすなわち旧の曲に復し、一矯また一矯、あたかも鉄槌以て斜柱の根を敲くに異ならず。いわんやその正斜を照らすべき鉛線もなきにおいてをや。千七百年代、仏蘭西の大騒乱[4]のごときも、貴族門閥の弊風を憤りてこれを矯め、遂にその矯正に過ぎてまた乱暴に陥り、暴を以て暴に代わるの譏りを致したる者なり。また事柄は些細なれども、我が国維新の初めにおいて天下の人心旧弊を悪むの勢いに乗じ、これを矯めこれを排して止まるところを忘れ、およそ日本在来のものは無形の制度風俗も有形の器品物件も一切これを棄てて顧みるなきの情なりしが、近来に至りてはそのこれを棄つるに過ぎたるを悟り、ようやく旧に復するの景況あるがごとし。譬えば名古屋城の金の鯱[5]のごとし。これを下してまたこれを上せ、その上下はまさに以て天下人心の進退を見るべし。人心勢いに乗じて中正を失うの実を見るべし。今の人類の智と情とにおいては、世事の弊を矯めんとして一発一中の明なきを見るべし。有形の鯱においてもなおかつ然り、無形の制度風俗に至りては必ずこれよりも甚だしきものあるべし。旧を矯めていまだ正に至らざるものもあらん、既に正に過ぎて還るを知らざるものもあらん、過不及の両端に居ながらまさにこれを中として得々たるものもあらん。この一段に至りてはただ今の人類の無智無識を憾(うら)むのみ。

然りといえども、世の文明開化は次第に進むを常として退くものは甚だ稀(まれ)なり。その進むは何ぞや。進取の主義に依らざるはなし。進取の主義はその時代にありてはあるいは奇怪にして人を驚かすことありといえども、後世よりしてこれを見れば決して奇とするに足らず。徳川の初代、尚武(しょうぶ)一方の世の中に、藤原惺窩(ふじわらせいか)、林道春(はやしどうしゅん)らの諸先生が専ら文学を首唱したるは必ず世間の耳目を驚かしたることならん。また宝暦・明和の頃、前野蘭化(まえのらんか)[6]、杉田(すぎた)鷧斎(いさい)先生の流が始めて荷蘭の書を講じたるがごときは、当時にありて奇怪の最も甚だしかりし者ならんといえども、後世に至りては天下に幾惺窩を生じ幾道春を出だし、およそ士人にして文を学ばざる者あればかえってこれを怪しむの勢いとなり、かの蘭学なるものも時勢困難のその際になおこれを捨てずして、天保・弘化の頃は翻訳出版の書も甚だ少なからず。文学の進歩以て見るべし。(蘭学起原のことは蘭学事始と云う杉田氏蔵版の書に詳らかなり) また古来の質朴節倹を保守して新奇の驕奢(きょうしゃ)華美を嫌うも古今の常態にして、昔年西陣の織物の次第に精巧を致して男女衣裳の日に華美に移るは老成人の好まざりしことならんといえども、今日にありては織工の巧なるは文明の徴なりとてこれを称賛せざるものなし。また瓦葺きの屋根も今日は甚だ普通なれども、武江年表を見るに、慶長六年、江戸本町二丁目、滝山弥次兵衛なる者始めて諸人に秀でて家を作らんと工み、その屋根の表通り半分を瓦にて葺きたれば半瓦弥次兵衛と異名を取りたりと云うことあり。当時この町人はその屋根の壮麗を以て江戸中の耳目を驚かしたることならん。ただに驕奢華美の術のみならず、方今流行の人力車のごときも、今を去ること百年、寛政年間、中井竹山先生の著したる草茅危言の中に、別駕車とて人車の一種を道中宿駅に用いたらば大いに便利ならんとて記したる者あり。製作こそ違え今の人力車の工夫なれども、その時代にはこの先生の説を奇怪として顧みる者もなかりしに、百年の今日に至りて天下一般の流行とはなりたり。先生の霊もし知るあらば地下に笑を含むことならん。右のごとく新奇の事物は容易に人情に適するものにあらず。今人の耳目に尋常普通なるものは古人を驚かし、古人の耳目に奇怪にして行われざりしものは今日にして始めて流行するのみ。今の耳目を以て古代を思えばその固陋偏屈、実に笑うに余りあるがごとくなれども、当時にありては決して笑うべきにあらず。いわゆる保守の主義は一種有力の働きにして、よく進取の運動を制しこれをして一時の自由を得せしめざるものなり。然りといえども前に云えるごとく文明の進歩は必ず進取の主義に依らざるはなし。徳川の時代には保守の力、過強にして、事物の局処についてこれを見ればほとんど前に進みたる者なきがごとくなれども、その時限中の数十年を隔てて前後を比較すれば必ず大いに進歩したるものを見るべし。進取の力もまた盛んなりと云うべし。されば進取は積極の働きにして保守は消極の働きと云わざるを得ず。実の利益は積極にありて、この利益を取るの法を緩和しまた制節するは消極の働きなり。けだし世界人類の教育果たして上達していわゆる聡明叡知の域に至ることあらば、心の欲するところに進み意の適する物を取りかつて制節を要せざるべしといえども、余輩の所見にては、数千百年の後、いずれの日かこの域に達すべきや、これを保証する能わず。ただ今の有り様にては進みて文明を取るの道を本体となし、事の今日に行わるべからざるはもとより覚悟するところなればあえてこれを問わず、あたかも策を今日に建てて勝を数十年の後に期するのみ。

また進取の主義とて、ひたすら旧を棄てて新に走ると云うにあらず。その本意は前に云えるごとく進みて文明を取るの義なれば、これを取るの方便を撰ぶにもとより事物の新旧を問うべからず。新奇もとより取るべしといえども、あるいは旧物を保存しまたこれを変形して進取の道に利用すべきものも多し。いわんや今の人智の有り様にて万代の後を洞察するの明はもとより企望すべきにあらず。ただ十数年の未来を臆測してやや便利ならんと思うものを取るの外に手段あることなし。譬えばこれを政治上に論じ、千万歳に期すべからざる想像社会なるものを設けて考うれば、まず人間世界に国を分かつことも無用なり、政府を立つることも無益なり、国なしまた政府なし、何ぞ国君を須いん、何ぞ官吏を須いん、いわんや爵位等級をや、ただこれ小児の戯れのみ。かくのごとく論じ去れば今の人間万事は悉皆無益の徒労にして、進取の主義もこの想像社会を目的として進むときは、ほとんど世になすべきものなくして人事を虚無にするより外に術なきがごとくなれども、今の世界の文明はその年齢甚だ若くしてそのこと甚だ未熟なり、真実に小児のごときものなれば、この小児の有り様に従いて進むの一法あるのみ。ゆえに今日にありて文明を語る者は、万歳を謀らず千歳を問わず、ただ僅かに十数年の間に見込みあれば熱心してこれに従事せざるを得ず。少年不学の徒はややもすれば進取の義を論ずるに劇しきに過ぎて、かえって世の嘲りを取り人の信を失うことなきにあらず。畢竟かの想像社会をただ心に想出するのみにあらずして、時としては事実に行わんとするの念を発し、あるいは実にこれを行わんと企て、これがためにその言行、往々迂闊なるものあればなり。今日我が国においても少しく民権論の端を開けば直に朝野の疑いを起こし、あるいはこれを目して共和政治論と云い、あるいは政府に敵するものと称して、一概に擯斥せらるるの弊なきにあらず。民権論のためには歎かわしきことなり。論者のためには残念なることなり。

第二章　人間社会の種族中いずれか保守の主義に従い　いずれか進取の主義に従う者ぞ

保守進取の両義相対峙するの趣は前章に論じたり。今この一章においては、社会の種族においていかなる者が甲の主義に従いいかなる者が乙の主義に従うか、その両様おのおのこれに従うゆえんの次第を示さん。

第一、都鄙の別あり。事物の流行はこれに従う者の人数によりて勢力を得るものなり。人戸稠密の地においてはその流行を伝うること速やかにして人数を得ること容易なり。既に人数を以て流行の勢いを得れば、その勢いはまた以て勢いを増し、遂には事物の出処を問わずしてただ流行の大勢のみを見るを常とす。衣裳の時様なり唄の流行なり、その蔓延の勢いは流行病の伝染に異ならず。けだし病の伝染するも衣裳、唄の伝染するも、その趣は一様にしてその理もまた一様ならん。ただ人戸稠密の都会において盛んなるを見るべし。あるいは田舎の地方において新説を唱え新工夫を企てんとするものあるも、その繁衍甚だ遅々にして意のごとくならざるがゆえに、広くこれを施さんとするには、必ず都会の地を経てひとたび流行の勢いを成し延びてまた地方に伝うるを得るのみ。もろもろの時様流行、都鄙の間に必ず三、五年の前後あるを見て知るべし。ゆえに職人芸人より以上、文人学士に至るまでも、都会の地に居を占むるにあらざればその名を成してその説を分布せしむるを得ず。都会は必ずしも人物を生ずるの地にあらずしてただこれに居を貸すの逆旅[9]のみなれども、既に人物輻輳[10]の地なれば進取の主義は何事にてもまず都会に行われてその勢いもまた盛んならざるを得ざるなり。

第二、智愚の別あり。有智無智、相比較してその異なるところの箇条は甚だ多しといえども、全体について論ずれば一方は在来の事物に安んじて多を求めず、一方はこれに安んずる能わずして進まんとする者なり。一は足るを知る者なり、一は足るを知らずしてこれを足すの道を求むる者なり。智術ある職人芸人は日に(ひび)新工夫を運(めぐ)らして一歩にても先人の右に出でて以て世間の称誉を得んとし、学者士君子は一事にても古来未発の説を発して社会の面を改革せんとし、畢生(ひっせい)の心事はただ古人の忘るる者を補い今世に不足するものを足さんとするにあるのみ。およそ和漢西洋、著書多しといえども、紀事史類を除くの外は、その論説皆古今の不足を補うて文明に進まんとするものにして、その明識と云い卓見と称する者もただ新工夫を運らして新説を唱うる者より外ならず。明識卓見にして独立の精神ある士人は悉皆進取の人と云うべし。あるいは紀事史類の文字のみに心を用い、古人の説のみを信じてまったく無見識なる人もなきにあらざれども、少しく才学さえあればたとい自ら新説を唱えざるも他の新説を聞きてこれに驚駭すること甚だしからずして、遂にはその説を信じてこれに入るの路(みち)もあるべし。方今我が国にて西洋の新説を聞きてこの説に入りたる洋学者は、悉皆旧の漢書生たるを見てもこれを知るべし。ただ旧習固守の固くしていかんともすべからざる者は無学文盲の愚民のみ。この輩は百千年の旧習にて旧き事物には慣れたれども、これに慣れて進退の路を知らず、新説を聞きて驚駭するのみならず甚だしきは驚駭するほどの働きもなき者なり。これを守旧の最も甚だしき者とす。ゆえに進取の主義に従う者は智人に多くして愚人に少なし。

第三、年齢の別あり。少年は情高くして理に乏しく、老成人は理(り)密にして情に乏し。孔夫子が七十にして則(のり)を踰(こ)えず[11]と云いしは、情の既に衰えて理のみを存しその理に従いて世に処すれば事々物々毫も故障なきそのときの有り様を、自ら察して発言せられしことならんか。ただし聖人は一種の神聖にして、必ずしも年齢にかかわらずその徳義よく発達して則を踰えざるの位に至ることもあらん、また年老してもおのずから活発々地の働きもあらん。これを是非するは余輩の本意にあらざればしばらく議論を擱(さしお)き、今の世界について云えば、たとい聖人以下の凡庸にても、その人類をして悉皆七十歳の老人ならしめなば、世の中に則を踰ゆる者はおのずから少なく万事静謐にして天地は寂然たることならん。ただその天地に行わるる者は保守の主義のみにして文明の進歩は遅々たるべきのみ。そもそも年少のときは血液の運動盛んにして神経の作用高く五官の働きすべて穎敏なるがゆえに、これを老体の人に比すれば、食うものも旨きを覚え、視(み)るものも美大に見え、嗅ぐものも芳しきを覚え、聴くものも面白く聞こえ、両間の事物一として愉快ならざるはなし。いわゆる情の高くして感動の鋭き時代なり。然るに年齢ようやく老して五官の作用次第に衰弱するに至れば、これに呈するに往時の物を以てするもまた往時の愉快を覚えず。しかのみならず往時に感じたる愉快をばこれを記憶に存して忘るること能わざるがゆえに、今日同物を呈して同様の愉快を覚えざれば、すなわちこれをその身体老衰の因に求めずしてかえってその物の厚薄に帰することなきにあらず。譬えば永年他国に移住する人が、しきりに故郷を慕い、故郷の味を嗜(たしな)み、故郷の音(おん)を悦(よろこ)び、故郷の山水を美なりとし、故郷の城郭寺院を洪大なりとして、その実に過ぐる者あるがごとし。田舎翁が江戸の美味を試み田舎の料理にしかずとてこれを悦ばざるもその一例なり。幼稚のときに素読を授けられたる師匠は生涯これを大先生と思い、ひとたび主人として仰ぎたる者は主従の関係を解きたる後もなおこれを尊崇するの情を存する等、その例は枚挙に遑あらず。ひそかに案ずるに報国の心、君臣の義、父子の親、師弟の関係等、いずれも年少の情感高き時節に生じて生涯忘るること能わざるものならん。また年老夫妻を亡い再び娶嫁して幸福薄しと云うもまた一例なり。しかのみならず年老すれば多年世事の実験を経て利害得失、弁別の理に熟し軽々新奇に走るを好まず。ここにおいてか当世の有り様に不平を訴え、これも無益なりそれも不用なり、奇怪なり法外なりとて、ひたすら現在の事物を嫌うてかえって数十年前おのが紅顔にして愉快なりしときの有り様に復せんとする者のごとし。結局進取のことは老大の人とともに語るべからざるものなり。これに反して血気の少年は数十年前を知らずして得失弁別の理に乏しく、ただ今の有り様を愉快なりとしてますます多を求め、この物を見れば奇なり、かの説を聞けば妙なり、失策に失望せず多忙に困却せず、倒るればまた起き敗すればまた企て、多々ますます進むを知りて止むるを知らず。けだしその進まんとするは何ぞや、足るを知らざればなり。その足るを知らざるとは、今の有り様愉快なりといえどもなおこれを不満足として将来を期する者なり。ゆえに老成人も年少もともに当時に満足するにあらざれども、甲はこれを厭うて後ろに退かんとし、乙は多を求めて前に進まんとする者なり。もしも今の人間社会を挙げてこれを老成人のみの手に付したらば、失策は少なくして鄭重(ていちょう)ならんといえども、人事は停滞不流の底に沈むべし。これに反して年少のみに任したらば、事は活発にして動くべしといえども、粗漏失策の奇に富むことならん。その得失を論ずるは本章の旨にあらず。ただ保守進取の働き、年齢によりて相異なるの状を示すのみ。

第四、貧富の別あり。地面を貸す商売は安全なれども利益少なし。廻船の商売は利益多けれども危うし。資本を要すること最も少なくして利を得ること最も多きものは博奕、相場なれども、これを行うて最も危うきものなり。およそ事をなすに利益あれば危険もまたこれに伴い、その危険の大小にしたがって利益に厚薄もあるものにて、商売工業の企てより政治の改革等に至るまで、すべて社会に新規のことを起こすには、何ほどの見込みあるも鬼神にあらざるより以下はたしかにその安全を前知すべからず。いったん失敗すれば産を破るのみならず、甚だしきは身を殺すに至ることあり、危険もまた大なりと云うべし。もしも世の中に些少の資本を要せず些少の危険もなくして大利益を得べきことあらば、万人は万人皆これに走るべしといえども、古今いまだその例を見ず。ゆえに巨万の財産を有するか、またはさなくも朝夕に不自由なくして安楽に渡世する人のために謀れば、容易に事を企てざるを以て得策とす。また古今の事実においても、この輩は常に事をなすの念慮薄くして改革進歩の説に同意する者甚だ稀なり。けだし利益を得るを好まざるにあらざれども固有のものを失わんことを恐るればなり。ただ寒貧無産の輩は下無智の小民より上学者士君子に至るまで事を好まざる者なし。この流の人は事変に遭うて失うもののなきのみならず、あるいは大いに得るの望みなきにあらず。その状あたかも餌を費やさずして魚を釣るがごとし。獲ざればすなわちやまんのみ、獲ればすなわち無より有を生ずるものなれば、人間の快楽この右に出ずるものあるべからず。この一事は古今世界の例において明白なれば特にここに喋々の弁を須いず。また寒貧に加うるに独身なれば事を企つるに最も適当なりとす。妻子を思うの情は壮士の血熱を挫く一大劇剤にして往々これがために屈する者多し。歴史に徴して、古来決死の士が父母に訣別したる者と妻子を見捨てたる者とを比較するに、その数甚だ差違あるを知るべし。父母を捨てて他郷に居る者は多けれども妻子に別れて世間に徘徊する者は甚だ少なし。この一点について見れば、親子の親しみは夫妻の情の熾なるにしかざること明らかなり。ゆえに現在の社会に安んじて旧物を保守する者は必ず富家の主人にして、これに反する者は寒貧独身の壮年なりと云わざるを得ず。漢土戦国の世に、孟嘗君、平原君[12]に食客数千人と云うは必ずこの類の壮年生にして、当時社会の動力たりしことならん。また近代仏蘭西のごときも学者論客に独身の人多くして、これがためにおのずから世論の喧しきを増すと云う。日本にても議論の盛んなる者は必ず居家を定めざる書生の中に多きことならん。この流の人は今後増す有りて減ずる無し。その処置次第にて国の害をなすべし、また大いに益をなすべし。

　第五、官民の別あり。社会の人類には貧富貴賤あり智愚強弱ありておのおのその利害を殊にせり。この利害の殊なる種族を合してこれを一処の政府に支配し一定の法を以て制御せんとすることとなれば、その政法の一方に便利なるものは一方に不便利となり、この種族に益するところあればかの種族に損して、いずれか多少の不平なきを得ず。然りといえどもこの不便損害を顧慮して各種各族の需(もとめ)に応ぜんとするときは、処々に政(まつりごと)を異にし時々に法を改めざるを得ず。これまた不平の原因となりて一層の騒擾を増すべきのみなれば、政府たるものは到底人民個々の意に適することは能すべからざるものと覚悟を定め、勉めてその政を簡にしその法を明らかにして一定不変の旨を主張するより外に手段あることなし。既に一定不変とあれば、たとい目下に小利害あるもこれを顧みるに遑あらずして、恬(てん)として看過するの情なきにあらず。かつこの一定の政法を実際に行われしめんとするには必ず多少の威権を要することとなれば、その威権の大本として腕力を用意し、これを用意して容易にこれに訴えず、あたかも引きて放たず、鄭重の際に旧物を保守して現在の秩序を乱さず、以て社会の安全を護らんとするものなり。これに反して人民は各自その利害を論じ各自その便不便を訴えてかつて左右を顧みるを要せざるがゆえに、局処についてこれを見れば所論皆正しきがごとく所訴皆理あるがごとし。これに加うるに世間に不平者は多くして得意者は少なく、得意者は黙して不平者は喧しく、喧嘩喋々止むときなくして遂に天下の公議輿論(よろん)となり、その方向は新奇変動を好むを常とす。かつまた権を欲するも人類の常態なれば、政府の人もややもすればその権力を誤用して人民を抑圧せんとし、これを圧することいよいよ重ければ人民の抵抗はいよいよ強く、ここにおいてか官民の軋轢を生ずることとあり。結局官は保守に失し民は進取に失するものと云うべし。人品の罪にあらず、勢いの然らしむるものなり。

右五箇条に論ずるところ果たして事実において然るものならば、進取の主義に従いて新奇変動を企望する者は、都会の状態を熟知して智術に逞しく年齢少くして家貧なる人民の中にこれを見るべし。政府は富人と老成人とに依頼して田舎の愚民を味方に取り、以て保守の主義を維持するものなり。ただし論説の上にてかく両様に区別すといえども、実際においては例外なる者ももとより多からん。ただ人間社会の大勢を論ずればかくのごとしと云うまでのことなれば、読者字句に拘泥して本旨を誤るなかれ。

第三章　蒸気船車、電信、印刷、郵便の四者は千八百年代の発明工夫にして、社会の心情を変動するの利器なり。

古来世に発明工夫甚だ尠なからず。天文、化学、器械学等、いずれも時代にしたがって面目を改めたるは諸書に拠りてこれを知るべし。古は地動の説、元素の発明、火器の製造より、近代には種痘、瓦斯灯、紡績器械等、その最も著しきものにして功徳もまた僅少ならずといえども、およそその実用の最も広くして社会の全面に直接の影響を及ぼし、人類肉体の禍福のみならずその内部の精神を動かして智徳の有り様をも一変したるものは、蒸気船車、電信の発明と、郵便、印刷の工夫、これなり。しこうしてその起原を尋ぬるに、蒸気船は千八百七年、蒸気車は千八百二十五年、電信は千八百四十四年より始まりて、その実際に用をなしたるはいまだ五十年に足らず。郵便の法も英国においてややその体裁を成したるは千六百年代にありといえども、その法に大変革を加えて今の盛大を致したるは千八百四十年、同国「ローランド・ヒル」氏の立案にて、全国道程の遠近を問わず書翰(しょかん)の目方半「オンス」につき郵便税一「ペニ」[13]と定めてより以来のことなり。（国内の郵便税を平均するの法は古来未曾有の新工夫にして、「ヒル」氏ひとたびこの案を立ててより以後は欧米諸国大抵皆これに従わざるものなし。）また印刷の法もその由来は甚だ旧くして器械の種類少なからずといえども、古来の印法、平面の活字版に平面の板を以て圧するものを改めて、円柱を用いあるいは円柱に活字を植え、あるいは平面の活字版に円柱を転がして摺(す)るの新工夫を加えしより、にわかに機関の活動を増して爾後(じご)またこれに蒸気力を用い、印刷の迅速なること以前に百倍して、以て今日の盛んなるに至りしものなり。しこうしてその円柱の用法は、千八百年代の初め、英国の「ニコルソン」[14]および「サクソニー」国の「コーニフ」[15]両氏の創意に出でたることにて、今を去ること僅かに六十余年に過ぎず。

この大発明を以て世界の全面を一変したるはいまさら喋々の弁を俟(ま)たず。電信を以て商用の報知を達し、蒸気船車を以て貨物を運輸するときは、物価も各地に平均してたとい投機の商賈(しょうこ)[16]にてもまた旧套(きゅうとう)に依頼すべからず。（近来日本にても奥羽越後の米価、東京の価と平均し、また一昨年横浜にて生糸の価俄に騰貴したるときにも、その報知電信を以て直に地方の荷主に達して、仲買商はかえって大勝利を得ざるも、その一例として見るべし。）往昔荷蘭人が独り東印度(インド)の香料を専売したるがごとき商法は、万々今日に行わるべきにあらず。これを小にして云えば我が日本鎖国の時代に、大阪の商人が長崎に渡来する荷蘭船一艘に限りある荷物を買い締めて、一年の間、日本国中薬品の相場を自在にしたるがごときも、今日にありてはただ昔の物語に存するのみ。また蒸気船を作るは鉄道を敷くよりも容易なるがために初めには船の用法のみ盛んなりしかども、近年に至りては鉄道を作ること日一日に増加してその止むところを知るべからず。もしも今後欧羅巴（ヨーロッパ）より小亜細亜（アジア）の地方に縦横して印度および西伯里（シベリア）の地に亘（わた）り、延びて支那の東岸に至るまで数条の鉄道を通じたらば、世界中の商売に何らの変を生ずべきや。英国のごときは従前航海の利を失うのみならず、その本国周囲の海に妨げられてかえって大陸の国々と商権を争うこと能わざるの勢いに至るも図るべからず。また国境防御（ぼうぎょ）の一点について考うれば、古の海国は海水を以て防御の要害と頼みしも、蒸気軍艦の用法自在を致してより海岸の防御甚だ困難を覚えしかども、今後鉄道の制、盛んなるに至らば、陸を走るの便利は水を渡るものに百倍して、したがって海水もまた要害の一項となり、これを頼むの情は昔年いまだ蒸気船車を見ざるときの有り様に復することあらん。形勢の変化もまた甚だしと云うべし。ゆえに蒸気、電信はただ商売の損徳に関するのみならず、戦争の勝敗、交際の得失、政務の遅速等、およそ人間の禍福皆この利器によらざる者なし。巧みにこれを用ゆれば今日の寒貧、明日の富豪たるべし。その用法を知らざる者は白昼に家産を掠（かす）め去られて訴うるところあるべからず。蒸気、電信は、人を貧にし人を富まし、人を智にし人を愚にし、甚だしきは人を生かし人を殺し、国を興（おこ）し国を滅ぼすことあり。西人の言に、電信は世界の面を狭くしたりと。余はすなわち云く、電信に蒸気を交え用うれば時を縮めて事を多くし以て人の寿命を長うすと。古人は一日に十里を歩したるもの今人は一日に三百里を走る、古人は一月を費やして文通したる者、今人は一分時間にその消息を知る、古人七十歳の寿を以てなしたる事業は今人三年の間にこれを終わり、古人百名の力を費やしたる者は今人一手を以てこれを成すべし。ゆえに今日においてもこの利器を用ゆる者と用いざる者とを比較すれば、その勢力権威に幾百倍の差違あるを知るべし。

語に云く、智極まりて勇生ずと。余を以てこの語を解すれば、智とは必ずしも事物の理を考えて工夫するの義のみにあらず、聞見を博(ひろ)くして事物の有り様を知ると云う意味にも取るべし。すなわち英語にて云えば「インフヲルメーシヨン」[17]の義に解して可ならん。人生かつて聞見せざることについてはとかくこれに臆してにわかに進みて取るの気力を生ぜざるものなれども、偶然にこれを聞きまたこれを目撃すれば思いの外のものにて、ひとたびこれに取り掛かればまたしたがって工夫も付き気力も生じて容易に功を奏するもの多し。雲水[18]の言を聞きて遊歴を思い立ち、航海者に逢うて船に乗るの念を起こすことあり。また田舎の小民がたびたび法庭に出入りしてこれに慣れ、怯夫(きょうふ)が戦場に臨みて勇気を生ずるもその例なり。さればここに古人の語を翻し、聞見博くして勇生ずと云うも可ならん。しこうして今、人の聞見を博くするがために最も有力にしてその働きの最も広大なるものは、印刷と郵便の右に出ずるものあるべからず。譬えば現今英国の人口およそ三千一百万、全国に発兌(はつだ)の新聞紙、雑誌の類千六百九十二種、このうち首府竜動(ロンドン)にて出版のもの三百廿種、全数のうち毎日出版のもののみを計うれば全国百四十二種のうち、竜動には十八種、発売の最も盛んなるものは竜動の「デーリテレガラム」[19]とて日に廿四万余紙を摺り立て、これに亜ぐものは「スタンダード」にて日に十七万余を発売すと云う。他推して知るべし。この幾巨万の紙数を毎日、毎週、毎月に摺り立て、これを運搬するには蒸気車に付して、朝に印刷のものは夕に全国の四隅に周ねし。なお急なるは電信を以てして瞬間に報知すべし。また雑誌、新聞紙の外に郵便書翰の往復もまた非常の数なり。千八百六十七年、英国にて郵便物の数、新聞紙等を除いて書翰の数のみ七億八千万余にして、これを人口三千一百万に比例すれば大数一人につき二十五通の割合なり。盛んなりと云うべし。千八百七十四年の記に拠れば、郵便物の数、書翰九億六千七百万、端書七千九百万、書籍、新聞紙の類二億五千九百万にして、共計十三億零五百万個なりと云う。本文千八百六十七年以来、増進の有り様を見るべし。この雑誌、新聞紙および郵便の書翰はすなわち人の聞見を交易するの具にして、およそ一国内外の異事新説はこれを読みこれを語りこれを聞きこれを伝えてほとんど洩らさず、その状あたかも国中毎人の眼前に明鏡を掲げて他人の思想言行を写し出だすがごとし。聞見博くして勇生ずの語、果たして違うことなくば、英国人民の活発にして進取敢行の気力に富むもまた偶然にあらざるなり。右はただ英国の一例なれども、仏蘭西その他大陸の諸国においても大同小異のみ。あるいは英の盛んなるに及ばざるものもあらんといえども、その及ばざるは進みていまだこれに及ばざるのみ。今日の有り様にて退歩する者あるを聞かず。畢竟その原因を尋ぬれば印刷、郵便の新工夫にして蒸気、電信これを助くるものと云わざるを得ざるなり。

我が日本にても既に鉄道、電信あれども、鉄道はいまだ論ずるに足らず、電信、郵便も人民いまだその用法に慣れず、印刷のごときも便利はすなわち便利なれどもなおいまだその盛んなるに至らず。譬えば雑誌、新聞紙とて全国の各社を合して毎日の出版幾万紙もあるべからず、甚だ微々たるがごとくなれども、全体の勢いは進む有りて退く無き有り様なれば、今後もし国中縦横に鉄道を敷き人民も次第に郵便、電信の用法に慣れて、心身活動の大切にしてその功能の大なるを知るに至らば、我が社会の形勢果たして一変すべきは疑いを容れず。譬えば今の雑誌、新聞、郵書等も地方への配達（昔年に比すれば百倍の便利あれども）遅々たればこそその便利少なきがごとくなれども、日本国中必ず即日に達するものとならば、その流行は今日に幾倍して盛大を致すべし。ただ文書の通報のみならず、理財上においても捨たれたる産物に価を生じ、専売の品物に名声を落とし、僻遠無人の里も鉄道の停車場となりて沿道の地価たちまち騰貴するもあらん、古来商船碇泊の港にて問屋の利を専らにしたる地形にて一朝に産を失うもあらん。ただ貧富の浮沈平均するのみならず、津軽、松前の婦人は薩摩に嫁し、長崎の男児は箱館の養子となり、昨日まで東京に寄留したる者は一夜の間に中国に転宅してまた翌日は北国に往来し、午前大阪に製したる菓子は午後東京の茶席に用い、今朝四国に出版したる新聞については夕べに奥州に演説し、千里比隣、思想相通じて方言、語音、なまりまでも平均するに至るべし。また政治軍略においても、朝に西南の警め[20]を聞きて幾万の兵は夕に馬関を渡るべければ、鎮台[21]を各処に設くるを要せず。あるいは今の県庁も多きに過ぎて不用に属する者あるか、またはその法を改むることならん。なお些細のことに亘れば、公私勤仕の者が亡父母の墓参にとて、その墓所日本国中にあれば休暇は三日以上を要せず、各地に派出十里詰の旅費も不都合となり、裁判の呼び出しに八里詰の日数もこれを廃せざるを得ず。およそ今の日本社会日常の語に、遠路なるがゆえに不都合、遠方の処を大義、東西隔絶してかかる間違いを生じ、音信（いんしん）の路なきがために知らず、など云う辞柄は地を払って用ゆるを許さざることならん。日本国中遠路あらざればなり。思うに数十百年の後は、戯作小説の本にも、父母の行衛を索めてこれに逢わず、骨肉の兄弟、刎頸の朋友、図らずも異郷に邂逅して一別三年初めて対面など云う馬琴流の趣向は、まったく用ゆべからずして作者も困却することならん。また義太夫本の文句に、江戸、長崎、国々へと云い、西は九州薩摩がた、東は津軽、蝦夷、松前と云うは、偏境絶域の想像を現したるものなれども、既に今日においては、夜前長崎何町の出火は今朝警視の分署に張り出だし、三日前、蝦夷地より出帆したる人は土産を持参して今日東京の家に来訪するゆえ、十歳前後の子供は義太夫の文句を聞きて絶域の感を生ずることなし。ただ古老の人が古を想い今を見て、今の便利を称しまたしたがって時勢の変遷を歎息するのみ。平気なる者は少年にして狼狽する者は老人なり。近時の文明開化は老人の心事を齟齬せしむるものと云いて可なり。辞柄を用ゆべからず、事物を内分にすべからず、いわんや秘事密計をや。もしも秘密のことならば、そのことはただ本人一名の胸中に蔵（おさ）むるにあらざれば僅かに信友に語るべきのみ。いやしくも古来杜撰（ずさん）の習慣にて他人の耳目に触れなば、その耳目は二、三の耳目にあらずして全国三千四百万の耳目と認めざるを得ず。秘密もまた困難なりと云うべし。本編第二章に異事新説は都会に行わるること速やかにして田舎の地方には遅々たりと云いしも、蒸気、電信以下の利器真実にその勢いを逞しうするときはまた都鄙の別をなすべからず。国の全面を飜（ひるがえ）して一場の都会に変じたるものと云わざるを得ず。地方の人民とて決して蔑視すべからざるなり。

右はただ余が想像を以て今後の変化を推し量りしことなれば、もとよりその箇条を枚挙明言する能わずといえども、実際においてその変化の意外に大いにしてかつその波及するところ、意外に広かるべしとのことは、今よりこれを保証して大いなる過ちなかるべし。日耳曼にて鉄道を作りたれば国中に字を知る者の数を増したりと云う。鉄道と文学ともとより直接の関係あらざれば初めより期したるにあらざれども、その成跡を見ればかくのごとし。この類のことは他諸国にも甚だ少なからず。結局蒸気、電信等の功能を明らかに前言するは人智に及ばざることなり。然りしこうしてこの蒸気、電信、印刷、郵便の四者は開国以来、西洋諸国より輸入したるものにして、開国の一挙なくんば我が輩は今日に至るまでもこの利器あるを知らざりしことならん。世の人々はただ嘉永年中、西人の日本に入りたるを以て我が一大変動なりとてみだりにこれに驚くがごとくなれども、余はただその渡来のみを驚く者にあらず。何となればその西人なるもの、蒸気、電信、発明前の西人にしてこれと条約を結びたることならば、深く心を労するに足らざればなり。たといこれと交わるもただ鎖したる国を開きて双方交際の関係を変じたるまでのことなれば、旧套の海防を厳にして通信貿易すべきのみ。もしあるいはその交際我に不便利ならばこれを謝絶するも可なり。現に寛永年中には外国人を打ち払いして[22]彼もまた甘んじて我が国を去りたるにあらずや。寛永以後、かの国人は日新の事業に勉強し、我は太平に慣れて怠けたることもあらんといえども、文化年中に至るまでも彼より我に対して活発なる働きを示すこと能わざるは、魯西亜人の蝦夷地に乱暴を企て次いでその跡なきを見ても知るべし。旧套の西人なれば我もまた旧套を以てこれに応じて毫も恐るるに足らずといえども、ただ嘉永年間、始めて米人の我が国に来りて通交の道を開きたるは何ぞや。余を以てこれを観ればその働きは米人の働きにあらずして蒸気の働きと認めざるを得ず。我は既に蒸気の働きによりて我が国を開き、開国の初めにその功能を知り、またしたがってこの蒸気および電信等を我が国に入れたり。ゆえに我が開国は単に外国の人を入れたるにあらずして、外国に発明工夫したる社会活動の利器を入れたるものなり。既にこの利器を入れてこれを用ゆるときは、我が開国の一挙はただ外国と日本と相対するその関係の変化のみに止まらずして、日本国中自家の変動を生ぜざるを得ず。結局我が社会は今後この利器とともになお動きて進むものと知るべし。

第四章　この利器を利用して勢力を得るの大なるものは進取の人にあり。魯国およびその他の例を見て知るべし。

蒸気、電信、郵便、印刷の利器たるは前章にこれを記し、この利器を用ゆることいよいよ巧なれば権力を得ることいよいよ大なりとの次第もこれを論じたり。しこうしてこれを利用する者は保守者流にあるか、改進者流にあるかと尋ぬれば、その働きを以て甲を利するの利は乙を利するの利にしかざるがごとし。もとより政府のごときはたといその性質止むを得ざるの事情を以て保守の主義に従うも、もと社会中において智力に乏しからざる部分なればこれを利用せざるにあらず、これを用いて活動するものも多しといえども、畢竟この利器の性質を詳らかに察すれば、その用は止まりて守る者のためには大なる功能なくして、動きて進むもののためには甚だ便利なりと云わざるを得ず。今世界中の政府として日に文明に進むを好まざるものなし。いやしくも世に新奇にして便利の工夫あれば必ずこれを採用して捨つるなからんと欲すといえども、第二章の第五条に論ずるごとく、政府最大一の職分は現在の秩序を保護するにありて、その際にはおのずから鄭重の風を存し、世上の進歩駸々（しんしん）たるその間にも独り勇退自重の情なきを得ず。これを譬えば政府も人民もその文明に進むの有り様は順風に帆を揚げて走る船のごとしといえども、政府の船はその走航の際に船中の事情を察しまた外物の関係を顧みるがために、時々港にも碇泊しあるいはことさらに行程の緩急をなし、なお甚だしきは順風を空しうして進まざることもあるべし。これに反して人民急進の船はただ一方に進みて前後に顧みるところあらざれば、これを政府の船に比すればおのずから緩急の差なきを得ず。尋常の順風にしてなおかつかくのごとし。然るに今蒸気、電信、印刷等はこの順風の最も劇烈なるものにして、その風勢を利するものは直行急進の人民にあるべき、その理甚だ明らかなり。然りしこうして人民の方にこの便利を得て事の成跡いかんを尋ぬれば、今の世界諸国の風においては必ず官民の不和を生ずるもの許多なりとす。[23] 譬えばここに名望高き学士論客が一編の雑誌を発兌（はつだ）し一場の演説会を開きて新説を唱うることあれば、その説はたちまち社会の全面に流布して一時に人心を動かし、熱心以て直にその方向に進まんとする人民の常態なれども、政府においてはにわかにこれとともに方向を同じうすること能わず。またこれ自然の形勢にして、官民の地位を殊にするところなり。然るに千七百年代、思想通達の利器（すなわち蒸気、電信、郵便、印刷）いまだ十分の便利を致さざるの時代なれば、たとい民間にいかなる新説名案あるもその流布緩慢なるがゆえに、政府はこの緩慢なる時間を利して徐々に謀（はかりごと）をなしたることなれども、今日の勢いにては人民の心情はかの利器に乗じて一時に進退を逞しうし、心波情海滔々として他の徐々に謀をなすものを許さず。官民の軋轢ますます甚だしからざるを得ざるなり。

文明開化次第に進歩すれば人々皆道理に依頼して社会は次第に静謐を致すべしとの説は、ややもすれば学者の口吻（こうふん）に聞くところなれども、畢竟漠然たる妄想にして毫も証拠なきものなり。今の事物の進歩を見て果たしてこれを文明開化とすれば、その進歩するに従いて社会の騒擾はかえってますます甚だしかるべきのみ。人民は既に直行進取の利器を得たり。この勢いに乗じて顧みて政府の有り様を窺えばその緩慢見るに堪えずしてこれを蔑視せざるを得ず。譬えば日本において今日もなお旧幕時代の例に倣い、官令は祐筆の御家流に成りて、大目付触の田舎に達するは発令の後半、年を過ぎ、山川の険は要害と称し態とその通行を難渋にして往来を遅くせしめ、人民の呼び出しには差紙到来、名主付添にて罷り出でて些細のことに謹て終日を費やす等のことあらば、人民はこの処置を見てその緩慢不便利を笑わざる者なかるべし。今後とても鉄道の建築等次第に盛大を致して人の挙動活発なるに至らば、今の政府の処置をもなお堪えがたく思うは必定なり。五十里の道を二時間に走りて裁判所に出頭し、そのところに黙坐して呼び出しを待つがために三時間を費やすことあらば堪えがたからん。日本国中を巡廻するには僅かに三、五日を費やし、旅行の願書には区戸長の奥印より地方庁の手に渡り十余日を経て始めて願済とあらばこれまた堪えがたからん。これらを計うれば枚挙に遑あらず。学者よろしくおのずからこれを想像すべし。これを蔑視しこれを愚弄しまたこれを敵視して一時にこれを改めんとするその勢いは、あたかも人民にして政府を圧制する者なれば、政府はこの圧制に堪えずしてかえって大いに抵抗せざるを得ず。その抵抗の術はただ専制抑圧の一手段あるのみ。これを執政者の英断と云う。前年、仏蘭西にて第三世「ナポレオン」が在世のときの政略、また近来は魯西亜、日耳曼等の国勢を見ても、その政略は次第に専制に赴くもののごとし。今その原因を尋ぬれば、人民の聞見にわかにその域を広くして心情思想の運動一時に強勢を致したる者より外ならず。あるいは千八百年代、蒸気、電信等、発明以後の文明開化によりて政府の専制を促したりと云うも可なり。然りといえどもこの専制なるもの果たしてよくその功を奏して人民の運動を制し尽くすべきや一大疑問なれども、余は断じてこれに答えて否と云わざるを得ず。何となればすなわち政府の専制は一定の旧套にして、人民の進歩には無限の新工夫あればなり。譬えば官の専制の力を強くせんとするの法は、視察を密にし禁法を厳にして書記演説の道を限る等の手段なれども、この手段はいずれも陳腐にして、あるいは今日直接の用をなすがごとくなるも、後日間接の功なきのみならず、たといいかなる強大政府にても、その専制は直に蒸気、電信、印刷、郵便の力に敵せんとするものなれば、これに敵して直接の即功もなきこととならん。今の世界の政府たるものは単に人民に対するにあらずして、蒸気以下の利器に当たるものと覚悟せざるべからざるなり。試みにかの胡蝶(こちょう)を見よ。その芋蠋(いもむし)たるときはこれを御すること甚だ易し、指以て撮(つま)むべし、箸以て挟むべし、あるいはその醜を悪めば足以て踏み殺すも可なりといえども、いったん蝶化するに至りては翩々(へんぺん)飛揚してまた人の手足に掛からず、花に戯れ枝に舞い意気揚々としてあたかも塵間(じんかん)の人物を蔑視愚弄するがごとくなれども、羽翼既に成る、これをいかんともすべからず、指以て撮むべからざるなり、箸以て挟むべからざるなり。今改進世界の人民が思想通達の利器を得たるは人体とみに羽翼を生ずるものに異ならず。千七百年代の人民は芋蠋にして、八百年代の人は胡蝶なり。芋蠋を御するの制度習慣を以て胡蝶を制せんとするはまた難からずや。ゆえに云く、今の世界の諸政府が次第に専制に赴くはおのずから止むを得ざるの事情なれども、到底その功を奏するの望みはあるべからざるなり。

人事の相互いに抵抗するその趣は器械学の理に異ならずして、甲の力、百を以て乙を犯せば乙もまた百を以てこれに応ずるを法とす。手を以て人の頭を打つは頭を以て手を打たるるに等し。これを打つの劇しきはすなわち打たるるの劇しきなり。ゆえに政府にても人民にても、その勢力次第に盛んにして一方を圧すること次第に劇しければ一方よりこれに応ずる働きもまた次第に劇しからざるを得ず。千八百七十年、英国刊行「エカルド」[24]氏所著の魯西亜近世史を見るに、魯国の文明開化は「ペイトル」大帝[25]以来、いまだ内地に及ばず、ただ西方諸国に面する部分のみ西方文明の風に従い、内地においては依然旧套の専制を以て人民を御し大なる風波もなかりしが、千八百二十五年より千八百五十五年に至るまで「ニコラス」帝[26]在位の間ににわかにこの専制の勢力を増し、千八百四十八年より千八百五十四年の間に新法を立てて日耳曼、仏蘭西、英吉利(イギリス)の良書を読むを禁じ、その雑誌、新聞紙を見るを禁じ、国帝の直許を得て五百「ルーブル」の金を払う者にあらざれば外国に行くを禁じ、外国の技術家および学生の来りて国内の偏郷に入るを禁じ、また国中大学校の生徒は各校三百名以上の入校を禁じ、有名なる論説および学校読本を読むを禁じ、理論学を教え普通法律を講ずるの業を禁じ、すべて学校の生徒は兵学校の生徒とみなして尋常の学術技芸は帝の好まざるところなり云々とあるは、未曾有の専制と云うべし。然りしこうしてこの帝は天性豪気、正直質朴なる君にして、たといその専制は帝家遺伝の風なるも、心情の剛柔に至りてはこれを「ペイトル」大帝に比して甚だしき差違あるの証を見ず。然るに大帝はしきりに西方上国（英、仏、日耳曼等の諸国を云う）の文明を慕い、その物を採用しその学士を招き、自国の人に強いて外国に遊歴せしむる等、当時の事跡を見れば上国日新の文化を欽慕しておく能わざる者のごとくなりしに、「ニコラス」帝に至りてはまったくこれに反対し文明を視ること敵のごとくなるは何ぞや。けだし偶然にあらず、保守進取の両義相衝撞したるものなり。千六百年代の「ペイトル」大帝は人民を進取に導きたる者にして、千八百年代の「ニコラス」帝は人民の進取に困却したる者なり。人事自然の勢いなれども、その衝撞の結末いかんに至りてはこれを知るべからず。左に同書中の大意を訳して当時の形勢を示さん。

前略、このときに当たりて「モスコー」および「ペイトルスボルフ[27]」の書生輩、ようやく上国の新説を伝聞してこれを悦び、三十年来、英、仏、日耳曼に発兌したる新版の諸書を購うてひそかにこれを読み、なかんずく「ホブス」「フヲグト・ボツクル」「ダーウヰン」「ベンザム」「リユージ」「スチュアルト・ミル」「ロイスブランク」[28]等、諸大家の明説卓論に逢えば大いに感なきを得ず。天地間に人間社会は魯国のみと思い、政府はただ魯政府のみと思いしに、あに計らんや、国境一帯の山を踰(こ)え一葦(いちい)の水を渡れば文明の別乾坤(べっけんこん)[29]を開きて、別に政府ありまた人民あり、しかもその人民は固有の権理なる者を持張して人事の秩序おのずから紊(みだ)れざる者ありとはまた奇ならずや、ただ奇と称すべきのみにあらず、また美ならずや、彼も人なり我も人なり、我はその美を取りてこれに倣(なら)わんとて、その状あたかも暁鐘(ぎょうしょう)夢を破るがごとく春雷蟄(ちつ)を啓(ひら)[30]くがごとく、また蠢爾(しゅんじ)として旧乾坤に棲息すべからず、世上の物論ようやく沸騰せんとするその際に当たりて、千八百五十五年、「ニコラス」帝殂(そ)して今帝(きんてい)第二世「アレキサンドル」立つ。これより先「モスコー」府の学士に「ヘルズン」[31]なる者あり。該府書生党の巨魁(きょかい)にして魯国社会党の元祖なり。この学士かつて政治のことにつき些細の得失を談じたるがために、先帝の忌諱(きき)に触れ罪を得て禁錮せられたりしが、事に托して伊太里(イタリア)に行き遂に英国竜動(ロンドン)府に走りてまた帰らず。同府において出版の一局を開き、毎週雑誌を発兌してその表題を「コロコル」と名づく。「コロコル」は魯語半鐘の義にして、けだし人民を警むるの意ならん。新帝即位の初めに一編の論説を「コロコル」に記したるその文体は、「ニコラス」の相続人たる「アレキサンドル」帝に贈る書翰にして、痛く前代諸帝の処置を咎(とが)め、独裁の政(まつりごと)を恣(ほしいまま)にして下(しも)万民を窘(くるし)め時勢に戻(もと)りて人民自由の大義を妨げたるは畢竟前代の罪なれば、その相続人たる今帝はこの罪を贖わざるべからず、その贖罪のためにとて様々の所望を述べ、なかんずく奴隷の法を即時に廃すべしとて、恐れ憚るところもなく公然として魯国専制の治風を攻撃したるものなり。この一編の雑誌世に出でてより日ならずして「ヘルズン」の名声は欧羅巴全洲に轟き、貴賤上下の人民争いて「コロコル」を購い、ただに学者士君子のこれを悦ぶのみならず、いやしくも字を知る者なれば伝えまた伝えてその名を記せざる者なきに至れり。他邦においてかくのごとし、その本国の景況推して知るべし。幾千万の群民始めて政治自由の題目を聞き、これに驚きこれを悦び、これを称賛しこれに心酔して余念あることなし。誌中に記すところは毫も疑いを容れず、あたかもただ命これ従う者のごとくにして、今日記者の言を以て人心を左右するその有り様は、昔年「ニコラス」帝が政権を以て全国を威服したるの勢いに異ならず。

　魯政府においては厳にこの雑誌の輸入売買を禁じ、「ヘルズン」の姓名を記すことも許さず、甚だしきは計略を設けて、「ヘルズン」なる者は既に死亡してこの世にあらずとまでに諭告したることもあれども、かつて人心の運動を止むるに足らず、全国到るところとして「コロコル」を見ざるはなし。千八百五十九年、「ノウゴロット」[32]の市において一時に十万の部数を没入[33]したることあり。他推して知るべし。けだしこの部数は海面より来らずして亜細亜の陸地より入りたるものと云う。またこの雑誌には通信の者甚だ多くして、魯国の四隅より中心の首府に至るまで、およそ政治上の事情は一として発兌の本局に通ぜざる者なし。廟堂のごく秘密にして貴要の大臣数名の外に洩るるの路なきものにても、「コロコル」の本局には早く既にこれを探偵し得て公然紙上に記し、以て政府の耳目を驚かすもの少なからず。「コロコル」の一挙以て魯国長夜の眠りを驚破してより、人民はあたかも狂するがごとく眩するがごとくにして、有志者と称するものは皆他事を捨てて雑誌、新聞紙の発兌を試み、千八百五十八年より千八百六十年に至るまで新たに局を開きて出版したるもの七十七種、このうち五十は「ペイトルスボルフ」に、十五は「モスコー」に、その余十種は他の都邑にあるものなり。各社互いにその盛大を争いその自由主義の論鋒を競うてこれがため記者を雇うに金を愛まず。「ペイトルスボルフ」の富豪「ベスボートコ」氏は、毎週雑誌の草稿一葉の価百「ルーブル」を以て名文を募り、「モスコー」の学士「カトコフ」[34]氏は月誌出版の局を買うがために私立の学校を廃したり。また政府の出版検査局に出仕せんとする者も甚だ少なからず。けだし一般の人心自由を唱うるの時節なればまた自由を以て名誉を得んとするの人情にて、検査局に出仕して出版の免許を寛大にすれば、おのずから当世流行の人品にして、政府を恐れざるの名を得べければなり。ゆえに従前は人々皆この局の責に当たるを恐れて出仕を避けたる者、今日はかえってこれを悦び、家産に豊かなる平民または扶助の年金を受くる散官の輩は皆これを希望せざる者なし。またこれ一時の侠客風に出でたるものならん。あるいは出版検査のことにつき、自由寛大に失して免職し家に産なき者あれば、周旋人の協議にてこれを補助するの風を成し、「モスコー」府の「クローズ」氏のごときはこの補助を得てかえって富を致したりと云う。

魯国の自由説はほとんど一時の流行病のごとくにしてその勢力次第に蔓延し、政府においてもこれをいかんともすべからず、遂に千八百六十一年二月に至りて奴隷の法を廃した[35]れども、この一挙を以て人心を鎮静するに足らず。けだし数百年来の旧慣を一時に変革したることとなれば、奴主の不便利はもとより論を俟(ま)たず、その放解せられたる奴輩もとみに放たれたる籠の鳥のごとく方向に迷うて行くところを知らず、籠を出でたるの自由は以て籠を奪われたるの難渋を償うに足らざればなり。また一方にはこれより先、首府および「モスコー」辺において書生輩は多分書を読まずしてただ雑誌、新聞の論説のみを悦び、得々政治を談じ国事を議し、あるいは各処に集会しあるいは政府に建議し、その喧しきに堪えず。よって千八百六十一年五月、文部卿「プーチヤーチン」[36]（旧海軍将官にて、近頃日本より帰り文部卿に転任したる者）の立案にて新法を設け、大学校の謝金を増して毎半年に五十「ルーブル」と定め、以てその入校の道を塞ぎ、また生徒輩が私に社を結びて同校の貧生を救助するため醵金(きよきん)するを禁じ、その醵金を処分するため委員を撰ぶを禁ずる等、様々に不自由なる新法を作りて学者世界の物論を鎮圧せんと試みしかども、僅かに半年に過ぎずしてまた書生の騒擾を引き起こし、遂に数名の生徒を獄に下すのみにして、文部卿の策もその功を奏するを得ず。

事態の困難かくのごとくなるその際に、「モスコー」に一学士あり、名を「カトコフ」と云う。この人は積年英国の治風を悦び立憲政体の説をしきりに称賛してやや世に知られたる者なりしが、千八百六十二年夏の頃、政府の内命を得て雑誌を発兌し、誌中公然筆を揮って「ヘルズン」の説を駁し、その過激を罪しその偏頗を咎め、首府の騒擾を醸して国安を害したる者はこの亡命記者なりとて、憚るところもなく論破攻撃したりしに、世人も初めはただ珍しくこれを読みたるものようやくしてその論に服して、「コロコル」の名声もやや衰運に傾かんとするその際に、千八百六十六年四月四日、「モスコー」の書生「カラコソフ」[37]なる者、短銃を以て国帝を狙撃して成らず、直に捕縛してこれを糺問すれば、この者は貴族にもあらずまた「ポーランド」の人にもあらずして魯国の顚覆者流、社会党の一人なり。そもそもこの社会党は近来魯の首府および「モスコー」府に出現したる者にして、日耳曼および「ポーランド」の人はこれに関係することなし。その主義はもと仏蘭西より伝え来りて、かの「コロコル」の記者「ヘルズン」を以て巨魁と称すといえども、純粋の党与は甚だ多からず、ただ政府に向かって衝撞するのみなりしが、千八百六十三年、魯政府の暴威を以て「ポーランド」の反民を圧伏してより以来、この党与はもとよりその処置を悦ばず、すなわち心事を変じて他の自由党の中に混同し、その説に謂らく、魯国の農産平均の説を以てまずこれを「ポーランド」の地方に施行したらば、遂には地主廃絶のことも実際に行わるることあらんとて、ひたすらこの一点に論鋒を向けたれども、社中過激の徒はその考えの因循緩慢なるを悦ばずして別に一党与を結び、その説は人間社会在来の秩序をば悉皆顚覆廃絶するを以て主義となし、人の私有を無にし、国を無にし、寺院を無にし、婚姻の法を無にし、社会の交際を無にする等、一切万事人為の旧物を一掃せんとするの企望にして、この大望を成すにはまず国帝を殺戮してこれを無にし、以て他に及ぼさんとする者なり。その党類もとより少なしといえども、その勢いは極めて猖狂(しょうきょう)なりと云うべし。これを「ニヒリスト」の党と云う。「ニヒリスト」とは虚無の義なり。けだしこの党類は世の中にいかなる事物をも採用せずして、ただ在来のものを顚覆廃絶して以て愉快を覚ゆる者なればなり。ゆえにこの虚無党と自由党とその性質を尋ぬればもとより天淵の差あれども、その所見はおのずから相符合するの点なきを得ず。すなわち貴族を貴びて人の種族を分かつを悪み、または毎人に財産を分かちてこれを私するを悪む等の箇条は、自由党の常に主張するところにして、虚無党もこれがために力を得たること多し。

右のごとき事情なれば、政府は国中一切の自由党を擯斥してこれを政敵とみなし、これを鎮静圧伏するためには保守専制の主義に力を尽くさざるを得ず。すなわち「シュワロフ」[38]侯を以て警察長官となし、兇徒(きょうと)「カラコソフ」およびその党類の吟味は「ムラビヨウ」侯に任じ、第一着に時の文部卿「ゴロフニン」を黜(しりぞ)けてこれに代わるに警察長官の親友「ホルストイ」を以てす。けだしその趣意は、前の文部卿在職の間に普通学および物理学を奨励して学者の便利を増し以て社会党、虚無党の蔓延を致したりとの罪を以てなり。この他諸大臣の黜陟(ちゅうちょく)[39]甚だ少なからずして、政府はまったく保守主義の政府となり、なおその翌月（兇徒暴動の翌月、すなわち千八百六十六年五月なり）国帝の詔(みことのり)を下して、その大意に云く、近来社会党の陰謀を以て国民の権理、私有、および宗教を害せんとするその企ては、先般捕縛したる兇徒の暴動によりて事跡既に明白、その罪悪むべし、けだし我が政府の寛仁大度、自主自由の旨を誤解したるものなり、今後国帝はますます人民の権理私有を重んじ、国内の貴族を保護して旧物を守るべければ、もしもこの旨に戻りて騒擾を醸す者あらば直にこれを殲滅して赦（ゆる）すことなかるべし云々とて、次いで「モスコー」出版の新聞紙を停刊しまた廃止し、雑誌はただ「カトコフ」出版のもの（「コロコル」の反対説）のみ盛んにして、政府の政略は依然として千八百七十年に至れり。

右は魯国近世史中千八百七十年までの大略なり。その人心騒擾の端は「ニコラス」帝在位のときに開き、爾後（じご）人民の勢力と政府の勢力と相互いに衝撞軋轢して一伸一縮その収局を知るべからず。千八百七十年以来も同様の形勢にして、政府の意のごとくならずまた人民の意のごとくならず、衝撞はますます甚だしくして、本年四月もまた国帝に狙撃を試みたる者ありしと云う。その国情推して知るべし。人民も政府もともに狼狽して方向に迷う者のごとし。そもそも人民自由の説はその由来最も久しく、亜米利加の建国ももとこの説の結果にして、既に百余年を経たり。されば世界中に自由論を唱うるは、その年月も久しく、その人物も多く、したがって著書もまた少なからずして、地球上のある部分にては既にすでに陳腐に属したる地方もあらんといえども、いかにせん千八百年代の初めまではこの説を伝達分布するの方便に乏しくして、世界中多数の人民はこれを知らざりしのみ。然るに三、四十年以来、蒸気、電信、印刷、郵便の法にわかに進歩して、人民の往来を容易にし、物品の運送を便利にし、印書を速やかにしてその配付を広くしたるは、あたかも全世界中に思想伝達の大道を開きたるものにして、これを譬えば学者論客の思想論説は地に産する物品のごとく、蒸気、電信等の利器はこれを運送する舟車のごとし。地方にいかなる銘産あるも運送の舟車を得ざれば世にこれを知りて用ゆる者あるべからず。学者の新説も伝達の利器を得ざれば広く人心を鼓舞するに足らざるなり。近来英仏その他の国々に大家先生尠なからずして世界中にその新説を悦ぶ者甚だ多しといえども、もしもこの諸大家をして千七百年代よりそれ以前にあらしめ、爾後この利器の発明工夫なかりせば、新説の勢力も今日のごとくならざるは智者を俟たずして明らかなり。譬えば千七百七十年代、亜米利加にて「トーマス・ペーン」[40]の書のごときは自由論の最も盛んなるものなれども、当時ただその本国の人心を鼓舞したるまでに止まりて世界の他の部分に及ばざりしは何ぞや。ただその時代にその説を伝達分布するの利器なかりしがためのみ。もとより人民たる者がその権理を主張して自由の味を知るには多少の智徳を要することにて、かつその国々の習慣もあり教育の度もありまた貧富の差もありて、必ずしも他の説をさえ聞けば直に振るうべきにはあらざれども、その地方百般の事情において人民の地位既にすでに上達し、進みて文明を取り振りて自由論に帰すべき有り様にしてなお逡巡黙止するは、畢竟新説分布の方便に乏しくして地方人民の聞見狭きがためなりと云わざるを得ず。今魯国人民のごときは「ペイトル」大帝以来、衣食もようやく足り教育もようやく進み、人民進取の資本まさに熟したるその機に際して、西方上国の新説をにわかに輸入分布したることなれば、その騒擾もまた決して偶然にあらず。千八百年代において始めて然るゆえんの原因ありて、内外の事情相投じて然るものと云うべきなり。

自由進取の議論蔓延するがために官民ともに狼狽してともに方向に迷うは独り魯国のみにあらず。日耳曼その他、君主政治の遺風に従いて人民を制御せんとする国々はいずれも皆困難を覚えざるはなし。その政府たる者が自由論に従わんとするも、論者の所望は過大にして事実これに従うべからず。さりとてまったくこれを擯斥せんとするには、論者の勢力もまた小弱ならず。これに従うがごとくまたこれを擯斥するがごとく、曖昧の際に日一日を消し、甚だしきは内国の不和を医するの方便としてことさらに外戦を企て、以て一時の人心を瞞着するの奇計を運らすに至る者あり。仏蘭西帝第三世「ナポレヲン」のごときこれなり。然るに本章の初めに云えるごとく、人民は近時の利器を得て羽翼既に成り政府に激することいよいよ甚だしきがゆえに、政府もまたときとしては大いに圧力を用い、ために双方の間に劇しき激動を生じて、その勢いはこれを前代に比して幾倍の惨酷を増し、遂には狙撃暗殺の暴挙に至ることあり。仏帝第三「ナポレヲン」在世のときおよび今の日耳曼等の事変を見てこれを知るべし。（仏帝、日耳曼帝、および日の宰相「ビスマルク」等がたびたび暗殺に罹らんとしたることは新聞紙に見るべし）文明と称する今日の世界なればこれらの暴挙は次第に消滅すべきはずにて、千八百年代には極めて不似合いなることとなれども、前代に稀にしてかえって今代に多く、しかも三、四十年来欧洲の文明一面目を改めたりと称するまさにその時限に当たりて、特に人心の穏やかならざるは何ぞや。不可思議に似て決して不可思議にあらず。けだし今の世界の人類は常に理と情との間に彷徨して帰するところを知らず、これを要するに細事は理に依頼して大事は情によりて成るの風なれば、その情海の波に乗ぜられて非常の挙動に及ぶもまたこれをいかんともすべからず。ただ人類に道理推究の資なきを悲しむのみ。然りしこうしてその情海の波を揚げたるものを尋ぬれば、千八百年代に発明工夫したる蒸気船車、電信、印刷、郵便の利器と云わざるを得ざるなり。

千八百年代、すなわち西洋にいわゆる近時文明（モデルン・シウヰリジエーション）[41]の時代を界にして、それ以前には暗殺の暴挙稀にしてそれ以後に盛んなるは西史を見て知るべし。また日本においても古来暗殺暴殺のこと少なからずといえども、多くは君父の讐を復するためか、または主人に忠義のためか、または敗軍の鬱憤を晴らすためか、または私の怨みのためか、いずれも近く直接の由縁ある者より外ならず。然るに今を去ること二十年、江戸の桜田において徳川政府の御大老井伊公を暗殺してより以来幕府の末年に至るまで、また引き続き維新の後も、政府貴要の人を暗殺しまた暗殺せんとしたることは既に数回に及びたり。その趣意は大抵皆私怨にもあらずまた復讐にもあらず、ただ政治上に不平を抱きてその熱に狂したる者のごとし。たといあるいは他に原因あるも暗殺者の口実とするところには、必ず政治上のことを云わざるものなし。この流の兇徒は幕政二百五十年の間には極めて稀にしてほとんど聞かざるものにして、二十年を界にしてそれ以後しきりに出現せしは何ぞや。二十年は我が国開港、近時の文明を輸入したる紀元なり。その文明の大変動によりて人民の狼狽したるものと云わざるを得ず。

第五章　今世において国安を維持するの法は平穏の間に政権を受授するにあり。英国およびその他の治風を見て知るべし。

前条々論ずるところに拠れば、政府と人民とは到底両立すべからざるものにして、文明の進歩するに従いてますます官民の衝撞を増し、双方相互いにその一方を殲滅するにあらざればその収局を見るべからざるがごとし。欧洲諸国の形勢もまた困難なりと云うべし。然るにこの困難の最中に当たりて政治の別世界を開き、よく時勢に適して国安を維持するものは果たして何処にあるやと尋ぬれば、英国の治風これなりと答えざるを得ず。そもそも英政の良否いかんについては世上に著書訳書も多くして人のあまねく知るところなればもとここに喋々の弁を須(ま)たず、数百年来この治風を以て一国の繁栄を助けたることなればもとより良政と云うべし。その結果甚だ美なりといえども、余が特に英政を美なりとしてこれを称賛するの点は、既往の結果にあらずして現今将来まさに人文進歩の有り様に適して相戻らざるの機転にあるものなり。英国に政治の党派二流あり。一を守旧と云い一を改進と称し、常に相対峙して相容れざるがごとくなれども、守旧必ずしも頑陋（がんろう）ならず、改進必ずしも粗暴ならず、ただ古来の遺風によりて人民中おのずから所見の異なる者ありて双方に分かるるのみ。この人民の中より人物を撰挙して国事を議す、これを国会と云う。ゆえに国会は両派政党の名代人[42]を会す（人民より撰挙する者は国会の下院に会す。上院の議員は人民の撰挙にあらざれどもほとんど権威なきものなれば、英の国会の権はまったく下院にありと云うも可なり。）るの場所にして、一事一議、大抵皆所見を異にして、これを決するには多数を以てす。内閣の諸大臣もとよりこの両派のいずれにか属するは無論、殊に執権の太政大臣[43]たる者は必ず一派の首領なるがゆえに、この党派の議論に権を得れば、その首領はすなわち政府の全権を握りて党派の人物も皆したがって貴要の地位を占め、国会多数の人とともに国事を議決してこれを施行するに妨げあることなし。かつ政府に地位を占むるといえども国会議員の籍を脱するにあらざるがゆえに、政府にありては官員たり、国会にありては議員たり、あたかも行政と議政とを兼ぬるの姿なれば、おのずから勢力も盛んにして事をなすに易し。されども歳月を経るに従い人気の方向を改め、政府党の論に左袒する者減少して一方の党派に権力を増し、その議事常に多数なればすなわちこれを全国人心の赴くところと認め、政府改革の投票（ウヲート・ヲフ・ケレヂート）[44]を以て執権以下皆政府の職を去りて他の党派に譲り、退いて尋常の議員たること旧のごとし。ただし政府の位を去ればとてその言路を塞ぐにあらず、前の執権はすなわち今の国会中一党派の首領にして、国事に心を用いてこれを談論するは在職のときに異ならず。ただ全権を以て施行するを得ざるのみ。政権の受授平穏にしてその機転滑らかなりと云うべし。かつまた両党相分かれて守旧と改進とその名を異にし、名義のみについて見れば水火相敵するがごとくして、その相互いに政権を握るにしたがって全国の機関たちまち一変すべきやに思わるれども、事実においては決して然らず。前に云えるごとく、守旧必ずしも頑陋ならず、改進必ずしも粗暴ならず、等しくこれ英国文明中の人民にして全体の方向を殊にするにあらず、その相互いに背馳して争うところの点は誠に些細のみ。これを衣服に譬うれば、守旧も改進もその服制の長袖か筒袖かにおいてはもとより相同じといえども、ただ縫裁の時様のみを異にする者のごとし。今の魯西亜にて王室と虚無党と相敵し、昔年我日本にて攘夷家と開国家と相容れざりしがごとき者にはあらざるなり。学者これを誤解すべからず。されども既に両党を分かちて政権を争い互いに陳新交代すれば、その交代のときはすなわち旧政府を排して新政府を開くものにして、これを政府の顚覆と名づけざるを得ず。ゆえに英の政府は数年の間に必ず顚覆する者と云うも可なり。ただ兵力を用いざるのみ。機転滑らかなりとはすなわちこの謂なり。

右のごとく政府の改革、諸大臣の陳新交代はまったく国会の論勢に任じて、その会には大臣もまた議員となりてこれに参与し、真に全国人民の意見を吐露するの公会と認むるところのものなれば、この公会の決議によりて政府の位を去ればとてその人の体面を損ぬるに足らず、たといあるいは不平を抱くもこれを訴うるに由なし。また旧政府に代えて新政府を開くも、その持続すると否とは自家の力のみにあらずして他に任することなれば、深くこれを栄とするに足らず。一進一退その持続する時限五年以上なる者は甚だ稀にして、平均三、四年に過ぎず。不平も三、四年なり、得意も三、四年なり、栄辱の念おのずから淡白にして胸中に余裕を存すべし。ゆえに国中にいかなる新説劇論を唱うるもこれを拒む者なし。これを唱えこれを論じこれを分布伝達して果たしてよく天下の人心を籠絡すれば、政府はこれに席を譲るべきのみ。これを要するに英の政府には一時一定の論ありといえども、永世不変の恒なきもののごとし。この政党に権を得て政府の地位を占むればその間はその党の論を持張して容易に動くことなし。すなわち一定の論なり。されども人心の方向時勢の変遷に従いて政府を改むれば、初めの一定論もまた通用すべからず。永世不変にあらざるなり。田舎に簡単なる水車あり、車の軸より丁字形にして両腕を出し、腕の端に水槽を付して流水の筧より落つるものを受け、その水一槽に満つればすなわち転じて他の一槽を出現し、一槽また一槽、満つれば落ち、落つればまた昇り、その機転甚だ奇妙なり。もしもこの水車の軸を支えて転回を止め、片腕の一槽のみに水を受けてその圧力に抵抗せしめたらば、日ならずして腕木は打折せんのみ。英の政府もまたこの水車のごときものにして、千八百年代、文明の進歩に遭い、よくその圧力に堪えてかつて政治の仕組みに震動を覚えざるは、政党の両派一進一退その機転の妙処と云わざるを得ず。ただ英国のみならず荷蘭なり瑞西（スイス）なり今日よく国安を維持して文明に進む者は、その治風必ず英政に類するところあればなり。魯西亜のごときは政治の車軸に巨大なる水槽を付し、瀑布の圧力にも抵抗せんとするの勢いを以て勉励争闘することなれども、到底その瀑布の源を塞ぐの術なし。あるいは政府の人も今の政略を以てまったく得策とするにあらざるべしといえども、いかにせん一大帝国全面の有り様を左顧右視すればまた断じて自由の風に従うべきにもあらず。畢竟その暴政は止むを得ざるに出でたるの策にして、これを姑息中の果断と云うも可ならん。当路者[45]の苦心想い見るべきなり。あるいは去りて亜細亜大洲の中央を見れば、その国内無事にしてよく社会の秩序を存する者あるがごとくなれども、その然る由縁は他なし、人民の聞見狭くしていまだ文明を知らざるがためのみ。試みに今後支那の国内に鉄道、電信線を架し印刷の器械を採用して郵便の法を施行したらば、かの人民もまた決して黙止する者にあらず。必ずその社会に大震動を起こすべきは智者を俟たずして明らかなり。満清の執政者はこれを知りて文明を拒む者か、あるいは知らずして偶然にこれを嫌う者か、いずれにも千八百年代の文明を国に入れて旧政府の風を維持せんとするは万々希望すべきことにあらず。我が日本の徳川政府もこれがために倒れたり、満清政府にして独りよくこれに抵抗するを得んや。文明を入れざれば外国の侵凌（しんりょう）を受けて国を滅ぼすべし、これを入るれば人民に権を得て政府の旧物を顚覆すべし。二者その一を免るべからず。後世子孫必ずこれを目撃する者あらん。

以上所記に従えば、英国の政府を改革するもまた諸大臣を黜陟(ちゅっちょく)するもその権柄はまったく人民に属して、国王は有れども無きがごとくこれを蔑視して顧みる者なきやと尋ぬるに、決して然らず。王室を尊崇するは英国一種の風にして、たといかなる自由党の劇論家にても公然として王室の尊威を攻撃する者なし。ただに公然ならざるのみならず、その本心の私において然るもののごとし。けだし英人の気象は古風を体にして進取の用を逞しうする者と云うべし。あるいはその度量寛大にしてよく物を容るる者と云うも可なり。かの仏蘭西その他の人民が自由の改革と云えば、直に国王を目的としてこれを攻撃し、王室恢復と云えば直に人民の自由を妨げんとするがごときものに比すれば、同年の論にあらず。元来人を御するの法は習慣によりて寛猛の別あるべきのみ。試みに下等社会の家族を見よ。その子弟たる者甚だ頑強にして容易に長者の命に従わず、その交際常に粗暴なる言語を用い、甚だしきは腕力以てこれを強迫して、父母にして手ずからその子を打擲(ちょうちゃく)する者多し。これを上等家族の子弟が父母の顔色の緩厳を窺うて喜懼(きく)を催す者に比すれば甚だしき相違なり。その然る由縁は何ぞや。ただ習慣の家風にして、上等家族の親子は相互いによく容れて迫らず、相親しみて犯さざる者のみ。今英国の王室と人民との間はあたかもこの上等家族のごとき者にして、かつて相犯すの挙動なきのみならず、中心にこれを犯すことをも忘れたる者なり。犯さざる国王は、ますます貴く、犯さざる人民はますます親しく、以て社会の秩序を維持するは人間最大の美事と云うべし。文明はなお大海のごとし。大海はよく細大清濁の河流を容れてその本色を損益するに足らず。文明は国君を容れ、貴族を容れ、貧人を容れ、富人を容れ、良民を容れ、頑民を容れ、清濁剛柔一切この中に包羅すべからざるはなし。ただよくこれを包羅してその秩序を紊らず、以て彼岸に進む者を文明とするのみ。区々たる世上[46]小胆の人、ひとたび尊王の宗旨に偏すれば自由論を蛇蝎視してその文字をも忌み、ひとたび自由の主義に偏すれば国君貴族を見て己が肩に担う重荷のごとくに思い、一方より門閥一切廃すべしと云えば、一方はまた民権一切遏むべしと云い、何ぞそれ狼狽の甚だしきや。事物の極度より極度に渡りて毫も相容るる〔こと〕能わざるその有り様は、あたかも潔癖の神経病人が汚穢を濯ぎて止むを知らざる者のごとし。その愚笑うべし、その心事憐むべし。ただに憐むべきに止まらず、世の乱階[47]は大抵この輩によりて成るものなれば、この点について観ればまた恐るべきものなり。

前に云える英国の政権常に陳新交代して国安を維持するゆえんの理由を明らかにせんには、今の人類の心情を察すること甚だ緊要なり。第一、旧を厭うて新を悦ぶは人の心情なり。山居する者は海を悦び、海辺に住居する者は山を好む。衣服、飲食、住居の物、しばらくこれに慣るれば新様を好まざる者なし。あるいは新陳循環して再び旧物に逢うも、暫時中絶したる者なればまた新として楽しむべし。衣服、首飾りの時様のごとき、年々歳々新奇を工夫して、その工夫に窮すればまた数年前の陳腐に立ち戻りて人を悦ばしむるもの多し。されば事物の好悪はその事物の性質にあらずして我が心情の変遷にあるものと云うべし。いわゆる賓的[48]にはあらずして主的なるものなり。今一国人民の心情を以てその国の政治を視るもなおかくのごときものにして、必ずしも治風の性質いかんにかかわらず、ただ旧を厭うて新を待つの意なきを得ず。年々歳々同一の有り様にして、社会に事件なく官途に黜陟なく、常道無変、世の静謐を坐視傍観して端なき環(たまき)を週行するがごときは、情において能わざることなり。

第二、今の社会において一国政府のことに関するは人情の最も悦ぶところなり。世に芝居を好む者甚だ少なからず。婦女子は無論、学者士君子の流に至るまで雅俗ともにこれを悦ぶはおのおのその見るところあればなり。然りといえどもその観客の衆中において楽しみを覚ゆるの最も大なるは、狂言の作者にして自作の芝居を観る者なるべし。作者が数日以前に筆を執り、幽窓に独坐して心に工夫を運らし、何様の暗君をして何様の奢侈を恣にせしめ、何様の宝物を何処に蔵(おさ)めて何様に紛失せしめ、美人薄命、忠臣零落、切歯扼腕(せっしやくわん)、その収局に至りて盗跖(とうせき)[49]は誅夷(ちゅうい)せられて顔子(がんし)[50]は寿なりなどと、一心の中に生殺与奪を想像してこれを一場の実に現し、以て衆人の喜怒哀楽を自由自在に制御するその楽しみは、ほとんど譬えんに物なかるべし。今政府の議政行政はこの作者と役者とを兼ぬる者にして、社会に行わるるところの者は悉皆己が想像の中にあらざるはなし。去年偶然の発意はこれを議定しこれを施行して今年の事実に行われ、以て千万人の喜怒哀楽を支配すべし。今日の事実を見て感ずるところあれば明日よりその改革を工夫して功業の成否を試むべし。あたかも一国社会の活劇場に立ちて人の禍福を制御することとなれば、誰かこのことに当たりて愉快を覚えざる者あらんや。狂言の作者もなおかつ多少の愉快あり。いわんや社会の実劇を工夫し施行するにおいてをや。人民の熱心して参政を企望しその地位を以て社会最上の地位とするもまた謂れなきにあらざるなり。既にこれを以て社会の好地位とするときは、この地位に居る者はあたかも宝を抱きて人に示すの有り様なれば、傍らよりこれを見てこれを羨むもまた今の世界の人情なり。

第三、他人の宝を見てこれを羨むは人情の常としてしばらくこれを許すも、ここに凡庸の心中、人に言うべからざるの悪性あり、すなわち我に益するところなくして他を損ぜんとするの情なり。彼取りて代わるべしと云うにあらずして、彼斃(たお)れなばいささか人意を慰むると云うの悪念なり。けだし羨むとは我が有り様を上達して他に等しからんことを願う者なれども、我に益するところなくして他を損ぜんとするの情は、羨むにあらずして妬(ねた)むなり。羨むと妬むとは大いに区別あり、混ずべからず。譬えば貧富比隣その貧者の私心を叩きてこれを吐露せしめたらば、我が貧を以て隣の富に代えるか、または我に富を致して隣の富と相対するはもとより願うところなれども、もしも富を以て相対するを得ずんば、隣を貧にして貧と貧と相対するもいささか以て満足なりと云うことならん。極めて鄙劣(ひれつ)なる思想にしてほとんど士君子の口にも語るべからざるほどのことなれども、いかにせん今の凡庸世界の事実において免るべからず。火難、水難、愛児を喪(うしな)い、良人に別るる等、いずれも人間の不幸にして、その不幸に罹りたる人が他の不幸なる人に接してともに身の上を語れば、その心事あたかも符節を合するがごとく、俗にいわゆる悔やみ話の合い口なるものにして、甚だ相親しむを常とす。すなわち同情相憐むものなり。同情相憐むの語、果たして事実において然るときは、禍福を殊にして情を同じうせざる者は相憐むの念薄くしてかえって妬ましき心情なきを得ず。この妬心を満足するには、必ず我に益することなきも他に損ずるところあれば、以て一時の平を得べきものなり。今一国の政権を執りて事を議定しまた施行するは俗世界の最も栄誉とするところにして、俗眼を以て当路者を視ればすなわち無上の幸福を得たる者なれば、これを羨むのみならずあるいはこれを妬むの心情なきを得ず。凡俗の情態、怪しむに足らず。かつ社会中に生来かつて地位を得たることなき者は、貧賤といえどもあるいはこれに慣れて不満足の味を知らざる者多しといえども、ひとたび富貴を得てさらにこれを失うたる者は、生涯その旧を忘るること能わずして往々危険を犯す者なきにあらず。難船したる船頭は必ず無理に金策を運らして再び粗悪なる船を造り、投機の商法を以てひとたび大家を成して後に失敗したる者は、必ずまた無理を犯して投機に従事せざるを得ず。政治の社会においてもこれに異ならず。その社会中に不平の最も甚だしくして危険なる者は、かつて好地位を占めてこれを失いし者なり。譬えば我が日本にて云えば、免職の官員を始めとして全国の士族は皆この類に入る者なり。この流の輩は世界の諸国に甚だ多し。いずれも皆政府に地位を求めて当路の者に交代せんことを欲し、たといあるいは自らこれに代わるを得ざるも、新陳交代の際に失路の人あれば、これを傍観してもその私心の底には多少の快を覚ゆる者なり。結局政府の改革を嫌う者は少なくしてこれを企望する者は甚だ多し。今の世界の人情において改革は避くべからざることならん。

また第四に、己の身には毫も関係なく毫も損益するところなくして、ただ漠然の際にいたずらに他の難渋を見て悦ぶ者少なからず。人類以下の動物に対してはいわゆる無益の殺生なるものこれなり。その無益を知らざるにあらずといえども、これを好む者多きをいかがせん。またこれ今世の人情か、特り動物のみならずあるいは同類の人に対してもこの情なきを得ず。驟雨に人の狼狽するを見て悦び、旅人の犬に吠えらるるを見て笑い、堂々たる武士落馬して衣裳を穢し、艶々たる美人車より落ちて醜体を露わす等、その本人においては無上の難渋なれども皆以て路傍の人の一興を増すに足るべし。なお甚だしきは火事を見物する者あり。人の家を焼き財産を失い、老若男女、狼狽奔走するその有り様は、実に気の毒なる次第にして人間畢生の大災難と称すべきものなれども、遠方より見物する者は毫もこれを心に関せざるか、古来彼岸の火事を見て笑う者あるも泣く者あるを聞かず。しかのみならず、出火と聞きて見物に出掛けとみに鎮火すればかえって大いに落胆してその顔色不平なるがごとき者あり。人間の心思、実に驚駭するに堪えたり。然りしこうしてこの心思の動くところは、もと羨むにもあらず妬むにもあらず、ただいたずらに一時の興を催すまでのことなれども、世間古今の事実において然るときはこれを一種の人情と云わざるを得ず。京都の俳人梅室[51]の句に「愛相に、もひとつころべ雪の人」とはこれらの人情を写し出だしたるものならん。その意味甚だ深きがごとし。ゆえに今政府の改革につきこれがために毫も損益するところなきものにても、当路者の新陳交代によりてとみに失路の人を見るは、あたかも人民のために落馬、落車、雪に倒るるの一興を催すものにして、老成の勘弁ある学者か、またはその政府に直接間接の関係ある者より以下の衆庶は、大抵皆これを悦ばざる者なし。これまた政府の永続を妨げてその改革に故障を減ずる一種の事情なり。

以上枚挙するごとく、政府の変革を好むは世界普通の人情にして、殊に千八百年代、文明の進歩に際してはその変革を促すの勢い、日にますます急なるがごとし。いやしくも政府を立てて一定不変の治風に従いこれを永年に持続したるの例は、千七百年より以上いまだ近時の文明に逢わざる時代において、英明の君主が独り政権を握り恩威を以て万民を統御撫育[52]したる者の外に求むべからず。今日にありてはたとい明君英主にても文明の風波に堪えるは甚だ易からず。魯国の今帝[53]のごとし。天資英邁にしてその教育もまた尋常ならず、欧洲諸国の帝王に比して決して一歩をも譲るべき人物にあらざれども、その政治に困却すること前章所記のごとし。いわんや君主自ら政府の実権を執らずして他に任すること英国のごときなるものにおいてをや。国安を維持するの術はただ時にしたがって政権を受授するの一法あるのみ。この一義は和漢古今いまだ人の言わざるところなれども、ただこれを明言せざるのみにして、事実においては古来の歴史上にも行われて人もまた暗に論じたるもののごとし。栄華久しく居るべからずと云い、功成り名遂げて身退くは天の道なりと云うがごときは、功臣の私を戒めたる言にしてけだしこの意ならん。もとより古代の和漢と今代の西洋諸国とを比較すればその社会の仕組みも殊にして、今の西洋にては一体の政党について論じ、古の和漢にては一個人について言うことなれども、その言の意味を拡めてこれを考うれば、畢竟政権の帰するところ、一処に定まりて永年不変の有り様に居るときは、必ず様々の故障を生じて禍を致すとの意を表するものより外ならず。古今の情態おのずから暗合するところあるを知るべし。また国家創業多事の日に、明君賢相、力を協せて国事を整理し、その宰相が久しく位に居て輔佐の功を成したるの例は少なからずといえども、太平無事の天下に名臣良弼が十数年の間よく貴要の地位を占めたる者は、歴史においてほとんど稀なり。ただし武功の元老、唐の郭子儀、裴度[54]のごときは、かえって枢密に関せずして例外なれども、純粋の文官にして天下の政権を一手に握り永くその位を保たんとするはほとんど難きことにして、もしも強いてこれを保たんとすれば必ず奸悪の名を蒙らざるはなし。唐の李林甫、宋の秦檜[55]のごとき、これなり。秦檜の悪は外国交際の事に関するものなればこれを他日の論に付し、今李林甫が悪名を得たるゆえんを尋ぬるに、古今の史論に従えば、その罪は言路を杜絶し賢能を忌みしばしば大獄を起こして人を害す云々とて、専らその心事の陰険なるを悪むもののごとし。余もまた論者と見を同じうして決して罪人に左袒するにはあらざれども、ひそかに案ずるに、林甫が言路を杜絶してしばしば大獄を起こしたるはその性陰険なるがゆえにことさらに人を害して以て愉快を覚ゆるにあらず、ただ相位(しょうい)を固くせんと欲するの一念より止むを得ずしてかかる惨酷の罪を犯したるもののみ。このときに当たりて天下太平、日久しく、有志の壮年学者論客の輩はあたかも無事に窘(くるし)められてほとんど身を安んずるの地なきがごときその最中に、林甫独り全権を以て相位に在る十九年とあり。誰かこれを羨まざる者あらんや。これを羨みこれを妬み、あるいは劇論を以てこれを犯す者あらん、あるいは陰謀を企ててこれを倒さんとする者もあらん、なお甚だしきは暗殺を工夫したる者もあらん。この人心の波瀾を鎮静せんとならば、速やかに一封の辞表を呈し冠を掛けて去るべきなれども、林甫の策、ここに出でずして、毫も憚るところなく儼然(げんぜん)相位に居て動かざるは陰険にあらずして屈強剛愎(ごうふく)と云いて可ならん。ゆえに林甫の罪はただ位を貪(むさぼ)るにありて、その惨酷陰険の挙動は畢竟位を固くするの方便のみ。いやしくも位を固くせんとするには人を倒さざるを得ず。人を倒さざればすなわち人に倒さるるや必せり。二者その一を免るべからず。あるいは天稟(てんぴん)の性質林甫のごとくならざる人物にても、林甫の権柄を執って十九年の相位を保たんとせば、必ずまた林甫の策を学ぶことならん。勢いの然らしむるところにして、人の罪にあらず。その本人のためにも取らず、社会のためにもまた不幸なるものと云うべし。余、弱冠のとき和漢の歴史を読みて楽しまざるものあり。名臣良輔（りょうほ）しばらく位に在ればすなわち黜（しりぞ）けられ、他人これに代えてまた久しきを得ず。史中比々皆これなり。誠に隔靴（かっか）の歎を免れず。時としては切歯扼腕、巻を拋（なげう）って怒るほどのことなりしが、今にして考うればその位に久しからざるは名臣たる由縁なりとのことを発明せり。李林甫のごときも宰相たること両三年にして位を去りたらば、あるいは唐代名臣の列に入りて後世の史論家に惜しまるることもあらん。遺憾と云うべし。然らばすなわち随時に政権を受授するの要用なるは千百年の古より事実において違うなきを知るべし。いわんや今の活発世界においてをや。千八百年代の後に至りてはますますその急なるを見るべきなり。

なお前の事実を明らかにするため英国に行われたる政権受授の期限を示してその実を証せん。亜米利加の合衆国は毎四年に大統領を改撰し、したがって内閣の諸卿も一新するの法なれども、英国においてはその年限を定めず、内閣の執権（プライム・ミニストル[56]、太政大臣と訳するも可ならん）を始めとして諸卿に至るまでも終身在職して妨げなき法なれども、事実においては決して然らず。左の表は千七百八十四年より千八百七十九年に至るまで、九十六年の間、同国執権の新陳交代したる年月日とその在職の時限とを示すものなり。

就職の日	在職の時限	執権の人名
千七百八十三年十二月廿三日	十七年八十四日	ウォルリヤム・ピット

千八百一年三月十七日	三年五十六日	アヂントン
千八百四年五月十五日	一年二百四十一日	ウヰルリヤム・ピット
千八百六年二月十一日	一年六十四日	グレンウヰル
千八百七年三月卅一日	三年百二日	ポルトランド
千八百九年十二月二日	一年三百五十日	ペルセワル
千八百十二年六月九日	十四年三百七日	リイウルプール
千八百二十七年四月廿四日	百二十一日	カンニング
千八百二十七年九月五日	百六十八日	ゴデリッチ
千八百二十八年一月廿五日	二年三百一日	ウエルリントン
千八百三十年十一月廿二日	三年二百三十一日	グレイ
千八百三十四年七月十八日	百二十八日	メルボルン
千八百三十四年十二月廿六日	百三十一日	ロベルト・ピール
千八百三十五年四月十八日	六年百三十八日	メルボルン
千八百四十一年九月六日	四年二百九十五日	ロベルト・ピール

千八百四十六年七月六日	五年百七十三日	リユツセル
千八百五十二年二月廿七日	二百九十三日	デルビー
千八百五十二年十二月廿八日	二年三十七日	アベルヂーン
千八百五十五年二月十日	三年二十四日	パルマストーン
千八百五十八年二月廿五日	一年百四日	デルビー
千八百五十九年六月十八日	六年百二十二日	パルマストーン
千八百六十五年十一月六日	二百四十二日	リユツセル
千八百六十六年七月六日	一年二百四十一日	デルビイ
千八百六十八年二月廿七日	二百三十五日	ヂスリエリ
千八百六十八年十二月九日	五年七日	グラットストーン
千八百七十四年二月廿一日	今なお在職	ヂスリエリ

右九十六年の間、執権の交代二十六代、在職の時限短きものは百二十一日、長きものは十七年八十四日、五年以上の者は今の執権「ヂスリエリ」[57]を合して七名、十年以上の者は二名のみ。またこの九十六年を二十六代に平均すれば、一代在職の時限三年六分九厘余に

当たり、これを亜国四年在職の者に比すればその交代かえって速やかなるを見るべし。そもそも亜米利加建国のときに政体を作りて大統領の交代を四年と定めたるは必ず偶然にあらず。当時の諸名士が世界古今の形勢沿革を察して、一国政府の枢要に関する者はその位を久しくすべからずとの事実を発明し、これを議定して以て国法となしたるものならん。ただ英国においては交代の国法約束なきのみなれども、その政権を受授するの実は亜国に異なるなし。これまた偶然にあらず。畢竟英国歴代の実験を経て遂に一種の治風を成し、以て当時の国安を維持して社会の繁栄を助けたるものなれば、これを先代の鴻業[58]と云わざるを得ず。然りといえどもその治風なるものが、千八百年代の今日に至り、特に文明進歩の時勢に適して毫も社会の面に震動を覚えざるの美績は、けだし先人もかつて期せざりしところならん。先人は今代の文明を前知せざりし者なり。これを前知せずしてこれに適するの治風を遺したるは偶然の賜と云うべし。余が特に英政を称賛するも前に論じたるがごとくただこの一点にあるのみ。

また随時に政権を受授するの緊要にして、成規約束の有無にかかわらず必ず事実に行わるるの証は、これを西洋諸国に求めずして近く我が日本の先例を見て知るべし。日本にて徳川の初年は幕府も諸藩もいわゆる明君賢相の相共に事をなす者多くして、政権はすべて君上の手にある時代なればこれを例外として擱き、その後太平日久しきの間には概して明君は甚だ稀なるものとせざるを得ず。その明君に乏しき時代において、諸藩中、家老にても用人にても藩政の実権を握る者が、十数年の間、在職したるの例は極めて稀なるがごとし。余は多年このことに注意して諸旧藩の古老に質(ただ)すに大抵皆然らざるはなし。執権の重臣は一年にして辞職し三年にして黜けられ、甚だしきは藩中の物論沸騰してこれを奸臣と名づけ不忠者と称し、これがために遂に蟄居(ちっきょ)申し付けらるれば、その代わりとして職に就く者は、すなわち前年同様の故障を以て禁錮せられたる重臣にして、このたびの再勤こそ青天白日の愉快なりと得意の日月もまた久しからずして、再び風雨に際しただに位を全うせざるのみならず身をも全うすること能わざるその事情は、各藩符節を合するがごとし。ただし諸藩のことは広くしてこれを調査すること甚だ易からず。頃日幸いにして徳川政府の御老中御勝手方の在職年表を得たればこれを左に示す。

就職の年月	在職の時限	御老中御勝手方姓名
宝暦十二午年十二月	十六年七箇月	松平右近将監
安永八亥年七月	二年二箇月	松平右京太夫
天明元丑年九月	五年十箇月	水野出羽守
天明七未年七月	二年五箇月	松平越中守 水野出羽守

寛政元酉年十二月	二年八箇月	松平越中守
寛政四子年八月	十一年四箇月	松平伊豆守
享和三亥年十二月	二年四箇月	戸田采女正
文化三寅年四月	十年六箇月	牧野備前守
文化十三子年十月	一年四箇月	土井大炊頭 青山下野守
文政元寅年二月	十六年	青山下野守 水野出羽守
天保五午年二月	三年一箇月	大久保加賀守 松平周防守
天保八酉年三月	六年六箇月	水野越前守
天保十四卯年閏九月	十箇月	水野越前守 土井大炊頭 真田信濃守
天保十五辰年七月	十六年五箇月	阿部伊勢守 堀大和守

万延元申年十二月

安藤対馬守
水野和泉守
松平豊前守
板倉周防守
松平紀伊守
松平周防守

以下慶応三年に至るまで七年の間は幕府の末期国事多端にして御老中の出処もほとんど常なきがごときものなればその在職の時限もこれを略す

宝暦十二年十二月より慶応三年に至るまで百五年の間、御老中御勝手方の在職二十代、これを平均すれば一代の時限五年二分五厘なれども、万延元年、安藤対馬守以下六名はこれを除き、宝暦十二年十二月より万延元年十一月に至るまで九十八年間の有り様を見るに、在職十四代のうち、長きは十六年七箇月、短きは二年二箇月、天保十四年より同十五年まで十箇月のものあれども、同勤三名のうち、水野越前守は全権にして天保八年より起こりたるものなればその実は七年四箇月なり。またこの十四代の内十年以上のものは五代にして、五年以上のものは七代なり。この惣数を九十八年に平均すれば一代の在職まさしく七年にして分数なし。

右七年の数はこれを亜英両国のものに比すれば緩慢なるがごとくなれども、別にまた御勘定奉行の新陳交代を見れば甚だ速やかなるものあり。旧幕府古老先生の所説を聞くに、徳川の政府も太平の時代になりては将軍躬から事を執るにあらずして、専ら権柄の帰するところは御老中、若年寄と御勘定奉行とにあり。しこうしてこの三役の中におのおの御勝手方なる者ありて会計のことを統轄す。最も権力あり。ゆえに御老中の御勝手方は政府最上の執権として視るべし。また御勘定奉行も公事方と御勝手方と両様に分かれ、公事方は専ら地方の裁判を司り、御勝手方は銭穀を司りて、全権は御勝手方にあり。若年寄は御老中の次席にして位貴しといえども、実力に至りては往々御勘定奉行に及ばざるものあるがごとし。全権の御勘定奉行はその名義御勝手方とあれども、権力の及ぶところ甚だ広くして、銭穀の出納は無論、およそ政府の機密、一として関係せざるはなく、幕臣の黜陟も内実はその手に成るもの少なからず。かつその人物は必ずしも大禄の旗本のみに限らず。往々卑賤より立身してその地位に昇る者多きがゆえに、よく世間の事情に通達して活発力に乏しからず。これに反して御老中はいわゆる大名なる者にして、ややもすれば下情を知らず、これがために稀には御老中にしてかえって御勘定奉行に依頼する者あるほどの勢いなりと云う。この外に大目付、御目付[59]らも権力なきにあらざれども、畢竟表役なれば、ただ成規を守りてこれを維持するのみにして臨時に事を左右するの地位にあらず。また内向きに御側取次[60]なる者ありて甚だ有力なるに似たれども、その力はただ将軍の座右に近きがために得るものにして、広く政府上に事をなすべからず。この他御奏者番なり諸番頭なり、毫も政府の機密に関するを得ず、まったく無力の者と云いて可なり。右の次第につき、御勘定奉行は幕臣十目の属するところにして、旗本、御家人の有志者が畢生の力を以て青雲に志し、その目的とするところはただこの地位にあるのみ。すなわち羨む者多く、妬む者多く、これに代わらんと欲する者多く、これに代わるを得ざるもその失路を見て悦ぶ者多きの地位なり。結局一身を以て永年に持続すべき地位にあらざるなり。その事実を証せんには、文政元年より慶応三年に至るまで五十年の間に、御勘定奉行の御勝手方三十六名あり。二人勤めなるがゆえにこれを半折して在職の新陳交代十八代なり。これを平均すれば在職の一代二年七分七厘となる。その永続の難きこと以て見るべし。これに反してかの御奏者番、諸番頭らのごときはほとんど終身官の有り様にて、他役に昇進するにあらざれば十年、二十年も一処に止まりて動くことなし。その寥々たることあたかも山居無事、人の来りて訪うなき者のごとし。ひそかに案ずるに、英亜諸国にて司法官は大抵終身官にしてかつて故障を見ざるも、その原因は事務の静かなるがためなるか、もとよりかの司法官と日本の御奏者番または御目付らを比すればその性質まったく殊なるものなれども、西洋諸国にては議政、行政、司法の三権その分界甚だ明白にして、司法官の職掌はただ一定の法を守るのみのことなれば、おのずから社会に威福を及ぼすこと少なきがゆえならん。人民の耳目を属して最も煩わしきは議政、行政の枢機にあるものと知るべし。

本章の初めより所論の大意を概すれば、千八百年代にありてよくその文明の衝に当たりかつて震動を覚えざるものは、特に英政を以て然りとす。英国の政権は守旧、改進の二党派に帰して一進一退、その受授の法甚だ滑らかなり。政権まったく人民に帰すといえども尊王の意また甚だ厚し。随時に政権を受授するの緊要なるは世界の人情を察して知るべし。これを枚挙すれば四条に分かつべし。このことの緊要なるは特り西洋諸国のみならず、古代の和漢においてもその実を見るべしとの趣意にして、記者の所見は特に英政の機転を称賛するものなり。今後世界の諸国においていやしくも千八百年代の文明を利用する者は、必ず英の治風に倣うて始めてよくその人民の不平を慰めて国安を維持するを得んのみ。今の世界の人類に対してその不平不満足の原因を除き尽くさんとするはもとより人力の能すべきにあらず。英の治風に従えばとて不平論の消滅すべきにはあらざれども、不平論にても正論にてもその論議に力を得ればすなわちその力を逞しうして一時の平を得せしめ、また暫時にして一方の論議喧しきに至ればすなわちこれに譲りてその力を逞しうせしめ、あたかも政府の毎一新に不平の実を除くにはあらざれどもこれを瞞着してこれを忘れしむる者のごとし。すなわちその一新の時節は旧き不平の既に衰えて新しき不平のまさに熟したる秋なり。その政府の持続する時限はこの新不平を慰めてさらにまた他の一新不平を養成するの時限なり。その状あたかも去年の旧穀を食うの間に今年の新穀ようやく熟するもののごとし。その新旧の期節を誤らずして互いに交代するの働きは機転の妙所と称すべきなり。

我が日本にても国会を開きて立憲の政体を立つるの必要なるは朝野ともに許すところにして、かつてこれを非する者あるを聞かず。あるいは世上の論者が国会の設立なお早しと云い、徐々にこれに進むべしと云い、ようやくその用意をなすべしと云い、すべてこれを急にせざるがごときは実に老練したる考按にして、余もまたこれに同意なりといえども、論者がこれを急にせざるゆえんの理由を述べてその証拠とするところを聞けば、往古英国にて国会設立の沿革はかくのごとくなりしと云い、仏蘭西にてにわかにこれを設けんとして云々の災害ありしと云い、いずれも皆近事の文明を見ざる以前の時代に行われたる事実を引証して、以て今日のことを判断する者のごとし。けだし論者はただ漠然として西洋諸国の文明を知れども、その文明なるものが千八百年代に至りて一面目を改め、あたかも人間世界を顚覆したるの事実をば忘れたる者ならん。この日本のためを謀りてこの日本のことを判断するに、我が日本は既にその近時の文明を利用して以て今日の有り様を致せり。今を去ること六百五十余年の英国を持ち出だし、かの国王「ジヨン」のときに有名なる「マグナカルタ」に調印し[61]、次いで百年を過ぎ三百年を経て、次第に人民の自由を得たるがごとき、緩慢至極の沿革を論じて、以て今日のことを徐々にするの引証に用いんとするも、畢竟無益の空言にして聞くに足るものなし。いわゆる芋蠋の事情を説きて胡蝶に告ぐる者なり。誰かこれに耳を傾くる者あらんや。試みに見よ、我が日本は開国二十年の間に二百年のことを成したるにあらずや。皆これ近時文明の力を利用して然るものなり。本編

第三章の初めに、古人七十歳の寿を以てなしたる事業は今人三年の間にこれを終うるべしとは、けだしこの謂なり。この長足進歩のときに当たりては国勢さらにまた一変して早晩国会を開くの日あるべき万々疑いを容れず。ただそのときにおいて政権を得たる者が永世不変を謀ることなく、事の始めより暫時の後には必ずまた交代するものと覚悟して、あたかも政権の席上に長坐するの弊なきよう企望するところなり。本章の旨はただこの一点にあるのみ。

民情一新　大尾

1元和偃武　元和元（一六一五）年の大坂夏の陣以降、戦乱が収まり天下泰平になったこと。**2出格**　通例や習慣からはみ出すこと。**3文化年中には……**　いわゆる「文化の露寇」。遣日使節として来航したレザノフが幕府の通商拒否にあい、報復として樺太、択捉などを攻撃した。**4仏蘭西の大騒乱**　フランス革命。一七八九年に始まり、九九年のナポレオンのクーデターにより終焉を迎えた。**5名古屋城の金の鯱**　一八七一年に宮内省へ献納されたのち、七九年に名古屋城の天守閣へと戻された。**6前野蘭化**　前野良沢（一七二三―一八〇三年）。江戸時代の蘭医。オランダ語に通じ、杉田玄白（鷧斎）らと『解体新書』を翻訳、西洋医学を広めた。**7武江年表**　斎藤月岑著。江戸周辺の出来事を編年で記したもの。**8草茅危言**　江戸後期の儒者中井竹山の著書。政治、社会、経済、教育など多岐にわたる内容が論じられ、寛政の改革にも影響を与えた。　**9逆旅**　旅館。　**10輻輳**　一点に寄り集まること。**11七十にして……**　『論語』為政編の一節。「七十歳ごろになると、自分の心の赴くままに行動しても人の道から外れることはなくなった」といった意。　**12孟嘗君、平原君**　ともに中国の戦国時代の宰相で、多数の食客を養った勢力家として知られる。　**13ペニ**　ペニー（複数形はペンス）。イギリスの貨幣単位。［英］penny　**14ニコルソン**　ウィリアム・ニコルソン（一七五三―一八一五年）。イギリスの発明家。**15コーニフ**　フリードリヒ・ケーニヒ（一七七四―一八三三年）。ザクセン王国（現・ドイツ）の印刷技術者。　**16商賈**　商売、商人。　**17インフォルメーシヨン**　情報［英］information　**18雲水**　雲水僧。諸国を遍歴する修行僧。　**19デーリテレガラム**　『デイリー・テレグラフ』(*Daily Telegraph*)。一八五五年創刊の朝刊紙。また「スタンダード」は夕刊紙『イブニング・スタンダード』(*Evening Standard*)のこと。　**20西南**　一八七七年の西南戦争のこと。「馬関」は下関の別称。　**21鎮台**　明治初期に日本各地に置かれた常備陸軍。　**22寛永年中には……**　鎖国令。寛永十（一六三三）年以後、数回出された。**23許多**　多数。　**24エカルド**　ユリウス・フォン・エッカート。ラトビア生まれの外交官、ジャーナリスト。　**25「ペイトル」大帝**　ピョートル一世。ロマノフ王朝の皇帝（在位一六八二―一七二五年）。西欧化政策をとり、ロシア帝国の基礎を築いた。　**26「ニコラス」帝**　ニコライ一世。ロマノフ朝の皇帝（在位一八二五―五五年）。自由思想や民族主義を弾圧するなど、反動的な専制政治を行った。　**27「モスコー」および……**　「モスクワ」と「サンクトペテルブルク」のこと。　**28「ホブス」……**　それぞれ、「トマス・ホッブズ」「カール・フォークトとヘンリー・バックル」「チャールズ・ダーウィン」「ジェレミー・ベンサム」「アーノルド・ルーゲ」「ジョン・スチュアート・ミル」「ルイ・ブラン」のこと。　**29別乾坤**　別世界。　**30蟄を啓く**　冬ごもりしていた虫が地上に出てくること。　**31ヘルズン**　ゲルツェン（一八一二―七〇年）。ナロードニキ（書生党）の基礎を築いた作家、思想家。「コロコル」は、ロンドンとジュネーブで発刊された新聞「鐘」のこと。32ノウゴロット　ノヴゴロド。33没入　政府が物品を没収すること。34カトコフ　一八一八―八七年。ロシアの評論家。はじめゲルツェンらに接近し、自由主義を主張したが、やがて排外的な保守主義に転じた。『ロシア報知』を発行した。35千八百六十一年二月に……　ロシア皇帝アレクサンドル二世が発布した農奴解放令のこと。36プーチヤーチン　プチャーチン（一八〇三―八三年）。ロシアの海軍提督、外交官。37カラコソフ　カラコーゾフ（一八四〇―六六年）。ロシアの革命家。アレクサンドル二世の暗殺を企てたが失敗、絞首刑に処せられた。38シュワロフ　シュヴァロフ（一八二七―八九年）。ロシアの政治家。また、「ムラビヨウ」はムラヴィヨフ（一七九六―一八六六年）、「ゴロフニン」はアレクサンドル・ゴロヴニン（一八二一―八六年）、「ホルストイ」はドミトリー・トルストイ（一八二三―八九年）のこと。39黜陟　功績によって官吏を昇進させたり降格させたりすること。40「トーマス・ペーン」の書　イギリスの政治評論家トマス・ペイン（一七三七―一八〇九年）の著作『コモン・センス』のこと。独立の大義を説き、当時のアメリカの世論に多大な影響を与えた。41モデルン・シウヰリジエーション　近代文明。［英］modern civilization　42名代人　代理となる者。代議士。43太政大臣　首相のこと。44ウヲート・ヲフ・ケレヂート　信任投票（vote of confidence）のことか。［英］vote of credit　45当路者　政治・行政上、重要な地位にある人。46区々たる　わずかであること、取るに足りないこと。47乱階　騒乱が起こる兆し。48賓的　客観的。「主的」は主観的。49盗跖　暴虐のかぎりを尽くしたとされる古代中国の盗賊。50顔子　顔回、顔淵。学才・徳行にすぐれた孔子の弟子であったが、貧窮の生活を送り短命で没した。51梅室　桜井梅室（一七六九―一八五二年）。江戸後期の俳人。52撫育　いつくしんで大切に育てること。53魯国の今帝　アレクサンドル二世のこと。54郭子儀、裴度　「郭子儀」は唐代の武将。数々の武勲により最高官に任ぜられた。「裴度」は唐代の政治家。名臣として知られる。55唐の李林甫……

「李林甫」は、安史の乱のきっかけを作ったとされる宰相。「秦檜」は南宋の宰相。金との和議や言論弾圧などにより、しばしば奸臣の典型とされる。**56プライム・ミニストル**　首相。［英］Prime Minister **57ヂスリエリ**　ベンジャミン・ディズレーリ（一八〇四—八一年）。イギリスの政治家。**58鴻業**　大がかりな事業。**59大目付、御目付**　「大目付」は老中の下で幕政の監督や大名の監察などを担った職。「御目付」は若年寄の下で旗本・御家人などの監察を行った。**60御側取次**　将軍に近侍して、老中や若年寄などとの間を取り次ぐ職。**61国王「ジヨン」のときに……**　一二一五年、イギリスの封建貴族たちがジョン王に、王権の制限と貴族の封建的特権の尊重などを求めた「マグナ・カルタ（大憲章）」を認めさせたことをさす。

尚商立国論

古来日本は尚武の国と称して、その武を事とする者を武士と名づけ、社会の上流に位して他の種族を支配し、天下の栄誉、武家の右に出ずるものなし。ただに諸藩の士族のみにあらず、かの浪人と称する無籍の身分にても、いやしくも武芸の達人とあれば名声を四方に轟かして衆人の尊敬するところとなり、王公もこれを臣とせずして師とし事うるの例あり。武道を重んずるがゆえに武士を尊び、武士を尊ぶがゆえにその道もまた重く、両者相まって尚武立国の風を成したることとなり。このこと果たして古来の実際に違うことなくして人事当然の勢いならんには、我が輩は今人の想像しまた企望するところについていささか怪しむべきものあり。すなわち近時世上に行わるる尚商立国[1]の議論、これなり。開国既に三十余年、殊に維新以来、日本国人は意を鋭くして文明の新事物を採り、政事に、武事に、文事に、すべて西洋の風を学んで、その進歩見るべきもの多しといえども、ただ意のごとくならざるは経済の一事にして、政治、法律は思うままに制定したれども、財政の一段に至りては智者も常に無説に苦しみ、文武拡張の方案は涌くがごとくなれども、いかなる奇方妙案も費用不足の一声とともにたちまち空しきがごとし。殊に外国人に接してその智徳を比較すれば、双方一長一短、必ずしも彼を恐るるに足らざるのみか、我に固有して誇るべきものも少なからずといえども、ただ貧富の一事に至りて残念ながら三舎を避け[2]ざるを得ず。貧者は愚なるがごとく怯なるがごとく、交際上、常に彼に先を制せらるるは、畢竟金力の強弱軽重によらざるはなくして、銭の向かうところ、世界に敵なきもののごとし。ここにおいてか朝野の士人もようやく心事を転じて、文明世界の立国はその要素多きなかにも、国民の富実は要中の至要なり。しこうして今の開国たる我が日本において、国を富ますの法は商工殖産の道に依るの外なし。昔年鎖国の時代には武の一方を以て国を立てたれども、今日はその武を張るにもまず金を要することにして、その金のよって来るところは商工にあるがゆえに、古の尚武の語を借用して尚商の新文字を作り、商売を以て国を富まし、その富を以て国事を経営し、政治に、武事に、文事に、外国の交際に、すべて意のごとくなるの日を期すべし。すなわち尚商立国の新主義なりとて、この主義を唱うる者あればまたこれに和(か)する者もありて、とにかくに世上一流の論題となりたるは国運進歩の徴(ちょう)にして、我が輩のひそかに喜ぶところなりといえども、今日我が日本社会の有り様を見るに、尚商立国の議論は単に想像の企望のみに止まりて、実際にはその痕跡をも見ざるこそ不審なれ。言わざるにあらず為(せ)ざるなりとはまさに今日の適評なるべし。そもそも朝野士人の議論において、商を尚(たっと)ぶの要を知ること昔年封建時代の武におけるがごとくならんには、商道に従事する商人を尊ぶこと武道に従事する武人を尊ぶがごとくにして、始めて天下に尚商の風を成し、有為の人物も皆争うてこの道に赴き、人物の集むるに従いてその道に重きを致し、人と道と相まってますます勢力を増し、社会の上流に商人の地位を出現して、ただに商売のことのみならず、人間万事を支配して以て国を立つるの工風を運(めぐ)らすべきはずなるに、維新以来今日に至るまでの実際を見れば、これらの工風に乏しきのみか、ときとしては逆行の痕跡さえなきにあらず。封建の時代に士族と平民と尊卑を区別したるその区別は、維新の社会に変形して官尊民卑の区別を生じ、天下の栄誉はあたかも官途に専らにせられて、平民社会は依然たる旧時の百姓町人に異ならず、維新の法律に平民の苗字（みょうじ）乗馬を許すがごとき、ややその地位を高めたるに似たれども、これはただ人民社会の士農工商を相互に平等ならしめたるまでにして、この人民が官途に対しては平等のままにさらに幾等を下り、官途社会と人民社会との間には常に尊卑の分を明らかにして、人生の智徳、財産、年齢のいかんに論なく、官途に職を奉ずる者は尊くして、民間に群を成す者は卑し。汽船、汽車に乗るとき、銭多き者は上客にして、少なき者は下客たり。商売上の規則にして官民の別なしといえども、その上下はただ船中車中の上下にして、船車を去るときはさきの下等客たりし官吏が傲然として上等客の上に位して威張り、自ら平気にして他人もまたこれを怪しむ者なきがごとき、交際風の一斑を見るに足るべし。されば官尊民卑は封建の士尊民卑に由来して、日本国民の骨に徹したる習俗なれば、にわかにその変化を望むべからず。かかる卑しき人民に商売を托しながら、尚商立国の主義など称して商業の組織を計りその奨励策を講ずる者あれども、多くは一時の小計策にして、たとえ事に害なきも我が輩はあえてこれに依頼せざる者なり。朝野の士人にして果たしてその主義を重んじて、身躬（みず）から深切に責めに任ぜんとならば、社会積弊のあるところを詳らかにしてまずその弊を除き、商人の身に重きを付して自然に商道をして重からしめ、然る後に奨励策をも講ずべきのみ。そのこと甚だ易からずして速成を期すべからずといえども、既に立国の大計とあるからにはその難きもまた驚くに足らず。難きを忍んで一方に進歩せんこと、我が輩の切に祈るところなり。

官尊民卑の陋習を存する限りは商売の発達得て望むべからずとの大意は前節に記したれども、今またその緒に続いてこれを云わんに、かの汽船汽車の下等客たる官吏が、公用に当たりまたは交際社会に入るときは、たちまち上等客の上に位して傲然たるがごとき、今日の事実談にして、郷党朋友、冠婚葬祭の私席においても、官吏とあれば自然に重きをなして他の上流に就き、等しく何百円の月給なる人物にても、官に奉職する者はこれを貴顕と称し、野に居る者は商人として、上下の分を紊ることなく、財産の厚薄は以て人を軽重するに足らざるのみか、甚だしきは不学無術なる官吏輩が、在野の学者士君子に交わり、その貴顕のゆえを以て学者の上流に就かんとする者さえなきにあらず。されば人間の智徳、学識も年齢、財産も、官途に対しては栄誉の要素たるを得ず。天下の栄誉は挙げて政府の専有に帰し、あえてこれを争うものなきその有り様は、尚武にあらず、尚商にあらず、まさにこれ尚政の時代と云うも不可なきがごとし。国民全般の気風既にかくのごとくなるなおその上に、政府の成規慣行においてなおこの勢いを助くるものあり。諸官庁に出入りするに、上車下車の場所または昇降の口に奏任[3]以上以下の区別あれば、平民は以下のまたその以下たらざるを得ず。また言語文書の用法において、官の筋より人民に接するに驕傲を極め、怒るがごとく、叱るがごとく、無情殺風景に放言すれば、人民より官に対するには卑下のあらん限りを尽くし、恐るるがごとく、拝むがごとく、泣くがごとく、媚びるがごとく、その醜ほとんど見るに忍びざるもの多し。また文明の西洋諸国に例なくして日本国に固有なるは、官吏に位階を授くるの一事にして、これもただ官吏社会中の等級を分かつがためなればさまで差し支えもなきことなれども、実際はそれのみにあらず、あだかも人身に一種の記章を付して、平民と官吏との間に尊卑を殊にし、有位の者なれば法廷などに事あるとき執事にて相済むところも、無位の人民なれば巨万の資産ある豪農商にても自身にて出頭せざるを得ず。人権に影響することこれより大なるはなし。あるいは平民にても献金などしたるがため何位を授けられたる者なきにあらざれども、何万の大金を出だして得たるその何位は、寒貧書生が数年の仕官によりて得たる位より低きもの多し。この一事を見ても殖産社会の勉強は栄誉の点において官途の働きに及ばざること遠きを知るべし。商売艱難の世の中に居て生涯に何万円の金を作り出だすは実に容易ならざる業にして、一円一銭も皆これ自身の辛労にあらざれば祖先の遺物なるその金円の代わりに得たる位階は、小官吏数年の奉職に得べきものなり。一句これを評すれば、中人十家の産を空しうして買い得たり一小官吏の栄と云うも可なり。また華族なる者はその歴史上、一種特別の家柄にして、畢竟封建制度の残物なれども、国運変遷の際にはおのずからその用なきにあらず。たとえ不生産的の者なるも、これを社会の上流に置きて至当の栄誉を保たしむるは異議なしといえども、この一類が人民に対して人権を殊にするがごときは決してあるまじきことなり。例えば華族が平民に文通するに、ややもすれば家令家扶[4]の名を以てして、主人はあたかもその家来をして己が意見命令を伝えしむるがごとくなれば、人民は直に華族と接するを得ず、僅かにその家来と同様の地位に居るの姿にして、人権同等の旨は既に断絶したるものと云うべし。ただに私交において然るのみならず、公共の事務に関して官庁に書を呈するなどのとき、無位無爵の人民なれば自ら姓名を記すべきところに、華族は令扶の名を以てせしめ、あるいは人民と連署するときにも令扶をして相対せしめて通用するがごとき、官の目より見ても普通の人民は人として華族に当たるを得ず、その雇人たる令扶と同等なりと認むることならん。衣冠文物の整然として人間社会に秩序を失わざるは文明世界の美事なれども、これがために人生の至宝たる人権を妨ぐるに至りては、これを軽々に看過すべからず。我が輩の宿論に、新華族[5]の増殖を不利なりとするも、人権を妨ぐるの区域を広くすることなからんがためのみ。今の新華族諸氏もその個々について語ればすべて磊落の君子にして、他人の私権を妨ぐるがごとき最も悦ばざるところなれども、さてこれを集めて一体となすときは、俗世界の俗栄に恋々してこれを脱すること能わず、あるいは自らこれを欲せざるも、同胞朋友の俗栄に得々たるを見て、独りその後に就くは快からずなど云う者あれども、我が輩の所見は然らず。方今の新華族その他貴顕と称する者は、口に磊落を言うといえども、すべて日本士族の子孫にして、その虚威を好むの念は自ら知らずして祖先以来の遺伝に発するものなり。その趣を喩えて云えば、洋犬の子がややもすれば畳の上に上り、和犬の子は上に飼わんとするも常に地に下るがごとし。さればかの洋犬の子たる新旧華族を始めとして、いわゆる官途の貴顕なる者が、日本社会の上流に位して、私に公に人民に対して人権を殊にしてあらん限りは、農工商は依然たる旧時の百姓町人にして一種下等の賤民なれば、賤民の行う事柄もまたおのずから賤しからざるを得ず。すなわち日本の商業の賤しきゆえんにして、かかる賤業に依頼して国を立てんとするはもとより望みの外にして、等しく日本国民にてありながら、その一部分の者どもがはるかに上位に居て下界の商業の発達を望むは、これぞいわゆる木に縁りて魚を求むるの類なるべし。

今の官途は封建武士の集合にあらず。たとえその遺伝の余勢を以て虚威を悦ぶの情あるにも往々虚を去り実に就き官民平等の議論もなきにあらざれば、人民にしていやしくも自らその地位を知り、自尊自重の大義を弁じて独立を守るにおいては、官途社会も、下民を虐遇する者にあらず。いわんや文明の風潮は人権の不平均を許さず、官途社会も目を改め、官尊民卑の積弊も次第に除去して、真成に日本商人を生ずるの日もあるべしといえども、このことは今日の実際において最も望むべからざるもののごとし。全国無数の富豪大家、稀には卓識高尚の人物なきにあらざれども、その多数を平均するときはすべて無気力なる平民にして、祖先の遺産に衣食する者にあらざれば自ら家を興したる者にして、畢生の心事はただ銭にあるのみ。さてその銭を得たる上にて何事に志すやと云えば、さらにまた銭を求むるの法を工風するのみにして、僅かに自身肉体の慾を満足せしむるの外に精神以上の快楽を知らず、美衣美食、自ら奉じて、家屋庭園、以て豪奢を示し、書画骨董の珍奇、自ら玩味するの文思風致なしといえども、これを買うて所蔵するは銭の多きを人に誇るがためのみ。甚だしきはその美衣美食さえも外見の装飾にして、ひそかに内部を窺えば巨万の富にして家人の飲食を節し、その節減の度は衛生の要点以下に下る者なきにあらず。畢竟金銭の外に心事の馳することなく、書を読まず理を講ぜず、歴史の由来を知らず、社会の沿革を弁せず、ただ自身自家あるを知りて戸外万般の関係を知らず、これを要するに心の調子のすこぶる低きものにして、その低き趣を評せんに、士族の流が無銭にして不釣り合いに気位の高きほど、富豪家の方は有銭にして不釣り合いに気位の卑しき者と云うべきほどの次第なれば、商業社会全体の利害栄辱等の談に至りてはとても容易に会心すべきにあらず。あるいは維新以来、新進の商人を生じてこれを紳商など称し、その中にはずいぶん気力の慥かなる人物もなきにあらざれども、既に商人となれば尋常一様商家の風に傚わざるを得ず。俗に云う多勢に無勢、血に交われば赤くなるの諺に洩れず、自家高尚の特色を以て商売社会全体の気風を引き立つることは叶わずして、己が心身もまたともに卑屈に陥らざるはなし。たまたまこの輩が他に向かいて誇るところは、政府の貴顕に容れられてこれに近づくの道ありと云うに過ぎず。独立自尊の境界を去ること遠しと云うべし。またあるいは富豪の種族にして政治に志し、心志高尚に似たる者あれども、その志を立つると同時に自家を忘るるのみならず、人民社会の利害を余処にしてただ一身の青雲を謀り、昨日まで官途の人に軽侮せられたるその返報に、今度は己が身を政治社会に進めて人を軽侮せんとの企望あるのみなれば、人民の社会より見れば年来の仲間を脱走したる者にして毫も依頼するに足らず。古来錦を衣にして故郷に帰りたる者は多しといえども、その錦はただその本人の栄誉にして、故郷の人民がこれがために地位を高めたるを聞かず。ただこれ一種の脱走人のみ。今の富豪輩が政治に志すと云うも、あるいはこの脱走人を学ぶにあらずやと我が輩の疑いを存するところなり。ただに富豪者のみにあらず、博識多才、気力充満と称する学者流の人物にても、野に居て人民と称しながら、その人民の地位に安んじて自家全体の面目を張ることを知らず、老成の先生にして何らの工風もなく、空しく官途の俗栄を栄として身を終うる者多く、後進活発の士にして志すところはただ官途の一方あるのみ。甚だしきは学者が書を著して序文、題字等を貴顕に求むる者あり。全体この著者は文事上において真に今の貴顕等を欽慕するの念あるか、さりとは人を見ること明らかならずして、自ら不文を表するに足るべきのみ。あるいは俗世界を瞞着して著書を売るの方便なりとて貴顕の名を商売上に利用するものか、かくのごときはすなわち自ら欺き人を欺きかねてまたその貴顕を私利のために玩弄する者と云うべし。いずれにしても身を重んずる君子のことにあらずして、学者社会の醜体と評するも可なり。

以上陳述するごとく、人民社会の、下はいわゆる古風の町人百姓より、進んで近来の紳商に及び、なお進んで高尚と称する学者士君子の流に至るまでも、自尊自重の大義を解する者は甚だ乏しく、一身の立身出世に志す者はあれども、その身を托する人民社会全体の栄辱を知らず、官尊民卑を天然の分として安んずるの有り様なれば、たとえ政府の方に於て平等の旨を重んじ、度量を寛大にして人民の自尊を許さんとするも、その旨を解する者少なし。近来人民の自治など称して、既にその法律を実施したるにもかかわらず[6]、人民社会は依然たる旧時の賤民にしてかつて面目を改めず、誠に当惑の次第にして、その趣は日本犬の子を畳の上に飼わんとして何分にも落ち付かざるもののごとし。強いてその地に下るを禁ぜんとするにはこれを打つの外なし。人民に尊重の地位を与えんとしてこれを取らざれば叱咤すと云うもずいぶん奇談にして、その叱咤中既に尊重の精神は断絶することなれば、犬の子を御するにはともかくもなれども、人事には行うべからず。商業社会の改進独立、また難しと云うべし。

日本の商業は人事の下流に位し、商人と名づくる賤民のことなれば、もとより以て立国の原素とするに足らず。官途人の驕傲なるも祖先来の遺伝にして、商人らの卑屈なるもまた遺伝より外ならず。その遺伝の性質は相互いにその社会の習慣を成し、尊卑の分界判然として容易に改まるべき気色もなきは、もとより人の罪にあらず、日本社会の勢いなれば、智者といえどもその改良に妙案はなかるべし。あるいは商工奨励のためにとて、商学校を設け、博覧会、共進会[7]を開き、あるいは新聞紙を発兌(はつだ)し、あるいは商工者の集合会議所を作る等、種々様々の工風を運らして、そのこともとより無益なるにあらず、名実ともに多少の利益はあるべしといえども、国家百年の大計を計り、尚商立国と既に議論の端を発したる上は、その実行の早晩を問わず、大体の主義はあらかじめ一定せざるべからず。その主義いまだ定まらざる間は、商工のことに関して奨励法を施し、または様々の規則条例等を設くるも、結局一時の小策にして、一時の小利害を左右するに過ぎざるのみ。けだしその大体の主義とは、朝野の士人が今より心事を一転して、商を重んずること昔年の武を重んずるがごとくにして、以て国を立つるの必要を発明したらば、官途の方より率先して官尊民卑の陋習（ろうしゅう）を除き、一歩にても平等の方向に進むことなり。元来尊卑とは相対（あいたい）の語にして、低きものを高くするも、高きものを低くするも、その成跡は同様なるべければ、従前のごとく官途人が独り社会の高処に居て人民の自ら奮うて高きに登らんことを俟（ま）つよりも、まず自家の容体を平易にして人民に近づくの工風専一なるべし。人に交わるは馬に乗るがごとく、御法は御者にありて存す。今日の勢いより見て政府は御者のごとく人民は馬のごとし。いやしくも御者の身としてこの馬は御すべからずと云うは、馬の罪にあらず、その実は御法の拙なるのみ。今の人民を卑屈なり無気力なりと称してこれを捨て置くは、御者たる政府が自らその拙を表白する者にして、経世の策にあらざれば、試みに政府のために謀りて人民の御法を講じ、官民相近づくの法を求めて尚商立国の実効を奏せんとならば、まず政府の体裁を一変して商売風に改むること必要なりと我が輩の信ずるところなり。政府は法律を議定実行して民悪を止め、海陸軍を設けて内外の不虞に備え、租税を賦課して政費に供し、貨幣を造り、逓信を司り、外交を調和し、内治を整理する等、その細目は無限なれども、おおよそこれらの事務を取り扱う一大商店とも名づくべき者にして、今世の時勢、ただ人民に対して約束を守り約束を守らしむるのみ、特に私恩を施し虚威を張るがごとき旧筆法は既に無用に属したりと知るべし。恩威既に無用なりとすれば、官吏が人民に対して尊大なるは、政略上に毫も益なくして、ただいたずらに私の情慾を逞しうするものなれば、自ら省みて大いに慎むところなかるべからず。官私の間に交通する言語文書のごときも、その慣行を改めて相対平等の体裁に従わざるべからず。また政府の上流に居る政治家は、政治の一方に心身を委ぬること、商人の商売一方におけるがごとくなれば、これは一種の専門家なれども、これに随従して事務を取り扱う書記官以下に至りては尋常一様の職人にして、ただ自分の芸能を政府に売りその報酬に衣食すること、諸会社または商人の家に雇われて給料を取る者に異ならず。ただ彼は政府のことを勤め、これは民間のことを執るの相違あるのみなれば、書記官の官の字はこれを止めて単に書記とするか、あるいは支配人、手代[8]などの名に改めて、民間にある同職の者と称呼を同様にし尊卑を平等にする方、穏当なるべし。また書記官の官の字を止めるからには、これに位階を授くるがごとき最も不釣り合いなれば、その慣行を廃せざるべからず。ただに書記官のみならず、それ以上以下、すべて官途に位階の存する限りは、おのずから人権の軽重に影響して、商工社会を蔑視するの媒介たるべきがゆえに、官民の別なく、一切無位平等の日本国民たるべし。また華族も数百年来の由緒ある者を除くの外に新華族を増殖せしむるは経世上の不得策にして、尚商立国など云う文明の富国論に戻り、両者相互に逆行するものなれば、既に尚商と決したる上は、事の軽重を思案して決するところなかるべからず。

右は官途社会の驕傲尊大と人民社会の卑屈無気力とをならべ、この一方の低きものをして昇らしむるも、他の一方の高きものをして降らしむるも、その成跡は異ならざるがゆえに、むしろその高きを制限して平等に至らしむるこそ捷径なれとて、試みに方案を立てたるものなり。この立案に従うときは、商工の輩も官途に対しやや軽重の平均を得て、その社会全体に地位の重きを成し、地位重ければ人物もまた集まりてますます重きを加え、遂には我が商工業をして立国の要素たらしむるの日もあるべし。然りしこうしてこの方針に向かうたるがため、官途の当局者は果たして大いに心身を苦しむることあるべきやと尋ぬるに、我が輩の所見にては毫もその実利に損することなくして、失うところは児戯に等しき虚威虚名たるに過ぎず、いやしくも国に忠にして百年の長計を思う者は、私の虚栄に恋々して国計の発達を妨ぐることなかるべしとひそかに信ずるところなり。

我が輩は商工社会の地位を高めて立国の要素たらしめんがため、官途の虚威を殺減してまず官尊民卑の陋習を除き、以て双方平均の地位を得せしめんとの一説を開陳したり。この説今世においては甚だ奇にして容易に行わるべしとも思われず、封建士族の末流たる今の在官の人また官途熱望の人々は、我が輩の云うその虚威を弄ぶこそ畢生の目的にして、俸給の多少にかかわらず、官にありて公用を取り扱えば百姓町人を畏れしむるのみならず、私の交際においても自然に身の重きを成すべし、畢竟政府の恩徳、身の冥利なりとて、一心不乱に官途に粘着し、一級の官等、一段の位階も、丁寧にこれを家の系図に留めて子孫の記念に遺さんとするの情は、大小官吏を平均して多数の心事なれば、かかる事情の最中に、公用文の文法改むべし、書記官の官の字除くべし、位階の沙汰止むべし、新華族の増殖国計の不利なりなど唱えても、容易に耳を傾くる者はなかるべし。かつ我が輩とても人間世界古今の沿革を通覧し、深夜狐灯の下に坐して沈黙思案し、本来人生の約束はいかなるものぞ、最大多数の最大幸福とはいかなる事相ぞと、かつ書を読みかつ独り問答するときは、今日の西洋文明必ずしも羨むに足らず。法律の条目精密なりといえども、実際においては俗に云う大岡捌の活発にして情を尽くすの濃やかなるにしかざるもの多し。衆庶会議[9]を開きて、国民に権利を付与したるがごとくなれども、その事実に権利を得るものは多数中の少数にして、下流の小民は政治家の玩具たるに過ぎず。伝え言う、ある人が徳川家康公に言上し、御鷹、御茶壺の通行に人を避けしむるは無法なりと諫めけるに、公の云うよう、国を治むる者には威力なかるべからず、その筋の鷹、茶壺にてもこの威あり、その人の尊厳はいかばかりなるべきやと、まず人心を畏れしめて非望の念を絶ち、その代わりには国用を節して年貢を薄くし、民の衣食を豊かにして安楽ならしむべし、これぞ恩威の政事なり云々とて、ある人も公の言に感服したりとの談あり。上下尊卑の名分を正して超ゆることを許さず、政事、武事以外の農商工業はこれを賤業と名づけて賤民らに一任し、その賤民を視ること子のごとくしてあえて自動を許さず、富豪はこれを抑え貧弱はこれを救助しておのおのそのところに安んぜしむ、すなわち徳川政治の筆法にして、最大多数の最大幸福はこの筆法に存することならんと、そぞろに懐旧の情を催す折から、眼を転じて文明進歩の活世界を見れば、人生の運動は自由自在、一身の自活、一地方の自治、利害得失はすべて各自の負担に帰し、優勝劣敗は自然の約束にして他よりこれをいかんともすべからず、虚威を以て嚇すべからず、私恩を以て招くべからず、ただ無情なる約束に依頼して相互に自家の権利地位を維持するのみ。この風潮の中に居て治国の法を求めんには、恩威の談はもはや談ずべきにあらず、政府たる者は国民の父母にあらずまた師匠にあらずして、単に国法の議定者なり施行者なり、要はただ約束を守り守らしむるにありと覚悟して、細かに民利を奨励するよりもその民利の妨害を除くの工風こそ専一なれとて、あたかも文明世界全体の定論を成して、その旨とするところを以て我が封建時代の主義に比すればまったく正反対に立つもののごとし。されば我が日本国も世界の大勢には背くべからずして、その国是を文明開化と定めたる上は、残念ながら徳川流の恩威政治は断念せざるを得ず。けだし恩威政治と約束政治とはその得失容易に判すべきにあらざれども、実際に当たりては二者いずれにか去就を決せざるべからず。これは文明の約束主義ならんと認むる折から、突然にも恩威流の旧方剤[10]を加味して木に竹を接(つ)ぐがごときは、人民の不平物論喋々(ちょうちょう)の媒介なれば、恩威の一方を断念と決したらば根底より断じてその再生を許すべからず。既にこれを断絶すれば、官尊の虚威も昔年に有効にして今日に無益のみかかえって有害なるべきこと、事実において明白なるがゆえに、今我が商業社会の面目を一新して立国の要素たらしめんがため、まず官辺の虚威虚名を棄てて商工の地位を高くするがごとき、朝野において争う者あるべからざるは我が輩のあえて信ずるところなれども、さてまた一方より見れば、口にこれを争わずして心に服せざることあるも人情世界の常なれば、我が輩は今日我が意見の行われざるを以て憾(うらみ)とする者にあらず。ただこの一説を世に公にして他年の時機を待つのみ。故老識者の言を聞くに、廃藩の大挙とて廃藩のときに発したるにあらず、各藩の藩主、老臣らが数百年来の門閥を以て藩政を専らにし領民を支配すれども、その内実は大概皆暗弱の資質、心身ともに物の用に足るべき者にあらず、国を開きて世界の国々とともに文明のことを与(とも)にせんとならば、まず内国の大名を廃止すべしとは、徳川政府の末年、洋学の漸進とともにごくごくひそかに学者社会中に行われたる言なり。さればこそ維新の後、廃藩の実施に臨みても、天下の有力者にて誰一人としてその非挙を鳴らしたるものなし。学者の私言も廃藩の挙には与(あずか)りて大いに力ありしものと云うべし。ゆえに今日官尊民卑の陋習を去りて尚商立国の前途に荊棘(けいきょく)[11]を排するの説も、今日にありてこそ奇なるに似たれども、数年の後に至らば誠に尋常一様のことにしてこれに驚く者なきその趣は、今人が今日より廃藩の一事を聞きて怪しむ者なきと同様の次第なるべし。文明進歩の速力は非常にして、人の思想の変遷測るべからず。維新以来、僅かに二十余年のその間にも、二十年前に発言して生命も危うしと思いし劇論も、十年を過ぐれば人の耳に逆らわず。十年前には到底行わるべからざることも、今日に至ればこれを実行して非難する者なし。我が輩あえて学者の予言を学ぶにはあらざれども、これを既往に徴して[12]将来を想像すれば、自今十年、二十年の後には今日の奇論も必ず奇ならざるの時節到来して、鄙言（ひげん）の空しからざるを漫（まん）に自ら信ずる者なり。

1尚商立国　商業や経済を重んじることで国を発展させること。　**2三舎を避く**　相手をおそれ、へりくだること。　**3奏任**　奏任官のこと。明治憲法下の官吏の等級で、高等官のうち、勅任官の下位、判任官の上位に位置する。　**4家令家扶**　皇族や華族の家務をつかさどり、使用人を監督する者。　**5新華族**　大名や公家などの家格によらず、勲功を認められて華族となった者。　**6その法律**　一八八八年に公布された市制・町村制および本稿が連載された一八九〇年に公布された府県制・郡制のこと。　**7共進会**　産業振興をはかるため各地で催された展覧会。さまざまな農工産物を出品させ、その優劣を競った。　**8手代**　商家の使用人。番頭と丁稚のあいだに位置する。　**9衆庶会議**　国会のこと。　**10旧方剤**　「方剤」は処方薬のこと。以前の対応策。　**11荊棘**　イバラなどのとげがある低木の総称。ここは障害の意。　**12既往に徴して**　過去に照らし合わせて。

分権論

題言

この書一編は、我が社友、随時会席の茶話を記したるものにてさまで珍しきことにあらず。ただし炒り豆を食らい茶を吃して文を論じ理を談ずるの際には、その語次、様々のことに亘り、席散じて静かに考うれば、今夕は果たして何事を話したるやと、身躬からこれを知らざるがごときものあり。社友の間はただ歓娯自ら適するの目的なればこれにても差し支えなしといえども、千緒万端、勝手次第なる談話の中には、国権なぞのことも雑りて、文談と政談と雑駁し、万世の理論と今日の権論と同時に発して、他人のこれを聞く者はあるいは大いに誤解せんことも計りがたし。よってこの雑話の中につき、分権、集権のことを少しく条理を立てて、著書の体裁に綴りたるものなり。ゆえに本編の著者はただ茶話の筆記者と認むべきのみ。明治九年十一月、著者記。

石炭を焚けば熱を生じ、その熱を以て水に接すればこれを化して蒸気となし、その力よく舟車を動かすべし。ゆえに蒸気船、蒸気車の運転する力は蒸気より生じ、その蒸気は石炭の熱より生ずるものなれば、蒸気船車運転の力は石炭の中に含有するものと云(い)うべし。しこうしてこの石炭は数千万年の前、世界に生々したる植物の化したるものにして、その植物は当時太陽の温(ぬく)みと光とによりて成長したるものなれば、今の石炭の中に含有する力の源は数千万年以前に燿(かがや)きたる太陽にありと云うべし。けだし天地間の力は無より有を生ずべからず、有を消して無に帰すべからず。その有り様はなお物質の滅すべからずまた造るべからざるがごとし。力なり、物なり、これを見て消滅したりと云うものは、事実において無に帰したるにあらず、ただその形を変じたるのみ。物にありてはこれを物の変形と云う。油の形を変じて瓦斯(ガス)となし、烟草(タバコ)の形を変じて烟(けむり)と灰になすがごとし。力にありてはこれを力の変形と云う。すなわち前の蒸気力の例のごとし。

人の心身の働きも一種の力なり。無より生じて有の形をなすものにあらず、またその有を消滅して無に帰すべきものにあらず。ただ時にしたがって形の変化あるべきのみ。譬(たと)えば読書は人の心の働きなり。今漢書を読むと洋書を読むとはその趣を異にすれども、年来漢書を勉強したる者は必ず洋書を学び得るこ

草木鳥獣を殺し、その発生の力を消滅して食物となせば、その力変じて人類の生力となる。人類終日の力を以て五貫目の両掛けを十里の距離に運搬すれば、その生力、両掛けの運動に移るがゆえに、また食物を以て生力の欠を償わざるべからず。これらの事相

を名づけて力の変形または力の不滅と云う。

往古より日本の武人暴なりといえども、掠奪のために師を起こしたる者あるを聞かず。その戦争の趣意なりまた辞柄なり、民を塗炭に救うと云わざる者なし。西洋諸国暗黒の時代に、

と速やかなり。また巧みに洋書を解す者は、かつて漢書を見たることなき者にても、これを読めば必ずその意味を取ること容易なり。読書の力の消滅せざる証なり。また町人の商売を替えたる者はよく事を成し、士族の始めて商売する者は必ずこれを破る。商売の力のにわかに生ぜざるの証なり。これらの例を挙ぐれば計うるに遑（いとま）あらず。今我が日本の事勢についてこれを論ぜん。

上世（じょうせい）のことはしばらく擱（さしお）き、徳川政府の初めより嘉永（かえい）年間に至るまで、国事に関する者は必ず士族以上の人種に限り、農工商の三民はただその指揮を仰ぎて僅かにその身体を養うに過ぎず。あるいは町人百姓のうちにも字を学び文を弄（もてあそ）んで心を楽しましむる者なきにあらざれども、政治の一段に至りては挙げてこれを士族に任じ、はるかに下界に居て上流の挙動を仰ぎ見るのみ。その趣を形容すれば、農工商の三民には一身肉体の生あるのみにして政治の生なき者と云うべし。士族はすなわち然（しか）らず。十俵の足軽といえども、いやしくも武家の名あれば軍役あらざるものなし。軍役とは何ぞや。政治上に事を生じて君家の安危に関しかねて社会の利害に差し響くの場合に至れば、戦場に向かいて死生を決することなり。既に国事のために命を致すの任あり。終身これを心に関して片時も忘るるの暇（いとま）あるべからず。（今の徴兵に応ずる兵卒も、昨日までは土民にして、政治上に無心なりしかども、既に兵隊に編入すれば必ず国事に耳を傾くるの念を生ずるは必然の勢いなり。）足軽なおかつ然り。いわんやそれ以上の士族においてをや。た

ただ掠奪、分捕のみを目的として乱妨を逞しうせしものとは、大いに趣を異にせり。日本の武家に権威を有して人民の柔順卑屈なるも、おのずからその由縁あるなり。

だに戦場の軍役のみならず、現に政（まつりごと）を行う者あり、あるいは現にこれを行わざるも傍よりこれを議する者あり。これを議し、これを論じ、これを喜び、これを憂い、読書も政治のためなり、芸術も国事のためなり、一身の譏誉（きよ）もここにあり、一家の栄辱もここにあり。概してこれを云えば士族の生は国事、政治の中にありて存し、四十万の家に眠食する二百万の人民は、男女老少の別なく一人として政談の人にあらざるはなし。伝え聞く、亜米利加（アメリカ）の人民はいわゆる「ポリチカル・アイヂヤ」[1]なるものを抱きて、人々一国公共のことに心を関するの風ありと云うといえども、日本の士族が国事に意を留むるほどの甚だしきはなかるべし。もとより東西習慣を異にし、日本にては君家に忠義と云い、戦場に討ち死にと云い、文武の嗜みと云い、武士の心掛けと云い、亜米利加にては報国の大義と云い、国旗の栄辱と云い、憲法の得失と云い、地方の議事と云い、その趣は双方まったく相同じからずといえども、国事に関してこれを喜憂する心の元素に至りては、まさしく同一様なりと云わざるを得ず。

日本の士族は数百年の久しき、その心を政治上に養い、世々の教育相伝えて以て一種の気風を成し、他の三民に比すればまったく人種の異なる者のごとし。士族はあたかもその心身の働きを二様に分かち、一は以て肉体の生を保ち、一は以て政治上の生を保つ者のごとし。三民の生は単なり、士族の生は複なり。

三民の働きは内の一方にあり、士族の働きは内外の二方を兼ぬるものなり。かかる教育を以て養成したるこの士族の働きは、すなわち我が日本の社会中に存在してその運動を支配する一種の力なれば、たとい一旦の事変に逢うもとみにこれを消滅し尽くすべきものにあらず、ただその形を変ずることあるべきのみ。けだし天地の間、何らの力といえども、有より無に帰すべからざるは事の真理なればなり。

嘉永の末年に外交を開きしは我が国開闢（かいびゃく）以来の一大事変なり。社会のことに変あれば社会の力もまたその形を変ぜざるを得ず。学問の趣を変じ、商売の趣を変じ、なお甚だしきは宗旨の趣をも変ぜんとするの萌（きざし）あるに至れり。いずれも皆力の変形にあらざるはなし。然りしこうしてこの変形の最も活発にして最も迅速（じんそく）なりし者は、政治の変革、すなわちこれなり。二百五十余年の太平を持続して確乎不抜（かっこふばつ）と称したる徳川の政府を一朝に倒し、三百諸侯の痕跡をも絶えたるは、変革の活発にして迅速なるものと云うべし。けだしその由縁は何ぞや。商売のごときは、変化の及ぶところ、洪大なるも、その性質、肉体に属するものにして、必竟三民の関するところなれば、その変化の際に激動少しといえども、政治は士族の常に自ら任ずるところにして、その士族の働きの強大なるはもとより三民の比にあらず。この強大なる勢力を以て一時に変革のことを挙げたるものなれば、功を奏するの活発迅速なるもまた謂れなきにあらざるなり。政治の変革は士族の力に出でしこともとより疑いを容るべからず。しこうしてこの力は嘉永以来、にわかに生じたるものか。云く、否、決して然らず。嘉永の開国は事変なり。力は一旦の事変によりて生ずべきものにあらず。ただこれによりて形を変ずべきのみ。然らばすなわちかの政治の変革は士族の力に出でしと云うといえども、実は新たに力を始造せしにあらず、ただ旧来固有の力の変形によりて致したるものと云わざるを得ず。すなわち前に記したる忠義、討ち死に、文武の嗜み、武士の心掛けなぞ云える士族固有の気力を変じてその趣を改め、このたびはさらに文明開化、進歩改進等の箇条を掲げてその力をこの一方に集め、文明の向かうところ、天下に敵なきがごとく、以て今日の有様に至りしものなり。もとよりその文明と唱うるものも、果たして真の文明なるや否、甚だ疑うべきもの多しといえども、旧を棄てて新に向かうの勢いはすこぶる盛んなりと云うべし。記者はただ世間の通用に従いてここに文明の字を用いたるのみ。

かくのごとく士族の力の変形によりて政治の変革を致したりといえども、士族全体の力を一時に変じておのおのその力を逞しうすべき地位を得たるにあらず。これを区別して三類に分かつべし。

第一類　旧政府を倒して新政府を作りいわゆる文明開化を唱えて政府に地位を占める者、あるいは直に政府に関せざるも私に職業を得てその力を逞しうす

田舎にて正しく新暦を

べき者、これなり。地位を得て力を用いんとするには、天下の事物をして順序あらしむること最も緊要なれば、この類の人は常に事物の順序を重んじて世間の太平無事を謀るはもとより論を俟たず。かつ兵馬怱卒[2]の際にはあるいは活発果断の挙動を以て人の耳目を驚かすこともありしといえども、次第に歳月を経るに従いて前後を顧慮すれば活発果断も再挙すべからざるもの多し。ゆえに自ら称して鄭重と名づくることも、遠方よりこれを傍観して因循とするものなきにあらず。

第二類　力の形を変じて既に文明開化の域に入りたりといえども、その域中において力を逞しうするの地位を得ざる者、あるいは一度これを得てさらに失いし者、すなわち官を求めて官を得ざる者、既に官に就いて免じたる者、または新規の商業等を企てんとして機会を得ざる者、既にその業に就いて失策したる者、あるいは私の業には成功を得て満足するに足るといえども、公事に関するの心に満足を得ざる者等、これなり。この類の人は己が決断を以て文明の域に入り他の魁をなして志を立てたる者なれば、心に慊くして恥ずるところなしといえども、その志を達すべき地位なきがためにまた一方に不満なきを得ず。あるいはこれを評して精神に慊くして身に快からざる者と云わんか。または一心に満足して一心に満足せざる者と云うも可なり。これを今日の民権家と称す。

奉じ、一月に西洋風の門松を立て、または式日に必ず旭旗を揚ぐる等、今の風俗に従いて得意なる者は、多くは書肆、西洋料理、唐物店等、維新以来、新たに開業して処を得たるものなり。人生その処を得れば得々安心すべし。

この民権家の中には、学者もあり、論客もあり。広く世間の人望を収めてその勢い決して微弱ならず。極めて下流の輩を挙ぐれば、早く家禄を奉還して失策したる者もこの類に入るべし。民権論者は実地に関係なくして事物を傍観するがゆえに、その議論、常に簡易にして正直(せいちょく)なり。簡易正直の論はよく天下の人心を動かすに足るべし。その趣は徳川の末年に尊王攘夷の一説を以て世間を動揺せしめたるがごとし。今の民権論の有力なるもまた謂れなきにあらざるなり。

第三類　士族固有の気力を持続してその形を変ぜざる者、すなわち古風旧格を守りて変動を好まず、維新の一挙以て政府の名を改めたるはあえて不平にあらざれども、日本に固有する政治の体裁をば永くこれを保存せんと欲する士族なり。この類の人は変形の機に後(おく)るるほどの者なれば、一般に穎敏(えいびん)の才智少なしといえども、決して無気無力の名を下すべからず。かつその人員も士族の七、八に居るがゆえに、一方より見てその糟粕(そうはく)[3]のみを計うれば取るに足らざる者多けれども、往々有力なる人物ありて、その品行賤(いや)しからず、殊に脩身の私徳に至りては人をして感服せしむるもの多し。人事の法則において、無智の腕力は必ず私徳のあるところに帰するを常とす。ゆえにこの仲間は、たとい穎敏の智力に貧なるも、腕力にはあまりありておのずから一種の強勢を有せり。あるいはこれらの人物も、その心事を改めて開明進取の路(みち)に入るの便を知らざるにあ

道徳に富みて、智と銭とに貧なり。

らざれども、いまだ好機会を得ず、あるいはたまたま機会を得んとするもこれを誤りて心事意のごとくならず、既に不平の心を抱きて世間を見れば、その事物、一として満足すべきものなし。殊にその旧同士族たる第一類、第二類の挙動を見れば、その欠点甚だ少なからず、このこともかくあるべからず、かのことも然るべからずとて、あたかもその短を見てその長を見ず、遂にますます相反して相近づくべからざるの勢いを成せり。

日本国中の政治家たる四十万の士族が、所見を異にして党類を分かつこと前条のごとし。すなわち第一類、第二類を改進の党となし、第三類を守旧の党となす。もとより他の三民も間接に政治に関して本源の力あるは無論なれども、直にこれを談じてこれを喜憂するはその本色にあらず。日本の農工商はいまだ国事の味を嘗めざる者なり。ゆえにこの国に行わるる治乱の近因は士族の挙動にありと云わざるを得ず。維新以来今日に至るまで毫もその趣を変ずることなく、改進者流と守旧者流とまさしく相反対して、治はすなわち互いに不平を抱き、乱はすなわち互いに兵器を取るの勢いあり。政談に党与を分かちて喋々するはもとより十全の美事にあらざるも、これによりて人民一般の発論を活発に導き、眼力を鋭くして他の挙動を察し、過大過強の権力を制してこれを平均する等の好機会たることなきにあらずといえども、両党相対して陰に不平を抱き、その不平を漏らすの路を容易に兵器に取るがごときは、国のためを謀りて政党の益を得ずしてただその弊害のみを蒙るものと云うべし。

維新以来、内国兵乱の著しきものは、長州奇兵隊の乱なり、[4]次いで佐賀の乱[5]なり、また本年、熊本および萩の乱なり。[6]奇兵隊と佐賀とは既に兵力を以て鎮定に帰したり。本年のこともまた必ず同様ならん。世の論者、これを評して云く、頑陋なる士族、変通の路を知らず、軽挙暴動、以て国安を害す。その愚は笑うべし、その暴は悪むべし。幸いにして政府、事の機を誤らず、たちまちに賊徒を殲滅したるは天下のために祝すべしと。またあるいは云く、雨降りて地かたまる。草賊の峰起するは煩わしといえども、したがって起くればしたがってこれを払い、一回また一回、かえって次第に政府の基礎を固くして、文明の政令を施すの好機会たるべしとて、その議論の首尾結末、甚だ簡易にしてかつ明白なるがごとくなれども、余輩の考えには、この論者の言を以てよく事の情実を尽くしたる者と認むるを得ず。いやしくも一国に政府を立てて、その政府の法に背く者あればすなわち賊なり。国賊は兵力を以てこれを殲滅せざるべからず。もとより政治の順道にして評論を要せざるものなり。然りといえども国の良民が賊に変ずるの機は一瞬の間に存するものにして、いかなる人民がいかなる不良不平の心を抱くも、これを外形に顕さざるの間は政府の目を以てこれを良民と認めざるを得ず。この良民がその心事をうちに包蔵すること能わずして一旦の機に事を発すれば、そのこれを発したる瞬間よりこれを賊と称し、政法において許すべからず。ゆえに賊の字は現にその時代に行わるる法律に対したる言葉なれども、学者の議論においてはその賊となるゆえんの原因と、既に賊となりて誅(ちゅう)せられたる始末と、また将来この始末よりして生ずべきことの有り様を察せざるべからず。然るにかの論者は、兵乱のことを評論するに、まさしくその乱の外形に発したるその日より乱賊の斃(たお)れたるその日までの始末に眼を着して、前後の原因と成り行きとについては特に注意せざる者のごとし。これを譬えば風邪に感じて発汗剤を服し、これによりて直に全快したり。あるいは再感することあらば煩わしといえども、また発汗剤を用いんのみと云うに異ならず。まったく人身の働きを知らざる者の言なり。いやしくも養生の法を心得たる者ならば、たとい些少の風邪にても前後に注意してこれをなおざりにすることなかるべし。これすなわち余輩が論者の言を以て事の情実を尽くさざるものとするゆえんなり。

　余輩が所見を以てまず事の原因を論ぜん。前に云えるごとく、我が国四十万の士族は国事に関して国を維持したる者なり。しこうしてそのこれを維持するゆえんの元素を尋ぬるに、商売にもあらず、工業にもあらず、また宗教、学問西洋耶蘇教の流儀に従えば、信心なき者は人非人のごとく論ずれども、日本は然らず。古来、学者と称する者は、神仏を信ぜざるのみならず、そのこれを信ぜざることいよいよ甚だしければ、いよいよその人物の高尚なるを表するに足るものあり。西洋人の知

にもあらず。ただ忠義武勇の一元気あるのみ。古来日本の士族を見るに、神仏を信ぜず、学問を勤めず、商工のことを賤しとしてこれを知らざるも、忠義武勇の心掛けある者は、士族第一流の名望を得べし。あるいは士族の中にも大いに学問に志す者少なからずといえども、その学問なる者もまたただ忠義武勇中の一箇条にして、これを助くるの方便たるに過ぎざるのみ。ゆえに日本はあたかも義武によりて国を立つるものにして、これとともに国の存亡を与にするは、古より義国、武国等の名称あるを以て知るべし。然るに開国以来、商工の趣を変じ、学問の風を革め、これを変革してかねてその権力を増加し、また昔日の義武のみを以て国を立つること能わざるの勢いとなれり。ここにおいてか改進者流の第一類、第二類は、早く既に旧套を脱却してこの勢いとともに運動すといえども、第三類、守旧家の眼を以てこれを視れば、全国を挙げて己が立国の元素と思いし忠義武勇のあるところを見ず。義武の所在を見ざるはすなわち国の所在を見ざるものなれば、国を失うの思いをなさざるを得ず。これを譬えば黒き衣裳を見印にして何某と認めしものが、にわかにその黒衣を脱したるがために当人の所在を見失いしに異ならず。ゆえに守旧者流は日本人にして日本国を見失い、旧の黒衣の日本国を求めてその所在を得ざる者なり。またかの改進者流も旧套を脱したれども、いまだ定めて新套を着けず、脱したるがごとく着

らざること
なり。

けたるがごとく、朝に白衣にして夕に黒衣、黒きがごとくまた白きがごとく、あたかも黒白の雑套にして、明らかに他の標的とするに足らず。概して云えば、改進者流は旧日本の棄つべきを知りてこれを棄て、明らかにこれを棄つるに果断なりしかども、いまだ新日本の所在を見出さざる者なり。

守旧者流は旧を求めて旧を得ず、改進者流は新を求めて新を得ず。等しく物の所在を得ざる者なれども、その求むるところの物の種類を異にするがゆえに、相互いに心事を異にせざるを得ず。なお甚だしきは、双方ともに物を見ざるを以てその物の所在を他に求め、あたかも他の一方のために我が物を匿(かく)されたるがごとき思いをなして、ますます相互いに疑心を抱き、ますます相互いに敵視するの勢いを成せり。世の論者は守旧者流の時勢に従わざるを見て単にこれを奇として怪しむがごとくなれども、余輩の所見にてはこれを人事必然の勢いと認めざるを得ず。古来、日本の国事に関して政治家を以て自ら居る士族が、もとより誤解なりとはいえども国を失うの思いをなして黙止するの理あらんや。仮に今、亜米利加の合衆国に政体の大変革を催し、その憲法を仏蘭西(フランス)のごとくせんとするの議を発して、その発議、事実、亜国の便利たるべき道理あるも、その人民にしてこれを黙止すべきや。余輩、断じてその然らざるを証す。然らばすなわち亜国の人民が国事に関するの心に等しき日本士族の心にして、国事の変革を傍観して呉越[7]のことのごとくするは、万々能わざるところなり。ゆえに新旧二流敵対の原因は、士族の働きの変形したるものといまだ変形せざるものと、互いに相接するの激動にして、その勢いは西に走る車を以て東に走る車に接するがごとし。これを事の遠因とす。過激の徒と称する者が、折節、事を挙ぐるときには、必ず檄文なるものあり。その趣意いつも大同小異、何々が何々して神州を穢すと云い、国を売ると云い、ゆえに我々は民を塗炭に救うと云うのみにして、いかなる檄文にも、我が人民たる権利を伸べんと欲するなぞ云える語を用いたるものを見ず。今この文に拠りて激徒の心事を察するに、この徒が国の所在を失うて他人に匿されたるの思いをなすは、何々が国を売ると云う語を以て明らかに証すべし。また自ら人民たるの権利を伸ぶると云わずして、民を塗炭に救うと云うは、この徒は平生よりあたかも国の主人の気取りを以て自ら居り、一身の権利よりも他人の世話に忙しく、今の政府の世話の仕方はよろしからず、我々がこれに代わりてよく世話せんと云うつもりなり。古来不変、日本士族の筆法と云うべし。いわゆる政党の益を得ずしてただその害のみを蒙るとはこのことなり。

遠因のみにては容易に事を発すべきものにあらず。そのこれを発するには必ず幾多の近因なかるべからず。これを枚挙すれば、

第一　維新以来、士族は利禄を失い、他に活計の方法なし。窮して乱を思うは人事の常則なり。

第二　活計の困窮はなお忍ぶべしといえども、他に忍ぶべからざるの事情は士族の面目を失したるの一事なり。士族は国事に関して文武の政治を専らにし、他の三民に対してはあたかも国の主人のごとき体面なりしものを、にわかにその権柄（けんぺい）を奪い、軍役は常備の兵隊に譲り、人才あれば四民の別を問わずして官に用ゆるの風となり、士族固有の特権は地を払いて残すところなし。譬えばこ

こに年来定式に仕事を命ずる大工、左官のごとき職人あらん。この職人の技術に巧拙の変なき者を、にわかに擯斥(ひんせき)してその出入りを差し止むることあらば、職人は必ずしも利益のためのみならず、その体面を失うがために、主人を怨望(えんぼう)せざるを得ず。職人にしてなおかつ然り。いわんや士族をや。利を失うの苦は身にあり、面目を失うの苦は心にあり。心の苦は身の苦より大ならざるを得ず。

第三　商売の形を変ずるは町人も難(か)たんずるところなり。いわんや祖先以来費やすを知りて働くを知らざる士族が、にわかに農商に移るべからざるは論を俟(ま)たず。その身にあたかも適する生活の方はただ官員たるの一路あるのみ。然るに官途は既に充満してこれに近づくべからず。不平の心を生ぜざるを得ず。

第四　己を責めずして人に求むるは中人以下[8]の性情なり。士族の品行、賤しからずと云うといえども、学者の理論を以てこれを評すれば、中人以下の凡庸にして、他を羨むの念を脱すること能わざるはもとより論を俟たず。然るにこの士族が官員の世界を見れば、大廈(たいか)高楼(こうろう)を居となし、金衣玉食を常とし、盛饌(せいせん)一席の冗費、以て貧士族一年の衣食に給すべきものあり。以下の小吏小官といえども、いやしくも官員の列にある者は、その給料の饒(ゆたか)なること他三民の世界に異なり。顧みてその人物を察すれば、必ずしも多才多能の人のみにあらずして、等しく旧士族の同類なれば、目下の有り様を見てこれを羨まざるを得ず。

昔日、門閥の世に、三千石の大臣と十俵の足軽と、その有り様の懸隔せしはこれを天然として怪しまざりしかども、今はすなわち然らず。不平士族の心に謂らく、今日は既に門閥を廃したり。古の由緒を問わざるの日なり。門閥由緒を問わざればまさしく人々の才徳に相応して地位を得べきはずなり。大蔵の官員は悉皆数学者たるべきはずなり。海軍の士官は悉皆航海者たるべきはずなり。十五等級の官位は必ず十五品位の人物に配当して一毫の差あるべからざるはずなり。然るに事実においては往々これに反し、よく馬に乗るものにして海軍士官たる者あり、武術の達人にして地方官たる者あり。会計の官員、必ずしも数に明らかならず。授産の役人、自ら産を破る者なきにあらず。かかる有り様なれば我が輩といえどもあに政府に地位なきことあらんや。必竟その地位を得ると得ざるとは偶然の幸不幸のみとて、その議論切迫にして些少の余地をも遺すことなく、ひたすら他の不公平を責めて心中常に怏々[9]たり。

第五　郵便の便利と著書、新聞紙の出版とによりて、田舎の士族が東京の事情を知ること甚だ速やかにしてかつ広し。なおこれよりも有力なるは海の蒸気船と陸の人力車なり。この船車によりて往来の便利を増したるは古来未曾有の大事件にして、日本国中の人民が東京に出入りするの数は前年に幾倍なるべし。

明治七年、日本国中に人力車の数八万四千六

農工商の輩はただ東京の繁華を見てこれに驚き、伊勢参宮の観をなすのみなれ

百八十九輛。

ども、生来の習慣において国事を心頭に掛くる士族の眼を以てこれを見れば、その感ずるところ、おのずから伊勢参宮の輩に異なり。東京の繁昌を以て直にこれを田舎の疲弊に比較し、まず都下の各処に屹立する西洋造の大廈高楼を望み壮麗なる馬車の往来を見れば、その主人の誰何を問わず、概してこれを分に過ぎたるものとして憤る者あり。あるいは偶然に富豪、貴顕の某氏に面謁を請わんとしてその門に至り、ひそかに取次の者に主人の履歴を聞けば、あに計らんや、主人は同郷の一書生にして、しかも前年、その寒貧のときには多少の財を投じて助力せしこともある者なり。前年の寒貧、今日の富貴、ただにこれに驚くのみならず、凡庸の心としてその底に一点の嫉妬なきを得ず。また稀には少しく眼力の遠くして考えの密なる者もなきにあらず。この輩は私の界を去りて直に政府の会計上に注意し、外債の高を聞きて憂い、紙幣公債の多きを聞きて驚き、顧みて諸官省を見れば官員の衆多なると定額の莫大なるとに驚き、なかんずく一目の下、直に田舎魂を破るものは、十年以来、府下の建築造営、これなり。某の建築には五十万を費やし、某の造営には三十万を費やし、ここには十万と云い、彼処には五万と云い、ほとんどその数を知るべからず。ここにおいてかひそかに胸中に算を立てて謂らく、十年来府下の造営に金を費やしたるは幾巨万円の高ならん。我らの考えに西洋造はまったく無用なり。火災の預防は従前の土蔵造にてたくさんなり。土蔵造なれば外国の品を用ゆるに及ばず、外人を雇うに及ばず、有り合いの日本品と日本の職人を用いて毫も差し支えあることなし。もし止むを得ざるの要用あらば、その要用なるもののみを素朴の洋風に造り、その他は、役所にても、学校にても、また住家にても、道路、橋梁、門墻までも、悉皆日本流の手堅き法にて普請したることならば、少なくも幾巨万の三分の二は省略すべし。この三分の二あれば外債を募りて外国に金の利足を投棄するにも及ばざることなり。我らをして政府の地位にあらしめなば、このことはかくのごとくしてかのことは云々するはずなりとて、局外の身を以て局内のことを謀り、これを一人に話し、またこれを十人に伝え、ひそかに隔靴の歎をなす者少なからず。もし二十年以前にありて、諸藩士は国邑に居て動くことなく飛脚の報知は稀にして海陸の往来艱難なる時代に、徳川政府にて何様に浜御殿[10]を建築し、芝、上野[11]を営繕し、あるいは幾万両の拝借金を下げて江戸の市中を飾りその新築を営むも、田舎の士族は恬としてこれを意に関する者なかるべし。今その然らざるはもとより政治変革の致すところとはいえども、内国の往来通報の便利と著書、新聞紙の出版もまた与りて大いに力ありと云わざるを得ず。

第六　田舎の風は質朴にして都会の風は華美なり。道徳は質朴の中に存して淫風は華美に伴うこともとより必然の勢いなり。今守旧の士族は大概田舎に住居して質朴の古風を失わず、改進者流は常に都会に住居するか、もしくはしばしば都会に往来しておのずから華美の風に移り、往々醜行の譏りを免れざる者多し。もとより在昔大名、旗本の時代にも、その淫風の盛んなるは今日に劣らずといえども、旧の淫風は内に行われて、かつその際におのずから鄭重なる趣を存し、一種の御殿風を成して、人の目に見苦しからず。譬えば歌舞宴楽、内に自在なりといえども、市中の芝居を見物するを得ず。奥向きの淫醜、名状するに忍びざるものありといえども、御錠口[12]は以て内外の境界を厳にして、その醜声、かつて外聞することなし。あるいは妾を買うときにも、実は主人の熱慾に出ずるといえども、奥様より進ぜらるるの儀式を用い、あるいは嬖妾跋扈[13]すといえども、譜代の士族はこれを下婢視して恐れず、主人もまた表向きにこれを咎めること能わざるがごときは、いずれにも淫風の上品にして鄭重なるものと云うべし。今やすなわち然らず。いわゆる自由論の流行より以来、歴々の士君子が主として閨門の自由を致し、活発の働きを宴楽に用い、敢為の力を遊興に尽くし、内の淫風を外に発露してこれを制するものなきがごとし。およそ妓楼酒店の繁昌して、妾を聘し妓を買うの容易にしてかつ公然たるは、徳川の末年より特に今のときを以て最とす。もとより今と昔と不行状の実は同じといえども、これを内にすると外にするとの体裁のみによりて、世間の耳目に触れて人心に感ずるところは甚だしき相違あるものなり。けだし当局の者は自らこの挙動を目して磊落と称しまた簡易と名づくるならんといえども、到底無益の遁辞たるべきのみ。いかなる英雄、いかなる学者が、いかなる簡易、磊落の挙動を以て大丈夫の事を行うといえども、その際に秋毫[14]も淫褻の元素を加うれば、たちまち獣行の譏りを免るべからず。道徳家の常に注意して他人の品行上に切り込まんとするの点にして、英雄、学者の身に取りてはあたかも最弱の急所と名づくべきものなり。今改進者流にはこの急所の弱点を帯びる者少なからず。守旧家の常に窺うところなり。

第七　兵乱の近因中に最も近くして最も有力なるものは、前に云える第二類、民権家の教唆、これなり。ここに教唆の字を用ゆるは、少しく当たらざるがごとくなるを以て、まずその字義を解かん。余輩がいわゆる教唆とは、直に人を煽動して乱をなせよと勧め立つるを云うにあらず、暗にその後ろ楯となるを云うなり。またその後ろ楯とて、明らかにこの楯を貸すと云うにあらず、知らずして偶然の後ろ楯になることなり。これを譬えば暗夜に無提灯の旅人が偶然に他の提灯の光に出逢い、その光を借るとも云わずまた貸すとも云わず、双方無言の際に提灯の主人は毫も知らずして旅客の歩行を助くるがごとし。主人は決して旅客を教唆したるにあらざれども、偶然にその後ろ楯となりて、客の歩行を見ればあたかも主人の教唆を受けたるに異ならず。民権家の教唆とはこの類を云うなり。維新以来、乱を企て乱を起こす者の趣意を聞けば、あるいは尊王攘夷と云い、あるいは朝鮮征伐と云い、あるいは封建恢復と云い、あるいは君側の悪を除くと云い、あるいは夢を見たる者もあらん、あるいは神託を聞きたる者もあらん、その口実は様々なれども、次第に情実を吟味すれば、真の原因は大略前条に挙げたるものより外ならず。然りしこうしてこの遠因と近因とを備えて直に破裂せざるは何ぞや。けだしいかなる無分別の頑士族にても、事を挙ぐるには必ずまず世上の景気を察せざるべからざるがゆえなり。この景気とはすなわち学者のいわゆる輿論公議なるものなり。維新の初めは僅かに旧を破るの事を終えていまだ新を定むるの場合に至らざれば、朝野ともにその説雑駁にして帰するところを一にせず、あたかも世の中に公議もなく輿論もなく、ただ日本に一個の新政府を出現して、その政府は改進の説なるがごときを見るのみ。ゆえにかの無分別者も茫然としてなすところを知らず、手を拱[15]して他を傍観するの有り様なりしが、廃藩置県の頃より政府の方向もほぼ定まりたるについては、守旧士族はいよいよこれを悦ばずといえども、いかにせん、その頃に至りては改進の説、ようやく天下に普ねくして、守旧の党はあたかもその輿論に圧倒せられて自家の力を逞しうするを得ず。かつ守旧者は初めよりいまだかつてその働きの形を変じたることなきがゆえに、ただ己が一方を知るのみにして他を知るに由なし。改進者はその初めを尋ぬれば必ず守旧の中より変形して出でたる者なれば、現に旧新二度の試験を経て自他双方の得失を明らかにせり。甲は己を知りて敵を知らざる者なり。乙は己を知りかねてまた敵を知る者なり。その強弱の相敵すべからざるは論を俟たず。この勢いにより、守旧者も説を変じて次第に改進の仲間に入れば、すなわちその心事を安んずべし。もし然らざれば、生涯不平を呑みて朽ち果つるの一路あるべきのみ。然るにここに図らざる一の事情を出現せり。すなわちその事情とは、世態ようやく定まりて、事物の雑駁混乱したるものも次第に緒に就くに従いて、改進者流の中より民権論者なるものを生じたることなり。この論者は前に云える士族第二類の輩にして、その説もとより守旧と相反対して、相容れざること水火のごとしといえども、第一類の地位を占めて得意なる者を見ればおのずから不平なきを得ず。あるいはその不平を公に唱えざるも、他を見て同情相憐むの念ありと云うべからず。もとよりこの第一類、第二類は改進の一点に集むる者なり。もし人の心をして至公至平のものにしてかつ老練の覚悟あらしめなば、かかる苦々しき関係はなきはずれなれども、人心の公平と老練とは今の世に求むべからず。互いに相忌み互いに相疑い、その成跡は遂に日本に一種の政敵を生ずるに至れり。ここにおいてか第三類の者は第二類の者を見て、もとよりこれを己が同類と認むるにあらず、これを敵視するの念はかつて消滅することなしといえども、第一類に向かって不平を抱くの点は同様なるを以て、暗にこれを後ろ楯にするの情あり。あるいはたとい後ろ楯とするに足らざるも、ことさらに力を尽くして自家の企てを害する者にはあらずとて内心にこれを信仰するその有り様は、前に云える暗夜の旅客が提灯に出逢い、無言の際にその光を借りながら、ひそかに主人の心を察し、この人はことさらに提灯を消して我を困却せしめ我が歩行を妨ぐる者にはあらざるべしと、独り心にこれを頼むの情に異ならず。ゆえに云く、兵乱の近因は民権論者間接の教唆にありと。

第八　田舎の士族が世間の景況を知るには新聞紙を以て最第一の方便となせり。東京に居る者は現に見聞するところも繁多なれば、必ずしも新聞紙のみに依頼することなし。これを読むの際におのずから取捨ありといえども、田舎の地方においては心を専一にしてこれを読み、訛伝誤報をも信じて疑うことなし。かつ新聞記者は、天下の公議輿論を紙に記して世に分布するの大任を担う者なりとて、常に自ら揚言するがゆえに、またこの言を信じ、新聞の論説は公議なり、その投書は輿論なりとて、一片の新聞紙を以て天下の形勢を卜し、身の進退を決する者なきにあらず。ゆえに新聞紙は東京に無力にして田舎に有力なり。東京の学者は新聞紙を読む者なり。田舎の学者は新聞紙に読まるる者なり。然るに近来の新聞記者は往々政府の律令に触るるを以て罪を得る者多し。あるいは文章の一字一句を糺せば、甚だ尋常にして毫も瑕瑾のあるところを見ず、何らの法に照らすもこれを罪すべからずといえども、紙上全面の大趣意を翫味し、字句の外の意味を斟酌してこれを視るときは、その筆法、決して尋常ならず。怨むがごとく、訴うるがごとく、言わんと欲して言うこと能わざる者のごとく、泣かんと欲して発声を憚る者のごとくして、かえって大いに人心を感動せしむる者多し。これを譬えば温柔嬌艶なる新婦が、姑氏の心事を知らずして訴うるに路なく、これを言わんとすればあるいはその意に逆らわんことを恐れ、これを言わざれば朝暮の心配に堪えず、進退ここに谷りて独り幽室に黙坐し、双眼の涙は袖を湿して思案の底に沈み、海棠首を垂れて空しく春雨を怨む[16]の状のごとし。いかなる無情の木強人[17]といえども、この有り様を見て誰か心を悼ましめざる者あらんや。すなわち今の新聞記者は巧みにこの新婦を学んでこの情態を写し出だす者なれば、田舎の士族はますます新聞紙を信じ、その記者を愛顧して余念あることなし。顧みて新聞社の帷幄[18]を見れば、各社互いに少しくその論説の風を異にして、自家は自家の定説を主張するがごとくなりといえども、最第一の緊要事は論説のいかんよりも売り捌きのいかんにありて存するものなれば、記者は世間の愛顧を買わんがためにますますかの新婦様を粧(よそお)い、甚だしきは温柔嬌艶の文飾を却掃(きゃくそう)して殺伐乱暴の質を発露し、罰金をも憚らず禁獄をも恐れず、犯罪の多少を以て売り捌きの盛衰を卜する者ありの勢いに至れり。ゆえに今の新聞記者もまた間接に兵乱を教唆する者なり。

小吏の威張るは数百千年来養成したる士族の習慣にして、人の罪にあらず、勢いの然らしむるものなり。その個々に

第九　維新以来、四民同権の旨を以て政法の改革は行われたれども、数百年来、人心に浸潤したる習慣は一朝の改革によりて脱すべきにあらず。今日に至りても田舎にては士族は士族を以て自ら居り、平民もまたこれを士族視して怪しまざる者あり。しこうして政府の尊くして厳なるは今も昔も同様なるがゆえに、平民が官吏を見て恐縮するの情は徳川の時代に異ならず。もとより官吏の虚威を制するは今の政法の趣意にして、政府上流の地位に居ていささか活眼を具する人は、よくこの趣意を解して誤ること少なしといえども、いかにせん、無数の小吏、各旧藩の中より出現したる者なれば、旧時の威張りを忘るること能わず。この輩が官吏となりて得々たる由縁は、ただに給料の口を糊するがためのみにあらず、いわゆる御役人様の御威光を身に纏(まと)うを以て最上の愉快と思う者なれば、たとい長官に老成人ありてこれを程よく調理してその過強を制せんと欲するも、衆寡敵せず[19]して到底行わるべきことにあらず。東京においては

この弊を見ることすこぶる少なしといえども、田舎の地方にては官吏の数も甚だ少なくして、あたかも大権を少数の手に握りたる有り様なれば、その威光おのずから強盛ならざるを得ず。この地方官吏が旧藩士族に接するに、もとより法を以てせざるを得ず。法を以て見れば士族と平民との間に大いなる差別あるべからず。平民の目を以て見れば、旧藩も御上様なり、今の県庁も御上様にして、少しも区別あることなく、あるいはかえって今の御上様の簡易なるを悦ぶ者多きほどのことなれども、士族は決して然らず。ひそかに官吏を同輩のごとくみなすのみならず、某は旧某藩の何族なり、某は旧某村の何者なりとて、その系図を糺しその履歴を詮索し、今の関係を問わずして旧の彼我を比較し、あたかも今日の軽重を量るに古代の天秤を以てして、心にこれを蔑視する者多し。昔年、徳川の小吏が諸藩の地方に至りて倨傲を極めたる時代においては、江戸の幕府は深遠にして諸藩士のあえて窺い知るべきものにあらず、ただ公儀の御役人様を以て通行せしめたることなれども、今日の県庁は深遠ならず、その大概の事情は士族のよく洞知し得るところなれども、法においてはもとより官員と面目を同じうするを得ず、ときとしては歴々の旧大臣が等外吏[20]に叱咤せらるるも恐れ入るの外、策なきがごとし。ゆえに士族の身を以て四民同権の趣意を観れば、三民を己が仲間に引き上げてともに政府に近づくにあらず、政府の地

ついてこれを見れば、ことさらに威張るを以て楽しむ者にあらず、ただ識らず知らずして愉快を覚ゆるのみ。

位も三民の地位も旧に異ならずして、ただ己が地位を引き下げて政府に遠ざかり固有の面目を失したるの思いをなせり。

右のごとく兵乱の近因を枚挙し終わり、余輩決して守旧士族の心事を以て道理に適するものとするにあらず。殊に騒動の端を開く者は、士族の中について最も智力に乏しく最も無分別にして、ただ腕力を頼みにして一旦に事を起こし、以て期すべからざるの万一を期する輩なれば、その挙動常に拙劣にして人望を収むるに足らず。助力する者もなく、声援する者もなくして、ただ孤立するのみ。その有り様は、あたかも天下の形勢を誤解して、己が輿論公議と思いしものに売られたるがごとし。然りといえども政府の下に立ちて政府に敵する者は賊なり。その挙動拙劣なりといえども、拙劣は以て罪を赦（ゆる）すの口実とするに足らず。到底これを誅滅（ちゅうめつ）せざるべからざるなり。維新以来の賊徒はことごとく誅滅につきたり。今後不幸にして再挙することあるもまた同様の始末ならん。政治の順道と云うべし。然りといえども、この賊徒が国内に事を挙げ、したがって挙ぐればしたがってこれを撲滅（ぼくめつ）するの事情は、なお人身の病みて快復する者のごとし。その快復は祝すべしといえども、その病は悦ぶべきものにあらず。ゆえに国の賊は国の病と名づくべきものなり。今この国の病によりていかなる差し響きを国の生力に致すべきか。これを吟味せざるべからず。

兵乱の近因は様々なれども、その遠因は改進の元素と守旧の元素と互いに相逢うて相激するものなり。しこうして甲は力の既に変形したる者にして、乙はいまだ変形せざる者なり。然りといえどもその形の変不変にかかわらず、二力互いに相激して一方を撲滅すれば、その撲滅せられたる力の量は無に帰するか、あるいはまた形を変じて他の一方に移りその勢焰を増加することあるべし。これを事実について論ぜん。官兵を以て賊を討し事平定に属すといえども、いずれの地方に不逞の徒ありて何時に再挙すべきや計るべからず。これがため、軍備はことさらに厳にせざるを得ず。また世上に不逞の徒あらんことを慮れば、その事を発せざるの前にこれを制すること最も緊要なれば、これがために警察の法を密にせざるべからず。人民の輻湊する都会[21]はもちろん、田舎にても士族の多き旧藩地においては、巡査の仕組みを整理し、地方官もことさらに意を用いて、人民保護の定職の外に、かねてまた士族の挙動を視察して、適宜の処置を施さざるべからず。かくのごとく日本国中に眼力を及ぼし、不虞に預備して遺すところあらざれば、何様の賊徒も恐るるに足らず。微しく不軌の痕跡を露わす者あらんか、警察の知るあり。警察、機を誤りて、暴発に及ばんか、鎮台のあるあり。鎮台の力、不足するか、一瞬の電報は即時に数千の援兵を用意し、陸に鉄道なきも海に蒸気船の便あり。かつ封建の時代には諸藩の地に多少の武器もあり兵粮（ひょうろう）もありて、事を起こす者のためには屈強の根拠たりしもの、今日に至りては城郭を毀（こぼ）ち弓矢鉄砲を棄てたるは勿論、また同時に諸方の寺院、街道筋の本陣も零落したれば、たとい人数を集めて兵粮の才覚するも[22]、飯を炊くに大釜もなき様にて、反謀なぞとは思いも寄らぬ勢いなり。今の賊徒を制するは甚だ容易にして、これを恐るるに足らざるなり。

いかに無分別なる頑固士族も、ひとたび指を焼きて再び火を撮（つま）む者はなからん。再三の失策に懲りてまたこれに懲り、遂には得意の慷慨（こうがい）[23]をも断念して放心したるがごとく、大切なる一命を棄てて僥倖（ぎょうこう）の名を求めんより、五勺（ごしゃく）の濁酒（どぶろく）を飲みて一夜の安眠を買うにしかず、無益に世事を談じて産を破らんより、畑に芋を作りて飢えを医するにしかず、名を求むるは実を得るにしかず、子を教うるは銭を取るにしかずとて、ただ竈辺（そうへん）[24]に奔走して塩噌（えんそ）とともに討ち死にするか、然らざれば自暴自棄の境界に陥り、その身躬（みず）から身を置くの地を知らずして、坐して寿命の終うるを待つの外に名案なきに至るべし。かかる有り様にて十年を過ぎ二十年を経て、第二世の士族に至らば、ほとんど士族の痕跡もなく、幸いに家に残るものは、典物[25]にも通用せぬ鉄（くろがね）作りの大小[26]と、胴着の裏にしたる拝領の紋服にして、その由来を老婆の口碑に聞きて奇異の思いをなすのみ。概して云えば士族の精気は既に蒸発し尽くして三民に等しきか、あるいはなおこれよりも貧困にして、賤しき糟粕のみを遺すに至るべし。既に三民に混同して毫も区別を見ず。その卑屈、もとより知るべし。昔日は百姓町人が士族を見て御武家様と崇め恐れしもの、二、三十年の後にはこの御武家様の二代目が、政府の官吏を見て御役人様と恐れ入り、巡査来るの一喝を以て孩児[27]の啼くを止むるの日あるべし。

既に士族の精気を蒸発し尽くしたれば、また兵乱の慮りあることなし。兵乱の慮り少なければ、ただ首府の権力を盛大にし、その勢いを以て全国を制すること甚だ容易なり。ひとたび国勢の中心となれば、勢いは以て勢いを集むるの方便となりて、次第にますます中心の勢いを増し、兵権もここにあり、財権もここにあり、人才もここに輻湊し、商売もここに繁昌し、全国の権勢を一首府に合集して、首府はすなわち日本にして、日本はすなわち首府にありて存するの有り様となるべし。顧みて田舎の地方を見れば、無数の群民は至静の太平、租税の責めありといえども飢えに至らず、民費[28]の苦情を訴うるといえどもその実は甚だ苛きにあらず、毎年きまりの所務を払えば他に心に関するものなし。一家のことに忙わし、何ぞ一村を顧みるに遑あらん。いわんや一郡をや。いわんや一州をや。なおいわんや日本国のことにおいてをや。日本国は東京にあり、我が輩の知るところにあらずとて、一国の盛衰興敗をば挙げてこれを他に任じ、

政治の生を失い尽くして、肉体の生を余すのみ。

己が本国を以てまさに逆旅（げきりょ）の観をなす者のごとし。あるいは稀に智力逞しき者あれば、たちまち去りて首府の地に奔（はし）り、故郷を忘るるは弊屣（へいし）[29]を棄つるに異ならず。またあるいは田舎の地にも小市都なきにあらず。旧の兵庫、下ノ関、長崎等はすなわちその地にして、商売工業もおのずから繁昌すといえども、この市都の人民が生を営むは、まさしくその字義を誤らずしてただ一片の生命を保ち、後生安楽にこの世を渡らんがために孜々（しし）[30]として経営する者なれば、その目的は銭の外にあらず。必竟肉体の生を有して政治国事の生なき者と云うべし。ゆえにこの輩にたとい巨万の富あるも、あたかも金箱に人の魂を入れたるがごとく、十名の富豪は取りも直さず十箇の金箱にして、もとより説も議論もあるべからず。この勢いを以て次第に進み、不時の事変なくして二、三十年の後に至らば、政府の基礎はますます固く、人民の気風はいよいよ穏やかにして、ほとんど各一藩地に彷彿（ほうふつ）たるの有り様を出現すべし。封建の時代に三百の大名が、おのおの一藩の地方を占めてその権勢を城下に集め、領民はただ城下の支配を仰ぎて他を顧みることなく、あたかも日本国内に三百の中心を設けて事物の順序を保ちしものを、今はこれを合して一中心となし、その順序を保つの法は以前に等しきのみならず、政令一途に出でて自由に人才を登用するの路を開きたれば、事は簡にしておのずから私曲も少なく、これを門閥専制の醜風に比すれば、その得失万々同日の論にあらず。しかのみならず学校の教えも次第に繁盛なるに従いて世間に字を知る者の数を増し、学問も上達し芸術も進み、人品はおのずから高尚に変じてまた昔日の訥朴（ぼくとつ）にあらず、あるいは柔順狡猾（こうかつ）の譏（そし）りは免れざるも、粗野乱暴の咎めを受くることなかるべし。

右のごとく政府の基礎はますます固く、人民の気風はいよいよ穏やかにして、しかも世間に文雅の燦然（さんぜん）たるを見るがごときは、政府のために祝すべし、また人民のためにも賀すべきに似たり。然りといえども余輩の所見において今一歩を進めてこれを考うれば、この有り様はただその時代の政府と人民とのために一時の祝賀を呈すべしといえども、永遠を慮りて全国の利害を謀れば、これを賀するの中にまた弔すべきものあり。その次第は、士族もようやく気力を失い、他の人民は初めより気力に乏しき者なれば、国事に対して薫もなく臭もなく、有れども無きがごとくなりといえども、士族なり平民なり、等しく一国の人類なれば、悉皆無気無力の極度に沈むべからず。いわんや今後学校の教育は日に盛んにして人の智見を広くし、門閥専制の治風は公私ともに行われざるの時運において、いやしくも身に才学の覚えある者は、蠢爾（しゅんじ）[31]としてそのところに安んずること能わざるもまた自然の勢いなり。ここにおいてか世の人才と称する者は、士民の別なくおのおの身に適したる地位を求めんとすれども、いかにせん、

一国の政府と国とは、おのずから区別あり。

その地位は早く既に政府に占領せられて遺すところあることなし。商売工業に従事せんか、政府に依らざれば財本を得べからず。あるいはこれに依らんとするも、政府自ら既に着手せり。新地を開墾せんか、同様の始末なり。鉱山を開かんか、また同様の始末なり。あるいは学校を開きて生徒を教えんか、官の学校にあらざれば資本を得ず、官校の教師たるにあらざれば給料を得ず。著書、翻訳のことを業とせんか、官に出版の廉価（れんか）なるもの多くしてこれと競うべからず。地方に民会を起こして事を議せんか、幸いに区戸長[32]たるを得て地方官の指令に柔順するに過ぎず。百方地位を求めて地位を得ず、すなわち政府に進みて官員たらんことを求むれば、その席は既に充満してまた一人を納むるべからず。進むに席なく、退くに座なし。知学は憂患の始まり、貧者の幸福は無学を最とすとは、まさにこの謂（いい）ならん。多年辛苦して学び得たる学芸は、たまたま以て心を悩ますの機械たるべきのみ。西洋某氏の経済論に、官員の人品は給料の多寡に準ずべし、給料高ければ高き人物を得べし、給料賤しければ賤しき人物を得べしとあれども、この論は必竟かの国にて人民の社会に私の仕事多き場所に通用すべしといえども、我が日本においては決して然らず。人物の輻輳するところはただ政府に限り、その人物は常に余りありて、政府の仕事をば何ほどに手広くするも、とてもこの人員を用い尽くすべからず。いわゆる需用と供給とその平均を失したるものなれば、数年の後に月給の高(たか)は次第に減少せざるを得ず。今の月給に二割を減じ三割を削りあるいは半減に至るも、なお人物は輻輳して政府に欠員を遺すことなかるべし。

いわゆる国の人物は、私に地位を求めて地位を得ず、政府にこれを求めてまたこれを得ず。かつ愚昧の人民に至るまでも、門閥専制の行わるべからざるは既にこれを悟りて疑いを容れず。しこうして政府もあえて専制を行うの意あらざれども、無数の人物に月給を与えて官員となすべきにもあらず、愚昧の小民に大政の権柄を渡すべきにもあらず。止むを得ざるの次第にて、これを国事の局外に置かざるを得ず。既に局の内外を区分したり。容易に局内を窺わしむべからず。在昔[33]徳川の時代には、この局内なるもの甚だ高遠にして、天の階(きざはし)して登るべからざるがごとく、いかなる人物人才も、あえてその内を窺わんとして試みる者もなく、安心してこれを天然に帰したりしが、今やすなわち然らず。局内高遠ならざるにあらざれども、手段をさえ得ることなれば内に入るべきの路もあらんかと、到底これに絶念するを得ず。これを譬えば国事の局内は天上の楽園のごとし。古はこの楽園に鉄門を構えて、何らの術を用ゆるもそのうちを窺い得ざりしもの、今日はこの鉄門を廃して硝子(ガラス)の戸に引き替え、よく園内の景況を観るべしといえどもなおこれに入るを得ず。堪えがたき事態と云うべし。この堪えがたき時代の中にありて、人の品行いかんを考うれば、鉄門の時代は夢中の暗（やみ）にして、かえって人々の誠実純朴を存すべしといえども、硝子戸の世に至りては、夢中のごとく、また醒めたるがごとく、半夢半醒の間に社会一般の品行を害すること必然の勢いなり。怨望、嫉妬、佞諛（ねいゆ）[34]、欺詐のことは、昔日に比して幾倍の量を増さざるを得ず。世のために弔すべきものなり（品行に関す）。

世の開くるに従い、奢侈もともに増長するは人事の常にして、これを防ぐにほとんど術なきがごとし。道徳節倹の教もさまで有力なるものにあらず、老成人の誡（いましめ）もこれを用ゆる者少なし。いわんや政府の法を以てこれを制せんとするにおいてをや。到底事実に行われたることあるを聞かず。ことに陋醜野鄙（ろうしゅうやひ）[35]を避けて文雅秀麗に赴くは、実に文明の最大一箇条なれば、その文秀と奢侈との区分に至りすこぶる困難なる場合ありて、人々の所見に従いあるいは奢侈と認むるものあるもこれを不問に置かざるを得ず。滔々（とうとう）たる天下の奢侈、これをいかんともすべからざるなり。然りといえども、この滔々たる天下において、なお奢侈の一部分を防ぎ止むべきものを求むれば、ただ人々のうちに存する自信の心あるのみ。けだし自信の心とは自らその身を信じて自ら頼みにする心なり。譬えば家に巨万の富ある者はかえって粗衣粗服して恥じざるがごとし。そのこれを恥じざるは何ぞや。家の富を頼みにすればなり。なおこれよりも高上に進み、顔子が陋巷[36]に居り、雲水の僧侶が乞食の真似をしてこれに安んずるは、己が志を頼みにすればなり。また在昔日本の士族が、家は貧にして僅かに飢寒を凌ぎ、借財の断りにもほとんど当惑してようやくその日を送るほどの様なれども、一腰の大小をば大切にして得意の顔色をなしたるは、忠義武勇の名を頼みにすればなり。されば自信自頼の心は、その時代に（なお細かに云えばその仲間に）行わるる輿論公議の方向によりて生ずべきものにして、この心あればまた以て浮世の奢侈を制するの一手段たるべし。然るに今後日本の成り行きを考うれば、かの国事の局外に居る者はもとより心事の方向を定むべからず。また局内の人も前に云えるごとく黒白の雑沓にしていまだその帰するところを得ず。いずれも自信自頼の確心を抱く者にあらざれば、奢侈の元素はその発生を逞しうして、男子はその烟管を黄金にし、婦人はその帯を錦にし、学者士君子の出で立ちは役者のごとく、奥様の装いは芸者に紛らわしく、ただ一時の外様を以て豪を闘わしむるの風を成し、なおこの際に乗じて外より入るものはいわゆる西洋の文明品にして、家屋なり器什なり、衣服なり飲食なり、その品の新奇なるは悦ぶべく、その価の高きは貴ぶべく、あたかもこれに垂涎心酔して争い求めざるはなし。今日においても人の家に洋品の多寡を見て主人の貧富貴賤を知り、なお甚だしきはこれによりてその賢愚を卜するに至るの勢いあり。古今の奇談と云うべし。この勢いを以て今より二、三十年を過ぎなば、その間に公私の財本を浪費すること実に恐るべきものあるべし。これまた国のために弔すべきものなり（奢侈に関す）。

中央の集権は既に勢いを成して動かず、全国の地は薫もなく臭もなき群民の居処となり、国事の局外に居る有志の輩はまさに方向に惑迷するその際に当たりて、外国人が常に企望する内地雑居の目的を達することあらば、国勢また一変せざるを得ず。内地に雑居せんとする外人は、新たに本国より渡来する者にあらず。必ず多年日本に出入りして日本人に接したる者なれば、おのずからこれに接するの熟練あり。内地の群民は初めて外国の人を見ることとなれば、そのいかがの情態を知るに由なし。一は熟練して一は未熟なり。元来の智愚に差あり、加うるに熟練の相違を以てす。双方相接するのその日より、主客処を異にして、外人の制御を受くるは必然の勢い、商売に欺かれ、約条に曲を蒙るべきはもとより論を俟たず。あるいは宗教の関係もあらん、あるいは婚姻の関係もあらん。なお小にして雇人出入りの関係あり、遊猟発砲の関係あり。その交際、千緒万端にして、一方は慓悍（ひょうかん）[37]狡猾なる外国の旅客、一方は愚鈍無法なる田舎の群民、中央の政府は常に隔靴の思いをなして遺憾に堪えずといえども、ここを縫弥（ほうび）せんとすれば彼処（かしこ）に破裂し、一事いまだ終わらずしてまた二事を生じ、何様の気力を振るい何様の術を用ゆるも、一父の両手は百子の手を取りてこれを導くべからず。譬えば人民の間に公事訴訟あらんに、内国相対のことなればこれを聴くこと容易なれども、原告、被告の外にさらに第三の外国人なる者ありてこれが引合[38]となるときは、その引合のためにいたずらに事を遅滞せしむることもあるべし。あるいは直に内外の間に公事を起こさんか、たとい何らの規則あるも、今日の勢いにてはこちらに十分の利あるを期すべからず。開港以来の実験によりて知るべし。なおこれよりも苦々しきは、人情適するところを失い、愛国心の薄きは紙のごとくにして、ただ一時の安きを求めんとし、学者士君子と称する者までも外人に依頼して得色をなすこと今の外国小使のごとき者もあらん。なお甚だしきは己が不平を慰むるにその道を誤り、ひそかに外人の力を借りて自国の法に抗せんとする者もあらん。既に商売によりて銭を損し、また裁判によりて権を失い、これに加うるに売国児のあるあり。国の独立、疑うべし。弔すべきの最も大なるものなり。

旧幕府の時代に、外国人の小使にして折助同様の下郎が、老中の表玄関に立ちて無礼したることあり。

右は今後を想像して不祥の有り様を写し出だしたるものなり。論者あるいはこれを過慮なりと云わんか。過慮の失策は短慮の失策に勝（まさ）れり。余輩たとい過慮の識りを招くも、これを心に思えば口に述べざるを得ず。明らかにこれを述べたり。然らばすなわちこれを救うの術は果たしていかにすべきや。云く、日本国の盛衰興敗の原因たる士族の方向を一にして、改進者流も守旧者流も同一様の道に進むの一法あるのみ。その法、いかにせん。これを吟味せざるべからず。

封建世禄に復し、今の旧藩士族を旧の武家のごとくにして軍役を託し、そのうちより人物を撰んでこれを中央政府の文官に任ぜんか。三百色の旧藩士族が三百色の武備を作り、三百色の文官が三百色の説を吐き、あたかも一棟の家内に三百の竈(かまど)を築きて、一列の「テーブル」に会食するの策ならん。結局空中楼閣の考えなり。この論あまり無稽なるがごとくなれども、世の中にはこれらの考えを抱く者なきにあらず。よりてこれを記すなり。

然らばすなわち今の士族を採用して悉皆政府の官員となさん。既に官員となればともに改進の道に進むべし。この策可ならんか。政府は今の官員の既に多くしてなお熱中する者あるに困却せり。これをいかんぞ四十万の官員を作るべけんや。養うに米なし、給するに銭なし。これまた空中楼閣の考えなり。この論も無稽なれども、今士族の家禄を様々に保護してこれを籠絡せんとするの考えを抱く者なきにあらず。この考えを拡ぐれば結局本論の旨に帰せざるを得ず。よりてこれを記すなり。

以上二策は今の時勢に行わるべからず。また今後幾百年を待つもこれを行うべきの日なかるべし。然らばすなわち方向をともにして同一様の道に進まんとするには、まずその向かうところを改進の方に定めて確乎(かっこ)不抜の標的を示し、かの国事の局外に居る者をしてその標的に向かうべきの地位を得せしめ、以て守旧士族の働きを間接に変形せしむるの一策あるのみ。けだしその働きは、これを敵視して直接に撲滅すればあるいは無に帰すべきがごとくなれども、その多少の量はその族に固有するがゆえに、これが形をさえ変ずれば国の実用をなすこともとより疑いを容るべからず。世論あるいは今の士族を無用の長物と云う者あらん。実にこの族中には無用物も多く、その働きを変形せしめんとして働きの量なき者もありといえども、物の極度を摘(つま)んで一般の論を定むべからず。かつ余輩がいわゆる士族とは、必ずしも双刀を帯して家禄を有したる武家のみを云うにあらず。医者にても、儒者にても、あるいは町人百姓にても、読書、武術等の一芸に志して天下のことを心頭に掛くる者をば概してこれを論ずることなれども、この類の人は必ず旧武家に多くして、割合にすれば十中の八、九を占むるがゆえに、士族の名を下したるのみ。一般に目して士族を無用の長物と云うべからず。いわんやその既に変形して改進の路に就き国事の局外に居る者においてをや。あたかもことさらに用意したる国の良材と名づくるも可なり。

局外の人をしてその処を得せしめ、間接に士族の働きを変形するの手段を論ずる前に、まず国権の区別を示すこと緊要なり。そもそも国権に二様の別あり。一を政権と云う。西洋の語、これを「ガーウルメント」[39]と称す。一を治権と云

力を消滅せずして、これを変形せしむ。

う。すなわち西洋にいわゆる「アドミニストレーション」[40]なるものなり。政権に属するものは、一般の法律を定むること、徴兵令を行いて海陸軍の権を執ること、中央政府を支うるがために租税を収むること、外国交際を処置して和戦の議を決すること、貨幣を造りてその品位名目を定むる等のごとき、全国一般に及ぼしてあたかも一様平面のごとくならしむるの権力なり。治権とは、国内各地の便宜に従い事物の順序を保護してその地方に住居する人民の幸福を謀ることなり。すなわち警察の法を設け、道路、橋梁、堤防を営繕し、学校、社寺、遊園を作り、衛生の法を立て、区入費を取り立つる等、これなり。ゆえに政権は全国に及ぼして一様なれども、治権は決して然らず。地方に貧富の差あり、人民に習慣の異あり、これを一様にせんとするも得べからざるなり。譬えば都会の地においては裸体を禁じ路傍に小便する者を止むべしといえども、田舎においてこの令を施すべからず。都会の河に洪大なる橋を架するは、事実の便利を得るの外にかねてまた都下を飾るの具たるべしといえども、田舎の堤防には潤飾[41]を用うべからず、費を省みて実地の水害を防ぐこと緊要なるのみ。ただに都鄙の趣を異にするのみならず、一市一邑も互いにこれを同じうすべからざるもの多し。今その一、二を挙ぐれば、貧村に巨大なる学校を築き、既に資本を費やし尽くして生徒の教育を忘るるのみならず、建物の修覆にも当惑する者あれば、旧城下の地にはただ小学校のみを設けて、士族秀英の子弟はやや高尚なる洋学に入るの方便を得ざる者あり。数百年来の氏神はその神体を取り替え、この里に信仰の仏はかの山に引越し、あたかも神仏の黜陟進退せらるるによりて土民は参詣の目的を失い、なお甚だしきは年来参詣人のために生活を営みし輩は一時に産を破る者あり。商戸稠密の市邑に下水汚穢の溜滞を注意して熱病の用心は緊要なれども、下水の汚穢を払いてその地に古来いまだかつて有らざる妓楼を作り、熱病より劇しき梅毒を伝染するものあり。いずれも皆風俗習慣を察したる者と云うべからず。南方と北方と習慣を殊にし、水国と山国と風俗を別にし、あるいは物の名を異にし、道具の形を異にし、家屋衣裳の作りを異にし、宴楽遊興の風を異にし、甚だしきは飲食の品にも好悪の異同ありて、にわかにこれを見ればその地方の人民は事物の良否、便不便を知らざるかと疑うべきものなきにあらざれども、その実は決して然らず。いわゆる習慣の天性に変じたると、またその傍らより不良不便と認むるものの中におのずから実の便利を備うるものなり。その趣はほとんど緻密微妙にして、他人の得て臆測すべきところにあらず。この緻密微妙なる風俗習慣に依りて治道を施し、各地の人民をしてそのところを得せしめんとすることなれば、その治権決して全国に一様なるべからず。地方永住の人にして始めて地方の情実を詳らかにすべきな

都会の地には水菓子流行して、田舎には駄菓子を好む者多し。けだし都人の食物は上品にして炭素を含むもの多

り。政権と治権と趣を異にすること以て知るべし。

世間の学者が国権のことを論じ、中央集権、地方分権とて利害の議論喋々たれども、これを論ずるにはまずその集めんとしまた分かたんとするところの権の種類を区別せざるべからず。分権論者は政権を分かたんと欲するか。各処に法律を作り、各処に軍備を設け、各処に租税を定め、各処に和戦を議するがごときは、あたかも一国内に幾多の独立国を設くるに異ならず。旧幕府専制の治風、妙を得たりといえども、歴代の欠典は政権の集合不十分なるにありて、その敗滅もまたここに端を開きしにあらずや。政権中央に集合せざれば、国、その国をなさず。何らの事情あるも決してこの権を他に貸すべからざるなり。また分権論者の中にて誤解の甚だしきは、政権をも治権をも区別せずして、ただ今の中央政府の権を分けて今の地方官に付与せんと欲する者あり。もし果たしてその説のごとくならば、何らの成跡を出現すべきや。地方官に権を分与するは、すなわち大臣の数を増し、一政府に三十大臣を命じまた五十大臣を任ずるに異ならず。いたずらに政府内の平均を失うのみならず、この地方官がこの権柄を以て各地に政を施すことあらば、人民のためにはあたかも第二世の領主を得たるがごとくにして、その気風はますます退縮するに至るべし。分権の名に誤られて集権の実を得るものと云うべし。また民撰議院を以て分権の旨とする

きがゆえに、その素質少なき菓実を好み、田舎の食物はこれに反するがゆえに、駄菓子中に含有する炭素を好むなり。また昔日大名家の御殿に居る上等の婦人が、水菓子を取らずして蒸菓子を好むも、その平生の食物淡白小量にして、常に炭素に饑うるがゆえ

なり。

者あれども、議院を首府に設立すると地方に権を分かつとはまったく別事にして互いに関係なきものなり。議院の有無にかかわらず、地方分権を行うべし、また中央集権を行うべし。必竟民撰議院の功用は、中央に集まりたる政権を誤用せしむることなからんがために、政府のうちに有力なる地位を占めるものなり。ゆえに分権を欲する者は、よろしくその権の種類を分別して、治権を地方に分かたんことを主張すべし。

集権論者は、かの中央集権にあらざれば、国、その国をなさずと云う言葉に誤られて、政権を集むるはもとより無論、治権の些細なるものに至るまでも悉皆これを中央に集めて、同一様の治風を全国に施し、各地の旧俗習慣にもかかわらず、これをして真直水平のごとくならしめんと欲する者あり。もしこの考案をして事実に行われしめなば、治風の外見、美はすなわち美ならんといえども、その人民の気風品行に関せるところ、果たしていかなるべきや。これを察せざるべからず。社友小幡(おばた)[42]君が抄訳せる仏人「トークウィル[43]」氏の論に云く、中央に政権を集合してまたこれに治権を集合するときは、非常の勢力を生ずるや明らかなり。もし不幸にしてこのことあるときは、人をして平常毎事、自己の意思を棄てて他の鼻息を仰ぐに至らしむべし。ゆえに二権の集合はただに人を脅服するのみならず、また人の常習を変更し人を孤立せしめて個々についてこれを威服するものなり。（中略）集権論者は常に揚言して云く、政府の地方事務を取り扱うは人民の自らこれを処するに優ると。この説あるいは然らん。中央政府は独り開明にして地方の人民はまったく無智、中央は神速にして地方は緩漫、中央は事を行うに慣れて地方は命に従うに慣るるがごとき有り様ならば、この説あるいは然らん。然りしこうして、一は長ずるがために事を執り、一は短なるがために命を聞くとするときは、長ずる者はいよいよ長じ、短なる者はいよいよ短を加うべきのみと。ただしこの抄訳の全文は校正の上、家庭叢談[44]に出版すべしと云えり。

　集権論者はまた一歩を進め、ただに治権を集合するのみならず、商売工業の権をも一処に合併して、ほとんど人民の私を制せんとするの考えあるがごとし。けだし日本の商工は数百年の久しき、睡眠のごとく麻痺のごとく、至静の有り様に沈みて、ただよく他の命に従うのみにあらず、求めてこれに従い悦んでこれに依頼するに慣れたる者なれば、これを放頓してそのなすところに任ずるときは際限あるべからず。十年も百年も依然たる旧の商工たるべければ、これが、睡眠を驚破し麻痺を感覚せしめんとするには、もとより一策なかるべからず。今政府にある人は、その官位を問わず履歴を尋ねず、ただその智力のみについて論ずるも、日本国中の人民において先進先覚の人物と云わざるを得ず。しからばすなわち先進は後進を導かざるべからず。先覚は後覚を教えざるべからず。これすなわち人民の睡眠を驚破し麻痺を感覚せしむるの一策なり。この一段に至りては、日本の政府は西洋諸国の政府に比して少しく趣を異にし、あたかも公務の外に一の私務ある者のごとし。ゆえに自国の形勢をも考えずして西洋の空談を聞き、一概に自然放頓の旨を主張して政府の多事繁務なるを咎むるは、実地に暗き者の紙上論のみ。然りといえども、そのこれを導きこれを教うるの方法についてはすこぶる考案を要することなれば、軽々着手すべからず。政府を人民の先進先覚と云うといえども、ただかくのごとくすべしとの説を発明したるのみにして、いまだかくのごとくするの術を得たる者にあらず。実際の術に至りては、たとい理論に乏しきも、人民の習慣によりて熟知するところなれば、もとより政府の及ばざるものなり。これを譬えば、船の図を引く者は必ずしもよく船を作り船を運用する者にあらず、病理書に明らかなる者は必ずしもよく病を診察して治療に巧みなる者にあらざるがごとし。ゆえに政府が人民を教導するに、その発明したるかくのごとくすべしの説を示すは是なりといえども、その未熟なるかくのごとくするの術を行うは非なり。これを物にして論ずれば、物の図を画(えが)きその雛形を造るべし、その実物を製すべからず。銀行も雛形、開墾も雛形、器械の用法も雛形、建築の方法も雛形、またかの学校、病院

かくのごとくすべしの説、かくのごとくするの術、大いに区別あり。

等のごときも一切雛形の考えを以てこれに従事せざるべからず。既に雛形とあればただ費用を省みて目的を達するに注意すべきは無論なれども、真の絵図雛形にては目的を達するに足らず。ここにおいてか学校、病院も実地に設立し、建築も実際に施し、器械も実物を用ゆべしといえども、もとより雛形の考えなれば、その要は粗にして洪大なるにあらず、力(つと)めてこれを高尚にして、力めてこれを縮小し、あたかも文明の事物を中央の政府に掲げて、広く人民の耳目に触れしめ、人智開明に進めばこの境界にも至るべきものなり、政府は人民の私を制するを好まず、またこれを制するの権を有せず、またこれを制してこれを強いんとするも無益なるを知るがゆえに、これに進むと進まざるとは汝らが心にありて存すと、現に口に唱えて揚言するがごとき形容を示すにあるのみ。かくのごとくすべしの説を示すとはすなわちこれなり。

もしこの要旨を誤り、かくのごとくすべしの説とかくのごとくするの術とを混同して、政府自ら実地のことを行わんとするときは、その弊害挙げて云うべからず。商事工業の実際は旧藩士族たる今の官員の最も短なるところにして、資本の自在にして巨大なるは日本国中政府の右に出ずるものなし。事に拙なる者が巨額の資本を用いんとして、その際に浪費乱用の弊なきは万々期すべからず。旧幕府の末年より維新以来の実験によりて知るべし。論者あるいは云わん。

浪費乱用の弊は免れがたしといえども、もとより覚悟するところなり。この事を起こすの目途は損得を今日に見ずして、利害を永遠に期するものなりと。この言あるいは人を圧倒すべきに似たれども、容易に発すべき言にあらず。これを発言せんとするには許多の思慮を費やし、千思万慮して然る後に始めて得失を断ずべきなり。譬えばここに一の工業を起こさんとして、十万円の資本を要することあらん。日本国中無用の財なし。必ずこれを有用の中より集めて十万円の高となすことなり。すなわち旧き工業を廃して新しき工業を起こすことなれば、双方の得失を考えざるべからず。今より十年の後に至り、旧業は資本を失いたるがために次第に衰微して百万円の損亡を蒙り、新業は資本を得たるがために五十万円の便益をなさば、差引五十万円の損なり。あるいは新旧同様ならんか、差引損益を見ざるのみ。この得失を論ずるには、ただに金銭の損益を精算して官員の俸給、役所の冗費等を枚挙するのみならず、政府と人民との関係をも算し、人民の気風の興廃をも算し、またあるいはこのことを官に取らずして捨て置かば、人民は悉皆無智無力にして、資本の有無にかかわらず、今後十年も二十年も事を企つる者なかるべきか。もし果たしてこれほどにまで愚昧渾沌なる人民の中央にありて独り政府の勉励するあるも、全国の繁昌は期すべからずして到底無益にはあらざるか。あるいは然らずして人民も思いの外に智力を有し、ようやく事物の方向を知り、ようやく私の資本を得るに至れば、実地のことを行うにはかえって不熟練なる官員よりも幾倍の巧を致すこともあるべきかと、これを精算しこれを熟考せざるべからず。すなわち千思万慮を費やすとはこの辺のことを云うなり。

政府の権を以て人民の私に関渉し、あるいはことさらにこれを勧めて保護し、あるいはことさらにこれを妨げて禁止するも、結局事実において有害無益なり。保護にも保護の法あり、禁止にも禁止の度ありとのことは、西洋諸家の経済書に痛くこれを論じて、世上の有志者も既にこれを知らざるにあらずといえども、局に当たる者はまた別に見るところありて、日本のことは西洋の経済論を以て判断すべからず、保護禁止の術を用いて大いに功を奏すべしとて、ますます事務の煩多を厭わざる者あるがごとし。この輩に向かって事を証するには、西洋の経済書を引用するよりもむしろ日本人の言を引きて証を示す方、かえって事実に切にして了解に便なるべければ、ここに広益国産考[45]の一章を掲ぐること左のごとし。この書は天保十五年、浜松藩士、大蔵永常翁の所著にして、書中の大意、公室の利を後にして部下の益を先にする云々は、いずれも皆封建時代の語気にして方今の考えとは異なるところあれども、結局政府の権を以て人民の私に立ち入るの害を論ずるの旨は、西洋の経済論に暗合するものと云うべし。

広益国産考巻之一第八丁。前略。また公室を富ましめんとて、その城下の町人等の商売に仕来るものを、領主より役所あるいは会所をたて、そのところにて売買の沙汰を致し、農家より商家へじきうりを禁じなど仕給うことあり。その益つもりては大なれば、たちまち御勝手向きよくなり、かかるに従い、部下の智恵あるものは、その元締方に、かようかように被成(なされ)なば、つもりてはこれほどの益と相成候(あいなりそうろう)など申し出ずれば、その趣を取り用いてその益また少からず。然るにまた別人より、かようかよう被成候えば御益となり候など申し出ずるゆえ、また取り用い候まま、いつとなく御益筋と号すること多く出来るものなり。これらは多く部下の商人の利益と可相成(あいなるべき)を領主にて奪い上げ給うなれば、ひそかに怨むといえども、威勢に恐れ、誰ありて申し立つる者なく、変あるを待ちて元のごとくならんことを願うもの夥(おびただ)しく、ついには騒動を引出す基(もとい)となりたることまま聞き及びぬ。まったく御勝手を早くよくせんとてかく行わせらるることなれば、悪法とは云いがたけれど、元来天理に戻(もと)り、まず下民を安富せしむることを勤めざるゆえに、かえって手もどりするを見及ぶこと多し。部下にて取り扱うべきものを、領主より売買し給うことは、勘弁あるべきことなり。前にも云うごとく、国の益筋を取り扱う人なれば、この位のことは弁(わきま)えなく

町人の言葉に相場を売り崩すと云うこと、士人の流は大抵これを等閑に思う者多けれども、商売の世界

して人も帰服せざれども、右云うごとく、脇より追々御益筋と号し勧むるを、一つ用い二つ用い、ついに種々に手を廻し行うようになり行くものと見ゆれば、ゆめゆめおろそかに思わず、計りつらつら考うべきことぞかし。政府の手を以て自ら事を行えば、結局浪費乱用の弊を免れがたし。勢いの然らしむるところにして、その人の罪にあらずといえども、入を計らずして出をなすの場合に至らざるを得ず。然るに元来、理財の道において、財を費やすはこれを費してまた得るところあらんがためのみ。資本を費やして船を造るは運賃の利を取らんがためなり。元入を卸して品物を仕入るるは売上げの益を得んがためなり。天下の人心に異同あらざればこそ、人々の私情を以てこの所費と所得とを比較し、おのずから出入りのよろしきを制して、世間に競業の定則も行わるることとなるに、今ここに入を計らずして出をなし、所得を顧みずして所費を憚らざる者あらば、その当局者の損得はしばらく擱(さしお)き、これがために世上一般に行わるべき競業の定則を破りて、その災害の波及するところ、必ず広くして大なるざるを得ず。ゆえに政府の手を以て浪費を免れざるの説、果たして是ならば、その費やすところの高は僅かに十万と云い二十万と云うも、間接に他人の蒙る不便利は百万にも二百万にも当たるべし。既に費やしたる財も、前条のごとき始末にて十分の利益を得ざれば、これを第一の損亡となし、またこ

には最も大切なる箇条なり。

れを費したるがために世間の競業を妨ぐれば、これを第二の損亡とす。一挙二様の損亡と云うべし。既に今日においても少しくその痕跡を見るがごとし。譬えば官に病院を設立し、外国人を雇い日本の医師に月給を与え、器械薬品をも十分に整えて患者に治療を施すがゆえに、私に病院を建てあるいは医業に従事せんと欲する者も、その競うべからざるを見てこれがために断念する者多し。殊に西洋諸国にて病院に入る者は大抵社会の上等なれども、今の日本の病院に入る者はかえって中等以上の人なれば、私に医業を営まんとする者のためには、屈強の病家を失うの姿なり。また内外に執行して既に成業したる洋学者が、独立の活計に路なくして多方に奔走し、心に慊(こころよ)しとせずして遂に官途に帰し、平々凡々たる役人となりて著しき功能を見ざる者多きも、その原因の一箇条は私塾を開きて官校へ競うこと能わざればなり。また近来、洋学者が真に力を尽くして原書を飜訳する者少なくまた飜訳を学ぶ者もなきは、官版の訳書と売り捌きを競うこと能わざるを知ればなり。また事柄は少しく異なれども、町人の話を聞くに、幕府の末よりこの節に至るまでも、政府に御用の洋品を買い入るるとき、多くは官の手より直に外国人に注文するゆえ、日本の商人は手を拱(きょう)してこれを傍観すと云えり。あるいはこの買い物を日本人に托したらば、二、三の手を経て、元価百円の物は百五円となり、外国人へ托すれば百三円にして、二円の差を見ることもあらんといえども、結局日本国が外国の品を買うことなれば、元価をさえ百円にて引き取れば二円の差は論ずるに足らず。官に二を益して日本国は三を失うの理なり。殊に外国の取引はあたかも日本の商人が今まさに学校中の執行なれば、勉めてこれに進取の気力を与えたきことなり。

右は議論の枝葉に亘り少しく冗長に過ぎたるがごとくなれども、これを概すれば政権と治権との分界を区別するの趣意にして、政権は中央の政府に集合せざるべからず、治権は全国の各地に分かたざるべからず、二権を併して集むべからず、またこれを併して散ずべからずとて、その得失を述べたるものなり。これを譬えば政権はなお地心の引力のごとし。地球面の万物、一としてこの引力の法則に従わざる者なしといえども、日常目撃するところにてはその物の景況、決して然らず。上下左右、自由自在に運動を逞しうし、甚だしきは地面に落ちずしてかえって上に向かい、地心を去りてその引力に逆らうものあるがごとし。けだし地上にある物と物との関係に従いて、各個自家の運動を自在ならしむるも引力の法則に妨げあることなし。いわゆる雑沓混乱の際に条理を紊さざるものにして、造化の妙巧と云うべし。今治権を分かちてその運動を自在ならしめなば、あるいは雑沓混乱を致して一時は人の耳目を眩惑することもあらんといえども、全国の地心たる中央の政府に政権の存するあれば、毫も憂えるに足らざるのみならず、その雑乱と認むるものはすなわち国の元気の運動して腐敗せざるの徴候なれば、これを賀しこれを祝せざるべからず。政治の妙巧と云うべし。

この説果たして是ならば、すなわちまた初めに返りて論緒を続かん。我が国難の原因は士族中、新旧二流の相激するものなりき。今日までの事実によりて証すべし。また今後たといこの守旧士流の力を撲滅するも、国事の局外に居る他の有志者をも悉皆除くの術あるべからず。必竟この輩はその働きの変形すると否とにかかわらず、若干の力を有してこれを用ゆるの場所なきに困却する者なり。守旧士流はすなわち頑固士族なり。他の有志者とはすなわちいわゆる民権論者なり。これを譬えば騎者にして馬を失い、射者にして弓を得ざるがごとし。今日においてこの弓馬のあるところを求むれば、前段所記の治権を分かちてこれに任ずるの外手段なかるべし。すなわち局外の人をしてその処を得せしめ、間接に守旧士族の働きを変形せしむるの手段とはこの謂なり。編首に言あり。天地間の力は無より有を生ずべからず、有を消して無に帰すべからずと。けだし士族の働きは力なり。これを無に帰すべからず。その形を変じて利用すべきなり。家庭叢談二十三号に小幡君の訳文一編あり。今その半ばを取りてこれを左に記す。

生誕の地に恋々して須臾（しゅゆ）[46]も忘るること能わざるの人情は、天稟（てんぴん）に発し一点の私心なく、にわかに見解を下しがたきものにして、一種の愛国心のよりて起くるところなり。この愛恋の心は人の自然に発し、古俗を慕うの情致と合し、古昔の口碑を尊崇するの心と一となるより、この心、胸裏に鬱勃貯蓄するの人は、その国を愛することなおその父祖の旧廬を愛して毀廃するに忍びざるがごとし。あるいは国の我に与うる康寧を愛し、あるいは邦域のうちに行わるる和平の習慣を慕い、あるいは国のため旧時の懐いを感動されて念々不忘の情を生じ、あるいはただ命これ従いて苟且偸安[47]するも怨むることなきものあり。もしこの愛国心なるもの、時ありて宗旨の熱心に刺衝さるるときは、また非常の功を奏せざるにあらざれども、元来この愛国心は一種の宗旨にして、道理上より来るものにあらず。専ら信向熱心の感激するところなり。そもそも国殊なれば俗殊にして、あるいは王を以て国となすの国人あり。かかる国にては社稷[48]重からず王軽からずして、愛国の熱心ややもすれば尊王の熱心に変じ、衆人皆、我が王よく四隣を克服すると云いてこれを誇り、我が王よく強大なりと云いてこれを栄とすることあり。仏国のごときも王政の昔に当たりて、ただ王の命これ従いて心に満足せるの時代ありき。その時代の人は我が王は世界百王の長なりと云いて得意の談となせり。

然りといえどもこの愛国心は、他の天稟に発せる性情のごとく、時に臨みて大勢力を発すべけれども、よく持久の功を奏することなし。これを以て危急存亡の秋に当たりてはこの心よく国を禍乱の中に救えども、太平無事の日に当たりてはしばしば国の衰頽を顧慮するの気風を欠く。けだし国俗のなお純朴なる、信向のなお定固なる、その社会のなお旧慣古俗に安定してその正偽を不問に措くの時代にありてのみ、よくこの愛国心を維持して地に墜つることなからしむるを得べきなり。

また一種の愛国心あり。そのよりて生ずるところは人智の推考に源して道理に適うものなり。この愛国心は上者に比してあるいは慨気熱心を欠くに似たりといえども、盛茂恒久の点に至りてははるかにこれが右に出でり。けだしこの愛国心は、智識に生まれ、法律に育し、民権の施行に長じ、良民の私利と混同して、公私彼是の分別なきに終うる。ゆえにこの心を以て心とするの人は、国の康寧の我が康寧に影響を及ぼすを知り、我をして国の盛昌に参与せしむるものは法律の力あるを知り、始めは法律の我を利するがためにしてこれを興さんことを思い、次て法律の我に出ずるを以てこれを助けんことを思い、奨めざるも人々法律を貴重してこれをあえて破らんとする者なきに至るべし。

然りしこうして国のまさに革新するに当たりて、旧慣古俗まったく一変し、公道大いに廃頽し、宗教の信向震揺され、古伝口碑その感応を亡えども、知識の広布いまだまったからず、民権なお保定の功を欠き、あるいは権限極めて狭窄なるの時期なきにあらず。このときに当たりては、良民の眼中、国の所在を失い、僅かにその形影を朦朧模糊の中に認むれども、今日我が棲むところの土地は無情無味の一土塊なれば、この土地について昔日念々不忘の国を求むべからず。然らばすなわちこれを父祖の習俗に求めんか。父祖の習俗は我既に人を拘束するの羈軛[49]なるを知る。これを宗教に求めんか。宗教は我既に疑いを容るるところなり。これを法律に求めんか。法律は公衆の手に成らず。これを官吏に求めんか。官吏は我畏怖軽蔑するところなり。嗚呼、国いずこにあるか。これを視るに見ることなく、これを聴くに聞くことなし。土壌についてこれを求むれば、国、土壌の中にあらず。文物についてこれを求むれば、国、文物の中にあらず。ここにおいて人々国を求むるの業を棄て、狭隘浅陋の私心に潜匿し、首を抗て世態に注目する者尠し。この時代の人を形容すれば、既に頑迷の域を脱すれどもいまだ道理の界に入らず、既に天稟の愛国心を放ちいまだ推考の愛国心を獲ず。まさに両者の間に躑躅[50]し進退これきわまるの人と云うべし。

今この景状に居て退却せんか、人の能(よく)せざるところなり。何となれば一国の人民が古風純朴の情に復帰するの難きは、なお心身の発達したる大人が小児の赤心に復帰しがたきがごとし。ただこれを回想して愛惜すべきのみ。これを事実に挽回すること能わざるなり。嗚呼、至公純朴なる愛国の赤心はひとたび去りてまた帰らず。今に至りて人また何を顧慮せん。すべからく直行進前し、その公私の利害合して一に帰するのときを促すの一事あるのみ。余、あえてこの結果を来さんがために、一時に政権の施行を挙げてこれを一般の人民に付与せよと云うにあらず。ただ今に当たりて国民の向背を決し、国の利害に身心を致さしむるの術策は、特り彼(ひと)をして政府のことに参与せしむるの他なきを云うのみ。一般の国民をして良民たらんことを欲せしむるは、特り政権の施行にありて存せり。欧洲諸国、良民の増減するは実にこの権の弛張(しちょう)に従えり。

余輩あえてこの訳文を信じその趣意を以てまったく今の日本の事情に適中すると云うにあらず。この原文の著者は仏国の学士なるゆえ、文中所記、国のまさに革新するに当たりて旧慣古俗云々の一段も、昔年、仏蘭西(フランス)の騒乱[51]に一時無君無政の有り様なりしを暗に表し出だしたるものならんといえども、今日の日本は仏蘭西に異なり。君あり、また政あり。万々同日の論にあらず。然りといえども、国民の向背を決して公共の利害に心身を致さしめんがために、これをして国事に参与せしむるの術策は、まさに余輩の心を得たるものと云うべし。国民の向背既に定まり、中央の政府は政権を執り、地方の人民は治権を執り、互いに相依り互いに相助けて、ともに国安を維持するの決定を得るときは、人々始めて日本国の所在を発見して、公私の利害、その集むるところの点を一様にするを得べきなり。

余輩もまたこの仏国の学士に同意し今日より政府の権柄を挙げてこれを人民に付与せよと云うにあらず。ただ地方に治権を分かたんと欲するのみ。またその治権とても、政権に密接して区別の分明ならざるものも多ければ、これを分かたんとするにも多少の思慮を費やして、種々様々の順序手続あるべきはもとより論を俟たずといえども、そのことの方向を示すに至りては一日も猶予すべからず。譬えば旅行のごとし。その行くところの目的を定めなば速やかにこれに向かいて出立するを良とす。たといいまだ目的に達せざるも、既に道中にありて足の向かうところをさえ違えざれば、人情以て安心すべし。地方の治権、ほぼその緒について誤ること少なし。すなわち中央の政府に会して政権の得失を議し、治権と政権との関係を論じ、双方互いに過強過弱の弊を防いで権力の平均を保護することあるべし。すなわち民撰議院の設立なり。まずこれを事の

近来、民撰議院を立つるの論説世に喧しくして、なお早しと云い、既に晩しと云い、かつてその是非を決するこ

となきも、必竟その立てんとする議院の性質を吟味せずしてこれを論ずるがゆえなり。物の性質を問わずしてその是非を論ずるは、いまだかつて見ざる地獄、極楽のことを談ずるに等しきのみ。

一段落とす。

ある人云く、治権を分かつの説は誠に是なりといえども、ことさらにこれを論ずるに足らず、今日各地方において、区戸長を撰挙してこれに幾分の権を付与し、その身分をも平民の上に位せしめたり、分権の旨にあらずやと。けだしある人は事の形を見てその真情を知らざる者なり。今の区戸長に権を付与すると云うその権の性質は果たして何物なるや。余輩の所見にては、中央政府の権を分かちてまたこれを細分し、あたかもその一細分子の権を以てこれを地方の土民に貸したるものと認めざるを得ず。区戸長を撰ぶに官撰と云い公撰と云い喋々するものあれども、必竟無益の議論たるべきのみ。官にても公にても、既に撰ばれてその握るところの権柄は、すなわち中央政府の一細分子にして、権の性質を異にせざれば、区戸長の実は官員の末席にして、その身分は政府細末の小役人より外ならず。その職分を問えば、上役なる地方官の鼻息を窺いてただ御指令をこれ伺い、県官が地方を巡廻すれば草鞋(わらじ)をはいて村界に出迎い、路傍の喧児を制して先立するの大任あるのみ。ある人のいわゆる分権の旨とはこの辺の有り様を指して云うことなるか。あるいはこの区戸長が村の扱所に帰れば、無鳥里(とりなきさと)の蝙蝠(へんぷく)[52]、自ら官員の気取りを以て小前の者どもに傲(おご)り、願書の文句字体を差図し、用紙の美濃たり半紙たるを咎め、一本の書面に三、四通の扣(ひかえ)を出だしめ、一事の届に四、五度の足を労せしむるその有り様を見て分権の旨と云うか。余輩の考えには、いずれもこれを分権と云わずしてかえって集権の密なるものと認めざるを得ず。その証拠には、諸方の区戸長が給料を受け取るに、民費のうちよりするを悦ばずして、地方庁の官費を以て月給の姿にせんことを望むもの多し。そのこれを望むは何ぞや。明らかに政権の域内に入らんことを欲すればなり。けだしこれを無理と云うべからず。ゆえに今の区戸長は、到底官員の末席たるを免れざれば、この地位に人才なきはもとより怪しむに足らず。また今の事物の有り様にて、区戸長の位に人才あらば、かえって世の中に苦々しき不都合を生ずるに至るべし。譬えばここに才学兼備して名望重き人物が、志を屈して区戸長たることあらん。その有り様はあたかも潜竜在田[53]の勢いにして、官の目を以てこれを見れば、半ばこれを悦び半ばこれを怪しみ、あるいはその深意を疑わざることなきを得ず。これを譬えば役者の連中が舞台に上りておのおの得意の芸を奏するその最中に、この連中の技倆(ぎりょう)に等しきか、あるいはその右にも出ずべき一個の千両役者が、独り連中を外れて土間より見物するか、または馬の足となりて働くがごとし。連中の身に取りては甚だ面白からず。たといこの親方が実に芸を奏して連中を助けざるも、ただその名前だけをも番付の上段に記すことあらば大いに安心すべきはずなるに、ことさらに馬の足とはその深意測るべからず、余輩はこの馬に乗りて熊谷(くまがい)を勧むる[54]には少しく気に済まぬところありと云う者もあらん。あるいはやや気の早き連中は、千両の親方にても万両の先生にても、自ら好む馬の足なり、遠慮はなしとてこれを鞭(むちう)つ者もあらん。またその馬の足も、真実、役不足なき者にあらざれば、馬の足下よりひそかに馬上の熊谷を嘲ることもあらん。その情実の苦々しきこと名状するに堪えざるものあるべし。ゆえに云く、今の事物の有り様にて区戸長に権力を付与するも、分権の旨を達するに足らず。あるいはたまたまこの地位に人才あれば、かえって不都合を生ずべきなり。

ある人また駁して云く、治権を分かちて地方に任ずるの説についてはほぼその趣意を了解せり。然りといえどもこれを事実に施すべからず。試みに見よ、今の群民、公共のことにおいては、下水を浚(さら)え塵芥(じんかい)の始末にも心を用ゆるを知らず。またかの固陋なる旧藩士族を見よ。錆刀(さびがたな)に恋々としていまだ斬髪の決断もなし、妻子の始末に当惑せり、何ぞ公共を思うに遑あらんや。この輩とともに治権のことを議するは、石仏に向かって演説会の事務を相談するに異ならず。あるいはまた士族中の有志なる者を目的としてこれに任ぜんと欲するか。寸前暗黒、向こう見ずの青年書生にあらざれば、漢洋雑駁、古代魂当世風の談客のみ。概して云えば今の平民なり士族なりまた有志の学者士君子なり、これに事を任ぜんとするも、事を執るの習慣に乏しくして到底有害無益なるべしと。この駁論はすこぶる活発にしてかつ老練の意味を含むがごとくなれども、ただ有害無益の四字を以て議論の結末となすのみにして、その害と益との性質に至りてはいまだよく熟考したるものと云うべからず。余輩はにわかにこれに感服すること能わざるなり。請う、試みにこれを説かん。まず事物の無害無益を零点と定むれば、この点より以上なるものを無害有益となし、以下なるものを有害無益となすべし。これを人身に譬うれば、無病の有り様を以て零点と定め、次第に筋骨の力を増して零点の上に進むものは有益にして、病に罹るはそれ以下の有害なるがごとし。然りといえども人事においては時としてこの零点の位を上下して永久に定むべからざるもの多し。人身にて云えば、まさに病に罹るときのごとし。このときには零点の位を下して病中の有り様を本位と定め、これより上りて無病に至れば有益となし、下りて死する者を有害となすべし。いまだ筋骨の屈強を企望するに遑あらず。あるいは無病の零点を本位に定め、この有り様を見れば害を除くに忙しくして益を謀るに遑あらざるものなり。今これを治権分与のことについて論ぜん。元来この策はまず社会の害を除きて然る後に益を謀らんとするの考えなり。すなわち前にも云えるごとく、方今我が国の士族有志の輩、すべて国事の局外に居る者は、騎者にして馬を失い、射者にし

心身の力は質なり。善

悪邪正は形なり。また色なり。

て弓を得ざる有り様にして、あるいはその騎射の力を他の形に用いて国安を害するの恐れなきにあらず。あるいはまたこれを撲滅すれば、滅して後に社会の元気を損し、その余燼（よじん）の力は軽薄狡猾の形に変じて、永久の間に国の繁盛を害するの恐れなきにあらず。かかる有り様なれば、今の急務は、まずこの害を除くに忙しくして、いまだ益を謀るに遑あらず。いわゆる利害の零点の低きものと云わざるを得ず。このときに当たりてかの騎者、射者のために弓馬を求むれども、治権の外にその物あるを見ず。ゆえにこれに貸すにこの権を以てして、まずその力を伸ぶるの地位を与えて安心を得せしめ、中央の政権に損することなくば、たといこれによりてにわかに益を生ぜざるも害を除くことは叶うべしとの趣意に基づきしものなり。けだし駁論者の有害無益と云えるその益の字は、我が国の人民が今日治権を得て明日よりこれを処置し、その整理頓斉すること英亜諸国の民風のごとくなるを期して字義を全うすることならんといえども、余輩の期するところは低くして遠く、論者の期するところは高くして近し。到底利害の点位を異にするものなれば、これに感服すること能わざるなり。

また論者は、かの騎者、射者に力を伸ぶるの地位を与えて安心を得せしむると云うを駁して、かくのごときはすなわち政府にして人民に佞（ねい）[55]するものなりと云わんか。これまた誤解の甚だしきものなり。権利を屈して他の意に適せんと

政府の法は一様なり。一様の法を以て社会全体の意に適せんとするは、もとより能すべからず。富者

する者、これを佞と云う。我が権利に損するところなくして人を満足せしむるは人望を得るものなり。その形相似たりといえども、その実は大いに異なり。今政権は中央政府の権利なり。いやしくもこの権利に損することなくして人望を収むるの方便あらば、力を尽くしてこれを求めざるべからず。ただに治権を分与するのみならず、田舎の頑固物と称する者の考えも、採るべきものあればこれを採り、勉めて人心を籠絡するこそ智者の策と云うべけれ。譬えば田舎者は東京の大廈高楼を羨みて各地方の疲弊を悲しむ者多し。大廈高楼を造らざるも政権に損することなくば、これを造らずして可なり。また田舎の風は質朴にして都会の華美淫風を憤る者多し。質朴を勧むるも政権に損することなくば、これを勧めて可なり。また田舎の士族は地方の小吏の威張るを見て不平を抱く者多し。小吏の過強を制するも政権に損することなくば、これを制して可なり。いわんやかの世間に有力なる民権論者および新聞記者のごときも、悉皆これを政府の味方に引き入れ、双方の間に同情相憐むの念を起こさしめて行政の便利を助くること最も緊要なるにおいてをや。政府は人望を収めざるべからざるなり。ただ中央の政府において常に忘るべからざるの要訣は、政権の行わるると行われざるとの間に明らかに分界を定め、この一段に至りて確然動かざるの一事にあるのみ。

に便利なる法は貧者に不便なり。愚者に有益なるものは智者に無用なり。ゆえに為政の要は、社会多数の意に適して、なかんずくその有力者の望みを収むるにあるのみ。

また駁論者は云えることあり。今の平民士族、有志の者は事を執るの習慣に乏しと。この言はまったく無証拠の説なり。論者のいわゆる習慣とはその人物にありて存するものか、はたその地位にありて存するものか、これを糺さざるべからず。人物に存すると云わんか、およそ人類の子として、生まれながら公共の事務に慣れたる者はあるべからず。事に慣るるとは、その事に当たりて幾多の得失を試み幾多の歳月を経て処置の術を得ることなり。ゆえに事に当たるの地位を得ざれば習慣を得るの路あるべからず。近くその適例を示さん。今の政府の官員は有志の士族にあらずや。この士族は生まれながら官員たるべきの約束を以て、その天性、公共の事務に慣れたる者か。決して然らず。ただ政府に地位を得て幾多の得失を試み幾多の歳月を経て事に慣れたる者のみ。いわんや昨日までは純粋の平民士族にして今日官員となればその瞬間より公共の事務に関して大いなる過ちもなき者あるにおいてをや。然らばすなわち習慣は人物にあらずして地位に存すること明らかに証すべし。あるいは今の日本国中に今の官員の外、絶えて人物なしと云わんか。今日世間に官員たらんことを熱中する者多きは何ぞや。この熱中する者はすなわち政府に地位を得て公共の事務を執らんと欲する人物なり。試みに今政府九省[56]の外に新たに一省を開き、試験法を以てその官員を募ることあらば、一月を出でずして天下の人物を得るや必せり。千人を要すれば千人ここに集まり、万人を要すれば万人たちどころに至り、なお熱中する者多きに困却すべし。ゆえに云く、今の国事の局外に居る者を評して公共の事を執るの習慣なしと云うべからず、また日本国中にこの事を執るの人物なしと云うべからざるなり。

右はただ論者の軽率を咎めたるまでのことなれども、余輩は念のためにここにまた一言せざるを得ず。前段所記のごとく事を執るの習慣は、取りも直さず事を執るの地位なしと云うに過ぎず。またその地位なしと云うは権力なしと云うに異ならず。ゆえに今治権を分与するに決定するときは、局外の人は事を執るの権力を得て、心身の働きに適するの地位に立つべし。既に地位を得たり、また人物あり、そのことの整理頓斉するは破竹流水の勢いなりと云わんと欲して、余輩決してこれを云わず。事を執るの習慣は地位によりて得べく、その人物は日本にたくさんなりと云うといえども、いかにせん、この人物は力の働きに乏しからざれども、この地位に居て働きを用ゆるのことは、開闢以来、いまだその先例を見聞したることもあらざれば、前条に記したる今日拝命の官員が明日より事をなす者と一様にみなすべからず。あたかも政府には数百年来襲用の雛形57を存し、人民にはこの雛形なくして新たに造るの相違あるがごとし。ゆえに既に地位を得たる上にても幾多の得失を試み、あるいは失策によりて事を発明し、あるいは得策に慣れてこれを誤る等、種々様々の珍事奇談もありて、治権の整頓に至るまでは十年を以て待つべからず、二十年を以て期すべからず、恐らくは余が生涯の中にはその成功を見ることなかるべし。すなわち前に云える期するところの低くして遠しとはこの謂なり。

以上ある人の駁論に答え終わりて、ここにまた余輩の所見に従い、治権を政府に握るとこれを人民に付与するとの疑問について、永久の得失をばしばらく擱き、今日の実際上において現にその利害いかんを論ずること左のごとし。政府のことは活発迅速にしてこれを行うに易し。かつその目的を定むるにも、少数の人に権柄を執るがゆえに、ひとたび定むれば容易に変動するの患え少なくして、往々成功の美なるものあり。譬えば十年以来、日本国中に道路、橋梁を造りて往来を便にし、市中に煉化石(れんが)の家を建てて火災を防ぎ、都鄙の別なく大小の学校を設けてほとんど全国にあまねからんとするがごときは、古来未曾有の大事業にして、これを人民の手に任するもかかる速成を期すべからざるは、智者を待たずして明らかなり。政府のことは活発迅速にしてこれを行うに易し。これその一利なり。然りといえども、およそ人間社会において実に難きことを易くするの法あるべからず。あるいはその形を見れば易く成功を得たるがごときものあるも、その功を成すの際に多少の無理なきを得ず。譬えば暑中に蜜柑(みかん)

を食い寒中に西瓜を得んとするがごとし。これを得るの術なきにあらざれども、実理において難きことなれば、その術を施すの際に必ず無理なきを得ず。その無理とは何ぞや。銭を費やすこと、すなわちこれなり。銭に眼を着せずしてただ西瓜を得たる形のみを見れば、寒中にても甚だ容易なるがごとくなれども、その実は銭を以て無理を償うたるものと云うべきのみ。もとより公共の事務は、少人数の家内が節倹を守りて塩噌を調理する者とはまったくその趣を殊にし、おのずから止むを得ざるの次第を以て浪費乱用を免れざるは世界万国の通弊にして、独り我が日本のみを咎むべからずといえども、国の貧富をも察せざるべからず、時の緩急をも考えざるべからず。かつ既にこれを通弊と称して弊の字を下すときは、他の弊に倣いてこれに安んずるの理なし。その弊を却けんとしその害を掃わんとし、百方術を尽くして却掃し能わざる者こそ、真の弊害と云うべけれ。滔々たる世界の通弊とて、おのずからその滔々の中にありて安心するの理あるべからず。試みに今政府の着手したる建築なり、また学校なり、詳らかに精算を施してその価とその品物とを比較することあらば、必ず暑中の蜜柑、寒中の西瓜に類するものあるを見るべし。譬えば学校は生徒を教育するための品物なり。今少しく近く云えば、生徒は品物にして学校の入費は価なり。今この学校を造るに、造作、什器、庭園、外囲い共、一切の入用を合して建物一坪につき幾円に当たるや。この建物に生徒幾人を入るれば、一名につき幾円を要するの割合なるや。三十万円の建物にて三百の生徒を教うれば、一名の入用千円にして、一割の利足とすれば衣食教授の外に百円ずつの入費なり。建物既に落成すれば内外の教師を雇い、官員を命じ、建物を修覆し、書籍、器什を漸次に買い入れ、またこれを取り替え、筆紙墨、薪炭、雑巾の雑費に至るまで一切合算して、これを名づけて学校の定額と云う。この定額の金を生徒の頭数に割り付け、これに建物の元金の利足を加え、これを一年に平均しまた三年に平均することあらば、今の官校の生徒は価の安き品物と云うべからず。ただし学校の勘定はただ一例を示したるのみ。なおよく意を用いて吟味を致さば、この類のことは外にも多かるべし。ゆえに云く、政府のことは活発迅速なれども、銭の勘定に至りて割に叶わざるもの多し。これその一害なり。

生誕の地に恋々してこれを忘るること能わず、故郷を思い故友を親愛し、他の栄枯を見て己が喜憂となすの情は人の天性なり。既に喜憂をともにす。その財を惜しみその便益を謀るはもとより論を俟たず。ゆえに人民公共のことは、あたかも人々自ら利し自ら愛するの性情を押さえてこれを抵当に取りたる姿にして、その財を理するの際に首尾顚末の不都合あること少なく、これに加うるに各地の古俗旧習、他人の得て臆測すること能わざるものを斟酌して、緻密微妙の処置を施すべきの便利あれば、いわゆる無理の行わるること少なきものと云うべし。譬えば従前、田舎の農民が公共結社に類することを行うにも必ずその時節あり。春は麦田の手入れを終えて伊勢参りの講中[58]を結び、夏の田植えの後に村の道路を修覆し、秋作を収納して冬の村社を祭るがごときは、いずれも事物の順序に無理なきものと云うべし。また方今諸方にある橋にても、道路にても、また学校にても、その初めこれを造るときに官よりこれを強ゆること甚だしからざりしものほど、永続の見込みあるがごとし。また今の私塾と官の学校とを比較すれば、その費用の相違、万々同日の論にあらず。一校の入費を以て同様の私塾二、三を支えてなお余りあるべし。しかるにこの私塾の教師を引きて官に入るれば、すなわちまた官学校の官員教師にして、これを調理する[59]こと能わず。その人物の良否にあらず、地位の然らしむるものなり。ゆえに人民の私に行わるる理財のことは、順序を存して首尾顛末の不都合少なし。これその一利なり。然りといえども人民が事を行うには目的を定むること固からず。あるいはこれを定むるも仲間の中に様々の異論を生じ、自ら建てて自ら毀ち、いたずらに時日を費やして緩漫に亘るの弊を免れず。些細のことなりといえども、葬式の出で立ち、無尽講[60]の会席に、混雑の多きを見てもこれを知るべし。ゆえに官のことは財を失い、人民のことは時を失うと云うも可なり。けだし威力を恐怖して命に従うに慣れたる者なれば、官と名づくる威力を除けば、事物の順序もともに消散して、あたかも無首の手足がその運動を自在にするがごとし。なおこの際にも依頼すべき者は人民中の人物にして、この人物が才徳の働きを以て人を籠絡せば、あるいは事物の緒に就くこともあるべしといえども、人物と称する者に限りて思慮深きものなれば、今にわかに治権を人民に分与すると決定するも、容易にこれに手を出す者なくして、事は依然として緩漫なるべし。なおこれよりも甚だしきは、軽率なる士族有志の輩が治権を得たるを以て拍手快と称し、あたかも治者の特権を得たる気取りにて、年来得意の圧制を逞しうし、あるいは政権、治権の区界も分明ならずして、政府と下民との間に現に無数の小政府を造り出だし、このことを禁じ、かのことを差図し、賄賂大いに行われ、苦情湧くがごとき有り様なきを期すべからず。これすなわち分権の一害なり。

右のごとく、今日の実際上において治権分与の利害を比較すれば、おのおの相半ばして明らかに是非を決しがたし。あるいは旧慣に依ればこれを分与せざるの穏やかなるにしかざるがごとくなれども、人々をして日本国の所在を知らしめ、推考の愛国心を永遠に養い、独立の幸福を後世子孫に譲らんとするには、今よりその方向を定むるの外に手段なかるべし。人民に権力を授くるは小児の手に利刀を渡すがごとし。児心、いまだ一身の利害を知らずして、自ら疵(やぶ)ることもあらん。あるいは他を害するの是非を弁ぜずして、人を切ることもあらん。これを傍観するに堪えずといえども、いかにせん、この小児をしてこの刀を御せしめんとするには、瞑目してこれに利刀を渡し、その自ら懲り自ら憤るるの日を待つの一法あるのみ。いわんや方今我が国の事態においては、永遠を謀るの外に、また焦眉の急として士族有志の輩を処置するの要務あるにおいてをや。この輩の働きを満足するの術策も、分権の外に求むべからず。あるいはまた前条に云えるごとく、たとい分権の名義を定むるも、政権、治権の分界、明らかならずして、専制の弊を免れがたき事情もあらんといえども、結局治権の出ずるところは政権とその源を異にし、権柄を握りて専制を施さんとするところの相手は、まさしくその権のよりて出ずるところの源なれば、その関係はあたかも雇人にして旦那を圧し、客にして主人を制せんとするに異ならず。既に主人の地位を占む、何ぞ客の圧制を甘ずる者あらんや。意に適せざればこれを放逐すべきのみ。しかのみならず、すべて世の中の人事は実理よりも想像によりて行わるること多きものなれば、譬えば地方において治権を行うがために代議人を撰び、この議員がたとい専制に紛らわしきことを行うも、人民の方にはこの議員を進退するの権あるがゆえに、その想像に安んじてかえってこれを進退することなく、しばらく他の行うところに任じてその働きを逞しうせしむることもあるべし。人心の不羈（ふき）自由とはまさにこの辺にありて存するものなり。分権の決定、今まさにそのときなるか。もしそれ果たして然らば、いたずらに顧慮して時機を誤ることなかるべし。

嘉永以前、鎖国の日本なれば、国の仕組み、あたかも家族のごとくにして、政府たる者は父母なり、教師なり、また金主なり。一切万事、官の手に任じて、人民はその差図に従い、治乱興廃これを傍観するも、社会肉体の生々において妨げあることなく、漢学者流にこれを評すれば、万民鼓腹[61]の太平と称して安心すべきなれども、外国の交際ひとたび開きてより以来は、商売も工業も、学問も技芸も、悉皆外国を敵手となしてこれと鋒（ほこさき）を争わざるべからず。しかも我が政府とかの政府と対立するのみにあらずして、我が国民とかの国民と近く相接し、一歩を譲ればまさしく我が国に一歩の進撃を蒙るの勢いなれば、政府の一手を以て人民を保護訓導すること、父母、教師、金主のごとくせんとするも、また今日の実際に行わるべきことにあらず。これを一家に譬うれば、賓客の出入りなき間は一個の主人もよく子弟を教えてこれを始末すべしといえども、にわかに門戸を開きて衆客の来訪を許し雑沓混乱するに至れば、逐一主人の命を伝うるに遑あるべからず、止むを得ずしてその子弟、婢僕（ひぼく）へも客に接するの習慣を得せしめ、人々の工夫に任じて応接の不都合を防ぐの他に方便あることなし。すなわち一国の人民にすれば、人々をして自治の習慣を養成して外国の交際を維持せしむることとなり。然るに今この自治の習慣を養うに何を以て始めんか。まず自国にありて自治の地位を占め、然る後に外交にも及ぼすべきのみ。その自治の地位を占め自治の精神を養うの路は、地方の治権を執りて公共のことに参与するより外に、実地の良策あるべからず。ゆえに地方分権は外国交際の調練と云うも可なり。これすなわち余輩が分権の急を論じて、今まさに時なりと称するゆえんなり。国を立つるの風に二様の別あり。細根相集まりて千種万状の盤根となり、その盤根また集まりまた合して、遂に一大幹たる全国を支えて文明の枝葉を繁茂せしむるものあり。あるいは一条の大幹その根を下すこと深からずといえども、一種の力によりて土壌津液(しんえき)を吸収し、以て無数の枝葉を維持するものあり。この二様の大木、その外形は相似たりといえども、大風暴雨に遭うに至りて始めて実の強弱を見るべし。一条の巨根は幾多の細根にしかず。四足の「テーブル」は安置するに易く、傘を開きて地に立つるは難し。学者もしここに眼を着して静かに推考せば、あるいは大いに発明することあるべし。

編末に至りてなお一言することあり。この一編は士族を目的にして論を立てたることなれども、前既に云えるごとく、必ずしも身分の士族なる者のみを指すにあらず。方今四民同等の世態に変じたる上は、もとより人為の身分を論ずべからず。目的はただ人の心身の働きにあるのみ。しこうしてこの働きの国事政治に関する部分について、四民に固有するものの多少軽重を量らんとするに、四民の身分を混同したるは、これを譬えば砂と灰と芥とを一器の水に入れて擾攪したるがごとし。その沈澱の景況を見るに、底に沈むものは砂にして、その上に灰の一層を澱し、芥は浮きて水面にあるべし。今四民を擾攪してこれを見れば、士族の中にも水面に浮かぶ者必ず多からん、三民の中にも底に沈む者必ず多からんといえども、一般にその多少の量を計れば、士族は重くして三民は軽き者と云わざるを得ず。この重き者の中に既にその働きの形を変じたる者あり、いまだこれを変ぜざる者あり。ゆえに立論の趣旨は、既変の者をしてまずそのところを得せしめ、その力を次第に未変の者に及ぼして、これを化せんとするの義にして、すなわち間接に士族の働きを変形せしむるとはこの謂なり。あるいは働きの量を固有し、またその変形の機会をも得てなお旧套を墨守して変化すること能わざる者もあらん。この輩は到底不平を抱きて朽ち果つるの一路あるのみ。これを顧みるに遑あらず。またかの水面に浮かぶ芥のごときは、これを変形せしめんとするも変ずべきの働きなき者なれば、その働きの生ずるを待つの外に手段あるべからず。学校はけだしこの働きを造りまたその量を増加するの製造局なり。このことについては他日また余輩の所見を以て少しく論ずるところあるべし。

またこの一編は、初めより終わりに至るまで、悉皆政治、国事の議論のみにして、学者の目を以てこれを見れば、その意味浅近にしてほとんど殺風景のごとくなれども、余輩の考えには、後世子孫、かかる浅近なる議論を要せざるの時節をこそ企望するところなれ。今のときに当たりては、我が人民は国の所在を知らず。国の所在を知らざるは、人にして家なきがごとし。人にして住居の家なくば、学問も商売も手に付くべからず。今試みに学者に向かってその勉強する由縁を問えば、答えて云く、成業の上は官員たるべし、また教師たるべしと。また問いて云く、官員は群集して容易に欠員あらざれば、まず教師ならん、しこうしてこの教師となりて生徒を教え、その生徒は何の用に供するや。生徒が教師となりてまた生徒に教え、そのうちには町人たる者もあらん、百姓たる者もあらん、町人百姓が学者となりて何用をなすや。学問の心得あれば、商売にも工業にもおのずから規律を立て、産を起こし財を積むこと速やかにして大ならんといえども、この財を積みて何事に用ゆるや。これを子孫に伝うるか、子孫はまたこの財を何事に用ゆるや。子孫は父祖の遺物を受けて安楽に世を渡らんか、安楽無為にしてただ肉体の生を保つはほとんど鳥獣に異ならず。あるいはあまたの財本を以て大工業を起こし、あるいは学校を設立し、あるいは通運の路を開き、公共の益を謀りて国のためにし、以て外国と富強を競わんか。国のためにせんとして、その国、いずこにあるや。人民の与り知るところにあらず。然らばすなわち今の学者の日夜孜々として勉強するは、果たして何のためにして、その目的いずこにありやと、一答一問、その到るところの底を極むれば、学者もほとんど困迫して答うるに辞あることなし。これすなわち余輩があえて弁を好んでこの一編を記し、国の所在を明らかにせんことを務めたる由縁なり。独り卓見の識者はよく国事の外に逍遥して、かの愛国心のごときもこれを一種の熱慾に付し、かえって人間社会の進歩を百千年の後に期し、その議論高尚にしてしかも迂闊ならず、実に学者のために安身立命の地を示すものなれども、いかにせん、世上に幾個の識者あるべきや。またこの高尚なる議論を述ぶるも、これをよく解する者は果たして何人ぞ。余輩必ずその人の尠きを知れり。今のときを救うに急なり。他はこれを後日に期す。

分権論　終

1ポリチカル・アイヂヤ　政治的考え。［英］political idea　2兵馬怱卒　「怱卒」は慌ただしいこと。ここは戦争の意。　3糟粕　残りかす。　4長州奇兵隊の乱　一八六九年、藩の兵制改革により奇兵隊が解散させられたことに不満をもつ兵士が起こした反乱。　5佐賀の乱　一八七四年、明治政府の方針に反発した不平士族が起こした反乱。　6熊本および萩の乱　一八七六年に熊本の神風連が起こした反乱と、それに呼応するかたちで山口県萩で起きた不平士族の反乱のこと。　7呉越のこと　中国春秋時代の呉と越のように、きわめて仲が悪いこと。　8中人以下　具体的には農・工・商の三民のこと。　9怏々　不平や不満があること。　10浜御殿　浜離宮。第六代将軍徳川家宣が整備した。　11芝、上野　ともに徳川将軍家の菩提寺であった増上寺と寛永寺のこと。　12御錠口　大名などの邸宅で表と奥のあいだに設けられた出入り口。　13嬖妾跋扈す　寵愛される妾がほしいままに振る舞うこと。　14秋毫　わずかなこと。少し。　15手を拱する　手をこまねく。　16海棠首を……　「海棠」はバラ科の低木。美人のうちしおれた様子のたとえ。　17木強人　無骨な男性。木強漢。　18帷幄　本陣、内幕。　19衆寡敵せず　少数では多数にかなわないこと。　20等外吏　明治憲法下の官吏の等級で最下級の判任官のさらに下の官吏。　21輻湊する　一点に寄り集まること。輻輳。　22才覚する　苦心して金や物品を手に入れること。　23慷慨　社会や世の中のことを嘆き怒ること。　24竈辺　台所。　25典物　質に入れる品物。　26大小　大刀と脇差。　27孩児　幼児。　28民費　官費・公費に対して、私人などが負担した費用のこと。　29弊屣を棄つる　まったく惜しむことなく捨てること。「弊屣」は破れたはきもの。　30孜々として　熱心に。　31蠢爾として　小虫がうごめくように。　32区戸長　明治初期の大区・小区制における長。地方官の監督下にあった。　33天に階して……　「天にはしごを掛けても登ることはできない」といった意。『論語』子張編に見える。　34佞諛　気に入られようとへつらうこと。　35陋醜野鄙　品がなく、みにくいこと。36陋巷　狭く汚い路地。「顔子」は本書一九四頁、注50参照。37慓悍　気性が荒く、強いこと。38引合　引合人。事件関係者などの参考人。39ガーヴルメント　統治、政府。[英] government 40アドミニストレーション　管理、行政。[英] administration 41潤飾　飾りつけ、装飾。42小幡君　小幡篤次郎（一八四二―一九〇五年）のこと。43トークウヰル　アレクシ・ド・トクヴィル（一八〇五―五九年）。フランスの政治学者、歴史家。ここでは『アメリカのデモクラシー』が挙げられている。44家庭叢談　一八七六年に創刊された一般大衆向けの啓蒙誌。慶応義塾出版局より発行された。45広益国産考　江戸後期の農学者、大蔵永常が著した農書。46須臾　わずかの間。47苟且偸安　その場かぎりの一時的な安楽を求めること。48社稷　ここは国家の意。49羈軛　「おもがい」と「くびき」。束縛するもの。50躑躅　ためらうこと。51仏蘭西の騒乱　フランス革命。52無鳥里の蝙蝠　すぐれた者や強い者がいないところでは、つまらない者が幅を利かせるものだ、というたとえ。53潜竜在田　世に出る機会を待ち構えているさま。54熊谷を勤むる　歌舞伎の演目「一谷嫩軍記」の熊谷陣屋で熊谷次郎直実を演じること。ここは、主役をつとめることのたとえ。55佞する　こびへつらうこと。56政府九省　外務、大蔵、陸軍、海軍、文部、工部、司法、宮内、内務の各省のこと。57襲用　従来の手法などをそのまま受け継ぐこと。58講中　講をつくって神仏にお参りする仲間。59調理する　物事を調整すること。60無尽講　口数に応じて互いに金銭を出し合い、順番にその給付を受ける民間の互助組織。61鼓腹　腹つづみを打つこと。世の中が安定して満ち足りているさま。

附録

一、本編は地方分権の大略を論じたるものなれども、分権の議論あれば分財の議論もまたなかるべからず。けだし権と財とは大概その通行の路をともにして、権の集むるところには財もまた集まり、権の分かるるところには財もまたともに分かるるものなり。ゆえに今別に一編の分財論を著して、始めて本編の意を全うすべしといえども、理財のことを吟味するには、まず統計表の詳らかなるものなかるべからず。すなわち西洋にいわゆる「スタチスチック」[1]これなり。然るに旧幕府の時代、もとよりこの表を記したるものあらざれば、今日にありては博(ひろ)く諸書を詮索して、まずこれを統計表の形に作り、その表を以て理財の本義に照合して、始めて分財、集財の得失をも明らかにすべきことなれども、その事業を企てんとするも、数月の労を以て能すべきにあらず。しかのみならず維新以来の政府の会計とても、その細密なる精算を知るべからざれば、止むを得ず分財の議論はこれを他日に譲り、ただこの議論につき我が輩が目的とするところの吟味の趣向を示すこと左のごときのみ。今日にても世上有志の士に、この吟味の路を得てよくその力を尽くし、国財分集の利害得失を明らか〔に〕する者あらば、独り余輩の悦ぶのみならず、社会一般の大幸と云うべし。

国財分集吟味の趣向

一、徳川政府の時代、天保二年、日本六十八国および琉球国、総計税額三千〇五十五万八千九百十七石余。

但

禁裏仙洞(せんとう)御所[2]	四万〇二百四十七石余
御料所(庚寅の入)[3]	四百十九万千百二十三石余
万石以上	二千二百四十九万九千四百九十七石余
寺社御朱印地	二十九万四千四百九十一石余
高家交代寄合[4]	十七万九千四百八十二石余
除地万石以下(拝領及込高)	三百三十五万四千〇七十七石余

右は世上の写本にあり。この高はいわゆる草高ならん。草高にても実の数なれば吟味の証となすべけれども、諸大名以下の領地に隠し高なるものありて、その割合を知るべからず。

この割合を探り出だし、御料所四百万石のうち、幾分を江戸に費やし、幾分を各地方に費やしたるや、万石以上以下の幾千万石はそのうち幾分を江戸に費やし、幾分を地方に費やしたるや、すべてその米はいずれの路よりいずれのところに売り、その代金をいずれの法に用いたるや。

一、徳川の時代に通用金銀貨幣の全額は何程なりしや、諸藩の札はおのおの何程にして理財上に何らの功用をなしたるや、都会の町人の間に行われし手形なるものはその性質いかん。

一、方今政府の歳入およそ六千八百万円のうち、諸県庁の入費および営繕、堤防、士族の家禄、その外の用として、各地方に費やす高何程、諸官省の入費、華族および在東京士族の家禄、その外の用として東京に費やす高何程、また東京の費のうちより、外国の物品を買い、外人に給料を与え、外債の利足を払い、外国公使館および領事館の費に供すること何程なるや。（政府の歳入およそ六千八百万円とは、明治八年十二月二十二日、第二百十六号の布達にあり。）

一、日本全国の税額を首府と地方とに分配して費やすその割合につき、旧政府の時代と新政府の時代とを比較して、いずれの時代が首府に費やすこと多きや。

一、旧政府の時代に無用の大名士族を各地に養いたるは、理財上に論ずればあたかも遊民に国財を俸じたるがごとくなれども、財本融通の一点に至りては便利もまた有りしや、無かりしや、富豪の商人と大禄の士族と、世間の金融のためにその功用おのずから別あらん、その区別はいかん。

一、大名士族はたとい地方のために金融の一助たるべしといえども、この金融の便利を買わんがために世禄を復すべからざるは論を俟たず。然らばすなわち今新たにこの便利を設けんとするの法はいかにして可ならんか。

一、今の政府は今の税額にてまさに維持して過不足なきか、仮にこれを増して差し支えなくば何事に着手すること最も緊要なるべきや、また仮に今の税を減ずれば何事を止めて差し支えなきや。

一、紙幣流通の高およそ九千四百万円余、これに金額銅貨現在の高を合して何程なるや、このうちより政府の権内にある租税六千八百万円を引き、人民の手にあるもの何程なるや。

一、外国貿易は地方の産業に何らの差し響きを起こすや、製造品を輸入すれば日本の製造はおのずから衰微し、これに加うるに我が製造者に金融の便なければますますこれを怠りて、遂には製造の術を忘るるの患えあるや否や、また貿易の行わるる地に、金融の便利なると不便利なるとにより て貿易の盛衰を致し、金融便利なれば意外に輸入を増すの理あるや否や。

右はおおよそ余輩が国財分集のことについて吟味せんと欲する箇条にして、この条々を詳らかにするを得ば、分財論をも著して大いなる過ちなかるべしとの趣向なれども、ただその趣向のみにしてにわかにその実に従事するを得ず。遺憾少なからざるなり。現に今日地方の有り様を見るに、租税昔年に比して苛刻なるにあらず、土地によりてはかえって寛なるところもあり。しかのみならず豊年も打ち続きて民間は繁昌すべきはずなるに、疲弊の苦情は湧くがごとくにして聞くに堪えず。人民にわかに懶惰に沈みたるか。人民の働きは一朝に無に帰すべきものにあらず。然らばすなわち働かんと欲して仕事なきか。物を作りて売り捌きの場所なきか。原因は必ずこの辺にあることならん。

この疲弊なるものただ一時の疲弊にして、今の事物の有り様に従い早晩これを恢復するの目途あれば、一時を忍びて永年を待つべしといえども、もし然らずして阪道の次第に下るがごとく、年齢の次第に老するがごとく、漸次に低きにつくの有り様にて、今まさにその途中にあるものとせば、このときに当たりて学問も商売も手に付くべからず。余輩またここに本編の問題を掲げこれを今の官員と商人とに質して云わん。官員は世官にあらず。二代目の子弟は何事に用ゆるや。あるいは家を続ぎて官員たることもあらんといえども、他にまた官途に進む者も多ければ、十名の官員が二十名の男子を生めば、少なくも十五名は不用たらざるを得ず。必ず商工の業に従事せしむることならん。すなわち商人なり。商人となりて旧商人に打ち交り、ともに中央の首府に群集するか。首府とてその仕事には限りあるべし。必ず財本を携えて田舎の地へ行くことならんといえども、時節既に後れたり。そのときに至りては地方は既にすでに疲弊し尽くして、山林をも裸にしたる有り様ならん。この貧乏の最中に、父の貯蓄したる金を散じて人に貸さんと欲するか。焼け石に水を灌ぐがごとく、ひとたび貸したるものは去りてまた還らず。この貸金の出入りを整理せんには、義理も情けもあるべからず。いわゆる高利貸しの風を学んで、貧民を御すること奴隷のごとくせざるを得ず。我が愛子が奴隷の主人となりて怨みを買うは、父母の心において面白からぬことならん。然らばすなわちむしろ田舎に行かずして都下に居り、その貯蓄を居食いにせんか。人生僅か五十年。日に一円を費やし、一万八千円を以て生涯を渡るべし。あるいは五千円ばかりの不動産を買わば、少なくも一年三百六十円の歳入あらん。また以て日に一円を費やすべし。然りといえども父の遺物に依頼して生を保つ者は、肉体の生を有して社会の生を有せざる者なり。社会の幸福を目的として論ずるときは、あたかも父の一生を父子の二生に分かち、二生の間に一事をなし、三千万の人口を以て千五百万の働きを得るがごとし。到底その子は遊民の譏りを免れがたし。我が愛子が遊民たるも、父母の心においてまた面白からぬことならん。されば今の官員なりまた商人なり、孜々として勉強するは何ぞや。たといその一代は社会に便益をなし、その身にもまた名利の香しきあるも、二代目の策はこれをいかにすべきや。一答一問、遂に答うるに辞なかるべし。余輩ここに司馬温公[6]の家訓に擬して云く、金を積みて子孫に遺す、子孫必ずしもよくこれを守ること能わず。しかず分財の大義を明々に主張し、以て子孫自ら働きて自ら食い、自他の利益を全うして社会一般の幸福を達すべきの地位を作るには。すなわちこれ経済の趣旨にして今世の亀鑑[7]なりと。

分権論　附録　終

1スタチスチック　統計、統計学。［英］statistics　2禁裏仙洞御所　ここは京都御所のこと。　3御料所　幕府の直轄領。　4高家交代寄合　参勤交代の義務を負う旗本。老中の下に属し、譜代大名並みの待遇を受けていた。　5諸藩の札　藩札。諸藩が領内に限って流通させた紙幣。　6司馬温公　北宋の歴史家・政治家、司馬光の尊称。『資治通鑑』の編纂で知られる。　7亀鑑　手本、模範。

通俗民権論

通俗民権論緒言

近来は法学次第に上達して、著書、訳文もたくさんなれども、その論ずるところ、いずれも高尚にして、字を知らざる者には通用せず。たといあるいは字を知る者にても、西洋流の教育を経ざる者は、その字を読みてその文意を解すこと能わず。ゆえに民権論のごときも、全国いまだその名を知らず、あるいはその名を知るもその義を解せざる者多し。よく高尚なる議論を読みて真に民権の旨を解したる者は、上等社会僅々の数のみ。けだし本編の適とするところは、上等社会の学者をばこれを除きて、専ら俗間の人を相手にするのつもりなれば、その所論ただ簡易明白を主とするのみ。すなわち標題にも通俗の二字を冠する由縁なり。

民権の論あれば、またしたがって実際の仕事なかるべからず。その仕事の手始めは人民会議[1]より外ならず。会議の手続きは先年、余輩の著したる会議弁[2]一冊あり。ついて見るべし。また頃日、社友小幡氏も議事必携[3]一冊を訳述して印刷に付せんとせり。発兌の上は世人の便覧に適することならん。

明治十一年六月十八日

福澤諭吉記

1人民会議　国会のこと。**2会議弁**　一八七八年に小幡篤次郎、小泉信吉との連名で刊行された書。**3議事必携**　イギリス下院の首席職員をつとめたレジナルド・パルグレイヴの *The Chairman's Handbook* を翻訳したもの。

第一章　総論

近来の著述書にも飜訳書にも、権利、権限、権力、権理、国権、民権などの文字甚だ多くして、横文字読む人か、または博く訳書を調べたる学者にはその意味も分かることなれども、もと支那にても日本にても、この文字を今日通用するこの意味に用いたるは甚だ稀なるがゆえに、素人には解しがたし。さりとて文字の用は日に流行してほとんど世間通用の言葉となり、いまさらその意味を人に質問するも、何か愚にして恥ずかしき様に思われ、遂にこれを合点せずして世を渡る者もなきにあらず。そのこれを合点せずして当人の不自由、不便利たるべきはしばらく擱き、これがために世間一般の間違いを生じて、容易に出来るべき仕事も出来ず、速やかに除くべき害をも除くべからざること多し。歎かわしき次第なり。

そもそも権とは、権威などの熟語に用いて強き者が弱き者を無理無体に威しつけて乱暴を働くの義にあらず、また弱き者が大勢寄り集まりて無理無法なることを唱え立てその勢いにて乱暴を働くの義にもあらず。その真の意味を通俗に和解するはとてもむずかしきことなれども、まず権とは分と云う義に読みて可ならん。すなわち身分と云い、本分と云い、分限と云い、一分と云うがごとき、分の字にはおのずから権理の意味あり。譬えば雇い人へ給料を与うる主人の身分として、この雇い人を約束の通りに召し使うは主人の権理なり。

また下女、下男の身分として、毎日酒を飲み馳走に預かることは叶わざれども、主人の家に起居して十分に食物を喰うは当然のことなり。もしもその主人なるもの鄙劣にして、平生食物の分量をも差図せんとすることあれば、すなわち下女、下男の分限を切り縮むるものにして、方今流行の語を用ゆればその権限を犯すものと云うべし。また封建の時代に士族たる者が何か恥辱を蒙れば、武士の一分相立たずとて大いに怒ることあり。すなわちこの一分とは武士たる者の権理と云うことにて、分の字と権の字とその意味誠によく符合せり。譬えば昔帯刀して馬に乗るは武家の身分に限りたる免許なりしに、百姓町人などが私に騎馬して武士に行き逢い、かえって武士をして道を避けしめんとするがごとき挙動あれば、武士の面目はこれがために穢されてその一分相立たず、すなわち権理を犯されたることとなり。

右は一人の身に関する権理なれども、一人に権理あれば一村一町にも権理あり、一郡一県にも権理あり、郡県集まりて一国となればまた一国の権理あり。すなわち民権、国権の名ある由縁にして、民権とは人民たる者の一分なり、国権とは独立国たる者の一分なり。譬えば一村一町の人民が申し合わして火付、盗賊の用心をなし、一郡一県の相談にて道路、橋梁の普請を企て、あるいは宮寺の建立、相撲、芝居の興行、あるいは学校の設立、病院、衛生の方法等を商議してその処置を施すは、村町の権内にあることにして、他よりこれに手を出だすの理なきはずなれども、もしもその相談商議、不行届にして、他の村町の人に任ずるか、または政府に依頼して進退を仰ぐときは、その村町の一分は立たぬわけなり。されどもこれらの処置を施すは決して容易なることにあらず。土地の風俗人情を察し、事の順序手続を考え、財を集め財を散じ、その際には種々様々の故障も起こり、ややもすれば村町人民の自力は及ばずして、止むを得ず他に依頼することあり。他人の力を借用して己が事をなせば、そのことはもとより意のごとくならずして必ず不平なきを得ず。いわゆる民権の伸びざるものなり。人民と政府との釣り合いは、この民権の伸ぶると縮むるとの間にありて、その争論も常にこの一事の外ならざるなり。

世人ややもすれば民権の字義を誤解して、下々の者が謂(いわ)れもなくみだりに威張るを以てこの義と思う者なきにあらず。ゆえに思慮ある者はその名を聞きてまずこれを厭い、政府もまたこれを悦(よろこ)ばずして、ほとんど世間の禁句たるがごとし。然(しか)りといえども、今の政府の本趣意において、事実民権の起くるを嫌うことなれば止むを得ざる次第なれども、決して然るにあらず。政府は既に封建の大名を潰し士族を倒したり。民権を重んずるの実証これより明らかなるはなし。然るにこの文字の禁句たるは、まったくその誤解に生じたるものにして、あたかも民権の二字の面に泥を塗りたるがごとし。文字の不仕合(ふしあわせ)と云うべし。民権の趣意は、元来奇事にあらず、珍談にあらず。一口に云えば、人民がその身その家に関係する戸外のことについて、不分明の箇条あれば不審を起こしてこれを詮索(せんさく)することなり。政府と人民との間には、法律の約束もあり、出入差引の勘定もあり。これらのことにつき分かりがたきこともあらんがゆえに、遠慮なく颯々と詮索するまでのことにして、決して不思議にも奇怪にもあらざるは論を俟たずして明らかなり。また政府の本趣意においても、もとよりこれを忌み嫌うにあらず、実はその悦ぶところなり。試みに見よ、古今天下に乱を好み乱を企つる者は、必ず僻遠の地に多くして都府の下に稀なり。その然る由縁は何ぞや。政府の令するところ、必ずしも都鄙に従って殊なるにはあらざれども、田舎の地方にてはややもすれば政法を誤解すること多ければなり。政法の旨は布令の文面外にありて存するものも少なからず。ゆえに都府の人民なれば親しく政府の実際を見て、さまで意に留むるに足らざる事柄にても、僻遠の田舎にては、ただ一片の布告文を読みてこれに驚き、その文面を以て直に政府の意を測量して、いたずらに疑念を抱く者なきにあらず。必竟事物の不審を不審のままに捨てて詮索せざるの罪にして、もとより政府たるものの悦ぶところにあらず。これを譬えば人の著書を読みて、誤文も落字も頓着せず、版本のままにこれを解して、本文全面の意味を誤解するがごとし。著者は読者の軽信を悦ばずして、かえってひそかにその不注意を怨むことならん。ただに誤文、落字のみならず、限りある人智を以て著したる書なれば、その立論の旨にも往々粗漏なるもの多からん。もしも世間にこの著書を読みて、深切にこれを吟味詮索して不審を質問する者あらば、いかなる著述家にてもこれを悦ばざるものはなかるべし。我が著書の誤謬を質し、我が立論の旨に喙を容るるは、我が家の禁句なり、これを犯すは我を軽侮するに当たるなどとて、艴然として怒る者は、真の著述者にはあらざるなり。今人民の政府に対するはなお読者の著者におけるがごとし。法律の約束、出納の勘定等、その他地方の事務につき不審を質して安身の地位を求むるは、甚だ尋常なる道にして毫も怪しむに足らざるなり。

そもそも民権の伸びざる原因は、必竟人民の無智無徳によるものにして、これを要するに政府は智にして人民は愚なるがために、おのずから智者の圧制を受くるのわけなれども、今試みに官民の別なく、全国の人を一様に見渡して、一体に愚なる国人なれば、その国において政府にある人のみ別段に智力あるべきの理なし。人民愚なれば政府もまた愚ならん。人民智なれば政府もまた智ならん。されば民権の伸びざるは、必ずしも政府と人民と智愚の殊なるわけとも思われず。然るに今日の事実を見るに、学問の道開けずして知見に乏しき国柄においては、圧制の政よく行われて民権の伸びざるは何ぞや。必竟愚人の集会したる愚人国において、愚政府と愚人民と相対すれば、その間に圧制の行わるることにて、圧制は双方相持ちの愚によりて生ずるものなると云いて可ならん。

また一説に、世の文明開化を何ほどに進めてその頂上に達するも、愚者が智者に制せらるるは自然の勢いにしてこれを避くべからず。ゆえに愚人国にては愚中の智者が衆愚人を圧し、智人国にては智中の智者が衆智者を制するのみにして、その圧制の実は智も愚も異なるなしといえども、愚者の圧制はその外面の形容見苦しくしてよく人の目に見え、智者の圧制は巧みにして人の目に見苦しからざるの差別あるのみ。譬えば日本にて旧幕府の時代に、政府の役人または諸藩の武士が威張り廻りて、道中の旅籠を喰い倒し人足を勝手に使役し、世禄、世官、安閑として百姓を苦しめたるは、圧制の見苦しきものなり。また西洋諸国にて法律を喧しく唱え立て、私有の権利と云えば髪の毛の端をも争い、次第に財産を積み貯むれば世々子孫これを失うの心配なくして安閑気楽にこの世を渡り、貧人は貧極まりて衣食を得るの方便なきに苦しみ、富人は富極まりてその富を用ゆるの方便なきに苦しむがごときは、いわゆる貧富の封建世禄にして、これまた圧制の甚だしきものなれども、その仕組み少しく巧みなるの差別あるのみと。

されば世の文明開化を進むるも、またしたがって貧富の封建世禄を生じて、人民の権利のためにはまったく甲斐もなきがごとくに思われ、疎漏なる学者は心得違いして、圧制は人間世界普通の情態なり、権力ある者は遠慮なくわがままを働くべしなどと、漠然たる大言を吐く者なきにあらざれども、前説に云える貧富の封建世禄は、全国の人民一般の間に相互いに行わるるところの圧制にして、政府と人民と相対したるものにあらず、人間社会自然の勢いにして、政府たるものが直に手を下して人民の権利を妨ぐるものにあらず。ゆえにこの話はしばらくこれを別のこととして擱き、今本編の主義として、一方に政府を立てて一方に人民を立つれば、上の圧制を免れて下の権利を伸ばさんことを勉めざるべからず。しこうしてそのこれを伸ばすの法は、前にも云えるごとく、大勢寄り集まりて無理無法に乱暴を働くにあらず、ただ人民一般の智力を養い育てて、根気よく己が説を唱え、己が一分を主張するの一策あるのみ。

愚人国なれば政府もまた愚なるはずなれども、愚国にても智国にても、政府の人数は人民の数に比すれば甚だ少なくして人撰もよく行き届き、少人数にても智力の分量は甚だ多し。これに反して人民の中にも人物もとより多しといえども、その人物の智力を大勢の愚民の間に平均して、僅かに一、二の智を以て千百の愚に調合するがゆえに、その働くところ、劇烈ならず。これを酒精に譬うれば、政府の智力は少なしといえども純粋なるがごとく、人民の智力は多しといえども水に和したるがごとし。甲は濃くして乙は稀(うす)きがごとし。古来民間に人物を生じて往々事を企つれども失敗する者多く、政府の人はさまでの才力もなくして相応に事をなし、その実は人物にあらずして人物らしく見ゆる者少なからざるは、必竟その仲間全体の智力に濃稀の別あるによりて致すものと知るべし。

一人一個の智愚を問わずして仲間全体について論ずれば、政府は智にして人民は愚なりと云わざるを得ず。愚者が智者に圧制せらるるは自然の勢いにして、結局政府と人民とその智力相互いに拮抗(きっこう)するまでは、民権を伸ばすの日あるべからず。然りといえども年久しき国の習慣風俗によりては、この智愚の割合にかかわらずして民権を妨げらるることあり。譬えば維新以前の日本人も以後の日本人もその智愚に著しき相違あるべからず。然るに民権の伸縮いかんを尋ぬれば、今日の人民は昔日に比して大いにその権利を伸ばし、政府は大いにその圧制を減じたりと云わざるを得ず。旧幕府の時代に、盗賊に物を奪われて既にその物を失い、また盗難の掛かり合いを免れんがために賄賂を用いて歎願書を出し、二重の財を損して役人に叱らるるがごとき圧制無法の沙汰は、今日絶えてこれを聞かず。これらを計うれば枚挙に遑あらず。僅かに十余年の間に官民の釣り合い、雲泥の相違と云うべし。然りしこうして今日のこの釣り合い、果たしてその当を得たるものか、いまだ知るべからず。然らばすなわち旧政府のときに人民の卑屈にしてその権利の縮みたるは、智愚の割合を外れて法外に縮みたるものと云わざるを得ず。智愚を目安にせずして民権に伸縮あれば、その伸縮の原因は国の習慣風俗にありて存するものと云わざるを得ず。旧習古俗は十数年を以て容易に変革すべきものにあらざれば、余輩ひそかに思うに、今日にても人民たるものが少しく旧習を脱して心を用ゆることあらば、必ず大いに民権を伸ばすに至るべし。今の人民は決して愚ならず。その智力の度と権利の度と相比較したらば、平均して権利の方、低きことならん。今の政府は決して圧制を好むものにあらず。政府中いかなる人にても、抑圧専制を国の美事として永久に施さんとする者は、万々これなきを証すべし。もしも今日の実際において圧制に似たる処置あらば、その処置は官吏が一時止むを得ざるものと思うてこれを行うことなり。政府は圧制を好まず、人民は圧制を免れんとして、なお双方の間に不平あるは、その罪、けだし古来の習俗と官民の不注意とにあるものならん。

第二章　官民職分のこと

餅は餅屋、酒は酒屋、おのおのその職分あり。独立の一国あれば政府なかるべからず。国を守るためには兵備入用なり。罪人あれば刑法入用なり。政府を支うるには租税の法なかるべからず。外国と交わるには条約なかるべからず。暦の法を定め年号を撰び、貨幣の位を分かちその名目を定むる等、この他すべて全国一般に及ぼして人民惣体の関係たるべきことは、必ず政府の一手に引き受け国内の各処において区々の処置あるべからず。学者の言葉を用ゆればこれを中央政府の政権と云う。また都鄙の地方にて人民が相談の上にて、井戸を浚え、芥溜を掃除し、火の用心、夜廻りの番を設け、作道を開き、土橋を掛け、宮寺を建立し、常夜灯を灯し、師匠を招待して町村の子供を教え、芸人を雇うて手躍を催す等のことは、年久しきしきたりにて、これらの相談につき町村の人民が寄り合い、入り用の銭米を取り立てその遣い払いをなして一町一村の便利を起こし、町内繁昌、村中安全の趣意を達するは、もとより政府の関わるところにあらずして町村の権内にあることなり。これを地方の治権と云う。治権は地方の人民にて取り扱うべきものなり。今学者らしき文字を用いて、道路、橋梁、堤防の営繕、学校、社寺の事務、衛生の方法など云えばこそ、下民の関わるべきものにあらざるように見ゆれども、作道と土橋は道路、橋梁なり、手習師匠を雇うは学校の事務なり、芥溜の掃除するは衛生の方法なり、いずれも皆古より人民の取り扱いきたりしものなれども、とかくその習慣にて大事を企つること稀なりしが故に、今日にありても少しく新奇なることに逢えばこれに驚き、ややもすれば政府に依頼せんとして、これがために次第に人民の仕事の領分を狭くするの弊なしと云うべからず。ゆえに今日の要用は、地方の仕事について分界を立て、これは政府の処分、これは人民の引き受けと、明らかに双方の職分を定めて、餅屋が酒を造り酒屋が餅を売るがごとき不都合なからしむるにあり。ただしこの分界なるもの甚だ分明なりがたくして、人民の気力強きに過ぐれば、治権の界(さかい)を越えて直に政権を犯さんとし、これに反してその気風卑屈なれば、政権を窺わざるのみか、己が領分の治権をも守ること能わず、甚だしきは一町一村のことは擱き、一家内の私事に至るまでも官の差図を受けざれば運動すること能わず。政府はますます勢いに乗じて職分を忘れ、深くその私領に侵入して、民間あたかも余地を遺さざるに至ることあり。いわゆる人民の無気無力にしてその一分の立たざるものなり。

二尺八寸の太刀を上段に構えて真正面に向かえば、いかなる結構人[2]も悠々として敵の存念を聞くに遑あらず。何はさておきまずその切っ先を避けざるを得ず。今世間に民権論者なるものありて、ややもすれば代議政堂を開くと云い国会を催すと云い、その細密なる箇条は聞き及ばざれども、全体、論者の旨とするところを察するに、中央の首府に大なる議事堂を開き、有志の人物を集めて国政を議するの目的なるがごとし。されども今日にわかに有志者の集会を開きて国の政事を議するは、首府の地に二箇所の政府を立つるに異ならず。すなわち今の政府の政権を分かちてその力を殺がんとすることとなれば、その趣はあたかも白刃を上段に構えて政府の正面に立ち向かうがごとし。政府の身となりてはこれを避けざるを得ず。国会のこともより大切なり。西洋諸国にてはこれを「パリヤメント」[3]または「コングレス」[4]と称し、毎年国内の地方より人民の総代を出だして国事を議し、法律、兵制の改革より租税の増減、外国交際等のことに至るまで、あたかも政府と人民と相談の上にて処置する姿にして、その体裁甚だ公平なるがごとくなれども、かかる国会を設けて各地方の総代人を集めんとするには、まずその地方にて人民の会議を開き、土地のことは土地の人民にて取り扱うの風習を成し、地方の小会議中よりそれぞれの人物を撰びて中央首府の大会議に出席せしめ、始めて中央と地方との情実も相通じて国会の便益をも得べきことなり。ゆえに地方の民会を後にして中央の国会を先にせんとするは、事の順序を誤る者と云うべし。なお詳らかなるは、去年余が著したる分権論を見るべし。

第三章　煩労を憚らざること

鄙しき俚言を用ゆれば、ここに犬の糞を避けて通るとこれを掃除すると二様の区別あり。今世上の学者または田舎の人民にても、政府の処置を見て無理なりと云い圧制なりと云う者なきにあらず。これを口に云うときは事実においてもこれを除くの術を求むべきはずなれども、ただ傍観傍評のみにしてかつてこれをその身に引き受けず、たまたま無理圧制の局に当たる者あれば、これを知りながら避けて通るの策に出るを常とす。譬えば公事訴訟のごときも、事柄によりては、訴うて勝つよりも、訴えずして手間と雑費とを省く方、はるかに便利なりとて、云うべき理屈をも云わずしてこれを見遁がし、租税などのことについても、不公平とは知りながら、些細のことなり、言うは面倒なりとて、世間並みの御多分に従い、ただ波風なく穏やかにこの世を渡るのみを旨として少しも頓着せざる者あり。民権のためには甚だしき妨害と云うべし。

かく世の中のことに頓着せざれば、その当人のために一時は便利なるがごとくなれども、人民たる者の一分において申し訳あるべからず。

第一、公事を無理と知りながら訴えず租税を不公平と知りながら承諾する者の本心を叩きてこれを尋ぬれば、直を以て自ら居り曲を以て政府に帰し、いささか政府に仮して身躬から自得するの意なきを得ず。然りといえどもその無理不公平なるものは何人の見を以てこれを定めたるか、必ず本人の鑑定を以て自ら無理不公平と認めたるところならん。一人の見を以て私に無理不公平と認むれば、政府もまた政府の見を以てこれを正理公平と認むることとならん。結局理非曲直のいまだ判然ならざるものと云わざるを得ず。出訴公論はこの未判の理非曲直を判然たらしむるの方便なるに、この方便を求めずして冥々の際に曲を政府の一方に帰するは、人民の義において相済まざることなり。

第二、人生僅かに五十年なれども、五十の星霜を安楽に渡るもいまだ以て国民の職分を尽くしたりと云うべからず。この五十年の間に刻苦勉強したるその成跡は、二代目の世に顕れて、世間一般にその徳沢を蒙るべきは、当代の我々が先代の余徳を蒙るに異ならず。されば今この時代に民権を伸ばして国の基を立て、官民もろともに独立国の面目を張ること、至大至重のことなるか、もしそのことの重大なるを知らば、これを求むるがためには煩労を憚るべからず。口ある者は弁を尽くし、文ある者は筆を揮い、光陰も精神も愛むに足らず、畢生の力を用いて刻苦勉強すべきなり。然るに世の中には今の人事の形勢を見て不平を鳴らすことは人に百倍し、甚だしきは民権の伸びざるを憤りて罵詈讒謗しながら、実際の難事に当たりてはただに刻苦勉強せざるのみか、僅かに数日の労をも厭い数円の金をも愛む者甚だ少なからず。いわゆる社会の犬の糞を嫌いながらこれを避けて通る者なり。その本人の一生は見て見ぬふりして安楽なるべけれども、二代目の人をばいかにすべきや。先代の人に対しては気の毒なり、後世子孫に対しては面目なし。これまた相済まざることなり。

また世の論者が政府を評して、不急の土木を起こし無用の工業を企て云々とは定式の定文言なれども、数年来民間の有り様を見るに、無用にも有用にも工業の起こらざるをいかにせん。たまたま私に大業を企てたる者を見て詳らかにその内実を聞けば、他なし、拝借金なり。人民は手を空しうして文明開化の祭礼を見物するに異ならず。必竟政府より八方に手を出して、民間に事をなすべき余地少なきがために然るものか。あるいは一方より論ずれば人民もまた甚だ迂闊粗漏にして、眼前に起くるべき仕事を捨てて忘れたるがごとくし、ことさらに官の手を導きて己が領分に案内するの勢いを成したることも多からん。政府自ら手を出すがゆえに民間に仕事なしと云い、民間に事業起こらざるがゆえに政府手ずからこれを企つると云い、結局水掛け論にしてそのいずれか是なるを知らざれども、人民の方にて抜け目なく着手して剛情に動くことなくば、遂には政府も気根に負けて手を引くべきは必然の勢いなり。世間にその例なきにあらず。かつ政府の本趣意においても、事をなすにその種類をも撰ばずしてみだりに繁忙を好むにあらず。多事を好むはただ小吏輩の弊なれば深く恐るるに足らず。人民の要はいたずらに引っ込み思案をなすよりも、妨げなきところまでに出張りて事をなすにあり。政府を恐怖せず役人を嫌忌せず、これに佞(ねい)するなくこれを侮るなく、人民の一分を守りて世に処すべきなり。

第四章　知識見聞を博くすること

今我が国にて、男子と婦人とを比較し、学者と俗物とを比較し、士族と百姓とを比較すれば、甲は智にして乙は愚なりといわざるを得ず。然りしこうしてその愚とは物の数を知らざるにあらず、事の理非を弁(わきま)えざるにあらず。婦人が家の内を修めて世帯を整理するその働きは男子の企て及ばざるところにして、これを愚鈍と云うべからず。また百姓なり俗物なりと云うといえども、耕作を勉め商売営業を励み以て一家独立の活計をなすの働きは、学者士族の右に出ずる者多し。されども今日の実際においては、学者士族の流が国中にて上等の地位を占め、以下の者に対しては、彼は俗物なり彼は百姓町人なりとて、あたかもこれを目下に見下して揚々自得するのみならず、以下の者も真実これに閉口して一言もなきがごとし。怪しむべきにあらずや。今その然る由縁を尋ぬるに、上流の人必ずしも智なるにあらず、下流の人必ずしも愚なるにあらざれども、ただその心の働きの及ぶところに広きと狭きとの差別あるのみ。下流の人の心配するところは僅かに一身の衣食住に限り、一家一店の損得盛衰に止まりて、その心の働き、あたかも戸外に出でざるもののごとし。ゆえに学者士君子が天下公共の談に及ぶときは、この流の人はほとんどこれを了解すること能わず、その談を奇話としその人を奇人としてこれに近づく者なし。譬えば湯屋、髪結床にて学者の談を開くもいたずらに嘲りを取り、田舎の民間に著書、新聞紙の論説を読む者なきもその一証なり。既に他人を奇人視すれば、他人もまたこれを奇人視しこれを愚人視してともに歯(よわい)するを好まず。これすなわち雅俗相分かれて俗物の軽蔑せらるる由縁なり。そもそも何らの仲間にても、その仲間に入りて地位を占めんとするには、まず仲間の事情を知らざるべからず。今民権等の話はまったく戸外のことにして、小は一町一村の公務より大は日本国の形勢、外国交際の上にまで関係あるものなれば、いやしくも日本の社会中に居て他の軽蔑を免れんと欲する者は、博く内外の事情を見聞して、一歩にても己が地位を上流に進むること至急の要なり。自国の政府の仕組みをも知らず国法の大略をも弁えずして、ただ己が身に不自由あればすなわちこれを他人の罪に帰し、民権伸びずなどとて不平を唱うるは、ただに事実に益なきのみならず、いたずらに世間の嘲りを招くに足るのみ。民間に学問の大切なりと云うも、専らその知見を博くせんとするの旨なれば、学問の道興（おこ）らずしては民権論も無益の空談と知るべし。

右のごとく学問の道大切なりといえども、今日の有り様にてはあえて高きを望むにあらず。田舎の地方にて学校の生徒には高尚の学問も至極もっともなれども、年既に長じて二十以上三十歳前後にもなりたる男に洋学など勧むるもかえってその益あるべからず。この年輩の人は手近く世間普通の著書訳書を読み、今の日本の法律を知り今の通用の文書を学び、訴状願書の案文等も他人に依頼せずして自分に筆を立つるくらいになれば、まず一通りそれにてたくさんと云わざるを得ず。世人常談に田舎の区戸長は愚なり文盲なりと云うといえども、愚にもせよ文盲にもせよ、区戸長は区戸長だけの知識文筆ありて、他の平民に比すればいくらか上流の位にある者なり。もしも今の人民一般の知識を進めて、今の区戸長の位にあらしめ、区戸長はこの人民の中より出でて一層上等の人物ならしめなば、人民社会に権力を得ること今日に百倍すべきや必せり。ゆえに民間の知識学問は必ずしも高尚なるを要せず、ただその所見所聞を少しく博くして、いささか戸外のことについて喜憂するところあらんを願うのみ。

人智進歩の度を測量せんには、その地方に郵便書の多寡を見ても一斑を知るべし。駅逓（えきてい）

局の表に拠れば、明治九年七月より十年六月に至るまで、全国郵便物の総計三千八百三十二万一千九百七十一にして、このうち東京の本局千五百十万三千、大阪局二百七十八万八千、京都局百四十六万一千、愛知九十六万五千、青森二十五万七千とあり。東京は国力集合の中心にしてほとんど全国の半ばを占め、大阪これに亜ぎ、京都またこれに亜ぐ。しこうして愛知と青森とを比較するに、愛の人口百二十一万七千、青の人口四十七万三千にして、これを郵便物の数に割り付くれば、愛知は一人につきおよそ八分、青森は一人につき五分五厘に当たる。すなわち愛知県下の人民は百人にして一年間に八十回の文通して、青森県下の人民は百人にして五十五回に過ぎず。東西人文の前後以て知るべし。ゆえに今後全国の人民に向かって願うところは、ますます学問の道を勉めますます商工の業を進め、人事次第に繁多なるに従いて文通の数も次第に増し、各地方に郵便の盛んなること今の東京のごとくならしむるの一事のみ。また前に云えるごとく、三十歳前後にしていまさら学校に入るべき便もなき人は、地方最寄りの同志申し合わせて文会などを企て、必ずしも教師を雇い入るるにも及ばず、互いに文書往復、討論訴訟等のことを研究したらば、あるいは大いに益することあるべし。余は既にこのことをある人に勧めて、某地方にはこれを企てたるものもあり。いずれにも知識学問の道は、体裁にかかわらずして低きところより実地に進むべきなり。

知識博くせざるべからず、学問勉めざるべからずといえども、その知識学問に釣り合いなくしてはこれまた無益なり。高きを学んで低きを知らず、遠きを勉めて近きを忘るるときは、その高遠なるものも遂に人事の用をなすに足らず。この弊は学者の仲間に最も多くして、往々世上の笑い種となり、ためにその学者先生の唱うる民権論も通用せざることあり。頃日一士人あり、上方より出京して余が家に来訪せり。この士は老成の洋学先生にして、すこぶる経済に明なるの名あり。内外の財政貿易の利害等を論じて聞くべきもの少なからず。語次、貨幣のことに及び、しきりに金銀貨の欠乏を歎じて、かつ云く、上国[7]は東京と違い金貨最も乏しくしてその価もまたしたがって貴(たか)し、余は五日前に神戸を出帆せしが、そのとき該地にては金貨の価何程にして、東京の相場に比すれば百円につきおよそ三円の差ありとて、真実にこれを信じて疑わざるもののごとし。余はこの言を聞きてさらに議論もせざりしかども、一言以て先生の迂闊を証すべし。東京と神戸との間には電信あり、品物の運送には少なくも毎週一度は蒸気船の往復あり。今百円の金貨に三円の差あれば、一報の電信三万円を売買して九百円の利あり、両地の商人にして誰かこれを見遁がしにする者あらんや。ゆえに貨幣の価は上方も東京も大抵同様なるを常とす。少しく実際の商売に心ある人はこれを知らざる者なし。けだしこの先生は経済の主義に明らかにして実際に暗く、天下の大計を論じて今日の財政を知らず、知識学問の働き不釣り合いなる者にして、これを譬えば剣術の形(かた)を勉強して仕合を知らず、軍学の名人にして戦争の下手なるがごとし。他の軽侮を受けざるを得ず。然りしこうしてこの流の学者先生も世間の目を以て見れば民権論者中の一人なれば、民権論の世に厭わるるもまた謂れなきにあらざるなり。

第五章　家産を脩むること

敝れたる縕袍を着て狐貉を着たる者と立ちて恥じざる者は其れ由かとは、孔子が子路の貧乏を事ともせずしてその心の甲斐々々しきを誉めたる言葉なり。必竟周の世の子路にしてこの行いあり、孔子にしてこの評あり、師弟の間親しくその情実を知り尽くして、始めて貧乏もまた美談の種となりたることならんといえども、今世は孔子の時代にあらず、天下の人は悉皆師弟にあらず、貧乏して人に誉められんとするはほとんど難きことなり。すべて社会のために事を成さんとする者は、まず世間に信用せらるること甚だ大切なり。しこうしてその信用を得るの法は、その人の品行にあり、年齢にあり、家柄にあり、身分にありといえども、滔々たる通俗世界においては、その貧富に関すること最も大なりとす。譬えば金銀の貸借において、借主の品行清潔にしてその義勇子路がごとくなるも、ぼろけたる綿入れを着て朝夕の飯米にも困る人へは金を貸すべからず。そのこれを貸さざるはすなわちその人を信ぜざるなり。世間の人をしてこの貧士の人となりを知ること、孔子の子路を知るがごとくならしめなば、貧人に金の融通も出来ることならんといえども、広き世の中にてこれを鑑定するに遑あらず、ただ一口に貧民なり、貧書生なりとて、擯斥せらるるを常とす。西洋諸国にて代議政の人を撰挙するに、その財産の多寡を目安に立つるもこのゆえならん。今の俗世界においては、金銀の能力よく智徳の働きを圧倒すと云うも可なり。ゆえに道徳の目を以て見れば、富有はかえって人の累をなす[9]ほどのものなれども、いやしくも今世に事を成さんとして信用を得るの大切なるを知らば、財産経営の道を蔑視すべからざるなり。

しかのみならず人として財産なきはあたかもその智徳の働きを発揚するの方便を欠くがごとし。今路傍の乞食を憐みてこれに一銭を投ずるも、公共の便益を謀りてこれがために千円を投ずるも、恵与はともに恵与にして心の性質に異同なしといえども、その働きの量に至りては一と十万との差あり。取りも直さず甲の智徳は一にして乙の智徳は十万なりと云わざるを得ず。世間の人事に差し響くところもまた一と十万との差ありて、譬えば甲のために動く者は一人にして乙に動かさるる者は十万人なるべし。これを甲乙徳望の差と云うも可なり。然りしこうして元来その徳義の性質に差異なくして、その名望に差異あるは何ぞや。ただその恵与の財に多寡あればなり。古今有智有徳の士にして財産なきがためにその志を伸ばすこと能わざる者多きも謂れなきにあらず。ゆえに云く、財産は人の智徳を発揚してその働きを実際に行われしむるの方便なりと。

人として財を好まざる者なし、財産なきを憂えざる者なし。いまさら喋々(ちょうちょう)弁を費やしてその貴き由縁を述ぶるはほとんど無益なるに似たれども、今の日本の人情においては、財を重んずるの実にかねてまたこれを軽んずるの風を存し、往々その風に欺かれて実の困難に逢う者少なしとせず。けだし我が士族は封建世禄を以て事物の秩序を成し、至静無為の際に衣食を得てこれを得るの艱難を知らざる者にして、この士族の気風を以て社会を制したるがゆえに、遂には利の字を以て人間交際の禁句となすに至りしほどの次第なれば、今日にありて士族は無論農商に至るまでも、いまだにわかにこの風を脱すること能わずして、あるいは清貧を以て自ら楽しむ者あり、たといあるいは真実にこれを楽しまざるも、自らこれを楽しむと称して、世間の人も直にこれを咎めること能わず、外面にその淡白風流を称誉して止まざるがごとし。然りといえども事実においては、金銀の能力甚だ盛大にして、人事の成敗十に八、九は金力に依頼して、その権柄多くは富人の手に帰し、清貧の士民はあたかも貴要の場合に度外視せられて、平生の心事常に齟齬せざるはなし。一人の心事齟齬して私に不如意を歎ずるはなお可なりといえども、その不如意の原因を己が貧弱に求めずして罪を世間に帰し、天下に吾を知る者なしと云い、世俗は人を見るの明なしと云い、天を怨み人を咎め、ときとしてはその鬱憤破裂して社会の安全を害するに至るものなきにあらず。その本源を尋ぬれば、有志の士民が財を軽んずるの風に欺かれて人事の実情を知らず、産を破りて家を脩めざるの罪なり。これすなわち本編に民権を論じてことさらに財産の大切なるを主張する由縁なり。今の民権論者はその持論を以て社会を籠絡せんとするの企てならんといえども、余輩は社会世俗に代えて気の毒ながらこの論者に告ぐることあり。云く、俗世界は仄かに有志諸君の説を聞かざるにあらずといえども、君の居処を知らざるをいかにせん、その居処を知らざるにあらずといえども、その財産の貧弱と議論の強大と不釣り合いなるをいかにせん、なお甚だしきは諸君の口吻に天下の公義理を論じて、実際に借財の私義理を欠くをいかにせん、俗物はこの公議論を聞くに暇あらず、無家無産の張子房が虎のごとく嘯く[10]も、その声甚だ低くして俗耳を驚かすに足らざるなりと。

第六章　品行を脩むること

前章に財産の大切なるを論じたれども、その大切なるは人品にかかわらずして大切なりと云うにあらず。同一様の人品にして、一人に産あり、一人に産なければ、事をなす者は必ず有産の人なり、財産の力は思いの外に強大なるものなりとの理由を記したるまでのことなれども、また一方より品行のことを論ずれば、決してこれをなおざりにすべからず。品行と云えばその意味広くして漠然たるがごとくなれども、この一章には一個人の私徳に限りてこれを論ぜんとす。そもそも文明開化の極度に至れば、智徳に公私の別なく、しかのみならず智も徳もこれを区別すべからざるに至るべしといえども、本編はただ民間の読本に供するものなれば、高尚なる理論はしばらくこれを擱き、主義の近浅を厭わずして単に人の耳目に慣れたる私徳の功能を述べ、今の日本の有り様にては、まさに今のいわゆる徳義品行なるものを以て最上の目安に定めて、大いなる過ちなかるべしとの旨を記すのみ。当世の開化先生、あるいは説を立てて云く、今日は智恵の世界なり、人間万事智を以て成らざるものなし、智は以て財を得べし、人を制すべし、富貴を致すも智なり、人望を収むるも智なりとて、その甚だしきは一身の行状を顧みずして智恵の才覚を専らとし、権謀術数以て醜行の跡を掩わんとする者なきにあらず。甚だしき心得違いと云うべし。智恵の働きもとより大切なりといえども、誤りてこれを用ゆるはむしろ用いざるにしかず。智はなお鉄砲のごとく徳はなお台場[11]のごとし。鉄砲は攻むるに便利にして台場はただ守るに用ゆるのみ。然りといえども誤りて攻めて失敗せんよりも、むしろ攻めずして守るの安全にしかず。畢竟人々の働きに存することなれども、今の世の中に攻守兼備の名将は果たして少なきことならん。一家の内の始末も不行届にして世間を徘徊し、身は遊冶放蕩を尽くして父母妻子のいかんの状を知らず、これも細行なりそれも小事なりとて、細行を顧みず小事を屑とせず、これを放却し尽くしてさらに大行大事の所在を見ず、遂に一種の無頼者を以て身を終うる者なきにあらず。その実証を得んとならば近年都下の景況を看よ。学者士君子にして遊冶の新世界を開き、馬に郊外に跨りて山水を楽しみ、舟を江水に浮かべて月に詠ずるの清興は、奇花を庭園に栽して富豪を闘わし、宴を市店に開きて口腹を満たすの殺風景となり、妓に戯れ青楼[12]に登るがごときは不品行の箇条に入らざるもののごとし。概してこれを評すれば、精神の歓娯高興を典して肉体の淫楽を買う者と云うべし。都下の風俗の田舎に波及するや、置郵して命を伝うるよりも速やかなり。[13]都鄙一般の流風また留むべからざるに至れり。この流風に浴しこの汚濁に沈みながら、なおかつ一方に民権の議論を唱え、正義公論と云い改良進取と云うも、誰かこれに耳を仮す者あらんや。いたずらに世俗の軽侮を取るに足るべきのみ。その趣は台場の防禦を忘れてみだりに進撃を試みるがごとし。その敗北怪しむに足らざるなり。

理を以て論ずれば、私徳と公徳とおのずから区別なきにあらず。一身の行状に欠典あるもよく公務を整理し、子を教うるに拙にしてよく天下の教育法を工夫し、家法厳ならざるもよく国の法律を議するがごときは、古今にその例なきにあらざれども、これはこれ智識度量のやや高尚に進みたる上等社会に通用すべき事実にして、律儀なる民間には行わるべからざるものなり。今民権の議論を唱えて人を導かんとして、その相手の人の種類を尋ぬれば、必ず中等以下、律儀なる人民より外ならず。すなわち論者の口吻に我々は国の良民を助けて云々と云うその良民を相手にすることならん。然るに律儀一方の社会においては私徳を貴ぶの外に余念なきものなれば、他の高尚なる目を以て学者論客の行状を評し、これは私徳なりそれは公徳なりと弁解するも、いわゆる良民はこれを容るるの度量なくして、ただその一斑の不行状を見て人物の全面を判断し、民権論者の流はあたかも無頼者の巣窟なりとしてかつてこれを信ずる者なし。ひとたび人に信を失えば、たとい信ずべき事実を以てこれに示すも、遂に顧みざるの勢いを成すべし。譬えば今の著書、新聞紙のごときも、その記すところには往々名論と思うものも多けれども、その名論の割合に信ずる者の少なきは様々の原因あらんといえども、記者の品行の良否も与りて大いに力あるものなり。ゆえに云く、今の民権を唱うる者は開化先生の大言に欺かれずして、小心翼々細行を謹み、一身の台場を堅くして然る後に社会の攻撃に進むべきなり。

また徳義品行の中にて最も大切なる箇条は職分を守ることなり。公私の別なく人として職分あらざる者なし。しこうしてよくこの職分を勤めて事を成すと成さざるとは、人々の才不才により事情の変化に従いて、必ずしも成を期すべからずといえども、これを成さんことを務むるの心はすなわち職分を守るの心なり。あるいは事に当たりて三人寄れば三人ともに考えの異なるものもあらんといえども、その得失は結局鬼神にあらざれば知るべからざることなれば、己が心に職分と思うところを行うて可なり。事の成否は人の罪にあらず。ゆえによく職分を守るとよく職分を成すとは各別のことにして、ただ心に恥ずることをさえなさざれば以て職分を守るの人と称すべきなり。そもそも人間処世の十全を云えば、事の利害得失を明察してあらかじめその成否を考え、よく職分を守りてよく事を成すはもとより願うところなれども、余輩は今の社会に向かってあえて多を求むる者にあらず、ただ人々が気に済まぬことを行わざればまず以てこれに満足すべし。敵に背を示すは戦士の気に済まぬことならん、難船のときに独り端舟に乗りて遁がるるは船長の気に済まぬことならん、学者が品行論を記し論客が経済を談じて己自ら放蕩を尽くして貧乏するも気に済まぬことならん、政府の官人が国事を引き受け平生は己が持論を主張して事変に遭えばすなわち説を左右するも気に済まぬことならん。気に済まぬとして恥ずる者はなお可なり、甚だしきに至りては人間万事を浮世のことと称し、身分にも人柄にも不似合いなる不品行を犯して毫も職分を引き受くるの念慮なく、かえって巧みに遁辞を設けて責任の外に逍遥せんとする者あり。なお甚だしきは学者士君子にして公然世に阿るを以て自らこれを巧と称し、政府の官吏にして公然俸給を貪るを以て自らこれを商売と称する者あり。沙汰の限りにあらずや。これらの事情を考うれば今の社会に向かって多を求むべからず、ただ赤心以て職分を守る人なれば以て上流に列すべきなり。

第七章　身体を健康にすること

語に云く、活発なる精神は健康なる身体にありて住すと。[14] 生まれつき虚弱病身にては智恵も分別もあるべからず。たとい智恵分別あるにもせよ、これを用ゆるに方便なし。智恵逞しくして身体の虚弱なるは、蒸気強くして釜の薄弱なるがごとし。無理に蒸気を用いんとすればたちまち釜の破裂することあるべし。今世間の有志者が民権のことに心を労するは、ただこれを心に思うのみにあらず、これを口に唱えこれを書に記すことならん。ただこれを唱えこれを記すのみにあらず、これを実際に施行するを勉むることならん。然らばすなわちその際には必ず艱難辛苦多くしてただに心を労するのみならず、現に筋骨の力を役するも少なからざることならん。いかに穎敏の才子にても、その容貌婦女子のごとく、その顔色古着屋の店子[15]のごとくにして、鉄砲の響きにも耳を驚かすがごとき体質にては、その才を用いんとするも、あたかも蒸気に釜なきがごとく、遂に用をなすこと能わず。結局人に腕力の頼むべきものなくしては、独立の功業は成り難きものと知るべし。その大切なることこれを智力に比して毫も優劣なきものなり。

そもそも人間処世の路は甚だ難渋なるものにして、あるいは終夜寝ずして心を苦しむこともあり、あるいは終日食わずして身を役することもあり、少しく学問の初歩に入れば、医学にいわゆる養生法の大切なるを知らざるにあらざれども、あるいは貧に迫りあるいは興に乗じて識らず知らずの際に不養生を犯し、年月を経て後に前事を思い出だせば、身の気も立つほどの恐ろしきことあるものなり。必竟情に制せらるるは人生に免るべからざるの性質にして、これをいかんともすべからず。されば不養生は今の人間に免るべからざるものとして、窮屈にこれを論ずることなく、余輩の所見において、人間処世の要は吾が身をしてこの不養生に堪ゆべきほどに鍛い付くるの一事にあり。上品の食物を適宜に食い、無害の運動を適宜に運動し、勉強を適宜にし、遊楽を適宜にし、起居寒熱、悉皆適宜にせよとは、医者、学者の説諭にして、余輩ももとより望むところなれども、いかにせん、今の人類は適宜なる人類にあらず、今の社会は適宜なる社会にあらず、この不適宜なる社会に居てこの不適宜なる人類に交わらんとするに、独り吾が身の養生を適宜にせんとするももとより行わるべきことにあらず。譬えば夜中不眠は不養生なれども、航海者はこの不養生を犯さざるを得ず。今後世界中の人類がこの不養生を悟りて夜航を廃するか、または器械の学術大いに進歩して暗夜独航の船を発明するに至りて、始めて医学の養生法を守るべし。盗賊跡を絶たざれば夜番の不養生を止むべからず、疾病一掃せざれば徹夜看病の不養生を止むべからず。これらを計うれば枚挙に遑あらざれども、必竟不養生中の些細なるもののみ。今もし人間世界に不養生の最も広くして最も大なる原因を知らんと欲せば、余輩口を放ちて言うべきものあり。他にあらず、社会の貧乏、すなわちこれなり。雨雪を犯して車を挽くの不養生も貧のためなり、炎暑を冒して畑を耕すの不養生も貧のためなり、衣服の薄きも住居の不潔なるも貧のためならざるはなし。しかのみならずその不養生の極度は、止むを得ずして食物の量を減らし、三人に適宜なる食料を六人に分かち喰うて、六人ともに寿命を縮むる者あり。人事の適宜ならざる、以て知るべし。

人事の適宜ならざることかくのごとし。かかる調子外れの社会に居れば、いかなる人物にてもその社会の響影を免ること能わざるや必然の勢いなり。試みに今世界中に事業を成したる人の既往を問わば、そのことの十に八、九は必ず不養生を以て成りしことならん。「ニウトン」「フランキリン」[16]の勉強中も必ず徹夜したることあらん、豊太閤、東照公[17]の櫛風沐雨[18]も大いなる不養生ならん、孔夫子がかつて終日食らわず終夜寝ねざりし[19]もその健康の幾分を害したることならん、人間万事、不養生を以て成ると云うも可なり。既に不養生の避くべからざるを知らば、これに萎縮するよりもこれに応ずべきの身体を作るにしかず。その法はただ寒熱痛痒、風雨水火の艱難に堪えてこれに慣るるにあるのみ。次第にこれに慣るれば、去年不養生と思いしことは今年はこれを犯してかえって養生となるも多し。譬えば風邪のときに外出は禁制なれども、少しく快方に赴くときはその外出は最良の養生なるがごとし。畢竟養生の要は外物にあらずして吾が身の有り様に関係するものなれば、段一段に不養生なるものを犯して吾が身の養生となすべし。いわんや今の医学の有り様にては、いまだ養生法の真実無妄（むぼう）なるものを説明すること能わざるにおいてをや。余輩はただよく艱難に堪えて長寿する者を名づけて身体健康なる人と称するのみ。

今の医学未熟なりといえども、必ずしも逸居安楽を以て養生と云うにあらず。近来の医書中にも養生の法を記して往々見るべきものありといえども、数百年来、太平の安楽に慣れたる我が国人の目を以て見れば、その先入する所主となりて、美味を喰い軽暖を着て適宜に運動するを以て最上の養生と思い、かえってその適宜なるものは、己が懶惰（らんだ）なる身体に適宜にして、真実の養生法に適せざるを忘るる者多し。仮に養生の法を二種に分かち、身を護るを消極の法となし、外物を犯してその刺衝に慣るるを積極の法とすれば、今の開化者流は積極の養生法を知らずして消極のうちに居り、腕力の進歩なきのみか祖先遺伝の健康をも失い尽くすに至るべし。活発なる精神は薄弱なる身体に住すべからず。心身の頼むべきものなくして何を以て世に事を成すべきや。身体の健康養わざるべからざるなり。

近来、西洋風に倣（なら）い「ジムナスチク」[20]とて体操の法あれども、かの国の上等社会に行わるる遊戯の法にして、とても我が国一般に施すべきものにあらず。遊戯運動の法は最も国々の古習旧俗に従いて行わるべきものなれば、日本は日本の流儀に従い、古来人の慣れたる剣術、柔術、角力(すもう)、遠足、遊猟、泳水、競馬、競舟等、各地方の風俗によりてとにもかくにも専ら荒々しき運動を勉むべし。あるいは家貧にして遊戯の暇なくば、米を搗(つ)くも可なり、薪(たきぎ)を割り水を汲むも可なり。少なくも毎日一、二時間は必ず全身に汗するほどに働かんことを要す。いわゆる新鮮の空気を呼吸して戸外に散歩するがごときは運動の箇条に入るべからざるものなり。社友小幡(おばた)君の考えに、全国小学校の生徒に木筒を与えて調練[21]の運動を教えたらば、筋骨の強壮を致して兼ねて兵事の精神を養い、一挙両得ならんとの説あり。その詳らかなるは近日君の記載あらん。ついて見るべし。

第八章　諸力平均のこと

人民たる者の本分を遂げて、いわゆる民権を張りこれを国権に及ぼして、永く独立国の体面を全うせんとするには、前条々に記すごとく、智力なかるべからず、財力なかるべからず、一身の品行私徳の力も大切なり、身体の健康腕力もまたなおざりにすべからず、この四の者いずれも緊要なる箇条なれども、四ながらこれを備うるにあらざれば功業は成りがたきものにして、その一の力は何ほどに抜群なるも絶えて用をなさざるの例は古今に甚だ多し。譬えば智力貴しといえども、智恵逞しうして徳なきものは窃盗(せっとう)、騙局(かたり)を最とし、少しく上りて博徒、相場師、山師の類なれども、この輩がその智力の一品を以て事を成すこと能わざるは明らかなり。またこの世は金の世界にして人間万事金力を以て成らざるものなしと云うといえども、古来、日本において財産あるがためにその金力を以て天下後世に功徳を遺したる者は甚だ稀なり。近くは大阪の町人のごとし。徳川の太平二百五十余年の間、ただ金の番をして、近来に至りて世の形勢のために身代を潰すのみ。しこうしてその形勢なるものは何人の作と尋ぬるに、大抵銭も金もなき貧書生の工風に出でたるもの多し。また山寺の老僧、古風なる田舎儒者等、すべて浮き世を見捨てて変人奇物と称せらる人は、必ず無欲淡白にして孝弟、忠信、一通りの旨を奉じ、平生の行状最も美なるものなれども、滔々たる社会の権柄は決して変人奇物の手に帰することなし。また腕力の一品に至りては最も頼もしからぬものなり。従来日本の社会にて士族を有力なりと云えども、その知徳の働きに兼ねて腕力あればこそ有力なれども、もし腕の力一方を論ずれば相撲より強き者はなかるべし、然るに相撲に権なきを見れば腕力の頼むべからざること以て知るべし。

右の次第を以て、世の中に事を成さんとするには様々の力を兼備して、大概その中を得ざるべからず。これ諸力の平均と云う。今その不平均の一例を挙げて示さん。明治十年六月三十日の表に拠れば、日本全国の通用貨幣およそ一億五千万円、これを全国の戸数七百万戸に割り付くれば、一戸につきおよそ廿一円余に当たる。これを人民の金力とす。同年、華族禄券[22]の高三千万円、これを該族五百戸に割り付くれば一戸につき六万円、なおこの余に華族一体の私有金を平均一戸につき一万円とすれば、禄券に合して七万円なり。華族の金力は七万にして、人民の金力は二十一なり。その割合三千三百と一とのごとし。かかる非常の金力を抱き、これに加うるにその門閥名望は数百年来国内僻遠の地にあまねくして、今に至るまでもその名を知らざるものなし。然るにこの華族が今日社会の中に列して著しき権力を得ず、華族の言なりとて特にこれを信ずる者もなく、華族の所業なりとて特にこれを学ぶ者もなきは何ぞや。畢竟該族の諸君は金力に逞しけれども、他の智力、徳力、腕力の三者を欠くか、もしくばその一、二を欠くのゆえならん。諸力平均の大切なることまた以て知るべきなり。

通俗民権論　終

1和解する　日本語に訳すこと。　2結構人　気立てのよい人。　3パリヤメント　議会、立法府。［英］parliament　4コングレス　国会、会議。［英］congress　5冥々　事情がはっきりしないさま。　6駅逓局　明治初期、郵便や通信をつかさどった官庁。　7上国　近畿地方のこと。　8敝れたる……「破れた綿入れ羽織を着て、狐やむじなの毛皮でできた上等な上着を着た人と並んでも恥ずかしがらない者がいるとすれば、それは子路だろう」といった意。『論語』子罕編の一節。子路は、孔子の弟子で武勇にすぐれた。　9累をなす　悪い事態をもたらすこと。　10無家無産の……　一家もなく財産もない張良

（張子房）が活躍の機会を得て世に出る、といった意。**11台場**　要害の地に海防のために設けられた砲台。**12青楼**　妓楼、遊女屋。**13置郵して……**　『孟子』公孫丑章句上の一節。「置郵」は早馬、早飛脚のこと。**14活発なる精神は……**　古代ローマの詩人ユウェナーリスの『諷刺詩集』の一節にもとづくとされる慣用的な表現。**15店子**　家を借りている人。**16「ニウトン」「フランキリン」**　それぞれ、イギリスの物理学者アイザック・ニュートン（一六四二―一七二七年）と、アメリカの科学者・政治家ベンジャミン・フランクリン（一七〇六―九〇年）のこと。**17豊太閤、東照公**　豊臣秀吉と徳川家康。**18櫛風沐雨**　風で髪をとかし、雨で身体を洗う。世の中でさまざまな辛苦にあうことのたとえ。**19孔夫子がかつて……**　『論語』衛霊公編の一節「子曰く、吾嘗て終日食はず、終夜寝ねず、以て思ふ。益無し」にもとづく。**20ジムナスチク**　運動、体育。［英］gymnastics　**21調練**　兵士としての訓練。「木筒」は木製の銃の模型。**22華族禄券**　一八七六年（明治九）の禄秩処分において、華族・士族に対する給禄が廃止され、その代わりに金禄公債（禄券）が交付された。

国会論

国会論之緒言

今や学士論者の、意を国事に注ぎ思いを世務に焦がして、国民の康福（こうふく）を増進せんと欲する者少しとせず。然（しか）れどもその論ずるところを聞きその記するところを視るに、多くは一席の談話、一篇の文字を以て、これを論了するに止まるのみ。いまだ数年の星霜（せいそう）を専ら一箇の論題に消して、終始その説を変ぜず、ときあればすなわちこれを論ずるの務めを懈（おこた）らざるは、甚だ稀なるを信ずるなり。

我らの国会論における、数年以来、固く執りて変ぜざるの説なり。当初その論題の初めて社会に現るるに当たりてや、我らまたその主唱者の一人たるを自信するなり。そもそも民撰議院論の初めて社会に現れしは、今を距（さ）る五年前、明治七年の初めなり。我らの初めてこの説を唱うるのときに当たりてや、ただ惟（おも）う、世人のこの説に抵抗して我らを目するに狂人を以てせんことを。しかるに何ぞ図らん、世の人心は既に国会に葵向（きこう）[1]したりしを以て、世論翕然（きゅうぜん）[2]これを唱和し、僅かにこれに抗するものありといえども、ただちに国会を非議するものにあらず、ただ我が国においてなお早しとしてこれを拒みたるのみ。これ以て知る、国会は五年前にありて既に我が国の人心に適合したるものなるを。

それ、かくのごとく国会は我が人心のつとにこれを冀望するところのものにして、いやしくも国会を非とするものあらば、天下こぞって狂人と做すに至れり。我らが初めて国会論を唱うるのときにありて、世の狂人視するところならんと予想したりしとはまったく相反して、国会を非とするものはかえって世の狂人視するところなるに至りし世の潮勢こそ頼もしけれ。

然りといえども、当初、首としてこの説を主唱したるもの、あるいは浮世の情縁に纏綿[3]してようやく思想の変更を来し、あえてその前言を食まざるも、またその説を固執し、事に触れ物に感じてその志を発露する能わざるに至り、爾後またこの説をなすもの過激粗暴の論に出ずるなきにあらざるを以て、国会論もまた世人の漫然看過するところとなり、我ら平素の持論世人の着意を惹かざるやすでに久し矣。然りといえども、我らはいやしくもその持説を演ぶるの機会あれば、あえて世人に質論するを懈らざること五年間一日のごとし。かつそれ我らの居るところはすなわち言論の集むるところにして、世の潮勢を卜するには最好最便の地位なるを以て、我らが五年間に経験するところの者は、我らをして充分にその説を主張するの基礎を立てしめたり。我らが数年の間、行、余力あり、思、暇あれば、必ず潜神黙考してその利害得失を計較したるの論稿、今は積んで数万言の多きに及べり。ゆえに我らはこのときを以て満腹の丹心を吐露し、大いに国会の利害を論ずるあらんとす。世のこの論を観るもの、願わくば平生普通の論説を以てせず、我らが数年間に焦心苦慮して、今日幸いに吐露するの精血なれば、我らが平素の狂愚を愍み、もし異見を持するものあらば、あくまでこれを論述して、我らとともに充分にその利害を弁析し、はた我らと志を同じうするものあらば、またあくまでこれを賛成して、我らとともに満天下の同意を促さんことを。

右に述ぶるがごとき主意に基づきて、社友、箕浦勝人君とともに千考万究して、このごろその説を完全するを得たれば、これを纏めて一冊子に編成し、以て広く公衆に質さんとす。世のこの論を読む者、冀くば我らが幾多の歳月と満身の熱血をこの論のために消費したるを思い、軽々看過せざらんことを。かつこの論稿は社友箕浦君とともにおのおのその労を分かちて同じく草定するところなれば、我ら一個人の私見にのみ依頼したるにあらざるなり。いささか緒言を記して以て公衆の着意を請う。

明治十二年七月廿七日

藤田茂吉 識

1葵向　ある対象を慕い、それに向かうこと。2翕然　一つにまとまるさま。3纏綿　絡みついて離れないこと。4箕浦勝人　明治から大正にかけての新聞人、政治家（一八五四―一九二九年）。慶應義塾出身。郵便報知新聞社社長や衆議院議員を歴任。　**5藤田茂吉**　明治時代の新聞記者、政治家（一八五二―九二年）。慶應義塾出身。郵便報知新聞社で主筆をつとめ、のち衆議院議員となる。

第一

国会を開きて人民に参政の権を付与するの必要なるは朝野ともに許すところにして、我が政体を立憲にするとのことは、数年前にありて既に公明なる聖詔（せいしょう）あり、かつそれ在野の人民一人としてその非を語るものあるを聞かず。ゆえに国会を起こすの一事は日本全国人心の帰向するところにして、その思考は既に熟したるものと云わざるを得ず。然るに事実においては昨年も起こらず今年もまた起くるべき形勢あるを見ず。これすなわち我が党が国会なぜに起こらざるかの問題を掲げて江湖[1]に質すゆえんなり。

国会そのものについてはもとよりこれを非とする者なしといえども、世上一種の論ありて、国会を開くのときなお早しと云い、漸次にその準備をなすべしと云う。この点については我が党もまたかつて考うるところにして、既になお早しと云えばおのずからその理由なきにあらざるがごとし。第一、我が人民智徳の度を察するに、概していまだ高尚の域に至らずして自主自治の気風に乏しく、百千年来人に依頼して人の制御を受け、いわゆる政治之思想（ポリチカルアイヂヤ）[2]なきものなれば、国の政権に参与するがごときはこの輩の知るところにあらず、また欲するところにあらず。その欲せざるところの者をもって強いてこれに与えんとし、その知らざるところのものを以て強いてこれに勧めんとするは、唖人（あじん）[3]に呈するに歌曲を以てし、跛者（はしゃ）[4]に教えて馬に騎せしむるに異ならず。本人のために謀り、ただに快楽を感ぜざるのみならず、かえって痛苦を覚ゆるに足るべし。ゆえに今かかる木石に等しき人物を集めて国会を開くも、ただ一場の愚府たるに過ぎざるのみ。第二、日本の人民必ずしも木石のみにあらず、往々独行活発の人物に乏しからず。かの旧藩士族のごとき、すなわちその人なりといえども、いかにせん、この流の人は政治上の思想なきにあらざれども、その思想のよりてきたるところは封建世禄の祖先より遺伝するところのものにして、能(よ)く人を治むるを知りていまだ人に治めらるるを知らず、他人のために民権の論を唱うるも、自らために権利を主張するの道を知らず、その自ら主張して権利と名づくるところは、ただ現今政府の人に代わりて自ら政柄を握らんとするの功名心(アンビション)[5]にして、いわゆる宿昔青雲の志に外ならず。この志を伸べんと欲してその路(みち)を得ざれば、功名の心は変じて不平の心となり、ひたすら政府を怨望して社会の多事を祈り、甚だしきは軽挙暴動の弊害を生ず。概してこれを非政府党(アンチガブルメントパーチー)[6]と名づくべし。なお甚だしきは、かつて官途に地位を得て意気揚々たりしもの、一朝失意の人となれば俄然(がぜん)心事の方嚮(ほうきょう)を変じていわゆる民権なるものを唱え、あるいは演説師となりあるいは新聞記者となりて、みだりに朝野の情態を罵詈(ばり)して以て俗人の喝采を求めんとする者少からず。この輩は畢竟(ひっきょう)世弊を矯めんと欲して論議するにあらず、自己一身に浮沈あるがため事に托して不平を洩らすに過ぎざれば、その議論はただ一種の怨言と認むべきのみ。今我が国にていささかにても政治上の思想ある者を求めんとすれば、到底この輩の外にその人あるを見ず。かかる人物を集めて国会を開かんとするは策の拙なるものと云うべし。今もし強いてこれを開くも、その会はただ社会の事物を破却するの一方に止まりて、しこうしてこれを経営するを知らず、傲慢過激を事として温良従順の風を紊り、遂に以て粗暴の府となるに至るべし。

もしそれかくのごとくんば、到底国会を開くのときは今なお早し、すべからく人民智徳の発達を待たざるべからず、そのこれを待つの間に漸次その準備を整えざるべからず。試みに看よ。かの仏蘭西[7]の騒乱は、過激の党派、国会を急にしたるがために、その禍はついに国王を弑するに至りて、かつて微効を奏せず、かえって臭名を天下後世に遺したるにあらずや。国会は蜃気楼にあらず、一朝偶然に出現すべきものにあらず。また試みに英国政治の沿革を見よ。紀元千二百十五年、ジョン王在世のとき「マグナカルタ」[8]の調印ありしより、官民の権力、一伸一屈、互いに相迫り互いに相容れて、百年を永しとせず二百年を遠しとせず、三百、四百、ついに六百五十余年の星霜を経て、始めて今日の立憲政体を成し得たるにあらずや。これをこれ思わずして、我が大日本の東京府中においてとみに国会を開き、以て英国に倣わんとするは、思わざるの甚だしきものなり。その災害はたとい仏蘭西と轍を同じうせざるも、空中楼閣を築くの譏りは免るべきにあらざるなり。かつそれ事を緩慢にして機を誤るの弊は、衆庶会議[9]の性質において已むべからざるものなり。古今世界の事実を見て知るべきのみ。ゆえに東京に開かんとするの国会も、またこれを開くの後において、たとい不可思議の結果を得てその体裁を成したるにもせよ、その議事の緩慢なるべきは万々疑いを容れず。従来政府にて二、三日に決すべきものは三、四月を費やし、一片の布令を以て施行すべきものは数十百葉の議案、弁論を要し、しこうしてその結果いかんを見ればつまり議事なきに等しきのみ。例えば国に大事業を起こし、兵制を改め、税法を変じ、鉄道を設け、電線を架し、築港、開礦[10]等のことにおいても、これを衆議に付すると決を政府二、三の人に取ると、その遅速緩急、いずれか便利なる、論を俟たずして知るべきなり。その便利なるものはすなわち一国の便益と云わざるを得ず。現に本年、虎列剌予防のことのごとき、政府の手にあらずんばかかる活発の処置を施すの道なかるべし。流行病の予防、なおかつ政府の権力を要す。今の中央政府にしていやしくもその力の一分を割けば、すなわち国事に一分の不振を生ずるや必せり矣。老練熟達の士にして始めてこの味を知るべきのみ。そもそも一国に政府を立つるときはおのずからまた一定不変の法なかるべからず。貴賤貧富、毎個の人情に応じて政を行わんとするもとより能すべきにあらず、これを慮りかれを憚り右視左顧して以て民意に適せしめんとするは政府の失体のみならず、事実においてもその害を見るべきのみ。さればかく緩慢にしてかつ不便なる国会に頼りて為事の機を誤らんより、むしろ政府の一手に政権を委ぬるの上策なるにしかざるなり。国会そのものについてはもとより非議すべきにあらざるも、臨時の権道としてしばらくこれを猶予し、以て時期の至るを待つにしかざるなり。

右に論ずるがごときは、我が党あえて発言はせざれどもかつて思考内に泛びたるところにして、時々世間の記者論客の筆端口頭に顕るるところの大意なり。すなわち世論の一部分なれども、数年以降、我が社会活動の景況を熟察し、これを既往に照らしこれを将来に慮れば、この論の果たして非にして一切これを擯斥せざるべからざるの理由あり。けだし論者は文明改進の大勢を知らずして既往の事跡を忘るること、なお一場の春夢消し去りてその痕を留めざるがごとく、しこうしてその将来を慮るは雲烟渺茫[11]の間に数里の遠景を評する近眼者流に異ならざるものなり。請う、これを逐次弁論してその惑いを解かん。

第二

世の論者が国会を開くのときなお早しと云うの大意は、第一、今の人民は自治の気力に乏しきがゆえに時節の至るを俟つべしと云うにあり。然らばすなわちそのこれを待つとは自治の気力を生ずるのときを俟つの意なるべしといえども、これを生ずるの方便は果たしていかんすべきや。人文を教養するの道は学校にありといえども、ひとり学校教育の成熟のみを以てこの目的を達せんとするは甚だ迂闊なるに似たり。殊に学術技芸のことと政治上のこととはおのずからその別あり。ゆえに人民に政治の思想を抱かしめんと欲せば、ただこれをしてそのことに慣れしむるを以て上策とするなり。英米の人民決して学者のみにあらず、ただ政治のことに慣れたるのみ。[12]例えば我が封建時代の農商も決して漢学者にあらず、また人の食を食うてそのことに死するの臣族にあらずといえども、全国の風俗、君臣の義を以て組成したる世態なれば、おのずからその義を解するもの多きがごとし。近来、世間に庶民会議の説多ければ、不学の民といえどもおのずからまたこれに慣れてその義を解するもの尠(すくな)からず。本年、府県会を開きそのこと充分に整頓したりと云うを得ずといえども、また大なる不都合なきを見てもこれを知るに足れり。ゆえに人民一般に智徳を生じて然る後に国会を開くの説は、全一年間一日も雨天なき好天気を待ちて旅行を企つるものに異ならず。到底出発の期なかるべし。ただこれ国会を開かざるの辞柄とせる一説のみ。決して取るに足らざるなり。

第二、論者の意見に、現今日本においていささかにても政治上の思想あるものはことごとくこれ不平の民権論者にして、ひたすら政府を非議怨望し、いわゆる非政府党と名づくべき者なれば、この輩を集合して国会を開くも有害無益のみ、ただ傲慢過激を事として温良従順の風を乱るべしとは、事実においてあるいは然ることあらん。然りといえども、人民不平を抱くがゆえに国会を開くのときなお早しと云わば、この不平の消散するときはすなわち国会を開くのときならん。然らばすなわちこの一条については、天下の人心を平和にしてその怨望不平の心を除くの方便を求むることこそ最大緊要なるに、論者はかつてその方便を論ぜずして、ただ時節を待ちその準備をなすと云うといえども、そのいわゆる時節なるものはいずれの日に到来すべきや、けだしその際限なきのみならず、吾が党の所見にては、論者の時節を待つと云うその時間は、まさにこれ天下の不平を減ずることなくしてかえってこれを増すの歳月たるを知るのみ。元来今の不平党は、論者が言えるごとく、宿昔青雲の志を達するを得ざるがために不平なるものならん、政権に参与せざるがために不平なるものならん、あるいはこれを非政府党とみなすも至当ならん。良し不平にもせよ非政府党にもせよ、その論を唱うる者は皆これ日本人にして、日本にこの流の人あらん限りはことごとくこれを殺して殲(つく)すべきにあらず。またこれを説諭して不平の念を断たしめんとするも、従来の実験によれば一もその効を奏したるもののあるを見ず。すでにこれを殺すべからず、またこれを諭すべからず、しこうしてその不平の原因はつまり政権参与の一点にありとせば、この権を付与するまでは決してこれを慰むるの方便あるべからず。然るに今何らの方便もなくまたこれを工夫するの念慮もなく、ただ今の不平家は不平なるがゆえに国事に参与せしむべからずと云うてこれを放頓するときは、その不平はますます増長するあるも減少するの期なかるべし。今もし火事を見てその火焔(かえん)なるがゆえに近づくべからずと謂(いい)てこれを放頓したらんには、その火はすなわち熾(さか)んなるべきのみ。

然れどもまたその不平の原因、その実政権参与の一点に止まらずして、あるいは一身貧困のためなるものもあらん、あるいは名誉を博せんと欲するがためなるものもあるべしといえども、その内実のいかんに係(かか)わらず、おのおの公然唱うるところはすなわち正々堂々たる民権論なれば、これを咎むるの道あるべからず。たとい民権論者中に真偽の別あるも、一切これを擯斥するの理あらんや。いわんやその真偽を弁析するの方便なきにおいてをや。

然らばすなわち、これを偽とするも臆測なり、これを真とするも臆測なり。仮にこれを臆測としてその真偽分かつべからざるものとするときは、よろしくこれを試みて可なり。国会そのものは果たして美なるものにして、その設立果たして緊要なりとの事実を明知したる後、なおかつこれを試みるは不可なりと云うか。吾が党はいまだその不可なるゆえんの因由を知らざるなり。天下の不平はなお春草の温湿を得て発生するがごとし、その原由を除かずしてその生々に任し、これを放頓すること一日なれば即ち一日の長茂を致して、遂に消滅の期あるべからず。今民権の不平論もそのよりて来るところを尋ぬれば、国事の門外に閉ざし出ださざることいわゆる嬢々子（ままこ）[13]のごとくなるがゆえなり。この門戸を開かずしていたずらにその子の叫ぶを咎むるも、遂にこれを止む能わずしてかえってますますその叫声を高くせんのみ。あるいはその嬢々子なる者、兇器を携えて父母に向かわば、すなわちこれを殺すもまた妨げなし、よろしくこれを殺さざるべからずといえども、児子やや智ありて大悪無道を企てざるをいかにせん。ゆえに論者が天下の不平を処分するに、何らの工夫もなく何らの方便をも用いずして、ただ人心の平和の時節を待つと云うは、まさにその不平の増長を待つ者のみ。一日を待たばすなわち一日の不平を増すべきのみ。

第三

論者はまた今の民権者流を概して非政府党と称し一切これを擯斥するがごとしといえど

も、元来この非の字は英語「アンチ」の字を義訳したるものにして反対の意なれば、さまで悪むべき文字にあらず。人々の所見所論について反対するものは皆「アンチ」の字を付すべし。例えば今吾が党の国会論を読んでこの論に不同意の人あらば、すなわちこれ非国会論者なり。この論者あるも決して我が新聞社[14]を犯すにもあらず、また吾が党記者の面目を汚すにもあらず、毫もこれを意とするに足らざるのみならず、吾が所論に駁議を容るる者は、議論上において公に相駁するも、その私はこれを益友として親しむべきなり。もし吾が論説に反対してこれを駁したりとて、憤然としてこれを怒り、一切万事これを敵視して相対したらんには、天下古今の学士論者はほとんど身外一友なきに至らん。非の字、決して悪むに足らざるなり。

今それ政府は全国の人民、貴賤貧富を一社会に集合し一定の政法を以てこれを制御するものなれば、その政法の人々個々に適すべからざるはもちろん、甲に便なるの政は乙に不便なり、乙に適するの法は甲に適せず、その際にはいずれか不便を蒙り不平を鳴らすものなきを得ず。あるいはただちに躬から不便を蒙らざるも、己が所見と政府の所見と互いに相齟齬するがために、政府の所置を見て隔靴の感を生ずるものなきにあらず。これ皆非政府論者なれども、この論者あればとて、あえて政府を犯すにあらず、官吏を凌辱するにあらず、かくのごときは畢竟政府なるものの性質において避くべからざるものなれば、毫も意に介するに足らず。政府の要はただ天下人心の向かうところを察して、多数の人の不平を慰め、有智有力の人民を籠絡し、社会の先導をなすべきにあり。英国政治の社会にも保守党と改進党とありて、常に相対峙して一進一退、一起一伏、一方に権力を得て政府の地位を占むれば一方はすなわち非政府党なり、いくばくも無うしてこの非政府党また政権を執るに至れば、前の政府党はすなわち今日の非政府党たるべきのみ。ゆえに非政府党を悪んで一切これを擯斥せんとするは、いわゆる非の字を誤解したるか、あるいはその度量狭隘（きょうあい）にして他を容るる能わず、一概に非を遂げ勝つことを好むの陋心（ろうしん）に出でたるものならん。

論者はまた、今日世上の民権家を集めて国会を開き、この流の人をして社会の表面に立つを得せしめたらんには、傲慢過激を事として温良柔順の風を破るべしとして、深くこれを憂うるがごとくなれども、これまた憂うるに足らざるの憂いのみ、これを憂いて到底救うべからざるの憂いのみ。およそ物、一利あればまたしたがって一弊あるは、吾が党の弁を俟たずして論者の知るところならん。今その弊のみを挙げて極度を論ずるを止め、利と弊と相対してその平均の成跡いかんを見るの緊要なるもまた、論者の知るところなるべし。今その傲慢過激は弊の極度にして温良柔順は利の極度なり、もとより比較すべきものにあらず。ゆえにここに論語の本文より引用し、剛毅（ごうき）木訥（ぼくとつ）と巧言令色[15]との二語をならべ、上の傲慢過激と温良柔順とをもってこれに聯合せんには、そのいずれに属すべきかを知るべし。すなわち傲慢は剛毅の弊にして、温良の弊は巧言なり。その弊のみを挙げて極度を論ずれば、現今社会の表面にあるものまた、その品行の欠点甚だ少なからざるなり。維新以来、僅かに十年を経て、驕奢淫逸の風は日に盛んに、花柳に戯れ風月に酔い、糸竹管絃の盛んあるにあらざれば宴を成さず、楚腰の繊細[16]あるにあらずんば客を悦ばしむるに足らず、甚だしきはいわゆる上等社会の士君子にして牧猪奴の戯れ[17]を学び、以て懇会の媒に供するものあり。いわゆる流行の交際なるものすなわちこれなり。その交際甚だ親密にして夫婦兄弟の間もまたただならざるがごとく、実に温良柔順なるべしといえども、その極度を摘発してこれを論じたらんには、あるいは諂佞[18]にして巧言令色のものなきを期すべからず。

試みに看よ。十年以前は旧幕人の奢侈惰弱を咎め、概してこれを江戸の風俗と唱えて蛇蝎視したるものも、今はようやくその風俗に化せられたるを知るべし。今の社会の表面にあるものは、政治上においては江戸を制したれども、華美惰弱の風に至りては江戸に制せられたる者と云うも可ならん。この一事はもとより弊の極度を挙げたるものにして、決して上等社会の全面を評するにあらず。ゆえに論者がかの民権者流を評して傲慢過激なりと云うも、必ずその一部を摘発したるものなるべしといえども、一部の論は以て全面を断ずるに足らざるなり。民権論者必ずしも悉皆傲慢過激なるにあらず、その然るゆえんのものはすなわち剛毅木訥、田舎漢の弊のみ。あるいは奸佞狡猾、世と浮沈してかえって民権の仮面を被り、以て世を瞞着せん[19]とするものなきにあらずといえども、これまた一部分のみ、以て全面の標準となすに足らざるなり。そもそも現今日本の全体は、いまだ通人の世界にあらずして、なお道徳の旧城に棲息するもの多し。この道徳の乾坤（けんこん）に居て人の心事品行を評し、剛毅木訥、傲慢過激と温良柔順、功言令色と二様にならべて、いずれか善く文明の進歩に適すべきやと問わば、けだし容易に判定すべからざるなり。

第四

以上論述するところに拠れば、国会を開くにおいて毫も故障なきがごとくなれども、論者なおこれを早しとして、到底期すべからざるの時節を期し、逡巡躊躇（しゅんじゅんちゅうちょ）するは何事ぞや。けだし人智の軟弱にして先見の明なく、たとい少しく見るところあるもこれを断行するの勇気なきがゆえなり。吾が党もとより智力なし、また勇気なし、等しく逡巡躊躇するの徒たるを免れずといえども、幸いにして嘉永・安政の間に生まれ、近時日本の変遷に際して、事物進動の景況については、あるはこれを父兄師友に聞き、あるいは親しく目撃したるを以て、いささか自己の意見を以て事を判断するを得るのみ。吾が党かつて西史を読み、国会のことについては仏蘭西の騒乱を知らざるにあらず、英国の沿革を聞かざるにあらず。然れども東西国を異にし古今時を同じうせざれば、必ずしも英仏の先例をとりて我が日本の国事を断ずべからず。いわんや西洋諸邦にありても近時の開明は実に長足の進歩なり、我が日本のごときすなわちその近時の開明を国に入れたる者なれば、古の英仏を以て今の日本の標準となすべからざるもの甚だ多きにおいてをや。然らばすなわち史論もまた依頼するに足らざるなり。ゆえに吾が党は近く譬えを日本の事実に取り、以て国会開くべきの証を挙げんとす。その当否はすなわち読者の審裁に任するのみ。

そもそも今日にありて国会を開くなお早しと云わば、戊辰の王政維持も当時にありてなお早しと云わざるを得ず。試みに思え。徳川政府は儼然江戸に存立して三百の諸侯その統御を受け、寛永以降、いまだかつて君臣主従の関係を改めざるなり。しかるに嘉永の末年、開国の一挙[20]より物論ようやく沸騰し、諸藩有志の徒と称する者は私に交通の路を開き、あるいは江戸の藩邸に出没しあるいは京都の公卿（当時概して堂上方と称す）に結交し、傍らその藩主（すなわち今日の華族）に説きその重臣に勧めて、ようやく一種の党派を組成せり。しこうしてその主唱するところを問えば、すなわち尊王、攘夷、討幕の三大主義なり。顧みて旧幕政府の事情を推究するときは、既に外国と条約を結びて諸港を開きたる上は、攘夷の行うべからざるはもちろん、世界文明の進動に逼られて文学技術を修むるの必要なるを悟り、首として江戸に洋学校を興し長崎に航海術を伝習し、文武の教師を海外に聘しまた秀才を撰んで欧米に遊学せしむる等、日に開明に進むの実なきにあらず、また国安を維持するの意なきにあらざるなり。幕府人の苦辛はすなわちただここにありといえども、そのこともとより緩漫にして人心を鼓舞作興するに足らず、かつ諸藩の強梁[21]に対し浪士の跋扈を制せんとすれば、おのずから政府鄭重の風を保持して、ときとしては腕力に訴うるもまた避くべからざるの手段なり。この手段によりてそのことを裁すればすなわちますます有志輩の不平を増し、ますます事態の切迫を致す。しかるにかの有志輩は幕府の処置を目して一切これを御威光論と称し、かつてその是非得失を問わず、直行急進、左右を顧みずして、尊王効さざるべからず大義忘るべからず、夷狄攘うべし幕府討つべしと、胸中寸毫の余地を遺さざる者のごとし。

しかりといえども、その党派中もとより深謀遠慮の人ありて、攘夷の実に行わるべからざるを知り、開国の我が利益たるを悟りて、私にその準備をなしたる者なきにあらざれども、かくのごときはすなわちその内情にして少年輩の知るところにあらず。盛年血気の輩はただ尊王、攘夷、討幕の三主義に信心帰依して、ほとんど満天下の流行を成し、およそ社会の秩序を破りて政府を困却せしむるに足るべき者あらば、何事をなすもあえて避けざるがごとく、人を殺害し家に放火し、白昼に争闘するものあり、暗夜に強盗をなすものあり、ただに国事の犯罪のみならず、公然罪を民事に犯してあえて意とせず。この際に当たりいやしくも社会の表面に立て国安を維持せんと欲する旧幕人は何らの観をなしたるか。すべてこれを浪士輩と名づけ、純然たる政府の讐敵と認めて、これを蛇蝎視したるもまたその謂れなきにあらざるなり。ただ幕府人のみならず、当時日本の社会に地位を占めて揚々たる者か、あるいは老練熟達を以て称せられたるものといえども、疑いを尊王攘夷に容れたるや必せり矣。あるいはたといそのことの是なるを信ずるも、時節なお早しとしてこれを論じたる者もありしなるべし。然りといえども天下の大勢は人力を以て左右すべきにあらず、遂に徳川政府の大政返上となり、伏見の戦争[22]となり、東征の師（いくさ）[23]となりて、ついに王政維新の新政を見るに至れば、往時旧幕人の御威光論は甚だ非にして、その苦辛して国安を維持せんとしたるも非なり、浪士輩を蛇蝎視してこれを滅却せんとしたるも皆非ならん。しこうして当時、乱暴狼藉（ろうぜき）、無謀過激と称せられたる浪士輩は、必ずしも粗暴の人にあらずして忠良の士人たるを発見し、それをして社会の表面に立たしむればすなわち温厚なる人物となり、前年、これを蛇蝎視したる佐幕者流、すなわち政府党の人は、今はそのいわゆる浪士の処置に感服し、片言隻語（へんげんせきご）の以てこれを論議するものなきにあらずや。然らばすなわち、戊辰の王政維新は当時にありてなお早きがごとくなりしのみにして、その実決して早きにあらず、万一明治の今日に至るまで、維新の偉業行われずして徳川政府なお依然たるあらば、世論は必ず王政維新はなお早しと云うならん、人智の軟弱にして依頼するに足らざるや以て知るべし。然りしこうして王政維新は新旧政府の興廃に係（かか）れる大変動なれども、断じてこれを行えばかくのごときの成跡あり。然るをいわんや、今日吾が党の企望するところは僅かに国会を開くの一事にして、政府の興廃に係るにあらず、また当路の人[24]を害するにもあらず、ただこれ人民に参政の権を付与するのことなるのみ。仮に身を反対論者の地位に置き、以てその害のあるところを摘発せんとするも、決して得べからざるなり。吾が党は言わんとす、今の世にありて十二年前の王政維新をなお早しと云わざるものは、また今日国会なお早しの言を吐くべきにあらざるなりと。

第五

史記に云く、沛公関中に入り、父老と法を三章に約してことごとく秦の苛法を除く、民大いに喜ぶと。[25] これを按ずるに沛公の為レ人素より寛大なりといえども、その法を三章に約したる原因は沛公の特思に発したるにあらざるなり。公はただ関中の人心を察しその秦の苛法を厭悪するの状を視て、すなわち民情の方向に従いし者なり。ゆえに沛公をしてこの令を発せしめたるものは、すなわち沛公の仁心にあらずして関中の人心なり。しこうしてその人心をしてかくのごとくならしめたるものは、秦の苛法なりと云わざるを得ず。およそ社会の事物は偶然出現すべきにあらず、遠くその原因を存するものあるを知るべし。

我が国維新の初めにおいて、首として五箇条の御誓文を発せられたり。その一条に、広く会議を興し万機公論に決すべきを云えり。今謹んでこれを按ずるに、この御誓文は我が聖明なる天皇陛下の御特旨に出でたる、もとより疑いを容るべきにあらざれども、この御特旨のよりて来るところを尋ぬれば、当時我が天皇陛下は天下人心の帰向するところを御洞察あらせられ、まさしくその方向に従いてこの民を御統御あらせられ給うの御深旨なるを知るなり。然らばすなわちこの御誓文は、我が天皇陛下の特旨にしてまた天下人心の帰向するところのものと認定せざるを得ず。このときに当たりて、天下の人民はようやく西洋近時の開明を知り、日本旧来の門閥主義を厭悪して、まさに政治の一新を渇望するの秋なれば、御誓文はあたかも大旱の雲霓[26]なるものなり当時日本人民の西洋文明のことを知らんとするに切なりしは、福澤先生所著、西洋事情の流行したるを以て知るべし。けだし御誓文の第五条に、旧来の陋習を破り天地の公道に基づくべしと云えるも、その深思のあるところ窺い知るに足れり。ゆえに吾が党は特にこの御誓文を感佩[27]するのみにあらず、天下人心の改進に赴きたるを祝するなり。世の急激論者は、ややもすればただちに御誓文を引用してあたかもこれを論拠となし、五条の御誓文あるがゆえに云々とひたすらこれに依頼するがごとくなれども、吾が党は然らず、かえりてこの御誓文の現出したるゆえんの原因について人心の方向を卜し、以て開明の進歩を欣ぶものなり。

天下の人心は既に改進の方位に向かい、門閥主義はほとんど地を払うて勢力なきもののごとし。もしその事実を証せんと欲せば、王政維新の始終を視て知るべきなり。そもそも革命の一挙において直接に必要なるはすなわち兵力なり。しかるに当時兵力のあるところを求むれば薩長土[28]の三藩なり。この三藩の兵を用いてしこうして維新の功を奏し、新政府の基礎ここに定立せり矣。然らばすなわち天下の政権、三藩に帰すべきはもとより当然の勢いにして、果たして門閥流行の世態なりとせば、島津、毛利、山内のいずれにか将軍宣下のことありて徳川氏に代わりて政権を執るか、然らずんば三藩鼎立してまた争乱に陥るか、日本七百年来の例を追わばそのかくのごとくなるは必然の勢いなるに、戊辰の一挙に限りてこの例外に行われ、天下の政権は強藩の君主に帰せずして、かえりて旧時の陪臣[29]たる強藩の士族に帰したり、また奇ならずや。しかのみならず革命騒乱のその間は藩名を以て兵を用い、しこうして騒乱すでに定むればすなわちその藩を廃して藩主を擯け、これを政権の戸外に放却して、世人もまたこれを怪しむの色なし。日本旧世界の眼を以てこれを視れば、ただに奇異とするのみならず、あるいは社会の顚覆として驚駭するに至らん。畢竟天下の人心、旧来の陋習を厭うて改進を慕うの甚だしきにあらざれば、何を以てかく奇異顚覆の大挙動に堪ゆべけんや。知るべし、我が日本帝国は開国以来二十年、あたかも社会の秩序を新造したるものなるを。

それ、かくのごとく政権は門閥に帰せず、旧藩主人また顔色なく、文武の柄を挙げてこれを一政府の下に集め、広く会議を興し万機公論に決し、以て天皇陛下の統御を仰ぐに至れり。ゆえに維新以来の当路者は取りも直さずこの会議中の人にして、その施政はすなわちこの公論によりて施したるものなり。たといその身分は旧時の陪臣にして門閥の栄なきも毫も妨ぐるところなきは、すなわち会議公論に門閥を要せざればなり。然らばすなわち今後この当路の人が幾年の地位を保ち何らの功勲を重ぬるも、世襲の門閥を再興して官を世にするのときあるべからず。もし門閥を以て官に居るべきものとせば、旧藩主のあるあり、いずくんぞ旧陪臣をして壟断[30]を私せしめんや。三歳の童児もよくこれを知らん。かつそれ現時の当路者がその路に当たる縁由はまったくその人の才力により、天皇陛下の御誓文に会議を興し公論に決するの旨を以て任ぜられたる者にして、取りも直さず会議中の人なりとするときは、国会の精神は今日既に成りて事実において行われたりと云わざるを得ず。ただその精神を成していまだその体裁を成さざるものなり。吾が党の企望するもの決して多にあらず、ただこの体裁を事実に施さんとするの一事のみ。本来無物の蜃気楼を造るにあらず、天下の人心既に成りて、今日の政治上に行わるる精神に配合するに、実体を以てせんと欲するの外なきなり。易(えき)に曰(いわ)く、履レ霜堅氷至(しもをふんでけんぴょういたる)[31]と。我が国既に会議公論の霜を履(ふ)み、門閥の主義を廃して事実に妨げなきを見たり、国会の堅氷至るもまた自然の勢いにあらずや。その勢いはあたかも弾丸の砲口を離れたるがごとく、着弾の点定むりて変ずべからず。何者の呆漢(ほうかん)ぞ、その弾丸の中止を祈る、惑えるもまた甚だし矣。

第六

論者曰く、事を緩慢にして機を誤るは会議の性質において免るべからず、ゆえに国会を開くに至らば必ずこの弊に陥るべしと。あえて国会そのものを咎めずして還りてその結果を憂うるもののごとしといえども、是また憂うるに足らざるの憂いのみ。そもそも近時の文明はその進歩甚だ迅速にして、往々人の意表に出ずるものあり。頃日、福澤先生所著、民情一新と題せる書を見るに、すこぶる吾が党の感想を誘起するものあり。書中云えることあり、曰く、近時文明の元素は蒸気、電信、印刷、郵便の四者にして、いずれも皆千八百年代の発明工夫に係り、人民ひとたびこの利器を利用するを知るときは、その勢力たちまち以前に百倍して、古人七十年の事業は今人三年を以て卒(おわ)るべし、古人百名の力を要したる働きは、今人一手を以て成すべし、千八百年代を界にして前代の人民は芋蠋なり、今代の人民は胡蝶なり、胡蝶に語るに芋蠋の事情を以てすべからず、胡蝶を評するに芋蠋の性質を以てすべからず、云々と。この言真に中れりと云うべし。

我が国二十年以来、西洋近時の文物を採用して人民の精力を増進したるは、実に驚くに堪えたり。あたかも二十年の星霜を費やして二百年の事業を成したるものなり。然りしこうしてその事業は必ずしも悉皆政府の手に成れるものにあらず。およそ商売、工業、技芸のこと、人民の発意に成るもの甚だ多し。譬えば教育法のごとき、近時に至り初めて文部省の事務も挙ぐりたるがごとしといえども、人民は必ずしも文部省を俟たずして起これるものあり。試みに今日の著書、新聞、雑誌を看よ。その記者は官の学校に属せずして私塾より出でたる者十中の八、九に居る。然らばすなわち文部省の設立以前にありて全国人民の文学もまたすこぶる活発なりしを知るべきなり。またかの演説講談のごとき、明治七年までは日本国中かつてこれを語るものもあらざりしに、同年春夏の間、現に吾が党が慶應義塾にありしとき、社中偶然の発意により、同志相謀りて三田演説会[32]の一私社を結び、初めてその濫觴[33]を開きて全国の木鐸[34]となりしより、今日に至りては朝野を問わず演説講談は普通のこととなり、その勢い、日一日に増進するも決して退歩することなし。遂に近時官吏のその会席を視察するに至れり。その勢力を以て社会を左右するに足るを知るべきなり。しこうしてその流行の歳月を問えば僅かに五年に過ぎず。学事の進歩迅速なりと謂うべし。

もしそれ文学の世界を去りて商業の形勢を観察するもまたかくのごとくなるのみ。政府初めて国立銀行の条例を発してより数年ならずして、これを設立するものほとんど二百に及べり。しこうしてなおこれを出願する者多しと聞く。その他、何社某会と称し、米金等の相場所あり、ここに集むる者往々山師の種族多くして、主客ともにあるいは博徒に等しき人物なりと云うもののなきにあらずといえども、その人物のいかんを問わず、その業の盛んなるは昔年に百倍するにあらずや。また以て商民の精力活発なるを卜するに足れり。これを要するに今の人民は無事に苦しむものなり。ただこれに授くるに事業を以てせば、その緩慢は憂うべきところにあらず。世上の実際に注目せばおのずからその証を得ん。然るになお将来を過慮して躊躇するは、なお胡蝶の羽翼既に成るを知らずして芋蠋の昔日を夢想するがごとき者なりと云わざるを得ず。

然りといえども今一歩を退きて論者の所見に従い、人民の事業を緩慢なるものとせんか。果たして然らば吾が党はまたこれを社会の幸福と認めざるを得ず。前すでに言えるごとく、我が国は西洋近時の文物を採取して一切これを利用せり。しこうしてその先導をなしたるはすなわち政府にして、十年以来、旧物を廃して新法を興し、事細大となくほとんど遺すところなきがごとし。然りしこうして人類に先見洞察の明あるべからざるはもとより論を俟たず。その新陳興廃の際、あるいは果断勇進、活発に過ぎたるもののなきにあらず。暦法を改革して五節[35]を廃し、地租を改正して巨額の民財を費やし、仏閣を毀(こぼ)ちて勝地の風景を損じ、町村の名を改めて人の記憶を紊り、城郭を毀ち並木を伐る等のことは、吾が党これを目していちいちその当を得ざるものと云うにあらず。これを行うておのずから間接直接の利益もあらん。然れども利益あればまたしたがって弊害なきを得ず。あるいはそのこと美なるもそのときに適せざるものあり、あるいはそのときに適するもそのところに応ぜざるものもあらん。これを要するに十年以来、政府の美挙、もとより枚挙するに遑あらずといえども、その間あるいは失策あれば、必ず因循緩慢に失するにあらずして果断活発に失したるものなり。畢竟政府の勢力を以て独り近時の文物を利用したるの弊と云わざるを得ず。ゆえに今論者の所見に従い、国会を開きて国事を議し、そのこと果たして緩慢因循に赴くも、かえって事物の急進を牽制するの具となるべきのみ。譬えば前年、神仏の混合を廃せんとして諸方の伽藍を破却したるがごときも、人民の議に付したらばあるいは因循説を唱えてこれを保存し、この殺風景なる成果を見ざりしこともあらん。因循の字面悪むべきがごとしといえども、事柄によりてはこれを鄭重の字に比して間髪を容れざるものあり。いわんや今の急進世界において、心波情瀾の奔騰を制節するは最も緊要のことなれば、論者が過慮して憂うるところは吾が党の企望して喜ぶところなり。

第七

吾が党既に六回の弁論（新聞紙上において六回の弁論を終うるまでおよそ十数日を閲せり）を重ねて国会起こすべきの主義を記した

れども、いまだ一人のこれを非とするものあるを聞かず。然らばすなわち吾が党が本論第一篇において明言せる、国会を起こすの一事は日本全国人心の帰向するところにしてその思考は既に熟したり云々の数語は、ここに至りてますますその信を失せざるもののごとし。然りといえども、およそ両間に成立するの事物、この一方に便利なればかの一方に不便利なるを常とす。大旱の雲霓は千万人の渇望するところなりといえども、沢国(たくこく)[36]の人民はかえってこれを喜ばず。秋涼は衆人に可なりといえども、肺を患うる者はその気候に犯さるるの憂いあり。天時なおかつ然り、いわんや人事においておや。甲に利するところの者は以て乙に損し、乙に益するところの者は以て丙を害す。完全無欠、億兆ことごとく利益とするところのものはほとんどすくなし。

今や国会を開くの一事は、もとより天下人心の帰向するところにして一般人民の利とするところなりといえども、細密にこれを考究するときは、一方の利益とともに他の損害を生ぜざるを得ず。そもそも国会のことたる、民に参政の権を付与するの主意にして、すなわち国権の一部分を割いて人民に与うるものなれば、人民に得るところの者は以て政府に損せざるを得ず。なおこれを約言すれば、従来政府にて七、八人の当路者が掌握したるその権柄を分かちて人民とともにこれを執るがゆえに、人民の手に入るものは当路者の手を出ずるものなり。ゆえに今国民の国会を渇望するは大旱の雲霓のごとく、これを設立してその人心に可なるはなお秋涼のごとしといえども、天下の広き、稀に沢国なきを得ず、人民の多き、あに患肺の者なしとせんや。けだしその局に当たりてこれを利とせざるものは、現に政府当路の人ならん。政府は沢国のごとく、当路者は患肺の人のごとし。彼此の利害両立すべからざる者に似たり。吾が党の所見に拠りて仮に国会の故障と認むるは、ただこの一事に外ならざるなり。かつそれ社会に棲息して権力を好むはもと人類の天性にして、傍らよりこれを是非すべきものにあらず。これを好むも可なり、これを取るも可なり。これを取るべきの路を得て、誰かこれを辞するものあらん。今全国人民の国会を熱望するもまた、他なし、ただ権力を好むの天性に出でたるものなれば、政府の当路者もまた、ただその地位を異にするのみにて、その権力を好むの心事に至りてはまさしくこの人民と異ならざれば、既に掌握したる権力を損することなからんと欲するはもとより当然のことなり。決してこれを咎むべきにあらず。当路者は既有のものを保護せんとし、人民は未有のものを得んとす。皆等しく人類の天性を事実の上に発現するものなれば、当路者のために謀らば力を尽くし術を極めて自家の権力を伸張し、甚だしきは世に専制と称せられ抑圧と名づけらるるもあえて憚るところなく、あるいは自ら任じて終始専制の主義に従うものなりと公言するもまた不可あることなし。この一点については吾が党は毫も喙(くちばし)を容るるをなさず、官民相互いに権を求むるこそ人類の真面目(しんめんもく)なれと云わんのみ。然らばすなわち、これを求めて可なり、これを貪りて可なり、これを人類の競争と云わんのみ。文明開化はすなわち競争の間に進歩するものなれば、官民の競争は国のために賀すべきにあらずや。世間急激の論者、ややもすれば政府の処置について不平を鳴らし、これも政府の専制なり、かれも政府の抑圧なりと、ひたすらその寛仁大度ならんことを企望するがごとしといえども、畢竟無益の怨言なるのみ。

いやしくも近時の文明世界に政府を立てて人々個々に可なる寛大の政を施さんとするも、事実において能すべきにあらず。万一強いてこれを施したらんには、その寛大の政とともに政府も同時に烏有に帰す[37]べきのみ。ゆえに政府は務めてその権力を保護せざるべからず、当路者はまたその地位を固くせざるべからず。人民もまた坐視傍観、隣村の祭礼を観てひそかに愚痴を鳴らすがごとき卑屈に陥りて可ならんや。坐してこれを観るは起きてこれを求むるにしかず。ただこれを求むるに法あるのみ。現時の社会はすなわち競争の一大劇場なり。政府をして寛仁大度の進路を従（お）わしめんとするも得べからず。人民をして馴従屈服せしめんとするもまた得べからず。官民ともに進んでその権力を求め、力を尽くしてこれを争うの常勢に任ずるの外なきなり。

この立論の主旨に拠りてこれを考うれば、国会を開くの一事は、良しや人心の帰向するところなるも、現在政府を維持するの主義に背馳（はいち）して実際に行わるべからざるもののごとし。世の学士はかつてこれを考察したるか、これを考察していまだその説を得ざるか、もし説あらば幸いに教示を吝（おし）むなかれ。請う、試みにまず吾が党の鄙見（ひけん）を開陳せん。

第八

世の国会論者は、議員を撰挙するに政府の官吏を除きて議院の外に杜絶し、政府はすなわち官吏を以て組成し、国会はすなわち人民を以て組成し、府と会と相対峙して朝野の政権を限るの分界とするの趣向なるがごとし。吾が党またかつてこの考案を以て国会を開くの必要なるを信じたりき。すなわち本年府県会を開きて議員の撰挙に官吏を除きたるもまたその意に符合したるもののごとし。然りといえども吾が党ちかごろいかに国会を開設すべきかの問題を考究して大いに悟るところあり。今我が国において国会を開くに当たり、その模範を西洋諸邦の中に取らんと欲せば、議員撰挙の一事については英国の法に倣うを以て最も便なりとす。英米両国の国会を比較するに、その会の体裁および会議の勢力はもとより相均しといえども、米国は官吏を撰んで議員となすを許さず、英国はこれに異にして、政府貴顕の官吏は大抵議員たらざるはなし。この法に拠れば、英の官吏は、政府にありては行政官となり、国会にありては議政官[38]となり、あたかも行議の両権を兼ぬるものなるがゆえに、英政府は常に国会議員の多数を籠絡して事を行い、意のごとくならざるはなし。吾が党既にここに見るところありてしばしばこれを推敲したるに、ちかごろ福澤先生所著の民情一新（前篇すでにその一節を摘録せり）を読み、英政の美を賛しその議院の体裁勢力を説きて時事を切論したるを視るに、まず吾が心を得たるもの尠からず、その論ずるところ国会設立のことと相関せざるも、吾が党の本論本項（議員撰挙の一段）については最大の関係あり、大いに吾が党の論意を扶くるものあるを以て、吾が党ことさらにこれを論ずるの煩を省かんと欲して、先生に請いその一節を左に抄録して以て吾が党の論援となす。

前略、余が特に英政を美なりとしてこれを称賛するの点は、既往の結果にあらずして現今将来まさに人文進歩の有り様に適して相戻らざるの機転にあるものなり。英国に政治の党派二流あり。一を守旧と云い一を改進と称し、常に相対峙して相容れざるがごとくなれども、守旧必ずしも頑陋ならず、改進必ずしも粗暴ならず、ただ古来の遺風によりて人民中おのずから所見の異なる者ありて双方に分かるるのみ。この人民の中より人物を撰挙して国事を議す、これを国会と云う。人民より撰挙する者は国会の下院に会す。上院の議員は人民の撰挙にあらざれどもほとんど権威なきものなれば、英の国会の権はまったく下院にありと云うも可なり。ゆえに国会は両派政党の名代人[39]を会するの場所にして、一事一議、大抵皆所見を異にして、これを決するには多数を以てす。内閣の諸大臣ももとよりこの両派のいずれにか属するは無論、殊に執権この太政大臣[40]たる者は必ず一派の首領なるがゆえに、この党派の議論に権を得れば、その首領はすなわち政府の全権を握りて党派の人物も皆したがって貴要の地位を占め、国会多数の人とともに国事を議決してこれを施行するに妨げあることなし。かつ政府に地位を占むるといえども国会議員の籍を脱するにあらざるがゆえに、政府にありては官員たり、国会にありては議員たり、あたかも行政と議政とを兼ぬるの姿なれば、おのずから勢力も盛んにして事をなすに易し。されども歳月を経るに従い人気の方向を改め、政府党の論に左袒する者減少して一方の党派に権力を増し、その議事常に多数なればすなわちこれを全国人心の赴くところと認め、政府改革の投票（ヴォート・ヲフ・ケレヂート）[41]を以て執権以下、皆政府の職を去りて他の党派に譲り、退きて尋常の議員たること旧のごとし。ただし政府の位を去ればとてその言路を塞ぐにあらず、前の執権はすなわち今の国会中一党派の首領にして、国事に心を用いてこれを談論するは在職のときに異ならず。ただ全権を以て施行するを得ざるのみ。政権の受授平穏にしてその機転滑らかなりと云うべし。かつまた両党相分かれて守旧と改進とその名を異にし、名義のみについて見れば水火相敵するがごとくして、その相互いに政権を握るにしたがって全国の機関たちまち一変すべきやに思わるれども、事実においては決して然らず。前に云えるごとく、守旧必ずしも頑陋ならず、改進必ずしも粗暴ならず、等しくこれ英国文明中の人民にして全体の方向を殊にするにあらず、その相互いに背馳して争うところの点は誠に些細のみ。これを衣服に譬うれば、守旧も改進もその服制の長袖か筒袖かにおいてはもとより相同じといえども、ただ縫裁の時様のみを異にする者のごとし。今の魯西亜[42]にて王室と虚無党と相敵し、昔年我が日本にて攘夷家と開国家と相容れざりしがごとき者にはあらざるなり。学者これを誤解すべからず。されども既に両党を分かちて政権を争い互いに陳新交代すれば、その交代のときはすなわち旧政府を排して新政府を開くものにして、これを政府の顚覆と名づけざるを得ず。ゆえに英の政府は数年の間に必ず顚覆する者と云うも可なり。ただ兵力を用いざるのみ。機転滑らかなりとはすなわちこの謂なり。

第九

右のごとく政府の改革諸大臣の陳新交代はまったく国会の論勢に任して、その会には大臣もまた議員となりてこれに参与し、真に全国人民の意見を吐露するの公会と認むるところのものなれば、この公会の決議によりて政府の位を去ればとてその人の体面を損ぬるに足らず、たといあるいは不平を抱くもこれを訴うるに由なし。また旧政府に代わりて新政府を開くも、その持続すると否とは自家の力のみにあらずして他に任することとなれば、深くこれを栄とするに足らず。一進一退その持続する時限五年以上なる者は甚だ稀にして、平均三、四年に過ぎず。不平も三、四年なり、得意も三、四年なり、栄辱の念おのずから淡白にして胸中に余裕を存すべし。ゆえに国中にいかなる新説劇論を唱うるもこれを拒む者なし。これを唱えこれを論じこれを分布伝達して果たしてよく天下の人心を籠絡すれば、政府はこれに席を譲るべきのみ。これを要するに英の政府には一時一定の論ありといえども、永世不変の恒なきもののごとし。

この政党に権を得て政府の地位を占めればその間はその党の論を持張して容易に動くことなし。すなわち一定の論なり。されども人心の方向時勢の変遷に従いて政府を改むれば、初めの一定論もまた通用すべからず。永世不変にあらざるなり。田舎に簡単なる水車あり、車の軸より丁字形にして両腕を出だし、腕の端に水槽を付して流水の筧（かけい）より落つるものを受け、その水一槽に満つればすなわち転じて他の一槽を出現し、一槽また一槽、満つれば落ち、落つればまた昇り、その機転甚だ奇妙なり。もしもこの水車の軸を支えて転回を止め、片腕の一槽のみに水を受けてその圧力に抵抗せしめたらば、日ならずして腕木は打折せんのみ。英の政府もまたこの水車のごときものにして、千八百年代文明の進歩に遭い、よくその圧力に堪えてかつて政治の仕組みに震動を覚えざるは、政党の両派一進一退その機転の妙処と云わざるを得ず。ただ英国のみならず荷蘭（オランダ）なり瑞西（スイス）なり今日よく国安を維持して文明に進むものは、その治風必ず英政に類するところあればなり。魯西亜のごときは政治の車軸に巨大なる水槽を付し、瀑布の圧力にも抵抗せんとするの勢いを以て勉励争闘することなれども、到底その瀑布の源を塞ぐの術なし。あるいは政府の人も今の政略を以てまったく得策とするにあらざるべしといえども、いかにせん一大帝国全面の有り様を左顧右視すればまた断じて自由の風に従うべきにもあらず。畢竟その暴政は止むを得ざるに出でたるの策にして、これを姑息（こそく）中の果断と云うも可ならん。当路者の苦心想い見るべきなり。あるいは去りて亜細亜（アジア）大洲の中央を見れば、その国内無事にしてよく社会の秩序を存する者あるがごとくなれども、その然る由縁は他なし、人民の聞見狭くしていまだ文明を知らざるがためのみ。試みに今後支那の国内に鉄道、電信線を架し印刷の器械を採用して郵便の法を施行したらば、かの人民もまた決して黙止する者にあらず。必ずその社会に大震動を起こすべきは智者を俟たずして明らかなり。満清の執政者はこれを知りて文明を拒む者か、あるいは知らずして偶然にこれを嫌う者か、いずれにも千八百年代の文明を国に入れて旧政府の風を維持せんとするは万々企望すべきことにあらず。我が日本の徳川政府もこれがために倒れたり、満清政府にして独りよくこれに抵抗するを得んや。文明を入れざれば外国の侵凌（しんりょう）を受けて国を滅すべし、これを入るれば人民に権を得て政府の旧物を顛覆すべし。二者その一を免るべからず。後世子孫必ずこれを目撃する者あらん。

以上所記に従えば、英国の政府を改革するもまた諸大臣を黜陟（ちゅっちょく）[43]するもその権柄はまったく人民に属して、国王は有れども無きがごとくこれを蔑視して顧みる者なきやと尋ぬるに、決して然らず。王室を尊崇するは英国一種の風にして、たといいかなる自由党の劇論家にても公然として王室の尊威を攻撃する者なし。ただに公然ならざるのみならず、その本心の私において然るもののごとし。けだし英人の気象は古風を体にして進取の用を逞しうする者と云うべし。あるいはその度量寛大にしてよく物を容るる者と云うも可なり。かの仏蘭西その他の人民が自由の改革と云えば、直に国王を目的としてこれを攻撃し、王室恢復と云えば直に人民の自由を妨げんとするがごときものに比すれば、同年の論にあらず。元来人を御するの法は習慣によりて寛猛の別あるべきのみ。試みに下等社会の家族を見よ。その子弟たる者甚だ頑強にして容易に長者の命に従わず、その交際常に粗暴なる言語を用い、甚だしきは腕力以てこれを強迫して、父母にして手ずからその子を打擲する者多し。これを上等家族の子弟が父母の顔色の緩厳を窺うて喜懼を催す者に比すれば甚だしき相違なり。その然る由縁は何ぞや。ただ習慣の家風にして、上等家族の親子は相互いによく容れて迫らず、相親しみて犯さざる者のみ。今英国の王室と人民との間はあたかもこの上等家族のごとき者にして、かつて相犯すの挙動なきのみならず、中心にこれを犯すことをも忘れたる者なり。犯さざる国王はますます貴く、犯さざる人民はますます親しく、以て社会の秩序を維持するは人間最大の美事と云うべし。文明はなお大海のごとし。大海はよく細大清濁の河流を容れてその本色を損益するに足らず。文明は国君を容れ、貴族を容れ、貧人を容れ、富人を容れ、良民を容れ、頑民を容れ、清濁剛柔、一切この中に包羅すべからざるはなし。ただよくこれを包羅してその秩序を紊らず、以て彼岸に進むものを文明とするのみ。区々たり世上小胆の人[44]、ひとたび尊王の宗旨に偏すれば自由論を蛇蝎視してその文字をも忌み、ひとたび自由の主義に偏すれば国君貴族を見て己が肩に担う重荷のごとくに思い、一方より門閥一切廃すべしと云えば、一方はまた民権一切遏むべしと云い、何ぞそれ狼狽の甚だしきや。事物の極度より極度に渡りて毫も相容るること能わざるその有り様は、あたかも潔癖の神経病人が汚穢を濯ぎて止むを知らざる者のごとし。その愚笑うべし、その心事憐むべし。ただに憐むべきに止まらず、世の乱階[45]は大抵この輩によりて成るものなれば、この点について観ればまた恐るべきものなり。

第十

右に記するところの者はすなわち民情一新第五章の一節[46]を摘録したるものにして、以て大いに吾が党が本論を立つるの主意を助成するものあるを知るべし。書中記するところに拠れば、英国の政権はまったく国会に帰したりといえども、国会の議員中政府に党する者多数なるがゆえに、政権おのずから鞏固にして動かざるものなるを以て、政府当路の人は常にこの党派を結合するに汲々として、あるいは新聞紙に頼りて政府の意見を公布し、あるいは集会を催しあるいは演説をなし、甚だしきは遠近に交通して人心を籠絡するの密策を運らすがごときこと尠しとせず。しこうしてその目的を尋ぬればただ他の非政府党を圧倒して自家の説を保持するにあるのみ。今その挙動を皮相[47]してこれが評をなさば甚だ賤劣なるがごとしといえども、吾が党が前に明言せるごとく、今日の社会は競争の一大劇場にして、開明はすなわち競争の結果なりとするときは、毫もこれを咎むるに足らざるなり。かつやその争いは、私に一、二の人に依頼し陰に二、三の人を擯斥し、以て一身の地位を固くするがごとき陰険卑屈なる小人の争いをなすにあらず、天下の人心を籠絡して衆庶の方向を制するの精神に発するものなれば、あたかも一国の政権を四通八達の大道に争うものにして、すなわちこれを丈夫の争いと謂わんのみ。その争いなり、君子なり。これを争うて勝てばすなわち政権を掌握して天下を制し、勝たざればすなわち退きてこれを人に譲り以て異日を期す。これを争うの間、権謀術策、施して尽くさざるところなし。すなわち智術材能を闘わしめ、機に投じ勢いに乗じて、人心の多数すなわち輿論を占有せんことを天下の顕場に競争するものなり。一勝一敗、もとより命の存するあり。嗚呼(ああ)、その争いや公然たり。そのこれを争うの心事また快然として洗うがごときものなりと云うべし。

今それ我が国において国会を開きたらんには、良しや人民の意に適する、なお大旱の雲霓におけるがごとくなるも、当路者はために利するところなくして、官民の利害両立せざるの憂いあるがごとくなれども、もし英国の法に倣(なら)い、国会議員に官吏を除くことなく、国民一般の投票(投票の一項は吾が党別に説あり)に付し、以て天下人心の帰向するところに随(したが)わば、今の当路者は果たしてその撰に当たらざる者なるか。吾が党の所見に拠れば、政府は人才の淵叢(えんそう)[48]なるを以て、たとい野に遺賢なきにあらずといえども、全国智徳の大半は政府中にありと云わざるを得ず。これ吾が党の証明を俟たずして政府の官吏もまた自ら知るところならん。しこうして吾が党が国会を唱うるも、現時の当路者は愚なるがゆえに智者を以てこれに代えんと云うにあらず、畢竟本論の主意はただ政権分与の一点にあるがゆえに、政府二、三の手に握るところのものを以て二、三十人に分かち、五、六人に関わるところのものを散じて五、六百人に平均せしめんとするに過ぎざるものなれば、議員撰挙の一段に至り、官吏にしてその撰に当たるべきは疑いを容れざるところなり。

それ、かくのごとく当路者にして既に議員の撰に当たらば、ただに政府の当路のみにあらずしてまた国会の当路なれば、すなわち一挙両権を得るものにあらずして何ぞや。然らばすなわち国会を開くの一事は、今の当路者の権を殺ぐにあらずしてかえってこれを増すものなりと云うも可ならん。けだし政府当路者のために謀り、またその公務のために謀り、また人民のために謀り、また天下公共の利益のために謀りて、一もその故障なきものはすなわち国会設立の一事ならん。国会はもとより政権を争うの論壇にして、異説抗論の戦場なれば、その党与両派に分離しまた三方に鼎立して、政府党に抗することあるべしといえども、かくのごときはすなわちこの会の真面目にして毫もこれを怪しむに足らざるなり。政府もまた力を尽くしてその権を保護し、劇論を唱えて抗党を制し、密議を以て事を謀るも可なり。権略も用ゆべく、著書、新聞紙もまたこれを利用すべし。講談、演説もまたその功を奏するあらん（官吏の演説はここに至りて必要なるべし）。およそ人力のあらん限り人智の及ばん限り、これを極めこれを尽くして以てその施政の主義を保持すべし。しこうしてその主義とするところ、遂に衆論に制せられんか、決然これに路を譲り席を与えて、さらにその主義の輿論を制するの方を求め、そのときの至るを俟つべし。真にこれ大丈夫の競争にあらずや。今の当路者もまた、本来太平静穏の人にあらず、維新の険波狂濤[49]を踏み破りて爾後無限の変乱数奇に当たり、百折千磨、撓[50]まず屈せず、その活発敢為の気象に富めるや、世人のあくまで知るところなり。いずくんぞ区々の小康に安んじて婦女子の姑息を学び、いたずらに勝つことを好んで自ら得たりとするものならんや。世人は刮目して今後の動静を注視せよ。

1江湖　世の中。　2政治之思想　政治的考え。［英］political idea　3唖人　音声による発話ができない人。　4跛者　足に不自由がある人。　5功名心　野心。［英］ambition　6非政府党　野党のこと。［英］antigovernment party　7仏蘭西の騒乱　フランス革命。　8マグナカルタ　本書一九五頁、注61参照。　9衆庶会議　国会、国民会議。［英］national assembly　10開礦　鉱山を開くこと。開鉱。　11雲烟渺茫　雲やかすみが遠くはるかに広がるさま。　12人の食を食うて……　『史記』淮陰侯列伝の一節。「人の食事を食べた者は、その人に命をささげるものだ」といった意。　13孃々子　継子。　14我が新聞社　箕浦、藤田が所属していた郵便報知新聞社のこと。　15剛毅木訥と……　それぞれ『論語』の子路編と学而編にみえる言葉。「剛毅木訥」は意志が固く実直で飾り気のないことで、道徳の理想である仁の徳に近いとされる。「巧言令色」は口先がうまく顔色をとりつくろうこと。仁の心を欠くとされる。

16楚腰の繊細　細く美しい腰をもつ美人。17牧猪奴の戯れ　豚飼いなどがするいやしい遊び。賭博のこと。18諂佞　他人におもねりへつらうこと。19瞞着　欺くこと。20開国の一挙　一八五三年（嘉永六）のペリー来航と、翌年の日米和親条約締結のこと。21強梁　力があり制しにくいこと。22伏見の戦争　一八六八年の鳥羽・伏見の戦いのこと。旧幕府軍が新政府軍と戦い、敗れた。23東征の師　一八六八年、奥羽、北越の約三十藩が同盟を結び新政府軍と戦ったが、敗退した。24当路の人　政治・行政上、重要な地位にある人。当路者。25沛公関中に入り……　漢の初代皇帝劉邦（沛公）が秦を滅ぼした際、その苛酷な刑罰を廃して殺人、傷害、窃盗だけを処罰するという簡素な法の施行を約束したこと。『史記』高祖本紀にみえる。26大旱の雲霓　干ばつのときに待ち望む雨の前触れの雲や虹。待ち焦がれている物事のたとえ。27感佩　感謝して忘れないこと。28薩長土　薩摩藩、長州藩、土佐藩。後出の「島津、毛利、山内」はそれぞれの藩主。29陪臣　大名の家臣。30壟断　うまく利益をひとりじめすること。31履霜堅氷至　霜を踏む季節の後に固い氷が張る季節がやってくる。初めは目立たないが、やがて大事になるということ。32三田演説会　一八七四年、福沢諭吉が中心となり発足した演説や討論を研究する会。33濫觴　起源、きっかけ。34木鐸　人々を教え導くもの。先導者。35五節　人日（一月七日）、上巳（三月三日）、端午（五月五日）、七夕（七月七日）、重陽（九月九日）の五つの節句。一八七二年の太陽暦採用にともない、その翌年から廃止された。36沢国　池沼や川が多い地域。37烏有に帰す　何もなくなってしまうこと。38議政官　議員のこと。39名代人　代議士。40太政大臣　首相のこと。41ヴォート・ヲフ・ケレヂート　信任投票（vote of confidence）のことか。[英] vote of credit　42虚無党　十九世紀後半の帝政ロシアにおいて、政府や皇帝の権威を否定しテロリズムを企てた急進的な革命勢力のこと。43黜陟　功績によって官吏を昇進させたり降格させたりすること。44区々たる　わずかであること、取るに足りないこと。45乱階　騒乱が起こる兆し。46民情一新第五章の一節　本書一六七―一七三頁。47皮相　表面だけを見て判断すること。48淵叢　寄り集まるところ。49険波狂濤　荒れ狂う危険な大波。さまざまな試練のたとえ。50百折千磨　くじけずに数々の困難を克服していくこと。

脱亜論

世界交通の道、便にして、西洋文明の風、東に漸し、到るところ、草も木もこの風に靡かざるはなし。けだし西洋の人物、古今に大いに異なるにあらずといえども、その挙動の古に遅鈍にして今に活発なるは、ただ交通の利器を利用して勢いに乗ずるがゆえのみ。ゆえに方今東洋に国するもののために謀るに、この文明東漸の勢に激してこれを防ぎ了るべきの覚悟あればすなわち可なりといえども、いやしくも世界中の現状を視察して事実に不可なるを知らん者は、世と推し移りてともに文明の海に浮沈し、ともに文明の波を揚げてともに文明の苦楽を与にするの外あるべからざるなり。文明はなお麻疹の流行のごとし。目下東京の麻疹は西国長崎の地方より東漸して、春暖とともに次第に蔓延する者のごとし。このときに当たりこの流行病の害を悪みてこれを防がんとするも、果たしてその手段あるべきや。我が輩断じてその術なきを証す。有害一偏の流行病にてもなおかつその勢いには激すべからず。いわんや利害相伴うて常に利益多き文明においてをや。ただにこれを防がざるのみならず、力めてその蔓延を助け、国民をして早くその気風に浴せしむるは智者のことなるべし。西洋近時の文明が我が日本に入りたるは嘉永の開国を発端として、国民ようやくその採るべきを知り、漸次に活発の気風を催したれども、進歩の道に横たわるに古風老大の政府なるものありて、これをいかんともすべからず。政府を保存せんか、文明は決して入るべからず。いかんとなれば近時の文明は日本の旧套と両立すべからずして、旧套を脱すれば同時に政府もまた廃滅すべければなり。然らばすなわち文明を防ぎてその侵入を止めんか、日本国は独立すべからず。いかんとなれば世界文明の喧嘩繁劇（はんげき）は東洋孤島の独睡を許さざればなり。ここにおいてか我が日本の士人は国を重しとし政府を軽しとするの大義に基づき、また幸いに帝室の神聖尊厳に依頼して、断じて旧政府を倒して新政府を立て、国中朝野の別なく一切万事、西洋近時の文明を採り、独り日本の旧套を脱したるのみならず、亜細亜（アジア）全洲の中にありて新たに一機軸を出だし、主義とするところはただ脱亜の二字にあるのみ。

我が日本の国土は亜細亜の東辺にありといえども、その国民の精神は既に亜細亜の固陋（ころう）を脱して西洋の文明に移りたり。然るにここに不幸なるは近隣に国あり、一を支那と云い、一を朝鮮と云う。この二国の人民も古来、亜細亜流の政教風俗に養わるること、我が日本国民に異ならずといえども、その人種の由来を殊（こと）にするか、ただしは同様の政教風俗中に居ながらも遺伝教育の旨に同じからざるところのものあるか、日支韓三国相対し、支と韓と相似るの状は支韓の日におけるよりも近くして、この二国の者どもは一身につきまた一国に関して改進の道を知らず、交通至便の世の中に文明の事物を聞見せざるにあらざれども、耳目の聞見は以て心を動かすに足らずして、その古風旧慣に恋々するの情は百千年の古に異ならず、この文明日新の活劇場に教育のことを論ずれば儒教主義と云い、学校の教旨は仁義礼智と称し、一より十に至るまで外見の虚飾のみを事として、その実際においては真理原則の知見なきのみか、道徳さえ地を払うて残刻（ざんこく）不廉恥（ふれんち）を極め、なお傲然として自省の念なき者のごとし。我が輩を以てこの二国を視れば、今の文明東漸の風潮に際し、とてもその独立を維持するの道あるべからず。幸いにしてその国中に志士の出現して、まず国事開進の手始めとして、大いにその政府を改革すること我が維新のごとき大挙を企て、まず政治を改めてともに人心を一新するがごとき活動あらば格別なれども、もしもしからざるにおいては、今より数年を出でずして亡国となり、その国土は世界文明諸国の分割に帰すべきこと一点の疑いあることなし。いかんとなれば麻疹に等しき文明開化の流行に遭いながら、支韓両国はその伝染の天然に背き、無理にこれを避けんとして一室内に閉居し、空気の流通を絶ちて窒塞するものなればなり。輔車唇歯とは隣国相助くるの喩えなれども、今の支那、朝鮮は我が日本国のために一毫の援助とならざるのみならず、西洋文明人の眼を以てすれば、三国の地利相接するがために、ときにあるいはこれを同一視し、支韓を評するの価を以て我が日本に命ずるの意味なきにあらず。例えば支那、朝鮮の政府が古風の専制にして法律の恃むべきものあらざれば、西洋の人は日本もまた無法律の国かと疑い、支那、朝鮮の士人が惑溺深くして科学の何ものたるを知らざれば、西洋の学者は日本もまた陰陽五行の国かと思い、支那人が卑屈にして恥を知らざれば、日本人の義俠もこれがために掩われ、朝鮮国に人を刑するの惨酷なるあれば、日本人もまたともに無情なるかと推量せらるるがごとき、これらの事例を計うれば枚挙に遑あらず。これを喩えばこの隣軒を並べたる一村一町内の者どもが、愚にして無法にしてしかも残忍無情なるときは、稀にその町村内の一家人が正当の人事に注意するも、他の醜に掩われて堙没[2]するものに異ならず。その影響の事実に現れて、間接に我が外交上の故障を成すことは実に少々ならず、我が日本国の一大不幸と云うべし。されば今日の謀をなすに、我が国は隣国の開明を待ちてともに亜細亜を興すの猶予あるべからず、むしろ、その伍を脱して西洋の文明国と進退をともにし、その支那、朝鮮に接するの法も隣国なるがゆえにとて特別の会釈に及ばず、まさに西洋人がこれに接するの風に従いて処分すべきのみ。悪友を親しむ者はともに悪名を免るべからず。我は心において亜細亜東方の悪友を謝絶するものなり。

1輔車唇歯　互いに助け合う、密接で切り離せないもの。「輔車」はほお骨と歯ぐき。　2堙没　跡形もなくなること。

明治十年 丁丑公論

丁丑公論の一書は、福澤先生が、明治十年西南戦争[1]の鎮定後、直に筆を執りて著述せられたるものなれども、当時世間に憚るところあるを以て秘して人に示さず、爾来二十余年の久しき、先生も自らこの著あるを忘却せられたるがごとし。余、前年先生の家に寄食の日、ひそかにその稿本を一見したることあり。本年一月先生の旧稿瘠我慢の説を時事新報に掲ぐるや、次いでこの書をも公にせんことを請いしに、先生始めて思い出され、もはや世に出だすも差し支えなかるべしとて、その請を許されぬ。よりて二月一日より時事新報に掲載することとせしに、掲載いまだ半ばならず、先生宿痾再発して遂に起たず。今回さらにこの書を刊行するに際し、一言、事の次第を記すと云う。

時事新報社において　石河幹明[2]

明治三十四年四月

1西南戦争　一八七七年、旧薩摩藩士族らが西郷隆盛を擁して起こした反乱。　2石河幹明　一八五九―一九四三年。明治・大正期のジャーナリスト。慶應義塾本科卒業後、福沢が創刊した『時事新報』の記者となり、のちに主筆。『福澤全集』『続福澤全集』の編纂、『福澤諭吉伝』の執筆でも知られる。

明治十年 丁丑公論緒言

およそ人として我が思うところを施行せんと欲せざる者なし。すなわち専制の精神なり。ゆえに専制は今の人類の性と云うも可なり。人にして然り。政府にして然らざるを得ず。政府の専制は咎(とが)むべからざるなり。

政府の専制咎むべからずといえども、これを放頓すれば際限あることなし。またこれを防がざるべからず。今これを防ぐの術は、ただこれに抵抗するの一法あるのみ。世界に専制の行わるる間は、これに対するに抵抗の精神を要す。その趣は天地の間に火のあらん限りは水の入り用なるがごとし。

近来日本の景況を察するに、文明の虚説に欺かれて抵抗の精神は次第に衰頽(すいたい)するがごとし。いやしくも憂国の士はこれを救うの術を求めざるべからず。抵抗の法一様ならず、あるいは文を以てし、あるいは武を以てし、またあるいは金を以てする者あり。今、西郷氏[1]は政府に抗するに武力を用いたる者にて、余輩の考えとは少しく趣を殊(こと)にするところあれども、結局その精神に至りては間然すべきものなし。

然るにかかる無気無力なる世の中においては、士民ともに政府の勢力に屏息(へいそく)[2]して事の実を云わず、世上に流伝するものは悉皆、諂諛、妄誕のみにして、かつてこれを咎むる者もなく、これを一世に伝えまたこれを後の一世に伝え、百年の後には遂に事の真相を湮没[4]してまた踪跡すべからざるに至るや必せり。余は西郷氏に一面識の交わりもなく、またその人を庇護せんと欲するにもあらずといえども、特に数日の労を費やして一冊子を記しこれを公論と名づけたるは、人のために私するにあらず、一国の公平を保護せんがためなり。方今出版の条例ありて少しく人の妨げをなす。ゆえに深くこれを家に蔵めて時節を待ち、後世子孫をして今日の実況を知らしめ、以て日本国民抵抗の精神を保存して、その気脈を絶つことなからしめんと欲するの微意のみ。ただし西郷氏が事を挙げたるにつき、その前後の紀事および戦争の雑録等は、世上既に出版の書もあり、また今後出版も多かるべし。よりてこれを本編に略す。

明治十年十月廿四日

福澤諭吉　記

1 西郷氏　西郷隆盛（一八二七—七七年）。西郷吉之介とも。幕末・明治初期の政治家。討幕派として活躍し、薩長同盟、戊辰戦争を主導する。新政府でも参議として廃藩置県を断行したほか、陸軍大将もつとめたが、征韓論をめぐる政争により下野。帰郷後は私学校設立に尽力するなど士族子弟の教育にあたるものの、西南戦争に敗れ城山にて自刃した。2屏息　おそれて身を縮めること。3諂諛、妄誕「諂諛」はおもねり、「妄誕」は虚言。4湮没　跡形もなくなること。「踪跡」は追跡。

世論に云く、西郷は維新の際に勲功第一等にして、古今無類の忠臣たること楠正成[1]のごとく、十年を経て謀反を企て古今無類の賊臣となり、汚名を千歳に遺したること平将門[2]のごとし、人心の変化測るべからず、必竟大義名分を弁ぜざるの罪なりと。この議論凡庸世界の流行なれば許すべし。田夫野翁の噂、市井巷坊の話、もとより歯牙に止むるに足らざればなり。あるいは月給に生々する役人世界の説にしてもまた恕すべし。西郷は実に今の官員の敵にして、西郷勝てば官員の身もいささか安んぜざるところあれば、いかようにも名を付けてこれを誇るももっともなる次第なり。

新聞記者は政府の飼犬に似たり。

然るに今無智無学なる凡庸世界にもあらず、また身を恐るる役人世界にもあらず、学者士君子を以て自ら居る論客にして、かつて別段の所見もなく滔々として世間の噂話に雷同し、往々その論説の発して新聞紙上に記したるものを見るに、本年西南の騒動に及び、西郷、桐野[3]らの官位を剝脱したるその日より、これを罵詈讒謗して至らざるところなし。その有り様はあたかも官許を得て人を讒謗する者のごとし。官許の心得を以て憚るなきはしばらく許すべしといえども、なおこれより甚だしきものあり。従来新聞の記者または投書家は、事を論ずるに条例を恐れて十分に論鋒を逞しうすること能わず、常に婉語諷言[4]を以て暗に己が所見を示すの巧を得たりし者なるが、西郷の一条に至りては毫も斟酌するところなく、心の底よりこれを悪みこれを怒るがごとくにして、ただに斟酌を用いざるのみならず、記事雑報の際にも鄙劣なる悪口を用い無益なる贅言を吐きて、罵詈誹謗の事実に過ぐるもの尠なからず。にわかにその文面を見れば、記者はかつて西郷に私怨あるものかと疑わるるほどの極度に至れり。あに怪しむべきにあらずや。けだしこの論者はこれによりて今の政府に媚を献ぜんと欲するか、政府の中にいやしくも具眼の人物あらば、たちまちこれを看破してかえってその賤劣を憫笑することならん。あるいはこれによりて社会を籠絡せんと欲するか、かかる賤しき筆端に欺かれてその籠絡に罹る者は社会中の糟粕にして、たといこれをしてその説に服せしむるもこれがために論者の勢力を増すに足らず。下等社会に同説の多きはまさにその説の無味浅見なるを表するに足るのみ。余輩顧みて思うに、論者はあえて媚を政府に献ずるにもあらず、また社会の説を籠絡せんとするにもあらず、真実に西郷を賊臣と思い、中心にこれを悪み、これを罵詈誹謗して、後の西郷たる者を戒めんとするの律義心より出でたることならん。かくのごときはすなわち今の論者を評するにはただ暗愚の二字を以て足るべきのみ。

　論者が西郷を評して賊と称するは何ぞや。西郷は天子を弑して天位に代わらんと欲する者か、論者愚なりといえどもその然らざるをば知るべし。尊王の方法はしばらく擱き、尊王の心に至りては今の西郷も昔日の西郷もまさしく同一様にして、その心を以て今の顕官の尊王心に比して毫も厚薄なきのみならず、論者が常に口を極めて西郷を罵るといえども、いまだかつて佞譎[5]、軽薄等の評を下さざるは、すなわち彼が誠実の徳行について釁[6]の乗ずべきものを見出すこと能わざるの証拠なれば、その尊王の誠心いかんの一点に至りては、論者もあえて口には言わざれども心にこれを許して疑わざること明らかに知るべし。然らばすなわち西郷は天子一身の賊にあらずして、今日にありてもその無二の尊王家たるは論者の許すところのものなり。

論者また謂らく、一国人民の道徳品行は国を立つるゆえんの大本なり、いやしくも大義名分を破りて政府に抗し、学者の議論においてこれを許すときは、人民の品行地に墜ちてまた廉恥節義の源を塞ぐに至らんと。この論は孔子の春秋より出でたる者にして、公私を混同したる不通論[7]と云うべし。大義名分は公なり表向きなり、廉恥節義は私にあり一身にあり。一身の品行相集まりて一国の品行となり、その成跡、社会の事実に顕れて盛大なるものを目して、道徳品行の国と称するなり。然るに今のいわゆる大義名分なるものは、ただ黙して政府の命に従うにあるのみ。一身の品行は破廉恥の甚だしき者にても、よく政府の命ずるところに従いその嗾するところに赴きて、以て大義名分を全うすべし。

昔日の浮浪、今日の義士。

ゆえに大義名分は以て一身の品行を測るの器とするに足らず。一身の品行に関係なきものはまた一国の品行にも関係あるべからず。しかのみならず名分を破りて始めて品行を全うしたるの例は古今に珍しからず。古のことはこれを擱(お)き、近くその実証を挙ぐれば、徳川の末年に諸藩士の脱藩したるは君臣の名分を破りたる者にあらずや。その藩士がかつて藩主の恩禄を食いながら廃藩の議を発しあるいはその議を助けたるは、その食を食(は)んでそのことに死[8]するの大義に背くものにあらずや。然りしこうして、世論この脱藩士族を評して賤丈夫と云わざるのみならず、当初その藩を脱することいよいよ過激にして名分を破ることいよいよ果断なりし者は、今日にありて名望を収むることいよいよ盛んなるがごとし。これに反して旧幕府および諸藩の存在する間は、府藩の大義名分を守り、府藩斃(たお)るれば翌日より新政府の大義名分を守り、旧に新に右に左にただ勢力と銭の存するところにしたがってそのところの大義名分を守るものは、世上にその流の人少なからずといえども、この輩の多寡を見て一国全体の間に行わるる道徳品行の盛否を卜(ぼく)すべからず。結局大義名分は道徳品行とは互いに縁なきものと云うべきのみ。今西郷は兵を挙げて大義名分を破りたりと云うといえども、その大義名分は今の政府に対しての大義名分なり、天下の道徳品行を害したるものにあらず。

薩人の争う

官軍も自ら称して義のために戦うと云い、賊兵も自ら称して義のために死すと云い、その心事のあるところは毫も異同なきのみならず、決死冒難、権利を争うを以て人間の勇気と称すべきものならば、勇徳はかえってかの方に盛んなりと云うも可なり。この事実によりて考うれば、西郷は立国の大本たる道徳品行の賊にもあらざるなり。

論者また謂らく、西郷は武人の巨魁(きょかい)なり、もし彼をして志を得せしめなば、必ず士族に左袒(さたん)してますます人民を奴隷視するに至らん、かくのごときはすなわち自由の精神を害して人智の発達を妨ぐるものにして、これを文明の賊と称すべしと。この論は西郷を皮相して[9]その心事を誤解したるものなり。西郷が士族を重んずるは事実に疑いなしといえども、ただその気風を愛重するのみにして、封建世禄の旧套(きゅうとう)に恋々たる者にあらず。もし彼をして真実に封建世禄の友たらしめなば、その初め徳川を倒すのときに、己が数代恩顧の主人たる島津家を奉じて将軍たらしめんことを勉むべきはずなり。あるいはしからざれば自ら封じて諸侯たらんことを求むべきはずなり。これをこれ勉めざるのみならず、維新の後はかえって島津家の首尾をも失い、かつその参議たりしときは廃藩置県の大義にも与(あずか)りて大いに力ありしは、世人のあまねく知るところならずや。廃藩は時世の然らしむるところなりとはいえども、当時もし西郷の一諾なくんばこの大挙も容易に成を期すべからざるや明らかなり。これらの事実を証すれ

権利は果たして人民自治の権利か、その辺に至りては余輩もこれを保証する能わず、恐らくは権利の未熟なるものならん。然りといえどもこれを争うはすなわち抵抗の精神なり。これを争いこれに抵抗し、遂にはその未熟なるものも熟して自治の権利を発明する

に至るべし。

今の改進者流はただ他の攘夷家を器用したるのみにあらず、十に八、九は己れみずから攘夷家たりしものなり。洋書読みの洋書知らず。

ば、西郷は決して自由改進を嫌うにあらず、真実に文明の精神を慕う者と云うべし。あるいはこのたび事を挙ぐるに及んでこれに随従する者のうちには、神風連[10]の残党もあり、諸旧藩の頑固士族もありて、おのおのその局処の挙動についてこれを見れば純然たる封建士族の風を存する者も多からんといえども、この輩はただ西郷が政府に抗するのことに与するのみ、その心事を了解して説をともにする者にあらず。その有り様は十年以前に今の改進者流が事を挙げて旧幕府を謀るときに、諸方の不平党は事の内実を知らずひたすら尊王攘夷のことと信じてこれに随従したるの事実に異ならず。西郷はただこの士族輩を器として用ゆるに過ぎず、毎人に向けてその心事を語るに遑あるべからず、たといこれを語るも了解するものは尠なかるべし。我が輩はひそかに謂らく、もし西郷をしてこのたびのことを成さしめなば、そのことの成りたる上にてもさらにこの頑固士族の処置に困却すること、昔年長州にて木戸[11]の輩が騎兵隊の始末に当惑したると同様の場合に至るべしと。西郷のために謀りて憂うところなり。

西郷の輩が志を得たらば政府は必ず兵力専制（ミリタリ・デスポチスム）[12]の風に移らんとてこれを心配するは、屠者は必ず不信心ならん、猟師は必ず人を殺すならんと、ただその形を見て疑念を抱く者のみ。今の日本は兵力専制の行わるべき国にあらず。仮に今「ナポレオン」を再生せしめ「コロンウェル」[13]を帰化せしむるも、日本においてはその技倆を施すの機会あるべからず。この風の専制を行わんとするには、古の鎖国に復するか、然らざるれば我が国力をして西洋諸国に敵対しこれを圧倒するの勢いを得せしめて、然る後に始めてこれを試むべきのみ。もしこの専制をして我が国に施すべきものとせば、今の政府にてこれを行わざるは何ぞや。人類の性質として専制を行うを好まざるものなし。然るに今の政府の人にしてこれを行わざるは、心に好まざるにあらず、勢いにおいて能わざるなり。西郷の輩、武人なりといえどもよくこの勢いに敵すべけんや。開国以来日本の勢いは立憲の民政に赴くものにして、その際には様々の事変故障もあれども、大勢の進んで止まざるは時候の次第に寒冷に赴きまた暑気に向かうがごとくにして、これを留めんとして留むべからず。かつその事変故障と唱うるものも、あるいは実の故障にあらずしてかえって大勢の進歩を助くるに便利なりしこと、往々その例なきにあらず。これを譬えば向暑向寒の時候に大風雨あれば、風雨止んでにわかに暑寒の勢いを増すことあるがごとし。風雨は寒暑の進歩を妨げずしてかえってこれを助くるものなり。いわんやこのたび西郷の挙動は日本の全国を殲滅するにあらず、また政府の全体を顚覆するにもあらず、僅かに政府中の一小部分を犯すのみの企てなれば、政治上の大風雨と名づくるに足らず。これらの事情をも吟味せずしていたずらに兵力専制の禍(わざわい)を恐るるは、狼狽(ろうばい)の甚だしき者と云うべし。

論者また謂らく、西郷の党が志を得て不平を慰むるを得ば、他にまた不平を抱く者を生じてさらに騒擾(そうじょう)に及ぶべし、今政府の貴顕は平和を好むといえども、今の地位に居ればこそ平和に依頼すれども、既に地位を失えば平和も無用なり、必ず党与を結んで事を謀ることあるべし、かくのごときはすなわち第二の西郷を作るに異ならずと。この説決して事実に当たらず。必竟天下の大勢を知らざるものの浅見のみ。西郷が志を得れば政府の貴顕に地位を失うものあるは必然の勢いなれども、その貴顕なる者は数名に過ぎず、これに付会する群小吏のごときはその数、思いの外に少なかるべし。試みに旧幕府顚覆のときを思え。当時余が親しく目撃せしところの事情を記せば、その大略左のごとし。学者これによりて天下の大勢なるものは果たしていかがの情を了解することあるべし。

この条やや剰長に似たれども、旧幕転覆の真相を示した

幕府にては関西の諸侯薩長土の類を叛藩(はんぱん)と名づけ、西郷吉之介、木戸準一郎、大久保一蔵[14]、大村益次郎(ますじろう)[15]、板垣退助[16]、後藤象次郎(しょうじろう)[17]の輩を奸賊(かんぞく)と称し、当時の幕議に云く、天皇は幼冲(ようちゅう)[18]、万機を親(みずか)らにし給うにあらず、三条、岩倉[19]のごときもまたただ貧困公卿の脱走したる者にして才能あるにあらざれば、深く咎むるに足らず。ときに悪むべき罪人は西郷、木戸の輩なり。近来この輩が朝廷に出入りして憚るところもなく、人主の幼冲なるを利し、公卿の愚なるを誑(たぶら)かし、蘇(そ)

るものなれば、読者これを別の一段として見るべし。

秦、張儀[20]を学んで以て私を営まんとするその罪悪は決して免すべからずとて、専ら誅鋤[21]の策を運らすその最中に伏見の変[22]あり。かの奸賊らはこの勢いに乗じて関西諸藩の衆を合従し、これに付するに官軍の名を以てして、大胆不敵にもまさに長駆して東下せんとするの報を得て、在江戸の幕臣は無論、諸藩のうちにても佐幕家と称する者は、同心協力を以てこの賊兵を富士川に防がんと云い、あるいはこれを箱根の嶮に扼せんと云い、またあるいは軍艦を摂海[23]に廻して、賊の巣窟たる京師[24]を覆さんと云い、私にこれを議し公にこれを論じ、策を献じ言を上つり、その最も盛んなるは将軍の御前において直言諍論、悲憤極まりて涙を垂らし声を放ちて号泣する者あるに至れり。その忠勇義烈古今絶倫にして人を感動せしむるほどの景況なりしかども、天なる哉、命なる哉、その献言策略も遂に行われず、賊兵猖獗、既に箱根を越えて江戸に入り、恐れ多くも東照神君[25]が櫛風沐雨、汗馬の労を以て創業の基を立てさせられたる万代不易の大都府も、今日醜虜匪徒のために蹂躙せられて一朝賊地となり、風景殊ならず目を挙ぐれば江河の異[26]あり、またこれを見るに忍びず。ここにおいてかかの佐幕の一類は、脱走して東国に赴く者あり、軍艦に乗りて箱館に行く者あり、あるいは旧君の御跡を慕うて静岡に移り、あるいは平民に堕落して江戸に留むる等、様々に方向を決するその中に、当初佐幕第一流と称したる忠臣が、ようやく既に節を改めて王臣たりし者また尠なからず。ただ王臣となりて首領を全うするのみにあらず、その穎敏神速にして勾配の最も急なる者は、早く天朝の御用を勤めて官員に採用せられたる者あり、あるいは関西に采地ある者は采地の人数を率いて東征先鋒の命を蒙りたる者あり。されども決死脱走の勇士はその挙動を怒りてこれを獣視するもただならず。またかの静岡に赴き江戸に留まりたる者にても、この新王臣の得々たるを見れば不平なきを得ず。その心に謂らく、静岡の俸禄、口を糊するに足らず、江戸の生計、かつて目途なしといえども、義を捨つるの王臣たらんよりはむしろ恩を忘れざるの遺臣となりて餓死するの愉快にしかずとて、東海にわかに無数の伯夷、叔斉[27]を出現したるは、さすがに我が日本国の義気にして、かの漢土殷周の比にあらざるもののごとし。然るにその後脱走の兵は敗北、奥羽の諸藩[28]は恭順謝罪、次いで箱館の脱艦[29]も利あらずして降伏する者次第に多く、したがって降ればしたがって寛典に処せられ、またしたがって官途に御採用を蒙り、世間の時候おのずから温暖を催してまた昔日の殺気凜然たるものにあらず。ここにおいてかさきの伯夷、叔斉もようやく首陽の麓に下りようやく天朝の里に近づき、王政維新の新世界を見れば、あに計らんや日本の政府は掛け巻くも畏こき天皇陛下の政府にして、徳川こそ大逆無道の朝敵なりき。知らずや今日は聖天子上にあり、条公、岩公の英明以てこれを補佐し奉りて、一綱一紀挙がらざるものなし。薩長土は真に忠藩なり、官軍は実に天兵なり。西郷、板垣公は英雄なり、木戸、大久保公は人傑なり。三藩の盛んなる実に欽慕に堪えず。しかのみならず佐賀藩のごときは前日勤王の聞こえもなかりしに、近来に至りてにわかに声価を轟かし、薩長土に一を加えて四藩と称するの勢いを致せり。必竟、田にあるの潜竜雲雨を得て興り、時を待つの君子機を見て起きつ者ならん。何ぞそれ君子の多きや。該藩のごときはこれを称して君子国と云うもあえて溢美にあらず。我が輩も延引ながら恭しく惟んみるに、鎌倉以来幕府にて国政を執るはこれを正理と云うべからず、かつてこれに疑いを容れしことなるが、今果たして大いに発明したり。大義は破るべからず、名分は誤るべからず。今にしてこの大義名分の明らかなりしはまた愉快ならずや。大義は親を滅ぼすべし、親戚朋友これを顧みるに遑あらず、何ぞ旧主人を問わん。我が輩無似なりといえども卿相諸侯の驥尾について[30]、たとい身、官吏たるを得ざるもなお食客、幕賓たるの栄を得てその門に出入りし、以て平生万分の一を尽くさん。もしこれを尽くすを得ば首陽の薇に換ゆるに大都会の滋味を以てし、以て酒泉の郡に入るべし、以て飯顆の山に登るべし。あにまた愉快ならずや。嗚呼彼も一時一夢なり、これもまた一時一夢なり。昨非今是、過ちて改むるに憚るなかれとて、超然として脱走の夢を破り、忽焉としこの景況を見れば、徳川滅亡のときに死んだ奴らこそ無分別と云うべきか、少少気の毒なるがごとし。

て首陽の眠りを醒まし、今日一伯夷（はくい）の官に就くあれば、明日はまた二叔斉の拝命するありて、首陽山頭また人影を見ず。昔日無数の夷斉（いせい）は今日無数の柳下（りゅうか）恵（けい）[31]となり、小官を卑とせず等外を不外聞とせずして、大義のあるところに出仕し、名分の存するところに月給を得て、ただそのところを失わんことをこれ恐るるのみ。その趣はあたかも幕府に死して天朝に蘇生したる者か、あるいは死生にあらず、幕府の晩に蚕眠（さんみん）を学で眠り、天朝の朝に蝶化して化したる者ならん。絶奇絶妙の変化と謂うべきのみ。かかることの次第にて、かの脱走したる烈士忠臣の残余も、ひとたび王師に抗したる諸方の佐幕論者も、静岡に赴き江戸に居残りたる伯夷、叔斉の流も、今日は明治聖代鼓腹撃壌[32]の良民となり、また尊王一偏の忠臣義士となり、昨日世上の大風浪も今日は靄然（あいぜん）たる瑞雲祥風（ずいうんしょうふう）となり、従来の痕跡少しも見えず。これを天下の大勢と云う。俗言これを志士の一転身と云うもまた可なり。然りしこうして明治初年の有志者も明治十年の有志者も、等しくこれ日本人にして、今日においても世上に風波あればその大勢に従うの趣は毫も異同あるべからず。しかのみならずこのたび西郷の企ては、前にも云えるごとくただ政府の一部分を変動するのみにして、政府の名をも改むるにあらざれば、その名まさしくその分紊（みだ）れず、今の吏人の身としてこの小変動に処するにおいて、その寝反りの易くして神速なるべきは智者を俟たずして明らかなり。かつ新聞記者のごときは展転反側の最も自在にして最も妙を得たるものなるがゆえに、たちまち筆を倒(さかしま)にして後(しり)えを攻め、以て正三位陸軍大将西郷隆盛公の盛挙を賛成し、天下の人心もまたこれに帰して、風波の鎮静すべきは疑いを容るべからず。ゆえに曰く、西郷志を得るも第二の西郷あるべからず。あるいは一、二失路の人が党与を結ばんとするも、これに与(くみ)する者は案外に少なかるべし。実は人民の気力の一点について論ずれば、第二の西郷を生ずるこそ国のために祝すべきことなれども、そのこれを生ぜざるをいかんせん。余輩はかえってこれを悲しむのみ。

　論者また謂(おもえ)らく、西郷は天子一身の賊にあらず、道徳品行の賊にあらず、また封建を慕うて文明改進を妨ぐるの賊にもあらず、また彼をして志を成さしむるも大なる後患もなかるべしといえども、いやしくも一国に政府を立てて法を定め、事物の秩序を保護して人民の安全幸福を進むるの旨を誤らざれば、その国法はすなわち政府と人民との間に取り結びたる約束なるがゆえに、この政府を顚覆(てんぷく)してこの法を破らんとする者は違約の賊として罪せざるべからずと。この説はすこぶる綿密にしてやや理論の体裁を具(そな)えたるものに似たれども、一言の下に感服すること能わず。請う試みにこれを述べん。論者の説を解剖すれば、一国に政府を立てて法を定むるまでを第一段とし、以下事物の秩序を保護して人民の安全幸福を進むるまでを第二段として見るべし。しこうしてその眼目とするところは必ず第一段にあらずして第二段にあることならん。けだし第一段は名なり、第二段は実なり。論者は必ず名を重んじて実を忘るる者にあらざれば、仮に今人間社会に政府なるものを設けずして事物の秩序を保護し人民の幸福を進むるの路あらば、必ずこの路によることならん。もし然らずしてただ物の名のみに拘泥し、いやしくも政府の名あるものは顚覆すべからず、これを顚覆するものは永遠無窮の国賊なりとせば、世界古今いずれの時代にも国賊あらざるはなし。近くその著しき者を挙ぐれば、今の政府の顕官も十年以前西郷とともに日本国の政府たる旧幕府を顚覆したる者なれば、その国賊たるの汚名は千歳に雪ぐべからざるものと云うも可ならん。然りしこうして世論これを賊と云わずして義と称するは何ぞや。旧幕府は政府の名義あれども事物の秩序を保護して人民の幸福を進むるの事実なきものと認めたるがゆえならん。有名無実と認むべき政府はこれを顚覆するも義において妨げなきの確証なり。

そもそも西郷は生涯に政府の顚覆を企てたること二度にして、初めには成りて後には敗したる者なり。しこうしてその初度の顚覆においては最も惨酷を極め、第一政府の主人を廃してこれを幽閉し、故典旧物を残毀して毫も愛惜するところなく、その官員を放逐し、その臣下を凌辱し、その官位を剝ぎ、その食禄を奪い、兄弟妻子を離散せしめてその流浪饑寒を顧みず、数万の幕臣は静岡に溝瀆に縊るる[33]者あり、東京に路傍に乞食する者あり、家屋舗は召し上げられて半ば王臣の安居となり、墳墓は荒廃してたちまち狐狸の巣窟となり、惨然たる風景また見るに堪えず。ただに幕臣の難渋するのみならず、東北の諸藩にていわゆる方向を誤りたるものは、その主従の艱苦もまた云うに忍びざるもの多し。この一点のみについて論ずれば、西郷は人の艱難を醸したる張本と云うも謝するに辞なきほどの次第なれども、文明進歩の媒となりて大いに益するところあれば、人民一時の艱難はこれを顧みるに遑あらず。すなわち西郷が初度の顚覆においてその忠勇第一等にして学者もこれを許す由縁ならん。然りしこうして再度の顚覆にはその志を成すこと能わざりしがゆえに成績を見るべからずといえども、世上一般の噂においても、学者流の所見においても、また余輩の臆測するところにおいても、その趣まったく初度の惨酷に似ずして必ず寛大なるべきや疑いなし。第一政府の主人たる天皇陛下の身に一毫の災厄あるべからざるはもとより論を待たず。また今の政体は廃藩置県政令一途の旨に基づき三、五年以来大いなる改革もなくして、すなわち当初西郷が自ら今の政府の顕官とともに謀りて定めたる政体なれば、僅かに数年の間に自ら作りたるものを自ら破るの理あるべからず。既に政治の大体を改むるの念あらざれば、いたずらに政府の官員を擯斥するがごとき無用の挙動をなさざるもまた推して知るべし。いわんやその人品のいかがをも問わず、その職務の種類をも論ぜず、官の人とあれば剣を以てこれに接し、政府の根底より枝末に至るまでこれを顚覆殲滅して以て自ら快楽とするがごとき無情惨酷においてをや、西郷の誓いて行わざるところなり。実に彼が志を得て政府に起くるべき変動は、ただ僅かに二、三の貴顕がそのところを失うて、これに随従する群小吏が一時に勢力を落とすのみにして、政府は依然たる政府たるべきなり。依然たる政府にして数名の大臣を擯け数十百の小吏を放逐するも、これを名づけて政府の顚覆と云うべからず。その実は官吏の黜陟[34]たるに過ぎず。すなわち一時政府に免職する者と拝命する者と相互に交代すべきのみ。

初度の顚覆と再度の顚覆とその趣を異にしその寛猛軽重の差あることかくのごとくにして、初めには西郷に許すに忠義の名を以てし、後にはこれに付するに賊名を以てす。論者は果たして何らの目安によってこれを判断したるか。よく名と実とを分別し、前に云える事物の秩序を保護し人民の安全幸福を進むるの事実を根拠となしてこれを判断したるか。今の政府の官員に日本国の事務を任すれば、必ずよく社会を整理して失錯あることなく、人民の智徳は次第に進歩して、自由自治の精神はようやく発達して、富強繁盛の幸福を致すべし、これに反して、西郷をして志を得せしめなば、反対の災害を醸すべし、今の官員にして必ず然るべし、西郷にして必ず然るべからずと、今日を視察し今後を推量し、果たして心に得て〔これを〕判断したるか。論者の眼力、炬のごとしといえども、かかる洞察の明はなかるべし。いわんや退きてその私を顧み、その平生唱うるところの持論を聞けば、常に政法の是非を議し、その専制を憂いその不自由を咎め、今後の成り行きを危懼して措くこと能わざるがごときものあるにおいてをや。論者は決して今の政府を信ずる者と云うべからず。然らばすなわちその西郷に賊名を付したるは事実の利害によって目安を定めたるものにもあらざるなり。

暗に政府を誹議するは今の論客の常なり。新聞紙を読んで知るべし。

然らばすなわち論者は、かの政府の公告に記したる西郷隆盛以下兵器を携え熊本県下に乱入すと云う一句の文字を証してその賊たるを断じたるか。もしそれ果たして然らば、論者の見識はただ紙に記したる字義を解するのみに止まりて、前後に関することの連絡には毫も頓着せざる者と云うべし。そもそも西郷隆盛が兵器を携えて熊本県下に乱入したるは、その乱入の日に乱をなしたるにあらず、乱をなすの原因ははるかに前日にありて存せり。明治六年、内閣の大臣に外征を主張する者と内政を急務とする者と二派に分かれ、西郷は外征論の魁にしてその見込みを屈せず、遂に桐野以下付属の将校兵卒数百名を率いて故このときの有り様はいまだ日本に政府あらずと云うべし。

郷に帰りたり。このときに西郷、桐野らは明らかに辞職にもあらずまた免職にもあらず、部下の兵士もまたまさしく除隊の法に従うにあらず、公然として首府を去りたれども、内閣に残る諸大臣はこれを制止せずして黙許に付したることとなれば、その景況はあたかも陸軍大将が兵隊を指揮して鹿児島に行くと云うも可なり。なお細かに内実を表すれば、王制一新の功臣が成功の後に不和を生じてその一部分は東に居残り、一部分は分かれて西に赴きたりと云うも可なり。その証拠には西郷が帰郷の後も政府はこれに大将の月給を与えたり。これを公の俸禄とす。（西郷の月給は陸軍省に積みたりと聞く） また維新以来鹿児島県の歳入は中央政府の金庫に入りたることなし。他なし、間接に該地の兵士を養う資本たるべきものなれば、これを私の俸禄とす。かくのごとく、政府は薩兵の薩に帰るを許し、またその将校兵卒に俸禄を給与し、これに加うるに武器製作の場所をもことさらに該地に設けて暗にその権柄を土地の士民に付したることとなれば、薩人の傲然として一方に割拠し、政府に対して並立の思いをなすは必然の勢いにして、その勢いは政府より養成したるものと云わざるを得ず。すなわち乱の原因は政府にありと云うて可なり。

このことは今年の春、

薩人は既に政府に対して並立の勢いをなし、かねてまた政府よりこれを怒ら(いか)しめてますますその乱心を促したるの事情あり。初め西郷は外征の論を主張して行われざるのゆえを以て政府を去りたるに、去りていまだ一年を経ず、あに計らんや先に内政の急務を唱えたる者が、にわかに所見を変じたるか、台湾を征伐して支那政府[35]に迫り、五十万の償金を取りて得色あるがごとし。西郷の身においては朋友に売られたるものにして、心に忿々(ふんぷん)たらざるを得ず。また政府の人が内政を修むるの急務を論じながら、その内政の景況いかがを察すれば、内務省設立の頃より政務はますます繁多にして、かつて整頓の期あることなく、これに加うるに地租の改正、禄制の変革を以て、士族はますます窮し農民は至極の難渋に陥り、およそ徳川の政府より以来百姓一揆の流行は特に近時三、四年を以て最とするほどの次第なれば、遠方に閉居する薩人の耳に入るものは天下の悪聞のみにして、ますます不平ならざるを得ず。西郷の持論にも、方今の事物の有り様なれば討幕の師は必竟無益の労にして、今日に至りてはかえって徳川家に対して申し訳なしとて、常に慙羞(ざんしゅう)の意を表したりと云う。これらの事情によって考うれば、かの輩の不平忿懣(ふんまん)は既に極度に達したるものと云うべし。

また薩の士人は古来質朴率直を旨とし、徳川の太平二百五十余年の久しきも遂に天下一般の弊風に流れず、その精神に一種貴重の元素を有する者と云うべし。然るに該藩の士族にして政府の官員たる者は、ようやく都下の悪習に倣(なら)い、妾(しょう)を買い妓(ぎ)を聘(へい)する者あり、金衣玉食、奢侈を極むる者あり、あるいは西洋文

木戸の建白にも論じて、申し訳なしと明言せり。

訛伝誤報の多きはもとより免るべからずといえども、悉皆無根のことのみを聞きたるにあらず。

東西ところを換えて後

に至らばあるいは同様の始末ならんも計るべからずといえども、質朴率直を行う間はこれを質朴率直とし、惰弱奢侈を行う間はこれを惰弱奢侈とせざるを得ず。

明の名を口実に設けて、非常の土木を起こし、無用の馬車に乗る等、郷里の旧を棄てて忘れたる者のごとし。これに反して薩に居る者は依然たる薩人にして、西郷、桐野の地位にあるものにても衣食住居の素朴なること毫も旧時に異ならず。等しくこれ竹馬の同藩旧士族、その東に居る者と西に居る者と生活の趣を殊にすることかくのごとくにして、かえってその技倆(ぎりょう)いかんを論ずれば、穎敏の才智に至りては東に対して譲るところあるも、活発屈強の気力は西に十分にして、常に他を愍笑(びんしょう)するほどの有り様なれば、少年血気の輩は忿懣に堪えず切歯扼腕(やくわん)[36]し、在東京の薩藩人を悪み、これを悪むの余にかねてまた他の官員の不品行なる者をも蔑視して、甚だしきはこれを評論して人面獣心と云うに至れり。もとよりかの私学校党の激論にして、よく人事の大勢を推考したるものにあらざれども、激論中おのずから時病に中(あた)るもの尠(すく)なからず。これまた乱の原因の一大箇条なり。

右のごとく乱の原因を枚挙してその原因は政府の方にありといえども、余輩は西郷が事を挙げたるを以ていかにも正理に適したるものと云うにあらず。けだし西郷は智力と腕力の中間に挟まり、その心事常に決せずして遂に腕力に制せられたる者と云うべし。西郷の目を以て部下の者を見れば、その屈強正直(せいちょく)の気力愛すべしといえども、もとより腕力の兵士なり。これを誨(おし)えて老練沈着の武器製造所のごときは政府の催促を待たずして彼よりこれを返すこそ西郷の英断と云うべし。今その然らざりしは西郷もこの兵器に恋恋したるか、真の勇者にあらず。あるいは少年輩の意に戻ること能わずしてこれを返さざりしか、その制御の不行届と云うべ

人物たらしめんとするも一個の力に及ぶべきにあらず。さりとてこれを放ちてその行くところに任しなば、舟にして楫なきがごとく、蒸気にして鑵[37]なきがごとく、何らの変も計るべからず。これを誨ゆべからず、これを放つべからず、心事の進退ここに窮まりてなすところを知らず、ただ畢生の力を尽くして維持の策を運らしたるのみ。すなわちその初めに佐賀の江藤[38]を援けず、後に萩、熊本の暴発[39]に与せず、常に衆に諭して今は時節にあらず、ここは場所にあらず、我まさに我まさにとてこれを籠絡したる由縁にして、その兵士の処置に困却するの心は政府の顕官がこれを憂うるの心に異ならず。この点について見れば西郷は少年の巨魁となりて得々たる者にあらず、その実はこれに窘められたる者と云うべきなり。嗚呼西郷をして少しく学問の思想を抱かしめ、社会進歩の大勢を解してその力を地方の一偏に用い、政権をば明らかに政府に帰してその行政に便利を与え、特り地方の治権を取りてこれを地方の人民に分与し、深く腕力を蔵めて引きて放たず、剣戟の鋒を変じて議論の鋒となし、文を修め智を磨き、工を勤め業を励まし、隠然たる独立の勢力を養生して他の魁をなし、しかる後にかの民選議院をも設け立憲政体をも作り、以て全日本国の面目を一新するの大目的を定めしめなば、天下未曾聞の美事と称すべきなり。人あるいは云く、かの私学校党のごとき、ただ硝鉄をこれ頼んで戦争の外、余念なき者に向

けて、これに説くに地方の事務を以てし、これに諭すに勤学営業の旨を以てするも、これを説諭する者とこれを聞く者と、その心事天淵の相違にして到底相近づくべからずとの説もあれども、元来この私学校党の性質を尋ぬれば決して非常の人種にあらず、その心事のあるところは他なし、人類普通、権を好むの一点に過ぎず。権を好むの心、決して悪むべきにあらず。この心の働きを以て社会を利すべしまた害すべし。その利害いかんは働きの性質にあらずしてその方向にあるのみ。ゆえに今この党が権を好むの性質を有して、しかも活発屈強の気風あらば、その性質に従いその気風を利し、その権利のあるところを指示してその方向に誘導すべし。性質に戻(もと)らずしてかえってこれに従うことなれば、決して相近づくべからざるものにあらず。必ず次第に面目を改めて、少年輩の心事にもさらに一層の高尚を致すべきは疑いを容れざるところなり。西郷は果たしてこの辺に着眼して思慮を運らしたることあるか、余輩これを知ること能わず。もしその眼力ここに及ばずして策を試みたることなくば、西郷の罪は不学にありと云わざるを得ず。

世上の説に、西郷は数年以前、鹿児島へ退身の後も意を内国のことに留めず、専ら外征の論を主張して少年を籠絡し、その我まさに、我まさにと云えるは、まさに朝鮮を伐(う)ち、支那を蹂躙(じゅうりん)し、露西亜(ロシア)を征し、土耳古(トルコ)を取らんとするがご

し。また西郷が政府に尋問の筋ありとは、暗殺の一条を糺さんとするの趣意か、甚だ拙なる者と云うべし。暗殺の真偽もとより分明ならず、たとい実にこのことありとするも、この一事を糺すを以て兵を挙ぐるの大趣意とするに足らず。兵を挙げて政府に抗す

とき、漠然たる思想にして、ためにますます少年好武の血気を煽動してかえってその動揺を制御する能わざるのみならず、己れもまた血気中の一部分にしてかつて定まりたる目的もなく、遂に今回の軽挙暴動に及びたりと。この説果たして然らば、西郷もまたただ私学校党の一狂夫のみなれども、余輩はにわかにこれを信ずること能わず、西郷は少年のときより幾多の艱難を嘗めたる者なり。学識に乏しといえども老練の術あり、武人なりといえども風彩あり、朴訥なりといえども粗野ならず、平生の言行温和なるのみならず、いかなる大事変に際するもその挙動綽々然として余裕あるは、人のあまねく知るところならずや。然るに今回の一挙に限りて切歯扼腕の少年と雁行して得々たる者とみなすは、西郷の平生を知らずして臆測の最も当たらざるものと云うべし。ゆえに余輩はあえてかれに左袒してその不学の罪をも許さんとするにはあらざれども、またこの世説を軽信して直にこれを狂夫視するの理由はいまだこれを見出すこと能わざるなり。

またあるいは云く、西郷は真に朝廷の忠臣にして、朝廷の名ある政府に向かってもとより暴発すること能わず、またその暴発の世に害たることをも知り、百方尽力して部下の少年輩を維持したるは政府の人も明らかに知るところなり、あるいはこれを維持してその方向を改めしむるの術に至りては、学識明らかな

るならば、第一薩人たる人民の権利を述べ、従って今の政府の圧制無状を咎むるのみにして、暗殺のごときはこれを云わずして可なり。もしこれを云わば他の実事を表するの証拠として持ち出だすべきのみ。後世に至りて明治十年の内乱は暗殺の一条より起こ

らず、知見博(ひろ)からずして、策の得ざるものもあらんといえども、西郷に固有の力はこれを尽くして遺すところあることなし、かくのごとく忍耐勉強して一年を過ぎ二年を経て世上の有り様を視察するに、一として部下の不平を慰むるに足るものなし、政治はますます中央集権、地方の事務は日に煩冗、これも政府の布告、かれも地方官の差図とて、有志の士民はあたかもその心身の働きを伸ぶるに地位を見ず、その鬱積遂に破裂して私学校党の暴発となり、西郷も実に進退これきわまるの場合に陥り、止むを得ずして遂に熊本県下乱入の挙に及びたりと。この説あるいは然らん。然らばすなわちかの心事は真に憐むべくして、これを死地に陥れたるものは政府なりと云わざるを得ず。明治七年内閣の分裂以来、政府の権はますます堅固を致し、政権の集合は無論、府県の治法、些末のことに至るまでも一切これを官の手に握りて私に許すものなし。人民はただ官令を聞くに忙わしくしてこれを奉ずるに遑あらず。その一例を挙ぐれば、今[40]の府県の民にして政府の布告を読む者は百中一、二に過ぎず、他は皆回章の名前に点を付けてこれを隣家に回すのみ。甚だしきは犯罪によりて罰金を払うに、そのこれを払うのときに至りて始めて何々の法あるを聞き、己がその法を犯したるを聞き、これを犯したるがゆえにこの罰金を払うの由縁を聞き、始めて大いに驚愕する者あるに至れり。新法の繁多にして人民の無頓着なること推して

りたりと云わば、あたかも乱の品価の賤しきものにして、世界中に対しても不外聞ならずや。西郷も必ずこれを知らざるにはあらざるべしといえども、ただ血気の少年に迫られて遂にこの些末の児戯を喋々するに至りしことならん。これまた制御の不行届と云うべし。

三、四年前より薩摩の穏やかならざることにつき政府の人の説を聞けば、西郷のある間は安心なりと云わざる者なし。余は常にその説を排して謂らく、政府が薩人を御するに間接の法を用いずして、独り西郷に依頼してその平穏を保するは、一家の主人が細君

知るべし。政府はただ無智の小民を制御して自治の念を絶たしむるのみにあらず、その上流なる士族有志の輩を御するにも同様の法を以てして、かつてこれにその力を伸ばすべきの余地を許さず。そもそも廃藩以来日本の士族流はまったく国事に関するの地位を失い、その無聊(ぶりょう)の有り様は騎者にして馬を殺し、射者にして弓を折りたるもののごとし。このときに当たりて政府たるものが巧みに間接の法を用い、その騎射の力の形を変化せしめて他の方向に誘導するにあらざれば、鬱積極まりて破裂に至るべきは、智者を待たずして明らかなるところなれども、近来の景況を見るに、政府は毫もここに心を用いずして、ひたすら直接の策に出で、士族に剣を礪(と)ぐ者あれば政府は銃砲を造りてこれに当たらんとし、論客学者に喧しき者あれば律令を設けてこれを禁止せんとし、その状あたかも雷を防ぐに鉄の天井を以てするに異ならず。策の巧なるものと云うべからず。薩の士族にても前に云えるごとくその性質を尋ぬればただ権を好むの一点にあるのみの者なれば、よくその性質に従いてさらに方向を示し、間接にこれを導いてその赴くところを変じ、あるいは以て転禍為福(てんかいふく)の功を奏すべきことあるべし。かつ政府にてこの間接の法を用いんとするに意あれば、その路甚だ難からず。三、五年以来世上に民会論[41]の喋々たるものあれば、政府は早くその勢いに乗じて事の機を失うことなく、しばらくこの民会論を以て天下の公議

の貞節を頼みにして、かえって自ら淫奔を恣にするがごとし。国内に知らぬは政府ばかなりと云うべき異変は図るべからずと、毎度話したることもありき。

学者、新聞記者を味方にするは上策なりといえども、銭を貫いて政府に左袒する者は、た

輿論とみなし、この公議輿論に従って士族の心を誘導すれば、名義正しく、人心安く、無聊の士族も始めて少しくその力を伸ばすの地位を得て、その心事の機を転ずるを得べし。政略の巧はこの辺にありて存するものなり。民会の説、あるいは今の実際に行われがたき場合もあらんといえども、結局その元素は推考の理論を先にして腕力を後にするものなれば、今日に実効なきも、今日にこれを起こしてその旨を奨励し、以て後日の謀をなすも妨げなきは、もとより弁を俟たず。かくのごとくして政府は既に真実民会を勧むるの名を成したり、なおその上にも学者なり新聞記者なり、いやしくも世上に名望を得て有力なる者は悉皆これを政府の味方に引き入れ、ますますその発論の自由を許して著書発行を自在ならしめなば、その論鋒の向かうところは必ず鹿児島士族の腕力を頼りて一方に割拠するがごとき者を攻めて、遂にはかの頑士族の頑をも砕きて不識不知の際にこれを平和に導くべきは疑いを容れず。かかる形勢に至れば西郷もまた安くしてあたかも意外の僥倖を得たる思いをなすべきなり。然るに政府の人は眼をここに着せず、民会の説を嫌いてこれを防ぐのみならず、僅かに二、三の雑誌、新聞紙に無味淡泊の激論あるを見てこれに驚き、これを讒謗としこれを誹議とし、甚だしきはこれに付するに国家を顛覆するの大名を以てして、その記者を捕えてこれを見ればただこれ少年の貧書生のみ。書生の一言あ

とい官員の意に適するも、その実は間接に政府の品価を落とすの媒たるべし。

世間の不平士族はこの新聞記者の輩を捕うるを見て、己が同類を窘めるとして怒る者多し。

によく国家を顚覆するに足らんや。政府の狼狽もまた甚だしきものと云うべし。これらの事情によりて考うれば、政府は直接に士族の暴発を防がんとしてこれをその未発に止むること能わず、間接にこれを誘導するの術を用いずしてかえって間接にその暴発を促したるものと云うべし。ゆえに云く、西郷の死は憐むべし、これを死地に陥れたるものは政府なりと。

　なおこれよりも甚だしきものあり。すべて国事の犯罪はそのことを悪みてその人を悪むべきにあらざれば、往々これを許して妨げなきもの多し。なお維新の際に榎本の輩を放免して今日に害なくかえって益するところ大なるがごとし。然るに維新後、佐賀の乱のときには断じて江藤を殺してこれを疑わず、しかのみならずこの犯罪の巨魁を捕えてさらに公然たる裁判もなくその場所において刑に処したるはこれを刑と云うべからず、その実は戦場に討ち取りたるもののごとし。鄭重なる政府の体裁において大いなる欠典と云うべし。ひとたび過ちて改むればなお可なり。然るを政府は三年を経て前原[42]の処刑においてもその非を遂げて過ちを二にせり。ゆえに今回城山に籠りたる西郷も、乱丸[43]の下に死して快とせざるはもとより論を俟たず、たとい生を得ざるはその覚悟にても、生前にその平日の素志を述ぶべきの路あれば、必ずこの路を求めて尋常に縛に就くこともあるべきはずなれども、江藤、前原の前轍（ぜんてつ）を見て死を決したるや必せり。然らばすなわち政府はただに彼を死地に陥れたるのみにあらず、また従ってこれを殺したる者と云うべし。西郷は天下の人物なり。日本狭しといえども、国法厳なりといえども、あに一人を容るるに余地なからんや。日本は一日の日本にあらず、国法は万代の国法にあらず、他日この人物を用うるのときあるべきなり。これまた惜しむべし。

丁丑公論　終

1楠正成　楠木正成（一二九四—一三三六年）。南北朝時代の武将。後醍醐天皇の呼びかけに応じて鎌倉幕府軍と奮戦。のち湊川の戦いで足利尊氏に敗れ、自刃した。**2平将門**　平安中期の武将。関東を掌握し新皇を自称したが、敗死した。**3桐野**　桐野利秋（一八三八—七七年）。明治初期の薩摩藩出身の軍人。西南戦争では西郷とともに戦い、戦死した。**4婉語諷言**　それとなく遠回しにいう言葉。**5佞諂**　口先で人をあざむくこと。**6釁**　隙間、弱点。**7不通論**　すじが通らない主張。**8その食を……**　本書三七九頁、注12参照。**9皮相する**　表面だけを見て判断すること。**10神風連**　新政府に反対する旧熊本藩の保守派の士族らが組織した政治団体。一八七六年に蜂起し、鎮圧された（神風連の乱）。**11木戸**　木戸孝允（一八三三—七七年）。木戸準一郎とも。幕末・明治初期の政治家。討幕運動を主導し、維新後は五カ条の御誓文の起草、廃藩置県などに尽力した。なお、「騎兵隊」は奇兵隊のこと。高杉晋作らが組織した長州藩の民兵組織で討幕運動を支えた。本書二九四頁、注4も参照。 **12ミリタリ・デスポチスム** 軍事独裁体制。［英］military despotism **13コロンウェル** オリバー・クロムウェル（一五九九―一六五八年）。イギリスの軍人、政治家。清教徒革命を主導し、護国卿として独裁体制を敷いた。 **14大久保一蔵** 大久保利通（一八三〇―七八年）。旧薩摩藩出身の政治家。討幕運動の主導者のひとりであり、新政府においても中心的役割を果たした。 **15大村益次郎** 一八二四―六九年。幕末の兵法家。戊辰戦争を指導し、近代的軍制の整備につとめた。 **16板垣退助** 一八三七―一九一九年。明治時代の政治家。民撰議院設立建白書を政府に提出し、自由民権運動を指導した。後年、内務大臣をつとめる。 **17後藤象次郎** 後藤象二郎（一八三八―九七年）。明治期の政治家。大政奉還運動などに活躍し、新政府に参加するが征韓論をめぐる政変により辞任。のちに逓信省などを歴任。 **18幼冲** 年少。 **19三条、岩倉** 「三条」は三条実美（一八三七―九一年）。幕末・明治前期の公卿、政治家。尊王攘夷運動に参加し、新政府においては要職をつとめた。「岩倉」は岩倉具視（一八二五―八三年）。幕末・明治前期の公卿、政治家。王政復古の実現に貢献し、新政府においては要職を歴任する。明治憲法制定に尽力した。後出の「条公、岩公」も同じ。 **20蘇秦、張儀** ともに中国戦国時代の縦横家。「蘇秦」は秦に六国で対抗する合従策を唱え、「張儀」は秦と各国が個別に同盟を結ぶ連衡策によりそれを破った。 **21誅鋤** 罪人を根絶やしにすること。 **22伏見の変** 本書三八〇頁、注22参照。 **23摂海** 大阪湾。 **24京師** 京都。 **25東照神君** 徳川家康のこと。「櫛風沐雨」は世の中でさまざまな辛苦にあうことのたとえ。 **26江河の異** 長江（揚子江）と黄河ほどの違い。 **27伯夷、叔斉** 中国殷代から周代にかけての伝説的な賢人兄弟。首陽山に隠遁し餓死したと伝えられる。清廉潔白な人物の代表とされる。 **28奥羽の諸藩** 奥羽越列藩同盟を結び新政府軍に対抗した東北、北越の諸藩のこと。 **29箱館の脱艦** 榎本武揚率いる旧幕府軍艦隊が箱館に逃れ、五稜郭に立てこもって新政府軍に対抗しようとしたものの、一八六九年に降伏した一連の事変。30驥尾につく　賢人につき従い、その行動などを見習うこと。31柳下恵　中国春秋時代の政治家。徳のない君主にも仕え、どんな職務でもまっとうしたことで知られる。32鼓腹撃壌　腹つづみを打ち、地面を踏み鳴らすこと。世の中が安定して満ち足りているさま。33溝瀆に縊る　自ら首を絞め、どぶに落ちて死ぬこと。つまらない死に方のたとえ。34黜陟　功績によって官吏を昇進させたり降格させたりすること。35台湾を征伐して　いわゆる征台の役（台湾出兵）のこと。台湾に漂着した琉球人漁民の殺害などを理由に、一八七四年、西郷らが出兵を強行し、それを政府が追認するかたちで台湾に派兵。清から賠償金を得て和解した。36切歯扼腕　歯を食いしばり、自分の腕をつかむ。激しく憤り、悔しがること。37鑵　シリンダー。38江藤　江藤新平（一八三四―七四年）。幕末・明治初期の政治家。尊王攘夷運動に参加し、新政府では司法卿、参議をつとめる。征韓論をめぐる政争で下野したのち佐賀の乱を起こしたが、捕らえられて刑死した。39萩、熊本の暴発　萩の乱と神風連の乱のこと。本書二九四頁、注6および本論注42も参照。40回章　回状。順に回し読みをする文書。41民会論　「民会」は明治初期に非公式に開設された、府県会・大小区会・町村会などの民情諮問機関のこと。地方民会。当時、公選にもとづく地方民会の開設要求が高まっていた。42前原　前原一誠（一八三四―七六年）。幕末・明治初期の政治家。討幕運動に参加し、新政府では参議などを歴任。帰郷後、熊本の神風連の乱に呼応して不平士族らを率い萩の乱を起こすが、捕らえられて刑死。43乱丸　砲弾が乱れ飛ぶさま。

瘠我慢の説

立国は私なり、公にあらざるなり。地球面の人類その数億のみならず、山海天然の境界に隔てられて、各処に群を成し各処に相分かるるは止むを得ずといえども、各処におのおの衣食の富源あればこれによりて生活を遂ぐべし。またあるいは各地の固有に有余不足あらんには互いにこれを交易するも可なり。すなわち天与の恩恵にして、耕して食い、製造して用い、交易して便利を達す。人生の所望この外にあるべからず。何ぞ必ずしも区々たる人為の国を分かちて人為の境界を定むることを須いんや。いわんやその国を分かちて隣国と境界を争うにおいてをや。いわんや隣の不幸を顧みずして自ら利せんとするにおいてをや。いわんやその国に一個の首領を立て、これを君として仰ぎこれを主として事え、その君主のために衆人の生命財産を空しうするがごときにおいてをや。いわんや一国中になお幾多の小区域を分かち、毎区の人民おのおの一個の長者を戴いてこれに服従するのみか、常に隣区と競争して利害を殊にするにおいてをや。すべてこれ人間の私情に生じたることにして天然の公道にあらずといえども、開闢以来今日に至るまで世界中の事相を観るに、各種の人民相分かれて一群を成し、その一群中に言語文字をともにし、歴史口碑をともにし、婚姻相通じ、交際相親しみ、飲食衣服のもの、すべてその趣を同じうして、おのずから苦楽をともにするときは、また離散すること能わず。すなわち国を立ててまた政府を設くるゆえんにして、既に一国の名を成すときは人民はますますこれに固着して自他の分を明らかにし、他国他政府に対してはあたかも痛痒相感ぜざるがごとくなるのみならず、陰陽表裏ともに自家の利益栄誉を主張してほとんど至らざるところなく、そのこれを主張することいよいよ盛んなる者に付するに忠君愛国等の名を以てして、国民最上の美徳と称するこそ不思議なれ。ゆえに忠君愛国の文字は哲学流に解すれば純乎(じゅんこ)たる人類の私情なれども、今日までの世界の事情においてはこれを称して美徳と云わざるを得ず。すなわち哲学の私情は立国の公道にして、この公道公徳の公認せらるるはただに一国において然るのみならず、その国中に幾多の小区域あるときは、毎区必ず特色の利害に制せられ、外に対するの私を以て内のためにするの公道と認めざるはなし。例えば西洋各国相対し、日本と支那、朝鮮と相接して、互いに利害を異にするはもちろん、日本国中において封建の時代に幕府を中央に戴きて三百藩を分かつときは、各藩相互いに自家の利害栄辱を重んじ一毫(いちごう)の微も他に譲らずして、その競争の極は他を損じても自ら利せんとしたるがごとき事実を見てもこれを証すべし。さてこの立国立政府の公道を行わんとするに当たり、平時にありてはさしたる艱難(かんなん)もなしといえども、時勢の変遷に従って国の盛衰なきを得ず。その衰勢に及んではとても自家の地歩を維持するに足らず、廃滅の数既に明らかなりといえども、なお万一の僥倖(ぎょうこう)を期して屈することをなさず、実際に力尽きて然る後に斃(たお)るるはこれまた人情の然らしむるところにして、その趣を喩(たと)えて云えば、父母の大病に回復の望みなしとは知りながらも、実際の臨終に至るまで医薬の手当てを怠らざるがごとし。これも哲学流にて云えば、等しく死する病人なれば、望みなき回復を謀るがためいたずらに病苦を長くするよりも、モルヒネなど与えて臨終を安楽にするこそ智なるがごとくなれども、子となりて考うれば、億万中の一を僥倖しても、ことさらに父母の死を促すがごときは、情において忍びざるところなり。されば自国の衰頽に際し、敵に対してもとより勝算なき場合にても、千辛万苦、力のあらん限りを尽くし、いよいよ勝敗の極に至りて始めて和を講ずるかもしくは死を決するは立国の公道にして、国民が国に報ずるの義務と称すべきものなり。すなわち俗に云う瘠我慢なれども、強弱相対していやしくも弱者の地位を保つものは、単にこの瘠我慢によらざるはなし。ただに戦争の勝敗のみに限らず、平生の国交際においても瘠我慢の一義は決してこれを忘るべからず。欧洲にて和蘭、白耳義のごとき小国が、仏独の間に介在して小政府を維持するよりも、大国に合併するこそ安楽なるべけれども、なおその独立を張りて動かざるは小国の瘠我慢にして、我慢よく国の栄誉を保つものと云うべし。我が封建の時代、百万石の大藩に隣して一万石の大名あるも、大名はすなわち大名にして毫も譲るところなかりしも、畢竟瘠我慢の然らしむるところにして、また事柄は異なれども、天下の政権武門に帰し、帝室は有れども無きがごとくなりしこと何百年、このときに当たりて臨時の処分を謀りたらば、公武合体[1]等種々の便利法もありしならんといえども、帝室にしてよくその地位を守り幾艱難のその間にも至尊犯すべからざるの一義を貫き、例えばかの有名なる中山大納言[2]が東下したるとき、将軍家を目して吾妻の代官と放言したりと云うがごとき、当時の時勢より見れば瘠我慢に相違なしといえども、その瘠我慢こそ帝室の重きを成したる由縁なれ。また古来士風の美を云えば三河武士の右に出ずる者はあるべからず、その人々について品評すれば、文に武に智に勇におのおの長ずるところを殊にすれども、戦国割拠のときに当たりて徳川の旗下に属し、よく自他の分を明らかにして二念あることなく、理にも非にもただ徳川家の主公あるを知りて他を見ず、いかなる非運に際して辛苦を嘗(な)めるもかつて落胆することなく、家のため主公のためとあれば必敗必死を眼前に見てなお勇進するの一事は、三河武士全体の特色、徳川家の家風なるがごとし。これすなわち宗祖家康公が小身より起こりて四方を経営し遂に天下の大権を掌握したるゆえんにして、その家の開運は瘠我慢の賜(たまもの)なりと云うべし。されば瘠我慢の一主義はもとより人の私情に出ずることにして、冷淡なる数理より論ずるときはほとんど児戯に等しと云わるるも弁解に辞なきがごとくなれども、世界古今の実際において、いわゆる国家なるものを目的に定めてこれを維持保存せんとする者は、この主義によらざるはなし。我が封建の時代に諸藩の相互いに競争して士気を養うたるもこの主義により、封建既に廃して一統の大日本帝国となり、さらに眼界を広くして文明世界に独立の体面を張らんとするもこの主義によらざるべからず。ゆえに人間社会の事物今日の風にてあらん限りは、外面の体裁に文野の変遷こそあるべけれ、百千年の後に至るまでも一片の瘠我慢は立国の大本としてこれを重んじ、[3]いよいよますますこれを培養してその原素の発達を助くること緊要なるべし。すなわち国家風教の貴きゆえんにして、例えば南宋のときに[4]廟議(びょうぎ)、主戦と媾和(こうわ)と二派に分かれ、主戦論者は大抵皆擯(しりぞ)けられてあるいは身を殺したる者もありしに、天下後世の評論は媾和者の不義を悪(にく)んで主戦者の孤忠を憐まざる者なし。事の実際を云えば弱宋の大事既に去り、百戦必敗はもとより疑うべきにあらず、むしろ恥を忍んで一日も趙(ちょう)氏[5]の祀を存したるこそ利益なるに似たれども、後世の国を治むる者が経綸(けいりん)[6]を重んじて士気を養わんとするには、媾和論者の姑息(こそく)を排して主戦論者の瘠我慢を取らざるべからず。これすなわち両者が今に至るまで臭芳の名を殊にするゆえんなるべし。

然るにここに遺憾なるは、我が日本国において今を去ること廿余(にじゅうよ)年、王政維新のこと起こりて、その際不幸にもこの大切なる瘠我慢の一大義を害したることあり。すなわち徳川家の末路に、家臣の一部分が早く大事の去るを悟り、敵に向かってかつて抵抗を試みず、ひたすら和を講じて自ら家を解きたるは、日本の経済において一時の利益を成したりといえども、数百千年養い得たる我が日本武士の気風を傷(そこな)うたるの不利は決して少々ならず。得を以て損を償うに足らざるものと云うべし。そもそも維新のことは帝室の名義ありといえども、その実は二、三の強藩が徳川に敵したる者より外ならず、このときに当たりて徳川家の一類に三河武士の旧風あらんには、伏見の敗余[7]江戸に帰るもさらに佐幕の諸藩に令して再挙を謀り、再挙三挙遂に成らざれば退きて江戸城を守り、たとい一日にても家の運命を長くしてなお万一を僥倖し、いよいよ策竭(つ)くるに至りて城を枕に討ち死にするのみ。すなわち前に云えるごとく、父母の大病に一日の長命を祈るものに異ならず。かくありてこそ瘠我慢の主義も全きものと云うべけれ。然るにかの媾和論者たる勝安房[8]氏の輩は、幕府の武士用うべからずと云い、薩長兵の鋒敵すべからずと云い、社会の安寧害すべからずと云い、主公の身の上危うしと云い、あるいは言を大にして墻に鬩[9]ぐの禍は外交の策にあらずなど、百方周旋するのみならず、ときとして身を危うすることあるもこれを憚らずして和議を説き、遂に江戸解城となり、徳川七十万石の新封となりて無事に局を結びたり。実に不可思議千万なる事相にして、当時ある外人の評に、およそ生あるものはその死に垂んとして抵抗を試みざるはなし、蠢爾[10]たる昆虫が百貫目の鉄槌に撃たるるときにても、なおその足を張りて抵抗の状をなすの常なるに、二百七十年の大政府が二、三強藩の兵力に対して毫も敵対の意なく、ただ一向に和を講じ哀を乞うて止まずとは、古今世界中にいまだその例を見ずとて、ひそかに冷笑したるも謂れなきにあらず。けだし勝氏輩の所見は内乱の戦争を以て無上の災害無益の労費と認め、味方に勝算なき限りは速やかに和して速やかに事を収むるにしかずとの数理を信じたるものより外ならず。その口に説くところを聞けば主公の安危または外交の利害など云うといえども、その心術の底を叩いてこれを極むるときはかの哲学流の一種にして、人事国事に瘠我慢は無益なりとて、古来日本国の上流社会に最も重んずるところの一大主義を曖昧糢糊の間に瞞着したる者なりと評して、これに答うる辞はなかるべし。一時の豪気は以て懦夫の胆を驚かすに足り、一場の詭言は以て少年輩の心を籠絡するに足るといえども、具眼卓識の君子はついに欺くべからず惘[11]うべからざるなり。されば当時積弱の幕府に勝算なきは我が輩も勝氏とともにこれを知るといえども、士風維持の一方より論ずるときは、国家存亡の危急に迫りて勝算の有無は言うべき限りにあらず。いわんや必勝を算して敗し、必敗を期して勝つの事例も少なからざるにおいてをや。然るを勝氏はあらかじめ必敗を期し、そのいまだ実際に敗れざるに先んじて自ら自家の大権を投棄し、ひたすら平和を買わんとて勉めたる者なれば、兵乱のために人を殺し財を散ずるの禍をば軽くしたりといえども、立国の要素たる瘠我慢の士風を傷(そこな)うたるの責めは免るべからず。殺人散財は一時の禍にして、士風の維持は万世の要なり。これを典して彼[12]を買ふ、その功罪相償うや否や、容易に断定すべき問題にあらざるなり。あるいは云う、王政維新の成敗は内国のことにして云わば兄弟(けいてい)朋友間の争いのみ、当時東西相敵したりといえどもその実は敵にして敵にあらず、とにかくに幕府が最後の死力を張らずしてその政府を解きたるは時勢に応じてよき手際なりとて、妙に説をなすものあれども、一場の遁辞(とんじ)口実たるに過ぎず。内国のことにても朋友間のことにても、既に事端を発するときは敵はすなわち敵なり。然るに今その敵に敵するは、無益なり、無謀なり、国家の損亡なりとて、専ら平和無事に誘導したるその士人を率いて、一朝敵国外患の至るに当たり、よくその士気を振るうて極端の苦辛に堪えしむるの術あるべきや。内に瘠我慢なきものは外に対してもまた然らざるを得ず。これを筆にするも不祥ながら、億万一にも我が日本国民が外敵に逢うて、時勢を見計らい手際よく自ら解散するがごときあらば、これを何とか言わん。然りしこうして幕府解散の始末は内国のことに相違なしといえども、自ら一例を作りたるものと云うべし。然りといえども勝氏もまた人傑なり、当時幕府内部の物論を排して旗下の士の激昂を鎮め、一身を犠牲にして政府を解き、以て王政維新の成功を易くして、これがために人の生命を救い財産を安全ならしめたるその功徳は少からずと云うべし。この点については我が輩も氏の事業を軽々看過するものにあらざれども、独り怪しむべきは、氏が維新の朝にさきの敵国の士人と並び立って得々名利の地位に居るの一事なり(世にいわゆる大義名分より論ずるときは、日本国人はすべて帝室の臣民にして、その同胞臣民の間に敵も味方もあるべからずといえども、事の実際は決して然らず。幕府の末年に強藩の士人らが事を挙げて中央政府に敵し、そのこれに敵するの際に帝室の名義を奉じ、幕政の組織を改めて王政の古に復したるその挙を名づけて王政維新と称することとなれば、帝室をば政治社外の高処に仰ぎ奉りて一様にその恩徳に浴しながら、下界に居て相争う者あるときは敵味方の区別なきを得ず。事実に掩うべからざるところのものなればなり。ゆえに本文敵国の語あるいは不穏なりとて説をなす者もあらんなれども、当時の実際より立論すれば敵の字を用いざるべからず)。東洋和漢の旧筆法に従えば、氏のごときは到底終を全うすべき人にあらず。漢の高祖[13]が丁公を戮し、清の康熙帝[14]が明末の遺臣を擯斥し、日本にては織田信長が武田勝頼の奸臣、すなわちその主人を織田に売らんとしたる小山田義国[15]の輩を誅し、豊臣秀吉が織田信孝[16]の賊臣桑田彦右衛門の挙動を悦ばず、不忠不義者、世の見懲しにせよとてこれを信孝の墓前に磔にしたるがごとき、これらの事例は実に枚挙に遑あらず。騒擾の際に敵味方相対し、その敵の中に謀臣ありて平和の説を唱え、たとい弐心を抱かざるも味方に利するところあれば、そのときにはこれを奇貨として私にその人を厚遇すれども、干戈[17]既に収まりて戦勝の主領が社会の秩序を重んじ新政府の基礎を固くして百年の計をなすに当たりては、一国の公道のために私情を去り、さきに奇貨とし重んじたるかの敵国の人物を目して不臣不忠と唱え、これを擯斥して近づけざるのみか、ときとしては殺戮することさえ少なからず。誠に無慙なる次第なれども、おのずから経世の一法として忍んでこれを断行することなるべし。すなわち東洋諸国専制流の慣手段にして、勝氏のごときもかかる専制治風の時代にあらば、あるいは同様の奇禍に罹りて新政府の諸臣を警しむるの具に供せられたることもあらんなれども、幸いにして明治政府には専制の君主なく、政権は維新功臣の手にありて、その主義とするところ、すべて文明国の顰に倣い、一切万事寛大を主として、この敵方の人物を擯斥せざるのみか、一時の奇貨も永日の正貨に変化し、旧幕府の旧風を脱して新政府の新貴顕となり、愉快に世を渡りてかつて怪しむ者なきこそ古来未曾有の奇相なれ。我が輩はこの一段に至りて、勝氏の私のためには甚だ気の毒なる次第なれども、いささか所望の筋なきを得ず。その次第は前に云えるごとく、氏の尽力を以て穏やかに旧政府を解き、よって以て殺人散財の禍を免れたるその功は奇にして大なりといえども、一方より観察を下すときは、敵味方相対していまだ兵を交えず、早く自ら勝算なきを悟りて謹慎するがごとき、表面には官軍に向かいて云々の口実ありといえども、その内実は徳川政府がその幕下たる二、三の強藩に敵するの勇気なく、勝敗をも試みずして降参したるものなれば、三河武士の精神に背くのみならず、我が日本国民に固有する瘠我慢の大主義を破り、以て立国の根本たる士気を弛めたるの罪は遁るべからず。一時の兵禍を免れしめたると、万世の士気を傷つけたると、その功罪相償うべきや。天下後世に定論もあるべきなれば、氏のために謀れば、たとい今日の文明流に従いて維新後に幸いに身を全うすることを得たるも、自ら省みて我が立国のために至大至重なる上流士人の気風を害したるの罪を引き、維新前後の吾が身の挙動は一時の権道なり、かりに和議を講じて円滑に事を纏めたるは、ただそのときの兵禍を恐れて人民を塗炭に救わんがためのみなれども、本来立国の要は瘠我慢の一義にあり、いわんや今後敵国外患の変なきを期すべからざるにおいてをや。かかる大切の場合に臨んでは兵禍は恐るるに足らず、天下後世国を立てて外に交わらんとする者は、ゆめゆめ吾が維新の挙動を学んで権道に就くべからず、俗に云う武士の風上にも置かれぬとはすなわち吾が一身のことなり、後世子孫これを再演するなかれとの意を示して、断然政府の寵遇を辞し、官爵を棄て利禄を抛ち、単身去りてその跡を隠すこともあらんには、世間の人も始めてその誠のあるところを知りてその清操に服し、旧政府放解の始末も真に氏の功名に帰すると同時に、一方には世教万分の一を維持するに足るべし。すなわち我が輩の所望なれども、今その然らずしてあたかも国家の功臣を以て傲然自ら居るがごとき、必ずしも窮屈なる三河武士の筆法を以て弾劾するを須(ま)たず、世界立国の常情に訴えて愧(はじ)るなきを得ず。ただに氏の私のために惜しむのみならず、士人社会風教のために深く悲むべきところの者なり。

また勝氏と同時に榎本武揚(えのもとたけあき)なる人あり。これまたついでながら一言せざるを得ず。この人は幕府の末年に勝氏と意見を異にし、あくまでも徳川の政府を維持せんとして力を尽くし、政府の軍艦数艘を率いて箱館に脱走し、西軍に抗して奮戦したれども、遂に窮して降参したる者なり。このときに当たり徳川政府は伏見の一敗また戦うの意なく、ひたすら哀を乞うのみにして人心既に瓦解し、その勝算なきはもとより明白なるところなれども、榎本氏の挙はいわゆる武士の意気地すなわち痩我慢にして、その方寸[18]の中にはひそかに必敗を期しながらも、武士道のためにあえて一戦を試みたることなれば、幕臣また諸藩士中の佐幕党は氏を総督としてこれに随従し、すべてその命令に従って進退をともにし、北海の水戦[19]、箱館の籠城、その決死苦戦の忠勇はあっぱれの振る舞いにして、日本魂の風教上より論じて、これを勝氏の始末に比すれば年を同じうして語るべからず。然るに脱走の兵、常に利あらずして勢いようやく迫り、またいかんともすべからざるに至りて、総督を始め一部の人々はもはやこれまでなりと覚悟を改めて敵の軍門に降(くだ)り、捕われて東京に護送せられたるこそ運の拙きものなれども、成敗は兵家の常にしてもとより咎むべきにあらず、新政府においてもその罪を悪んでその人を悪まず、死一等を減じてこれを放免したるは文明の寛典と云うべし。氏の挙動も政府の処分もともに天下の一美談にして間然すべからずといえども、氏が放免の後にさらに青雲の志を起こし、新政府の朝に立つの一段に至りては、我が輩の感服すること能わざるところのものなり。敵に降りてその敵に仕うるの事例は古来稀有にあらず。殊に政府の新陳変更するに当たりて、前政府の士人らが自立の資を失い、糊口のために新政府に職を奉ずるがごときは、世界古今普通の談にして毫も怪しむに足らず、またその人を非難すべきにあらずといえども、榎本氏の一身はこの普通の例を以て掩うべからざるの事故あるがごとし。すなわちその事故とは日本武士の人情これなり。氏は新政府に出身してただに口を糊するのみならず、累遷立身して特派公使に任ぜられ、また遂に大臣にまで昇進し、青雲の志達し得てめでたしといえども、顧みて往事を回想するときは情に堪えざるものなきを得ず。当時決死の士を糾合して北海の一隅に苦戦を戦い、北風競わずして遂に降参したるは是非なき次第なれども、脱走の諸士は最初より氏を首領としてこれを恃み、氏のために苦戦し氏のために戦死したるに、首領にして降参とあれば、たとい同意の者あるも、不同意の者はあたかも見捨てられたる姿にして、その落胆失望は云うまでもなく、まして既に戦死したる者においてをや。死者もし霊あらば必ず地下に大不平を鳴らすことならん。伝え聞く、箱館の五稜郭開城のとき、総督榎本氏より部下に内意を伝えてともに降参せんことを勧告せしに、一部分の人はこれを聞きて大いに怒り、元来今回の挙は戦勝を期したるにあらず、ただ武門の習として一死以て二百五十年の恩に報ゆるのみ、総督もし生を欲せば出でて降参せよ、我らは我らの武士道に斃れんのみとて憤戦止まらず、その中には父子もろともに切死したる人もありしと云う。烏江水浅騅能逝、一片義心不可東[20]とは、往古漢楚の戦に、楚軍振るわず項羽が走りて烏江の畔に至りしとき、ある人はなお江を渡りて再挙の望みなきにあらずとてその死を留めたりしかども、羽はこれを聴かず、初め江東の子弟八千を率いて西し、幾回の苦戦に戦没して今は一人の残る者なし、かかる失敗の後に至り、何の面目かまた江東に還りて死者の父兄を見んとて、自尽したるそのときの心情を詩句に写したるものなり。漢楚軍談[21]のむかしと明治の今日とは世態もとより同じからず。三千年前の項羽を以て今日の榎本氏を責むるはほとんど無稽なるに似たれども、万古不変は人生の心情にして、氏が維新の朝に青雲の志を遂げて富貴得々たりといえども、時に顧みて箱館の旧を思い、当時随行部下の諸士が戦没し負傷したる惨状より、爾来家に残りし父母兄弟が死者の死を悲しむとともに、自身の方向に迷うて路傍に彷徨するの事実を想像し聞見するときは、男子の鉄腸[22]もこれがために寸断せざるを得ず。夜雨秋寒うして眠り就らず残灯明滅独り思うのときには、あるいは死霊生霊無数の暗鬼を出現して眼中に分明なることもあるべし。けだし氏の本心は今日に至るまでもこの種の脱走士人を見捨てたるにあらず、その挙を美としてその死を憐まざるにあらず。今一証を示さんに、駿州清見寺[23]内に石碑あり、この碑は前年幕府の軍艦咸臨丸が清水港に撃たれたるときに戦没したる春山弁造以下脱走士のために建てたるものにして、碑の背面に食人之食者死人之事(ひとのしょくをはむものはひとのことにしす)[24]の九字を大書して榎本武揚と記し、公衆の観に任して憚(はばか)るところなきを見れば、その心事の大概は窺い知るに足るべし。すなわち氏はかつて徳川家の食を食む者にして、不幸にして自分は徳川のことに死するの機会を失うたれども、他人のこれに死するものあるを見れば慷慨惆悵(こうがいちゅうちょう)[25]自ら禁ずる能わず、欽慕(きんぼ)のあまり遂に右の文字をも石に刻したることならん。既に他人の忠勇を嘉(よみ)するときは、同時に自ら省みていささか不愉快を感ずるもまた人生の至情に免るべからざるところなれば、その心事を推察するに、ときとしては目下の富貴に安んじて安楽豪奢(ごうしゃ)余念なきおりから、またときとしては旧時の惨状を懐(おも)うて慚愧(ざんき)の念を催し、一喜一憂一哀一楽、来往常ならずして身を終うるまで円満の安心快楽はあるべからざることならん。されば我が輩を以て氏のために謀るに、人の食を食むのゆえを以て必ずしもその人のことに死すべしと勧告するにはあらざれども、人情の一点より他に対して常に遠慮するところなきを得ず。古来の習慣に従えば、およそこの種の人は遁世出家して死者の菩提(ぼだい)を弔うの例もあれども、今の世間の風潮にて出家落飾も不似合いとならば、ただその身を社会の暗処に隠してその生活を質素にし、一切万事控えめにして世間の耳目に触れざるの覚悟こそ本意なれ。これを要するに維新の際、脱走の一挙に失敗したるは、氏が政治上の死にして、たといその肉体の身は死せざるもはや政治上に再生すべからざるものと観念してただ一身を慎み、一は以て同行戦死者の霊を弔してまたその遺族の人々の不幸不平を慰め、また一にはおよそ何事に限らず大挙してその首領の地位にある者は、成敗ともに責に任じて決してこれを遁るべからず、なればその栄誉を専らにし敗すればその苦難に当たるとの主義を明らかにするは、士流社会の風教上に大切なることなるべし。すなわちこれ我が輩が榎本氏の出処につき所望の一点にして、独り氏の一身のためのみにあらず、国家百年の謀(はかりごと)において士風消長のために軽々看過すべからざるところのものなり。

以上の立言は我が輩が勝、榎本の二氏に向かいて攻撃を試みたるにあらず。謹んで筆鋒(ひっぽう)を寛にして苛酷の文字を用いず、以てその人の名誉を保護するのみか、実際においてもその智謀忠勇の功名をばあくまでも認むる者なれども、およそ人生の行路に富貴を取れば功名を失い、功名を全うせんとするときは富貴を棄てざるべからざるの場合あり。二氏のごときはまさしくこの局に当たる者にして、勝氏が和議を主張して幕府を解きたるは誠に手際よき智謀の功名なれども、これを解きて主家の廃滅したるその廃滅の因縁が、たまたま以て一旧臣のために富貴を得せしむるの方便となりたる姿にては、たといその富貴は自ら求めずして天外より授けられたるにもせよ、三河武士の末流たる徳川一類の身として考うれば、せっかくの功名手柄も世間の見るところにて光を失わざるを得ず。榎本氏が主戦論を執りて脱走し遂に力尽きて降りたるまでは、幕臣の本分に背かず忠勇の功名美なりといえども、降参放免の後にさらに青雲の志を発して新政府の朝に富貴を求め得たるは、さきにその忠勇をともにしたる戦死者負傷者より爾来の流浪者貧窮者に至るまで、すべて同挙同行の人々に対していささか慙愧の情なきを得ず。これまたその功名の価を損ずるところのものにして、要するに二氏の富貴こそその身の功名を空しうするの媒介なれば、今なお晩からず、二氏ともに断然世を遁れて維新以来の非を改め、以て既得の功名を全うせんことを祈るのみ。天下後世にその名を芳にするも臭にするも、心事の決断いかんにあり、力めざるべからざるなり。然りといえども人心の微弱、あるいは我が輩の言に従うこと能わざるの事情もあるべし。これまた止むを得ざる次第なれども、とにかくに明治年間にこの文字を記して二氏を論評したる者ありと云えば、また以て後世士人の風を維持することもあらんか、拙筆また徒労にあらざるなり。

1公武合体　江戸時代末期、朝廷と幕府とが一致して外敵に対処し、体制の立て直しを図ろうとした構想。　2中山大納言　中山愛親（一七四一―一八一四年）。江戸後期の公卿。光格天皇が実父に太上天皇の尊号を贈ろうとして幕府と対立した、いわゆる尊号一件の中心人物で、幕府から閉門を命ぜられた。　3風教　徳をもって人々をよい方向に導くこと。　4南宋のとき　当時、モンゴル帝国の脅威にさらされていた南宋では、朝廷内の意見は主戦派と媾和派とに二分されていた。やがて媾和派が多数を占めると、それに反発した忠臣たちは南走し、独自に抗戦した。　5趙氏　宋朝の帝室。　6経綸　国を治めること。また、そのため仕組みや秩序。　7伏見の敗余　一八六八年の鳥羽・伏見の戦いで新政府軍に敗れた後。　8勝安房　勝海舟（一八二三―九九年）。幕末・明治期の政治家。開明的な幕臣として江戸の無血開城に尽力し、のちに新政府に出仕した。 **9墻に鬩ぐ** 仲間どうしなど身内の間で争うこと。**10**
蠢爾 小虫がうごめくさま。 **11惘う** 事実をねじ曲げて言うこと。 **12典する** 質に入れること。**13**
高祖 劉邦。前漢の創始者、初代皇帝。「丁公」（丁固）は、劉邦と覇権を争った項羽の臣下。項羽の死
後劉邦の下に参じたものの、劉邦に不忠を咎められ斬首された。 **14康熙帝** 清朝の第四代皇帝。明の
遺臣を排除し、清朝全盛期の基礎を築いた。 **15小山田義国** 武田家の譜代家老であったが、勝頼から
離反した小山田信茂（一五三九―八二年）のことか。のちに織田信忠に不忠義を咎められ処刑された。
16織田信孝 一五五八―八三年。織田信長の三男。「桑田彦右衛門」は幸田彦右衛門のことか。ただし、
信孝に背いたのは幸田彦右衛門ではなく、また信孝の墓前に磔にされたのは、信孝の乳母であった幸田
彦右衛門母とされる。 **17干戈** 「たて」と「ほこ」。武力、戦争の意。 **18方寸** 心中。 **19北海の水戦**
宮古湾海戦（一八六九年）のこと。榎本武揚率いる旧幕府軍が宮古湾に停泊中の新政府軍の甲鉄艦を奪
取すべく奇襲し、失敗した。 **20烏江水浅騅能逝、……** 「長江の渡し場がある烏江の水が浅く、愛馬の
騅が江東へと渡っていくことができたとしても、義の心をもって私が江東に還ることはできない」とい
った意。 **21漢楚軍談** 『通俗漢楚軍談』。一六九五年（元禄八）刊。明代の『西漢通俗演義』の翻訳書。
22鉄腸 強い心。 **23清見寺** 現在の静岡県静岡市清水区にある臨済宗妙心寺派の寺。新政府軍の襲撃
により咸臨丸の乗組員が多数死没したことを憐れんで、一八八七年に記念碑が建てられた。 **24食人之**
食者…… 本書三七九頁、注12参照。 **25慷慨惆悵** 「慷慨」は世の中や社会のことを怒り憤ること。
「惆悵」は恨み嘆くこと。

帝室論

帝室論緒言

我が日本の政治に関して至大至重のものは帝室の外にあるべからずといえども、世の政談家にしてこれを論ずる者甚だ稀なり。けだし帝室の性質を知らざるがゆえならん。過般諸新聞紙に主権論[1]なるものあり。やや帝室に関するがごとしといえども、その論者の一方は百千年来陳腐なる儒流皇学流の筆法を反覆開陳するのみにして、あたかも一宗旨の私論に似たり。もとより開明の耳に徹するに足らず。また一方は直にこれを攻撃せんとして何か憚(はばか)るところあるか、または心に解せざるところあるか、その立論常に分明ならずして文字の外に疑いを遺し、人をして迷惑せしむる者少なからず。畢竟(ひっきょう)論者の怯懦不明と云うべきのみ。福澤先生ここに感ありて帝室論を述べらる。中上川先生[2]これを筆記して通計十二篇を成し、過日来これを時事新報社説欄内に登録したるが、大方の君子高評を賜らんとて、近日に至るまで続々一篇以来の所望ありといえども、新報既に欠号してせっかくの需(もとめ)に応ずること能(あた)わず。今よりて全十二篇を一冊に再刊し、同好の士に頒(わか)つと云。

明治十五年五月

編　者　識

1主権論　当時、『東京日日新聞』や『東京横浜毎日新聞』紙上などで繰り広げられた主権の所在をめぐる論争をさす。**2中上川先生**　中上川彦次郎（一八五四―一九〇一年）。明治期の実業家。慶應義塾卒業後、英国留学や工部省などへの出仕を経て、慶應義塾出版社（のち時事新報社）社長となる。三井財閥の基礎を築いたことでも知られる。

帝室は政治社外のものなり。いやしくも日本国に居て政治を談じ政治に関する者は、その主義において帝室の尊厳とその神聖とを濫用すべからずとのことは、我が輩の持論にして、これを古来の史乗に徴する[1]に、日本国の人民がこの尊厳神聖を用いて直に日本の人民に敵したることなく、また日本の人民が結合して直に帝室に敵したることもなし。往古のことはしばらく擱き、鎌倉以来、世に乱臣賊子と称する者ありといえども、その乱賊は帝室に対するの乱賊にあらずして、北条、足利のごとき最も乱賊視せらるる者なりといえども、なおかつ大義名分をば蔑如するを得ず。さればこの乱臣賊子の名は、日本人民の中にておのおの主義を異にし、帝室を奉ずるの法はかくのごとくすべし、かくのごとくすべからずとて、互いにその遵奉の方法を争い、天下の輿論に乱賊視せらるる者は乱臣賊子となり、忠義視せらるる者は忠臣義士たるのみ。我が輩もとよりこの乱臣賊子の罪を免すにあらず、これを悪みこれを責めて止まずといえども、こはただ我々臣子の分において然るのみ。はるかに高き帝室より降臨すれば、乱賊もまたこれ等しく日本国内の臣子にして、天覆地載[2]の仁に軽重厚薄あるべからず。あるいは一時一部の人民が方向に迷うて針路を誤ることあるも、一時これを叱るに過ぎず。そのこれを叱るや、父母が子供の喧嘩して騒々しきを叱るに等しく、これを悪むにあらず、ただこれを制するのみにして、僅かにその一時を過ぐればまたこれを問わず。依然たる日本国民にして、帝室の臣子なり。例えば近く維新のときに当たりて官軍に抗したる者あり。そのときにはあたかも帝室に抗したるがごとくに見えたれども、その真実においては決して然らざるがゆえに、事収むるの後はこれを赦(ゆる)すのみならず、またしたがってこれを撫育[3]し給うにあらずや。かの東京の上野に戦死したる彰義隊[4]のごとき、一時の姿は乱賊のごとくなりしかども、今日帝室よりこれを見れば、十五年前、我が国政治上の葛藤よりして、人民どもが戦争のことに及び、双方に立ち分かれて鋒を争いしが、双方ともに勇々しき有り様なりし、我が日本には勇士多きことなるかな、今にしてこれを想えば死者は憐むべしとて、ひとたびは勇士の多きを悦(よろこ)び、ひとたびはその勇士の死亡したるを憐み給うことならんのみ。右のごとく、我が日本国においては、古来今に至るまで真実の乱臣賊子なし。今後千万年もこれあるべからず。あるいは今日にても、狂愚者にしてその言、往々乗輿(じょうよ)[5]に触るる者ある由(よし)、伝聞したれども、これとても真に賊心ある者とは思われず。百千年来絶えてなきものが、今日とみに出現するも甚だ不審なり。もしも必ずこれありとせば、その者は必ず瘋癲(ふうてん)[6]ならん。瘋癲なればこれを刑に処するに足らず。一種の檻に幽閉して可ならんのみ。

　去年十月国会開設の命ありしより、世上にも政党を結合する者多く、いずれにも我が日本の政治は立憲国会政党の風に一変することならん。この時節に当たりて我が輩の最も憂慮するところのものはただ帝室にあり。そもそも政党なるものは、各自に主義を異にして、自由改進と云い、保守々旧と称して、互いに論鋒を争うといえども、結局政権の受授を争うて、己れ自ら権柄を執らんとする者に過ぎず。その争いに腕力兵器をこそ用いざれども、事実の情況は、源氏と平家と争い、関東と大阪と相戦うがごとくにして、左党右党相対し、左党に投票の多数を得て一朝に政権を掌握するは、関東の徳川氏が関原の一捷を以て政権を得たるものに異ならず。政党の争いもずいぶん劇しきものと知るべし。この争論囂々の際に当たりて、帝室が左を助くるか、または右を庇護する等のこともあらば、熱中煩悶の政党は、一方の得意なるほどに一方の不平を増し、その不平の極は帝室を怨望する者あるに至るべし。その趣は、無辜の子供らが家内に喧嘩するところへ、父母がその一方に左袒するに異ならず。誠に得策にあらざるなり。しかのみならず政党の進退は十数年を待たず、大抵三、五年を以て新陳交代すべきものなれば、その交代ごとに一方の政党が帝室に向かいまたこれに背くがごときあらば、帝室はあたかも政治社会の塵埃中に陥りて、その無上の尊厳を害して、その無比の神聖を損するなきを期すべからず。国のために憂慮すべきの大なるものなり。世に皇学者流なるものありて、常に帝室を尊崇してその主義を守り、終始一のごとくにして畢生その守るところを改めざるの節操は、我が輩の深く感心するところなれども、また一方よりその弊を挙ぐれば、帝室を尊崇するのあまりに社会の百事を挙げてこれに帰し、政治の細事に至るまでも一処にこれを執らんことを祈るその有り様は、孝子が父母を敬愛するのあまりに、百般の家政を父母に任じて細事に当たらしめ、かえって家君の体面を失わしむるに異ならず。帝室は万機を統ぶるものなり、万機に当たるものにあらず。統ぶると当たるとは大いに区別あり。これを推考すること緊要なり。また皇学者流が固くその守るところを守るがために、その主義ときとしては宗旨論のごとくなり、いやしくも己れに異なる者はこれを容れずして、かえって自らその主義の分布を妨ぐるものあるがごとし。人をして我が主義に入らしめんと欲せば、これに入るの門を開くこそ緊要なれ。これらは我が輩の感服せざるところなり。我が輩は赤面ながら不学にして、神代の歴史を知らずまた旧記に暗しといえども、我が帝室の一系万世にして、今日の人民がこれによりて以て社会の安寧を維持するゆえんのものは、明らかにこれを了解して疑わざるものなり。この一点は皇学者と同説なるを信ず。これすなわち我が輩が今日国会のまさに開けんとするに当たりて、特に帝室の独立を祈り、はるかに政治の上に立ちて下界に降臨し、偏なく党なく、以てその尊厳神聖を無窮に伝えんことを願う由縁なり。

我が帝室の直接に政治に関して国のために不利なるは、前段にこれを論じたり。ある人これに疑いを容れ、政治は国の大事なり、帝室にしてこれに関せずんば、帝室の用は果たしていずこにあるやとの説あれども、浅見の甚だしきものなり。そもそも一国の政治は甚だ殺風景なるものにして、ただ法律公布等の白文を制してこれを人民に頒布し、その約束に従う者はこれを赦し、従わざるものはこれを罰するのみ。畢竟形体の秩序を整理するの具にして、人の精神を制するものにあらず。然るに人生を両断すれば、形体と精神と二様に分かれて、よくその一方を制するも、他の一方を捨つるときは、制御の全きものと云うべからず。例えば家の雇い人にても、賃銭の高と労役の時間とを定むるも、決して事を成すべからず。いかなる雇い人にても、その主人との間に多少の情交を存してこそ、快く役に服する者なれ。すなわちその情交とは精神の部分に属するものなり。賃銭と時間とはただ形体の部分にして、いまだ以て人を御するに足らざるなり。ゆえに政治はただ社会の形体を制するのみにして、いまだ以て社会の衆心を収攬するに足らざるや明らかなり。

この人心を収攬するに、専制の政府においては君主の恩徳と武威とを以てして、恩に服せざるものは威を以て嚇し、恩威並び行われて天下太平なりしことなれども、人智ようやく開きて政治の思想を催し、人民参政の権を欲してまさに国会を開かんとするの今日に至りては、また専制政府の旧套を学ぶべからず。いかんとなれば国会ここに開設するも、その国会なる者は民撰議員の集むるところにして、その議員が国民に対しては恩徳もなくまた武威もなし。国法を議決してその白文を民間に頒布すればとて、国会議員の恩威並び行わるべきとも思われず、また行わるべき事理にあらざればなり。国会は直に兵権を執るものにあらず、人民を威伏するに足らず。国会はただ国法を議定してこれを国民に頒布するものなり、人民を心服するに足らず。殊に我が日本国民のごときは、数百年来君臣情誼の空気中に生々したる者なれば、精神道徳の部分は、ただこの情誼の一点に依頼するにあらざれば、国の安寧を維持するの方略あるべからず。すなわち帝室の大切にして至尊至重なる由縁なり。いわんや社会治乱の原因は常に形体にあらずして精神より生ずるもの多きにおいてをや。我が帝室は日本人民の精神を収攬するの中心なり。その功徳至大なりと云うべし。国会の政府は二様の政党相争うて、火のごとく水のごとく、盛夏のごとく厳冬のごとくならんといえども、帝室は独り万年の春にして、人民これを仰げば悠然として和気を催すべし。国会の政府より頒布する法令は、その冷なること水のごとく、その情の薄きこと紙のごとくなりといえども、帝室の恩徳はその甘きこと飴のごとくして、人民これを仰げば以てその慍(いかり)を解くべし。いずれも皆政治社外にあるにあらざれば行わるべからざることなり。西洋の一学士、帝王の尊厳威力を論じてこれを一国の緩和力と評したるものあり。意味深遠なるがごとし。我が国の皇学者流もまた民権者流もよくこの意味を解し得るや否や。我が輩はこの流の人が反覆推究して、自ら心に発明せんことを祈る者なり。

例えば明治十年西南の役に、徴募巡査とて臨時に幾万の兵を募集して戦地に用いたることあり。然るにその募に応ずる者は大抵皆諸旧藩の士族血気の壮年にして、しかも廃藩の後いまだ産を得ざる者多し。家に産なくして身に勇気あり、戦場には屈強の器械なれども、事収むるの後に至りてこの臨時の兵を解くの法はいかがすべきや。殺気凜然(りんぜん)たる血気の勇士、今日より無用に属したればおのおの故郷に帰りて旧業に就けよと命ずるも、必ず風波を起こすことならんと、我が輩はその徴募の最中より後日のことを想像してひそかに憂慮したりしが、同年九月、変乱も局を結んで、臨時兵は次第に東京に帰りたり。我が輩はなおこのときに至るまでも不安心に思いしほどなるに、兵士を集めて吹上の禁苑[8]に召し、簡単なる慰労の詔を以て、幾万の兵士一言の不平を唱うる者もなく、ただ殊恩の渥(あつ)きを感佩(かんぱい)

して[9]郷里に帰り、かつて風波の痕を見ざりしは、世界中に比類少なき美事と云うべし。仮に国会の政府にて議員の中より政府の首相を推撰し、その首相がいかなる英雄豪傑にても、明治十年のごとき時節に際して、よくこの臨時兵を解くの工夫あるべきや。我が輩断じてその力に及ばざるを信ずるなり。

また仮にここに一例を設けて云わん。天皇陛下某処へ御臨幸の途上、たまたま重罪人の刑場に赴く者ありて御目に留り、その次第を聞こしめされて一時哀憐の御感を催され、かの者の命だけを赦し遣わせとの御意あらば、法官も特別にこれを赦すことならん。然るにこのことを新聞紙等に掲げ、世間の人が伝聞して何と評すべきや。我が輩今日の民情を察するに、世間一般の人はかの罪人を目してただ稀有の仕合者(しあわせ)と云うことならんと信ず。某月某日はかの罪人のためにはいかなる吉日か、不思議のことにて一命を拾うたりとのみにて、かつて法理云々など論ずる者なく、たといこれを論ずるも聴く者はなかるべし。もとより罪ある者をみだりに赦すは社会の不幸にして、我が帝室においてもみだりに行わせらるべきことにあらず。いわんや本文はただ仮に例を設けて我が民情を写したるまでのことなれども、あるいは政治上において止むを得ざるの場合なきにあらず、国法において殺すべし、情実において殺すべからず、これを殺せば民情を害するがごとき罪人あるときは、帝室に依頼して国安を維持するのほか方便あるべからず。故に諸外国の帝王は、無論、亜米利加(アメリカ)合衆国の大統領にても、必ず特赦の権を有するはこれがためなり。我が帝室ももとよりその特権を有せられ、要用のときには必ず政府より請願して命を得ることもあらん。決して漫然たることにはあらずといえども、外国にても日本にても等しく特赦の命を下して、その民情に対して滑らかなるの度合いかがを比較すれば、我が日本の国民は特別に帝室を信ずるの情に厚き者と云わざるを得ず。我が輩が今日国会のまさに開けんとするに当たりて、特に帝室の尊きを知り、その尊厳のますます尊厳ならんことを祈り、その神聖のますます神聖ならんことを願い、いやしくも全国の安寧を欲して前途の大計に注目する者は、容易にその尊厳を示すなかれ、容易にその神聖を用ゆるなかれ、謹んで黙してこれを軽重するなかれとて、反覆論弁して止まざるも、ただ一片の婆心、自ら禁ずること能わざればなり。

人あるいは我が帝室の政治社外にあるを見て虚器を擁するものなり[10]と疑う者なきを期すべからずといえども、前にも云えるごとく、帝室は直接に万機に当たらずして万機を統べ給う者なり。直接に国民の形体に触れずしてその精神を収攬し給う者なり。専制独裁の政体にありては、君上親から万機に当たりて直に民の形体に接する者なりといえども、立憲国会の政府においては、その政府なる者は、ただ全国形体の秩序を維持するのみにして、精神の集点を欠くがゆえに、帝室に依頼すること必要なり。人生の精神と形体といずれか重きや。精神は形体の帥[11]なり。帝室はその帥を制する者にして、かねてまたその形体をも統べ給うものなれば、いずくんぞこれを虚位と云うべけんや。もしも強いてこれに虚位の名を付せんと欲する者あらば、試みに独り黙して今の日本の民情を察し、その数百千年来君臣の情誼中に生々したる由来を反顧し、ここにとみに国会を開きて、その国会のみを以て国民の身心を併せてともにこれを制御せんとするの工夫を運らしたらば、果たして大いに不可なるものありて大いに要するところの者あるを覚うべし。その要するところのものとは何ぞや。民心収攬の中心にして、この中心を得ざるの限りは、到底今の日本の社会は暗黒なるべしとの感を発することならん。されば帝室は我が人民のよって以てこの暗黒の禍を免るるところのものなり。これを虚位と云わんと欲するも得べけんや。読者も心にこれを発明することならん。

例えば、一利一弊は人事の常にして免るべからず。寡人政治の風を廃して、人民一般に参政の権を付与し、多数を以て公明正大の政を行うは、国会の開設にあることならんといえども、これを開設してしたがって両三政党の相対するあらば、その間の軋轢は甚だ苦々しきことならん。政治の事項に関して敵党を排撃せんためには、真実、心に思わぬことをも喋々して、相互に他を傷つくることならん。その傷つけられたる者が他を傷つくるは鄙劣なりなど論弁しながら、その論弁中に復讐してまた他を傷つくることならん。あるいは人の隠事を摘発し、あるいはその私の醜行を公布し、賄賂依托は尋常のことにして、甚だしきは腕力を以て争闘し、礫を投じ瓦を毀つ等の暴動なきを期すべからず。西洋諸国大抵皆然り、我が国も遂に然ることならん。文政天保の老眼[12]を以て見れば誠に言語道断にして、国会などなきこそ願わしけれども、世界中の気運にして、この騒擾の中におのずから社会の秩序を存し、かえって人を活発に導くべき者なれば、必ずしもこれを恐るるに足らず。然るにここに恐るべきは、政党の一方が兵力に依頼して兵士がこれに左袒するの一事なり。国会の政党に兵力を貸すときはその危害実に言うべからず。たとい全国人心の多数を得たる政党にても、その議員が議場にあるときに一小隊の兵を以てこれを解散しまた捕縛すること甚だ易し。殊に我が国の軍人はおのずから旧藩士族の流を汲みて政治の思想を抱く者少なからざれば、各政党のいずれかを見て自然に好悪親疎の情を生じ、我はそれに与せんなど云うところへ、その政党もまたこれを利して暗にこれを引くがごときあらば、国会は人民の論場にあらずして軍人の戦場たるべきのみ。かくのごときはすなわち最初より国会を開かざる方、万々の利益と云うべし。かかる事の次第なれば、今この軍人の心を収攬してその運動を制せんとするには、必ずしも帝室に依頼せざるを得ざるなり。帝室ははるかに政治社会の外にあり。軍人はただこの帝室を目的にして運動するのみ。帝室は偏なく党なく、政党のいずれを捨てずまたいずれをも援けず。軍人もまたこれに同じ。もとより今の軍人なれば陸海軍卿の命に従いて進退すべきは無論なれども、卿はただその形体を支配してその外面の進退を司るのみ。内部の精神を制してその心を収攬するの引力は、独り帝室の中心にありて存するものと知るべし。かつまた軍人なる者は一般に利を軽んじて名を重んずるの気風なるがゆえに、これが長上たる者は、たとい文事理財等に長ずるも、武勇磊落の名望ありてその地位高きにあらざれば任に適せず。今の陸海軍の将校が、その給料の割合に比して等級の高きも、これらの旨に出でたるものならん。また亜米利加の合衆国にては宗教も自由にして、政府に人を用ゆるにその宗旨を問わずといえども、武官に限りて必ずその国教なる耶蘇宗門の人を撰ぶと云う。けだし他宗の人はとかく世間に軽侮せられて軍人の心を収むるに足らざればなり。武流の人が名を重んずるの情、以て見るべし。然るに今国会を開設して国の大事を議し、そのときの政府にある大臣は国会より推撰したる人物にして、たまたま事変に際して和戦の内議は大臣の決するところなりとするときは、陸海軍人の向かうところは国会によりて定めらるる者のごとし。軍人の進退甚だ難きことならん。たといその大臣がいかなる人物にても、その人物は国会より出でたるものにして、国会はもと文を以て成るものなれば、名を重んずるの軍人にしてこれに心服せざるや明らかなり。ただ帝室の尊厳と神聖なるものありて、政府は和戦の二議を帝室に奏し、その最上の一決御親裁に出ずるの実を見て、軍人も始めて心を安んじ、めいめいの精神はあたかも帝室の直轄にして、帝室のために進退し、帝室のために生死するものなりと覚悟を定めて、始めて戦陣に向かいて一命をも致すべきのみ。帝室の徳、至大至重と云うべし。僅かに軍人の一事についてもなおかつかくのごとし。我が輩は国会の開設を期してますますその重大を感ずる者なり。

　西洋碩学の説に、一国の人心を収攬して風俗を興すの方便は、その国々の民情旧慣に従って同じからずといえども、各国に通じて利用すべき者は、宗教、学事、音楽、謳歌(おうか)[13]等にして、殊に立君の国においては王室を以て人心収攬の中心たるべしと云えり。我が日本のごときは古来宗教に拘泥せざるの民俗なれども、僧侶善智識の一言を以て兵刃既に接するの戦を和解したるの例なきにあらず。また敗軍の将士が高野の山に登り、国事犯の罪人が鎌倉の尼寺に入り、あるいは旧諸藩にて士族の間に不和を生ずるか、または藩法のために止むを得ずしてその家来に割腹を命ずる等のときに当たりて、君家菩提寺の老僧が仲裁に入り、あるいは命乞いとて犯罪人を寺に引き取ることあり。いずれも皆宗教によりて政治社会の風浪を和したるものなり。また江戸の市中に鳶(とび)の者[14]と称する壮丁の種族が、火事場などにおいてややもすれば喧嘩に及び、双方結ぼれて解けざるときに、親分なる者が仲裁に入り、公裁を仰がずしてその喧嘩の是非を糺(ただ)して、非なりと認むるところの者を坊主にするか、あるいは自ら剃髪して仲直りの式を行うことあり。この坊主はもとより寺に入るの坊主にはあらざれども、その本は落飾の趣意に出でしものならん。僅かに鳶の者の仲間においてもなおかつ法理のみによるべからず、必ず一種の緩和力を頼みてその社会の安寧を維持す。いわんや政治の大社会においてをや。その社会のいよいよ大なるに従ってその喧嘩軋轢(あつれき)もまたいよいよ大なり。そのいよいよ大なるに従って緩和仲裁の力を要することもまたいよいよ急なるべし。耶蘇教に熱心なる欧亜諸国においては、その宗教を以て国事に利したるの例甚だ少なからず。英国において千六百年代「コロンウェル」の乱[15]に、国中の人心劇烈の極点に達して、当時議事院のごときは左右両党に相分かれ相互いに疾視咆哮して、その劇論の底止するところを知るべからず、人をして寒心戦慄せしむるほどの情況なりしが、ときに一老僧の勧めに従い、急に席を改めて上帝礼拝の式を行い、然る後に座を定めてさらに議事を開きしかば、満場自然に和穆の気を催して、穏やかに議を終えたることあり。爾後英国の議事院においては、開議の前必ず礼拝の式を行い、今日なおその例によると云う。

学風の利弊は、日本にも支那にもその例最も多くして、人心に銘すること最も深し。徳川政府にて昌平館[16]の学風を朱子学と一定してより、各藩大抵皆これに倣い、太平二百七十年の間に、碩学大儒、異風を唱うる者なきにあらざれども、天下一般学者の多数は朱子学に制せられて他はその意を逞しうするを得ず。ただ旧水戸藩において一種の学風[17]を起こしたれば、たちまちその藩士の気風を一変したることあり。ただ学校の教則のみならず、あるいは一部の著書を以て天下の人心を左右すること甚だ易し。頼山陽の日本外史[18]は王政維新の元素となり、また維新の前後に僅々の著書翻訳書を以て一時に日本国の全面を一変して、朝野改進の端を開きたるものあるがごとし。

音楽謳歌は日本においてさまで効力なきがごとくなれども、西洋諸国にては一節の歌を以て幾千万の人心を繋ぎ、これを幾百年に維持して国の治乱を制する者あり。仏の「リパブリック」、英の「ルールブリタニヤ」[19]の曲のごとき、これなり。日本にてこれに類するものは、旧暦三月三日上巳の節句、家々に雛を飾り、俗に云うお内裏様とて雛の棚の上段に奉るは、けだし日本国中の至尊たる歴世の天皇と皇后との御両体を表したるものならん。また唄の文句にも、王は十善、神は九善[20]と云うことあり。これまた同様の意味ならん。いずれも皆尊王の人心を収攬するものと云うべし。また旧暦の正月に、三河万歳[21]とて、古風なる衣裳を着けたるものが、鼓太鼓を携え、毎戸に来て祝詞を唄うは、徳川家康公の万歳を祝するの遺礼なりと云う。また元和元年、大阪の落城[22]は五月六日なりしより、爾来徳川の政府にて最も端午の節句を重んじたるか、全国の風俗を成し、男児ある家には家の内外に軍旗様のものを樹て武者人形を飾る等、専ら尚武の風を装い、またある地方の習慣にて、その旗と人形を収むるに、武家は五月五日の夕を限り、農商の家は翌六日までに存するの風あり。けだし大阪落城は六日にて、武家はこの日に凱陣して、軍器はもはや不用なるがゆえに、その前日にこれを収むるの式を表すれども、町人百姓は軍事に関係なくして、翌日までも勝手次第と云う意ならん。いずれも皆徳川の旧を懐うて、尚武の士気を鼓舞するためには、大いに効力ありし風俗ならん。尊王なり尚武なり、既に全国の風俗をなすときは、容易に消滅すべきものにあらず。以て乱を治むべし、以て治を乱るべし。俚俗謳歌とて決してこれを軽々看過すべからざるなり。

王室の功徳は共和国民の得て知らざるところなれども、その風俗人心に関して有力なるは挙げて言うべからず。人あるいは立君の政治を評して、人主が愚民を籠絡するの一欺術などとて笑う者なきにあらざれども、この説をなす者は畢竟政事の艱難(かんなん)に逢わずして民心軋轢の惨状を知らざるの罪なり。青年の書生輩が二、三の書を腹に納め、いまだその意味を消化せずして直に吐くところの語なり。試みに思え、我が日本にても政治の党派起こりて相互いに敵視し、積怨日に深くして解くべからざるのその最中に、外患のここに生じて国の安危に関することの到来したらばいかにするや。自由民権甚だ大切なりといえども、その自由民権を伸ばしたる国を挙げて、不自由無権力の有り様に陥りたらばいかにせん。守旧保守また大切なりといえども、旧物を保守し了りてそのままに他の制御を受けたらばいかにせん。鷸蚌(いっぽう)[23]相闘いて勝敗容易ならず、全身の全力は既に尽くして残すところなし。何ぞ他を顧みてこれが謀(はかりごと)をなすに遑(いとま)あらんや。去年発兌(はつだ)時事小言[24]の緒言に云(いわ)く、

　前略、記者はもとより民権論の敵にあらず、その大いに欲するところなれども、民権の伸暢(しんちょう)はただ国会開設の一挙にして足るべし。しこうして方今の時勢これを開くこともまた難きにあらず。たとい難きも開かざるべからざるの理由あり。然りといえども国会の一挙以て民権の伸暢を企望し、果たしてこれを伸暢し得るに至りて、そのこれを伸暢する国柄はいかなるものにして満足すべきや。民権伸暢するを得たり、甚だ愉快にして安堵したらんといえども、外面より国権を圧制するものあり、甚だ愉快ならず。俚話に、青螺(さざえ)が殻中に収縮して愉快安堵なりと思い、その安心の最中にたちまち殻外の喧嘩異常なるを聞き、ひそかに頭を伸ばして四方を窺えば、あに計らんや身

は既にその殻とともに魚市の俎上にありと云うことあり、国は人民の殻なり。その維持保護を忘却して可ならんや。近時の文明、世界の喧嘩、誠に異常なり。あるいは青螺の禍なきを期すべからず。この禍の憂うべきもの多くしてこれを憂うる人の少なきは、記者において再び不平なきを得ざるなり。ただいかにせん、今日はこれ民権論一偏の世の中なれば、世論あるいはかえって記者に対して不平なる者あらんといえども、今後十年を期し、その論者が心事を改めて今日の記者と主義を同じうするの日を待つのみ。

右時事小言の所論も、その旨は本編の義に異ならず。かかる内政の艱難に際し、民心軋轢の惨状を呈するに当たりて、その党派論には毫も関係するところなき一種特別の大勢力を以て双方を緩和し、無偏無党、これを綏撫[25]しておのおの自家保全の策に従事するを得せしむるは、天下無上の美事にして人民無上の幸福と云うべし。これ我が輩がひとえに我が帝室の独立を祈願する由縁なり。方今世の民権論者も帝室を尊崇すると言いまた実に尊崇するの意ならんといえども、その語気真実の至情に出ずるもののごとくならず、ただ公然と口を開き帝室は尊きがゆえにこれを尊ぶと云うのみにして、その功徳の社会に達する由縁を語らず、人民の安寧は帝室の緩和力に依頼するの理由を述べず、その殺風景なる有り様は、家の子供が継母に対して、いやしくも我々の母なるがゆえに孝養を尽くすはもちろんのことなりと公言する者に彷彿たり。しかのみならず主権云々についても何か議論がましく喋々(ちょうちょう)と述べ立て、またあるいはその論者の党類と称する者の中にはずいぶん過激の徒もなきにあらず。およそ政党に免るべからざることなれども、保守論者の流よりこれを見れば猜疑(さいぎ)なきを得ず。彼らは口に甘き言を唱うれども、内心は甚だ危険なる者なり、さりとては恐ろしき次第、これを捨て置くべからずとて、何の手段もなくしてただ容易に帝室の名を用い、公に帝室保護などと唱えて経営するその有り様は、あたかも帝室の名義中に籠城して満天下を敵にする者のごとし。もとよりこの保守論者も、立憲政体、国会開設の事については異論なくして、その辺は民権家と同一致のごとくなれども、その帝室云々と口に唱え筆に記するところの気風を察し、その主権論などの論鋒を視れば、維新以前専制政治の時代に唱えし古勤王の臭気を帯ぶるがごとくにして、その持論の要点には常に神代のことども持ち出だし、我が帝室は開闢の初めにおいてかくのごとくなりしがゆえに、今日にありてかくのごとし、今後もまたかくのごとくなるべしとて、ただ歴史上の旧事のみを称揚し、今の日本国民が帝室を奉戴するは、あたかもただその旧恩に報ずるの義務のごとくに披露するのみにして、その帝室が現に今日にありて人心収攬の中心となり、以て社会の安寧を維持するの理由はこれを知らず。すなわちその帝室に尽くすところは単に過去報恩の一点にあるものにして、現在の恩徳を識別するの明なし。これに尽くすこと薄しと云うべし。また今後国会の開設、したがって政党軋轢の不幸もあらば、未来の恩徳はますます洪大なるべしといえども、その辺についても誠に漠然たる者のごとし。これに望むこと少なくして、これを仰ぐこと高からずと云うべし。畢竟保守論者皇学者流の諸士は、その心術忠実なるも経世の理に暗きがために、忠を尽くさんと欲してこれを尽くすの法を知らず、恩に報いんと欲してその恩徳の所在を知らざる者のみ。持論、常に過去の報恩を主として、現在のことを云わず。ゆえにその所説、往々宗旨論の風を帯びて変通に乏しく、自ら守りて他に敵すること劇烈なるのみならず、その党類と称する者の中には、古勤王論に不似合いなる人物もあり、また少壮の輩にはずいぶん不学にして劇(はげ)しき者もなきにあらざれば、民権の自由論者よりこれを見て、純然たる頑固物と認め、彼らは口に立憲国会など云うといえども、元来その持論においてあるべからざる言なり、結局我々を駆除してその本色の専制に復古せんとするの内心ならんとて、また大いに猜疑の念なきを得ず。すなわち方今世論の実況にして、その勢い、近日に至りてますます増進するがごとし。我が輩はもとより今のいわゆる自由改進の民権論に心酔する者にあらず、また今のいわゆる守旧保守の輩に左袒(さたん)する者にあらず。かの流の人が双方その主義の相投ぜずして政談を争うは自由自在にして、気力のあらん限りに勉強すべしとてこれに任ずるといえども、双方ともに攻撃するにもまた弁駁(べんばく)するにも、ただ政治の談のみに止まりて謹みて帝室に近づくなからんこと、双方の諸士に向けてあくまでも冀望(きぼう)するところなり。もしも然らざるときは、緩和の功徳は変じて劇烈なる乱階[26]となるべきのみ。恐るべきにあらずや。なお甚だしきは近日政府の内閣もこの党派に関係するとの説あり。その関係の深浅は我が輩これを知らずといえども、たとい内閣たりとも、いまだ政党の姿をなさずして、民間に党与を募るがごとき痕跡なければすなわち止まん。いやしくもその姿を成すこと真実にして、その痕跡の見るべきものあらんには、その党派として決して帝室の名を用ゆべからず。我が帝室は下界の政党に降り給うべきものにあらざればなり。万に一も、我が輩の憂慮するところ、過慮ならずして、後日あるいはこれがために不幸の禍を見ることもあらば、我が輩は、今の在野の諸政党に併せて政府の内閣に向かい、その弁解を乞わんと欲する者なり。

前段に陳述するごとく、我が日本国民は帝室に対し奉りて、過去の恩あり、現在の恩あり。今後国会を開設して政党の軋轢を生ずるの日には、必ずその緩和の大勢力に依頼せざるを得ず。すなわち未来の恩にして、この三様の大恩は日本国民たる者において平等に戴くべき者なり。然るに近来民間に党派を結んで改進自由など唱うる者あれば、これを目して民権党と名づけ、民権に反する者は官権なりとて、世間ようやく官権党の名を生じたるがごとし。そもそも官とはいかなる字義なるぞや。今の内閣の大臣参議以下の官吏を総称したる名にして、官権とはこの官吏が政府に立ちて国事を執るの権力と云う義ならん。今日の政体においては、官吏は天皇陛下の命じ給うところの者にして、そのこれを命ずるの間に天下人心の向かうところを斟酌し給うにあらず、もとより賢良なる人物を挙げて衆庶の望みに副わせられ給うは明々たることなれども、公然たる姿において人民よりその人を推撰するにあらず、投票の多数によりて進退するにもあらざれば、官吏は純然たる帝室の隷属にして、帝室と政府との間にほとんど分界なしと云うも可なり。すなわち明治元年より今年に至るまで我が国の政体なれば、今年にありて官権と云えば、その権は帝室の威光の中にあるものにして、あるいはこれを帝室の大権中の一部分と云うも大いなる不可なかるべし。然るにこの官権の下に党の字を加えて官権党の名を作り、これを口に唱えて党派を募るとは何事ぞ。字義を推してその極度に至れば、帝室の御為に特に尽力せよと云う意味に落つることならん。天下四分五裂、大義名分もほとんど紊乱の姿を呈して、帝室の安危いかがとて憂慮のあまりに、帝室に御味方申せと天下の志士を募りたるの例はなきにあらざれども、これはこれ上古乱世のことにして、明治の昭代[27]には夢にも想像すべからざるの不祥なり。既に御味方申せと云うからには、畏くも真実帝室に反する朝敵の所在なかるべからずといえども、今日の日本に朝敵はいずこにあるや。我が輩は世の新聞記者の流を学んでわざと過激なる語法を用ゆる者にあらず、また巧みに辞を婉曲する者にもあらず、中心に我が帝室を仰ぎてその安泰を祈り奉り、これを祈りて果たして天下に朝敵なきを信ずる者なり。朝敵と云えば、維新以来旧幕政府の一類どもに何か不審の筋あり云々等のことならば、まず古来和漢の例においても、国民前政府を慕うとか云う意味にて、ずいぶん世にあるまじき嫌疑にあらざれども、幕府滅却の後は断えてその痕跡を見ざるのみならず、旧幕府の談は政治社会において信に意に介する者もなきにあらずや。世界古今革命のこと少なからずといえども、その革命の後に物論の穏やかなるは、独り我が明治政府を以て未曾聞の一例となすべきほどのことにして、我が輩は実に我が帝室の万々歳を信じて疑いを容れず、これを疑わんと欲して中心にその疑懼の端を得ざる者なり。かかる昭代に居て、等しくこれ帝室の臣民なるに、その一部分の人が何を苦しんで帝室保護等の言を吐くや。不祥の甚だしきものなりと云わざるを得ず。もとよりその社会の長老は必ず誠実なる人物にして、ただ一偏に帝室の御為を思い、これを思うのあまりに世間を見て不安心なりと認むる箇条もあらんといえども、その不安心はただこれ局処に止まるもののみ。万頃[28]の杉の林に両三根の松を見ればとて、その松の繁茂して杉林の景色を変ずべきにあらず。帝室は全国人心の帰するところなり。二、三の狂愚あるもこれをいかにすべきや。いやしくも社会の大勢に着眼する者ならば、これを視ること難きにあらざるべし。今一歩を進めて我が輩は別にかえって恐るるところのものあり。その次第は、官権主張の人物が、誠意誠心に帝室を重んじて、その極度は遂に帝室の御味方を申すとまでの姿に陥るときは、あたかも敵なきに味方を作りたるものにして、その味方なる者は敵を求めて敵を得ず、かえって新たに敵を作るの媒介たるなきを期すべからず。さりとてはその誠実の本心に戻るにあらずや。あるいは長老の人物においては、いたずらに敵を作るがごとき粗漏もなきことならん、寛大以て人を容るるの度量あらんと云うといえども、いかにせん俚俗にいわゆる禍は下からとて、その社中の末流に至りては大いに長上の意のごとくならずして、本源は独りかえって心を痛ましむるものあらん。甚だしきは旧幕政府の末年に、幕府が世論の劇しきに苦しみ、政府の成規外に新徴組、新撰組[29]なるものを作りて、これを制せんとしてかえってますますその劇しきを増進したるがごとき齟齬を生ずべきやも測られず。誠に苦々しき次第にして、帝室の大恩徳を空しうする者と云うべし。すべて事を論じて他よりその論を聞くに当たり、論ずる者と聞く者との間に一点の猜疑ありてはその論旨は通達せざるものなり。ゆえに我が輩がかく論じ来るも、読者において何か疑いを抱くときは実に際限もなきことなれども、我が輩の持論は既に世に明告したるごとく、在野の政党に与するものにあらず、また今の政府の官吏に左袒するものにあらず、ただ社会の安寧を祈りて進んで建置経営するところあらんを願い、その針路方法を論じて世の政治家の注意を喚起せんとするまでのことなれば、かの政治宗旨の小大夫が、真宗を出ずれば必ず日蓮宗に帰し、両宗の一に帰依するにあらざれば身を処すること能わざるがごとき者に比すれば、少しく異なるところのものあり。読者も少しく静かにしてまず猜疑の念を去り、虚心平気以て聴くところあれ。記者の行文波瀾を失い、誠に無力赤面の至りなれども、ひたすら読者の推考を乞うのみ。

官権もとより拡張せざるべからず。いやしくも一国の政府として施政の権力なきものは、政府にして政府にあらず。殊に維新以来の政府は三百藩を合併したるものにして、その財政なりまた兵力なり、すこぶる強大なるべきはずなるに、今日の有り様にて日本国と日本政府との権衡を見れば、我が政府は決して強大なるものと云うべからず。官権大いに拡張せざるべからざるなり。然りといえども、この官権は前節に論じたるごとく、今日の政体においては直に帝室に接したる政府の権力にして、毫も人民の意見を交ゆべき者にあらざれば、今の法律に従い今の慣行により、名も実も帝室の旨を奉じて政を施すべきは無論、内閣の大臣参議以下真実に帝室の隷属にして、その施政の際に一毫の私意を交うべからず。ゆえにこの政体を遵奉するの間に、政府より発するところの政令は、悉皆帝室の政令たるべきのみならず、あるいは施政の便利のために人民に説諭することあれば、その説諭も帝室の旨を奉じたるものと認めざるを得ず。またその説諭は様々のことに関してあるいは官権を拡張するの旨に出ずることもあらん。すなわち今の政体の政権を強大にするの趣意なれば、我が輩において毫も異論あるべからずといえども、官権の二字に党の字を加えて官権党の熟字を作るときは、すなわち純然たる政党にして、その政党の中には帝室を含有するものと云わざるを得ず。いかんとなれば、今の官権は下の人民より集めたるものにあらずして、上の帝室に出でたるものなればなり。然るに帝室は無偏無党、億兆に降臨して、我が輩人民はその一視同仁[30]の大徳を仰ぎ奉るべきものなりとのことは、我が輩が反覆論弁したるところにして、この論旨果たして是にして、日本人民が帝室に対し奉るの本分は、まさにこの点にあるものなりとするときは、帝室の政党に関係すべからざるや明らかなり。強いてこれに関係すべしと云う者は、畏くもその尊厳を瀆(けが)してその神聖を損するものにして、尊王の旨にあらざるなり。ゆえに曰(いわ)く、今の政体にて官権を拡張するは可なりといえども、官権党の名義を作りて党与を募るがごときは不祥の甚だしきものなり。

あるいは去年の十月国会開設の詔を拝してより、在朝の人もその心事を改め、明治二十三年の後は必ず党派政治となることならん、そのときには我々も一政党を団結して他の政党と頡頏(けっこう)[31]せんものをと思い、その党与を求むるに、今日たまたま同時に官途にあるの縁故を以て、官吏の仲間に一政党の体を成して、かねてまた民間に同志を募り、偶然にこれを官権党と名づけて、以て二十三年後の用意をなすがごときは怪しむに足らず。然るときはその政党はまったく帝室に縁なきものにして、帝室より降臨すれば毫も他の諸政党に異なるところあるべからずといえども、なおこの趣向にても官権党の名は穏やかならざるがごとし。いかんとなれば、この官権党が明治二十三年の後よりなお幾年も官にあれば、その名実相適(かな)うべしといえども、いやしくも党派政治とあれば幾年月の間には落路の政党たるべきやも図るべからず。もしも然るときは、これを在野の旧官権党と名づけざるべからざればなり。語を成さざるがごとし。ただしその名称は何様にても苦しからず、ただ我が輩の冀望するところは、今の官権がもしも党派の姿を成すことならば、速やかに帝室と分離して他の諸政党と併立するの一事にあるのみ。右のごとく官権党たる者が、あたかもその身を国会開設の後に置き、爾後の資格を今より仮定して帝室と分離し、その分界明白なることならば、今の在野の諸政党が何ほどに進歩し、また一方の官権党が何ほどに有力にして、相互に軋轢を生ずるも、その軋轢はただ在官の人と在野の人との間に止まりて、大変乱に及ぶこともなかるべし。云わばその軋轢辛うじて政府に達して、それ以上に昇らざるものなり。もしも然らずして、その官権が帝室に縁あるときは、この官権と頡頏するは、あたかも帝室に頡頏するがごとくに見え、この官権が民権を征伐するは、帝室がこれを征伐するがごとくに見えて、その人心を震動するの禍は実に容易ならざることならん。恐るべきの甚だしきものなり。我が帝室は万世無欠の全璧にして、人心収攬の一大中心なり。我が日本の人民はこの玉璧の明光に照らされてこの中に輻輳（ふくそう）し、内に社会の秩序を維持して外に国権を皇張すべきものなり。その宝玉に触るべからず、その中心を動揺すべからず。官権民権のごときはただこれ小児の戯れのみ。あに小児をしてこれに触れしめんや、これを動揺せしめんや。謹みて汝（なんじ）の分を守りて汝の政治社会に経営すべきものなり。

我が輩が皇室に望むところはただ前条々に止まらずして、他にまた依頼するもの甚だ多し。近来は法律次第に精密を致して、世間に法理を言うもの次第に喧（かまびす）しきにしたがっては、政府の施政もすべて規則を重んずるの風となるべきは自然の勢いにして、国会開設の期にも至らば、政府はただ規則の中に運動するのみにして、規外には一毫の自由を得ざることならん。然るに人間社会はこの規則中に包羅すべきものにあらず。すなわち政府の容量は小にして、社会の形は大なりと云うも可なり。小を以て大を包まんとす、もとより得べからず。例えば鰥寡（かんか）孤独[32]を憐れみ、孝子節婦を賞するがごとし。人情の世界においては最も緊要なることにして、一国の風俗に影響を及ぼすこと最も大なるものなれども、道理の中に局促[33]する政府においては、決してこれに着手するを得ず。政府の庫中にある一銭の金も一粒の米も、その出処は国会に議定したる租税にして、粒々銭々皆これ国民の膏血なるぞ、いずくんぞこの膏血を絞りて他の口腹を養うの理あらんやなどと論じ来るときは、道理の世界においてこれに答うるの辞あるべからず。さりとて国民全体の情に訴うるときは、無告[34]を憐れみ孝悌を賞す、誰かこれを拒む者あらんや。これを拒まざるのみならず、その挙を聞見して心に悦の感を生じ、ともにこれを助けんとする者こそ多からん。然るにその国民の名代たる国会議員の政府は、道理の府なるがゆえに情を尽くすを得ざるなり。理を伸ばさんとすれば情を尽くすべからず、情を尽くさんとすれば理を伸ばすべからず。二者両立すべからざるものと知るべし。さればこの際に当たりて、日本国中、誰かよくこの人情の世界を支配して徳義の風俗を維持すべきや。ただ帝室あるのみ。西洋諸国においては宗教盛んにして、ただに寺院の僧侶のみならず、俗間にも宗教の会社[35]を結んで往々慈善の仕組み少なからず、ために人心を収攬して徳風を存することなれども、我が日本の宗教はその功徳俗事に達すること能わず、ただ僅かに寺院内の説教に止まると云うべきほどのものにして、到底この宗教のみを以て国民の徳風を維持するに足らざるや明らかなり。帝室に依頼するの要用なることますます明らかなりと云うべし。人事を御するに必要なる者は勧懲賞罰にして、その勧賞の必要なるは懲罰の必要なるに異ならず。然るに国会の政府においてはよく懲罰を行うべしといえども、勧賞の法は甚だ難くしてこれを行うこと甚だ稀なり。けだし罪を犯す者は証左によりて罪の軽重を量り、その軽重に従いて罰もまた軽重すべきがゆえに、あたかも実物の軽重を量るがごとくにして、約束の書に記すこと難からず。すなわち法律書の用をなす由縁なれども、人の功を賞しその徳を誉むるがごときは、その軽重を測量すること甚だ易からず。孝子節婦の徳義の軽重、もとより量るべからざるのみならず、あるいは戦場の武功とても、その大小を区別して、何を大功とし、何を小功と評するは、甚だ難きことならん。すなわち政府にて勧賞のことを行うの難き由縁なり。西洋諸国においても、その国民が何か大事業を挙げて国に益するか、または海陸の軍人らが非常の働きをなしたるときに、国会の議決にてこれに謝するの法なきにあらざれども、極めて稀有の例なりと云う。ゆえに国民の善を勧めてその功を賞する者は、必ず政府の外にありて存すること緊要にして、かの国においては一地方の人民が申し合わせて有功の人に物を贈ることあり、あるいは学校その他公共の部局よりこれを賞することあり。やや以て人事の欠を弥縫(びほう)するに足るといえども、結局国民の栄誉は王家に関するものにして、西洋の語に王家は栄誉の源泉なりと云うことあり、以てかの国情の一斑を見るべし。既に栄誉の源泉なるときは断じて汚辱の源泉たるべからず。懲罰を蒙(こうむ)るは人生の汚辱なれば、その源を王家に帰すべからざるの理由明白にして、一国の王家は勧むるありて懲らすなく、賞するありて罰するなきものなり。これすなわち各国帝王の詔勅にも、罰則を掲ぐることなきのみならず、懲罰以て人民を威するがごとき語法をも、容易に用いざる由縁なり。これを譬(たと)えば、風俗厚き良家の父母はその子に命ずるに、かくせよと云うに止まりて、かくせざれば鞭(むちう)つぞと云わざるがごとし。口にこれを云わず、いわんや手に鞭(むち)を取りて直にこれを打つにおいてをや。良家の父母の常に慎しむところなり。一国の帝王は一家の父母のごとし。もとより親から鞭を執る者にあらず、口にも鞭の字を云うべからず。帝王の常に慎しむところなり。西洋諸国の慣行において、その帝王と国民と相接するの厚情、かくのごとし。いわんや我が日本においては一層の厚きを加えざるべからず。数百千年来、賞罰ともに専制の政府より出ずるの法にして、民間公共の部局において人を勧賞するがごときはかつて聞見したることもなきものが、にわかに国会の政府に変じて規則のうちに局促し、よく懲らして勧むること能わず、よく罰して賞すること能わず、数を以て計え時を以て測り、規矩縄墨(きくじょうぼく)[36]を以て社会の秩序を整理せんとしたらば、人民はあたかも畳なき室に坐するがごとく、空気なき地球に住居するがごとくにして、道理の中に窒塞(ちっそく)することあるべし。今この人民の窒塞を救うて国中に温暖の空気を流通せしめ、世海の情波を平(たいらか)にして民を篤きに帰せしむるものは、ただ帝室あるのみ。

学術技芸の奨励もまた専ら帝室に依頼して国に益すること多かるべし。方今全国の教育を司(つかさど)りて学芸を奨励する者は文部省なりといえども、その直轄の学校は誠に僅々にして生徒の数は数百に過ぎず。もとより以て全国の学士を養うに足らざるなり。かつ文部もまた政府中の一省なれば、常に政府と運動をともにして、府に変あれば省にもまた変を生じ、甚だしきは文部卿の更迭に従って省中の官吏を任免するのみならず、その学校の教員に至るまでもあるいは進退なきを期すべからず。教員を進退し学制を改革し、既にこれを改革してまたこれを修正し、毎三、五年に変換するがごときは、教育において最も不利なるものと云うべし。しかのみならず国会開設の後は、国庫の金を以て国中ただ二、三の官立学校のみに給与することあるべきや。甚だ難きことならん。さればその開設の後は、たとい文部省を廃せざるも、省の事務はただ国中の学事を監督するに止まりて、直に学校を支配するの慣行は止むことならんと信ず。天下既に官立の学校なし。たといこれあるも全国の学士を養うに足らず。然らばすなわち私立の学校を奨励してこれを盛大ならしむるの外に方便あるべからず。然るに今日各地にある私学校の有り様は、実に微々たるものにして、見るに足るべきものなし。よく数百の生徒を教育してその法を誤らず、これを十数年に維持して学校の名に恥じざるものは、日本国中僅かに指を屈するに足らず。小学下等の教えは地方の協議に付して小学校に任すべしとするも、いやしくも小学以上学術の部分を以て、これをこの微々たる私立学校に任ぜんとするは、もとより行わるべき事柄にあらず。ここにおいてか、我が輩の大いに冀望するところは、帝室において盛んに学校を起こし、これを帝室の学校と云わずして私立の資格を付与し、全国の学士を撰びてそのことに当たらしめ、我が日本の学術をして政治に外に独立せしむるの一事にあり。文化ようやく進んで国民皆文の貴きを知るに至らば、民間富豪の有志にて学術のために金を捐る者をも生ずべしといえども、今日の民情なおいまだこの段に進まず、これをいかんともすべからざれば、ただ帝室に依頼して先例を示すの一法あるのみ。かくのごとく、新たに高尚なる学校を起こし、また在来の私学校には保護を与え、またあるいは時にしたがっては今の官立学校の取るべきものを取りてひとたび帝室の御有（ぎょう）となし、さらにこれに私立の資格を付与して従前の教官らに授くるも可ならん。その細目のごときは実際の談としてしばらく擱（さしお）き、とにかくにこの大体の趣向にて、我が学術を政治社外に独立せしめてその進歩を促すは、内国の利益幸福のみならず、遠く海外に対して、日本の帝室は学術を重んじ学士を貴ぶとの名声を発揚するに足るべし。国の一美事なり。方今英国等において大学校の盛んなる者は、悉皆独立私立の資格なれども、その本を尋ぬれば在昔王家の保護を蒙る者多しと云う。また近くは同国の皇婿（こうせい）「アルバルト」公[37]は、在世の間、直接に政事に関せずといえども、好んで文学技芸を奨励し、国中の碩学（せきがく）大家は無論、およそ一技一芸に通達したる者にても、親しく公の優待を蒙らざるものなし。けだし数十年来英国の治安を致して今日の繁栄を極むるも、間接には公の力与（あずか）りて大なりと云う。王家帝室の名声を以て一国の学事を奨励し、その功徳の永遠にして洪大なること以て知るべし。

また一方より論ずれば、学者は静かにして政治家は動くものなりといえども、人生おのおの長所あり、悉皆動くを好む者にあらず。政治家が朝に立ちて威福を行い、軍人が敵に臨みて勝を制す、愉快はもとより愉快ならんといえども、学者が天然の原則を推究して、化学器械学等の微細を試験し、偶然の機に会して千古の疑いを解き、あるいは幽窓の下に孤坐して深妙の事理を思考し、一部の著書以て容易に天下の人心を左右するがごとき、そのときの愉快は他人の得て知らざるところにして譬えんに物なし。ただに連城の璧[38]のみならず、天下を得る、また大なりとするに足らず。心志ここに至れば、眼中また王侯将相を見ざるなり。これを学者の愉快と云う。されば人生の快楽はその人の性質と職業の習慣とにより異なる者なれば、よくその性にしたがって職業を得せしむるときは、世に学者なきを憂うるに足らず。続々輩出してその業に安んずべきなり。人あるいは近日の世態を見て政談客の多きに驚き、日本の学者は一種の気風を帯びて悉皆政治に熱する者なりとて、みだりに臆測憂慮する者なきにあらざれども、畢竟学者に一種の気風あるにあらずして、世間に一種の気風を欠くがゆえに然るものなり。すなわち世間に学術を貴ぶの気風なし、これを貴ばざるがゆえに学者は学問を以て身を立つること難し、身に才気を抱きて世に身を立つるの路なし、静かならんと欲するも得べからず。今の学者が政談に奔走するもまた謂れなきにあらざるなり。学者が自ら好みて政談に入るにあらず、駆けてこれを政談に入らしむるものあればなり。ゆえに今もし帝室において天下に率先して学術を重んずるの先例を示し、学者をしておのおのその業に就くを得せしめなば、全国靡然（びぜん）として風を成し、政治社外に純然たる学者社会を生ずるを得べし。ここにおいてか始めて我が学問の独立を見るべきなり。かつまた学者なるものは、政治家に比すれば生活の趣を殊にして、衣食住の外見を装う者にあらず。またこれを装うの要用もあらざれば、おのずから質素にして他に異なるところのものあるべし。外の形体は粗にして内の精神は密なり、身の外見は賤しくして社会に対するの栄誉は極めて貴し。また以て人の標準として世の教風を助くるの方便たるべし。偶然の利益と云うべし。今日の有り様にては後進の学生日に増加すといえども、学問を以て静かに身を畢（おわ）らんとする者は甚だ稀なるがごとし。けだしその静かなるを好まざるにあらずといえども、静かにして依頼すべき中心を得ず。学に志すこといよいよ篤き者はいよいよ名利に遠ざかるの勢いなるがゆえに、枉（ま）げて学問の社会を脱するのみ。我が輩がひたすら我が帝室を仰いで全国学術の中心たらんことを願うも、その微意はけだしここにありて存するものなり。

前節の論旨に帝室を仰いで学術の中心に奉ぜんと記したるは、我が日本の学問をして、たといその主義はこれを西洋近時の文明に取るも、これを取りて以て遂に独立すること、今の漢学がその源を支那に取りて遂に我が国に独立したるがごとくならしめんと欲するの趣意にして、学問のやや高尚なるものについて説を立てたることなれども、なおこの以下の芸術においても帝室に依頼せざるべからざるもの甚だ多し。そもそも一国文明の元素は際限なく繁多なるものにして、人間社会の一事一物、文明の材料たらざるものなし。日本内地の人民と北海道の土人とを比較するときは、内地は文明にして北地は不文なりと云うべし。いかんとなれば内地は人事繁多にして北地は簡約なればなり。内地の人民は三度の食事するに毎人に膳椀と箸とを備えて、北地の土人には往々これなきものあり。されば人間世界、僅かに箸一膳の有無にても文明の高低を見るに足るべし。箸は文明のものなり。これを用ゆる、文明のことなり。これを作りこれを売買す、また文明のことなり。いわんや箸以上の事物においてをや。そのますます多きに従いて、ますます文明の高きを徴すべし。これを要するに人事の繁多、すなわち文明開化と云うも可ならん。

ゆえに一国の文明を進むるの法は、人事の繁多を厭うべからざるのみならず、多々ますますこれを奨励して繁多ならしむるにあり。二十年前は二汁五菜を以て盛饌（せいせん）としたりしも、今はこれに兼ねて西洋風の料理を食う。我が人民は洋食の旨否（しひ）を嘗（な）めるの知見を増して文明を進めたるものなり。二十年前は僅かに漢書を読みて学者の名に恥じざりしものも、今は漢書に兼ねて洋書を知らざれば学者の社会に歯（よわい）[39]すべからず。我が人民は横文を解するの知見を増して文明を進めたる者なり。人事繁多の世の中にして、文明進歩の秋（とき）と云うべし。然りといえども、これはこれ新たに文明を作りて旧に加うるの談なれば、他日の議論に譲りてしばらく筆を擱（かく）し、ここに我が輩が端を改めて専ら陳述せんと欲するものは、旧来我が国に固有する文明の事物を保存せんとするの一事にして、また重ねて帝室に依頼せざるを得ざるなり。そもそも人心を震動するの甚だしきは政治の革命にして、政府ここに一新すれば人心もまたしたがって一変し、その好尚の趣をも旧に異にすること多し。殊に我が日本近時の革命は、ただに内国政治の変換のみにあらずして、あたかも外国交際の新たなるときに際して、外の新奇を以て内の旧套を犯したるもの少なからず。いやしくも旧時の事物とあれば、利害得失を分かたずして、旧の字に加うるに弊の字を以てし、旧弊の熟語は下等社会にまで通用して、これも旧弊なり、それも旧弊なりとて、これを破壊する者は世間に識者視せらるるの勢いにして、内外両様の力を以て人心を顚覆したることなれば、その有り様は秋の枯野に火を放ちたるがごとく、際限あるべからずして、ほとんど旧来の文明を一掃したるものと云うも可なり。太陽暦を用いて五節句を廃し、三百藩を廃して城郭を毀ち、神仏混淆(こんこう)を禁じて寺社の風景を傷(そこな)うたるがごときは、いまさら恢復(かいふく)するも難からん、また今の事実の利害において恢復すべからざるものもあらんなれば、これらはしばらく不問に付して、ここに我が輩の特に注目するところは日本固有の技芸にして、今日これを保存せんと欲すればそのこと難からず、これを放却すれば遂にその痕(あと)を絶つの恐れあるもの、すなわちこれなり。日本の技芸に、書画あり、彫刻あり、剣槍術、馬術、弓術、柔術、相撲、水泳、諸礼式、音楽、能楽、囲碁将棋、挿花、茶の湯、薫香等、その他大工左官の術、盆栽植木屋の術、料理割烹(かっぽう)の術、蒔絵(まきえ)塗物の術、織物染物の術、陶器銅器の術、刀剣鍛冶(かじ)の術等、我が輩は逐一これを記し能わずといえども、その目甚だ多きことならん。これらの諸芸術は日本固有の文明にして、今日の勢い既に大いなる震動に逢うて次第に衰えんとするものなれば、これをそのいまだ滅了せざるに救うは実に焦眉の急と云うべし。いかんとなれば、芸術は数学、器械学、化学等に異にして、数と時とを以て計るべきものにあらず、規則の書を以て伝うべきものにあらず。殊に日本古来の風にして、たとい規則によるべきものにても、いわゆる人々家々の秘法に伝うる者多くして、その人に存するがゆえに、その人亡ぶればその芸術もともに亡ぶべきは当然の数にして、今日僅かにその人を存し、しかもその人はまさに自然に亡びんとするのときなればなり。今この急を救うの策、果たしていかにすべきや。これを今日の文部省に托すべからず。これを托せんとするも、省の資格において行われがたきもの多からん。いわんや国会政府たるの後においてをや。ただ冷なる法律と規則とに依頼して道理の中に局促し、以て僅かに国民の外形を理する政府の官省が、目下の人事に不用なる芸術を支配して特にこれを保護奨励せんとするがごとき、まったく想像外のことにして、ただこの際に依頼して望むべきは帝室あるのみ。帝室は政治社会の外に立ちて高尚なる学問の中心となり、かねてまた諸芸術を保存してその衰頽を救わせ給うべきものなり。

人あるいは曰く、前段に記したる諸芸術を保存せんがために、帝室に依頼するはすなわち可なりといえども、その芸術の中にはまったく今日に無用なるものあるをいかにせん、無用の芸術を保存するに有用の心思を労して、またしたがって多少の金を費やす、まったく無用のことなりとの説あれども、ある人は誠に今日の人にして明日を知らざる者なり。人間の文明は、その日月永遠にしてその境界広大なる者なり。文明一跳、千歳一日のごとし。あに今日目下の無用を以て千歳文明の材料を棄つることをなさんや。今日土中より掘り出す勾玉（まがたま）金環等のごときも、当時にありてその時代の経済理論に明らかなる書生の評に付したらば、あるいは無用のものなりしならんといえども、数千年の下、今日においてその勾玉の細工とその金環の鍍金とを視察すれば、我が日本は数千年の前、既に鍍金の術ありしことを知りて、その文明の度を見るに足るべし。されば今日無用のものも明日その無用たらざるを知るべからず。試みに今の書画骨董を見よ。十余年前は塵埃に埋めて顧みる者もなく、緋威の鎧一領はその価金二朱と云うもなお買う者なし。名家の筆跡と称する金屏風も、これを焼きてその金箔の地金を利するの時勢なりし者が、今日はまったくその反対にして、鎧も刀剣も骨董としてこれを貴び、書画のごとき、一片紙帛、価幾百円なる者あり。僅かに十年の経過にしてなおかつ然り。いわんや今後百年を過ぎ千年を経るにおいてをや。人の好尚の変化は決して計るべき者にあらざれば、物の存すべきはこれを存し、術の伝うべきはこれを伝えて、我が文明の富を損するなきこと緊要なるのみ。諸芸諸術、無用ならざるのみならず、我が国固有の美術にして、洋人らの絶えて知らざる者あり。茶を喫するに法あり、茶の湯の道と云う。花を器に挿すに法あり、挿花立花の術と云う。香品を薫してこれを嗅ぐに法あり、薫香の芸と云う。この類甚だ少なからずして、西洋人に語るも容易にその意味を解すること難かるべし。また御家流[40]の文字のごとき、その本は支那に取りしものにても、支那流外に一種の書風を成して、その法を伝授する上は我が国の固有にして、美術の中には大切なる者ならん。いずれも皆我が文明の富にして、外人に誇るべき者なり。この他蒔絵、塗物、陶器、銅器、植木、割烹等の諸芸術につき、逐一説明を下すは我が輩の能わざるところ、また本編の旨にもあらざればこれを省き、ただ願うところは、これをして政治革命のごとき小世変のために、断絶せしむるなきの一点にあるのみ。

在昔封建の時代において三百諸侯の生活はすこぶる高尚なるものにして、これがために自ら芸術を保護してその進歩を助けたるは人の知るところなり。諸侯のうちに武具馬具の職工は無論、茶道の坊主あり、御用の大工左官あり、蒔絵師御庭方あり、料理人指物師等、大抵皆譜代世禄[41]の家来にして、その職業につき利を射るよりも名を争うに忙しく、いわゆる芸術家の功名心よりして、往々非常の名人を生じて、名作も少なからざりしことなり。けだしその名作のものを代価に積むるに、名人の家に数代あてがうところの扶持米を算用したらば、非常に高価なるものならんといえども、封建の諸侯はその会計変則にして、入を計らずして出をなす者なれば、これを厭わざりしことならん。今後世に富豪を出だして、その富あるいは古の諸侯に優る者もあらんといえども、いやしくも計入為出の常則に従うときは、その芸術に対するの功徳は容易に望むべからざるなり。されば今日にありて芸術家に世禄を与うるはもとより行われざることなれども、ここに一種の法を設けてその功名心を奨励するの要用は明らかに知るべし。その法いかにして可ならん。前節に帝室は栄誉の源泉なりと云えり。然らばすなわち芸術家の栄誉もこの源泉より涌出（ゆうしゅつ）するの法によるべきのみ。近くその先例を挙ぐれば、徳川の時代に陪臣または浪人の儒者医師らに高名なる人物あれば、御目見被仰付とて将軍に拝謁を許し、ときとしてはこれに葵（あおい）の紋服を賜るの例あり。ひとたび拝謁したる者は、たとい幕臣ならざるもいわゆる御目見以上の格式にして、諸藩士の上に位し、幕府旗下の士と同格なるがゆえに、儒医の身にありてはほとんど無上の栄誉にして、世間の名望甚だ高し。儒医のみならず、囲碁将棋等に巧なる者にても、名人の誉れある者には拝謁を許し、かつ碁所将棋所とてその芸の宗家には豊かに扶持を給し、毎年例によりて幕府の殿中に上覧の囲碁将棋会を開きて屈指の者ども芸を闘わすときには、将軍も必ず親（みずか）ら出座してこれを観るの例あり。代々の将軍必ず碁将棋を嗜（たしな）むにもあらざるべし、ずいぶん迷惑なりしこともあらんといえども、俗間にてはこれを御城碁、御城将棋と唱え、その当人は当日一局の勝敗を以て生涯の栄辱を卜（ぼく）し、甚だしきは勝敗心労のために吐血して死したる者もありしと云う。このほか能楽者にも扶持を給し、刀鍛冶、彫刻師にもあてがいを与る等、様々の工夫を以て、徳川政府十五世の間に芸術将励の一事は甚だ行き届きたるものなり。今日は既に幕府なし、また諸侯なし。ここにおいてか全国人心の中心栄誉の源泉なる帝室において、今の民情を視察し前年の例を斟酌して、あるいは勲章の法を設け、あるいは年金の恩賜を施し、あるいはその人に拝謁を許され、あるいは新古の名作物を蒐集（しゅうしゅう）せらるる等のことあらば、天下翕然（きゅうぜん）[42]として一中心に集まり、栄誉の源泉に向かって功名の心を生じ、我が芸術をまさに衰えんとしたるに挽回して、さらに発達の機を促すのみならず、人心の帝室を慕うに一層の熱を増して、ますますその尊厳神聖を仰ぐに至るべきなり。

帝室は人心収攬の中心となりて国民政治論の軋轢を緩和し、海陸軍人の精神を制してその向かうところを知らしめ、孝子節婦有功の者を賞して全国の徳風を篤くし、文を尚(たっと)び士を重んずるの例を示して我が日本の学問を独立せしめ、芸術をいまだ廃せざるに救うて文明の富を増進する等、その功徳の至大至重なること挙げて云うべからず。けだし軽躁(けいそう)の書生輩はこの大徳の軽重を弁ずること能わずしてこれを言わず、あるいはこれを言うもその情水のごとし。畢竟無智の罪なり。また鄭重にして着実なりと称する長老の輩もその実は案外に性急にして、熱心極むれば過激となり、かえって恩徳の所在を忘れて狼狽(ろうばい)を致す。これまた無智の罪なり。無智の罪は有心故造[43]にあらず。これを恕(ゆる)して正に帰するの日あるべきのみ。天下皆正に帰したり。すなわち帝室において前条々のことに着手せんとするに、第一の需要は資本、これなり。明治十四年度の予算に、帝室および皇族費は百十五万六千円にして、宮内省の定額三十五万四千円とあり。この金額多きや少なきや。伊太利(イタリア)の帝室費は三百二十五万円にして、皇弟の賄料六万円、皇甥(こうせい)同四万円、その他国皇の巡狩費または皇居建築営繕(えいぜん)費等のごときは、別に国庫より出だすと云う。また英国はその富裕の割合にして他の諸国に比すれば帝室費の少なきものなれども、二百万円を限りて、このほかに「ランカストル」侯国[44]より入るものあり。日耳曼(ゼルマン)は三百八万円の外に、帝室に属する土地山林甚だ広大にして、その歳入は悉皆宮殿および皇族の費に供す。荷蘭(オランダ)は三十一万二千円の外に、かつて第一世「ウヰルレム」王[45]のときより王家の私産に属するもの甚だ多しと云う。

右各国の比例を見れば、我が帝室費は豊かなるものと云うべからず。金円の数も少なきその上に、帝室の私に属する土地もなしまた山林もなし。今後国会開設の後においては、必ず帝室と政府とは会計上にもおのずから分別の姿をなすべきことなれば、今日より帝室の費額を増し、また幸いにして国中に官林も多きことなれば、その幾分を割きて永久の御有に供すること緊要なるべしと信ず。「バシーオ」氏の英国政体論[46]に云く、世論喋々、帝室はすべからく華美なるべしと云う者あり、すべからく質素なるべしと云う者あり、甚だしきは華美の頂上を極むべしと云う者あれば、これに反対してまったく帝室を廃すべしと云う者あり、皆これ一場の空論のみ、今の民情を察して国安を維持せんとするには、中道の帝室を維持すること甚だ緊要なり、理財の点より観察を下すも、例えば百万「ポンド」を帝室に奉じて人心収攬の中心たるを得るは、策の最も良きものにして、百万は百万の用をなすものと云うべし、今これを減少して七十五万「ポンド」となし、その用法を異にして人心を得ること能わざるときは、七十五万の全損にして拙策の甚だしきもの云々と。言論簡単にして事理を尽くしたるものと云うべし。すべて帝室の費用は一種特別のものにして、その公然たるものあるべきは無論なれども、あるいは自由自在に費やしてほとんど帳簿にも記すべからざるほどの費目もあるべし。最も大切なる部分なり。例えば在昔仏帝第一世の先后「ヂョセフヒン」[47]は名高き賢婦人にして、常に皇帝の内行を助けてその失を弥縫し、宮中府中を問わず人心をして離散せしむるなきを勉めたりしが、皇帝が一旦の変心にて皇后を廃してより、たちまち内外の人望を失うたることあり。また近くは今の伊太利の皇后「マガリタ」[48]はつとに賢明順良の名あり。よく人心を収めて皇帝を輔翼し、間接には政治上の風波も平素皇后の徳によりて鎮静するもの少なからずと云う。されば帝室の徳義の民心に通達するは一種微妙のものにして、冥々の間に非常の勢力を逞しうするを得べし。万乗の皇帝、微行[49]して一夫の貧を救い、以て一地方の人民をして殖産の道に進ましむることあり。一士卒の負傷を尋問して、三軍の勇気を振るわしむることあり。花の莚、月の宴、決して軽々に看過すべからざるものあり。これらのことについても必要なるものは財なり。しかもこの財を費やして、その費目は帳簿にも記すべからざるものならん。我が輩はもとよりその目を論ぜずして、ただ全体に皇室費の豊かならんことを祈る者なり。

ある人云く、帝室の大名声を以て天下の人心を収攬するの説はすなわち可なりと。その有功の者を賞し文学芸術を保護奨励するに当たり、あるいは従前の習慣において帝室に近づく者はとかくに古風の人物多きがために、実際の着手においてもおのずから古を尚ぶの気風を存して、例えば人を賞するにもいわゆる勤王家に厚くして他はこれに預かること薄く、あるいは学芸を奨励すればとて専ら皇漢の古学に重きを付する等の意味なきを期すべからず、さりとてはこの駸々乎[50]たる文明進歩のためにいかにあるべきやの説あれども、我が輩においては毫もこれを恐れず。嘉永癸丑(かえいみずのとうし)開国[51]の以来、我が国勢を一変したるものは西洋近時の文明なり。この大勢進歩の間に、あるいは故障もあらん、妨害もあらんといえども、ただこれ一局処の障害にして憂うるに足らず。古学は日新の学に害あるがごとくに見ゆれども、その害たる唯一時一部分に止まるのみ。千百の古学者あるも天下の大勢をいかにすべきや。いわんやその古学流の中にも、物理原則の部分を除くときは、取るべきも甚だ少なからず。我が輩は勉めてこれを保存せんと欲する者なり。なおいわんや我が輩が帝室を仰いで人心の中心に奉らんとするは、その無偏無党の大徳に浴して一視同仁の大恩を蒙らんことを願う者なれば、我が輩の志願決して空しからず。帝室は新に偏せず古に党せず、蕩々平々、あたかも天下人心の柄を執りてこれとともに運動するものなり。既に政治党派の外にあり。いずくんぞまた人心の党派を作らんや。謹んでその実際を仰ぎ奉るべきものなり。

帝室論　大尾

1史乗に徴する　歴史に照らし合わせること。　**2天覆地載**　天が万物を覆い、地が万物を載せるように、広くおおらかな心をもつこと。　**3撫育**　いつくしんで大切に育てること。　**4彰義隊**　戊辰戦争の際の旧幕府軍の一部隊。上野の寛永寺を拠点とし新政府軍に抗戦したが壊滅した。**5乗輿**　ここは天子のこと。**6瘋癲**　かつて用いられていた、精神疾患の俗称。**7関原の一捷**　関ヶ原の戦いで勝利したこと。**8吹上の禁苑**　吹上御苑のこと。皇居の内苑にあたる。**9殊恩の渥きを感佩して**　格別の恩義に深く感謝して。**10虚器を擁する**　実権のない名目上の地位にあって、他人にいいようにあやつられること。**11帥**　指揮官。**12文政天保の老眼**　文政・天保年間（一八一八―四四年）生まれの老人の目。（福沢も含めた）一昔前の世代から見れば、ということ。**13謳歌**　声をそろえて一斉に歌うこと。**14鳶の者**　江戸時代に町民が設けた消防組織、町火消のこと。**15「コロンウェル」の乱**　清教徒革命。本書四二二ページ、注13参照。**16昌平館**　昌平坂学問所のこと。江戸の湯島に設けられた幕府直轄の教育施設。**17旧水戸藩において……**　いわゆる水戸学のこと。儒学思想に国学、神道、史学などを結びつけ、国体論や尊王攘夷思想を軸とする独自の思想体系を構築した。**18日本外史**　江戸後期の儒者・史家、頼山陽（一七八〇―一八三二年）が執筆した歴史書。源平二氏から徳川氏にいたる武家の興亡を格調高い漢文体で記し、幕末から明治初期にかけて広く読まれた。**19ルールブリタニヤ**　イギリスの愛国歌 *Rule, Britannia!* のこと。**20王は十善、……**　王の位は神よりも高いということ。**21三河万歳**　愛知県三河地方に伝わる民俗芸能で、新年に家々を回って祝言を述べ、掛け合いなどを演じる。**22大坂の落城**　一六一五年、徳川家康が豊臣氏を攻め滅ぼした戦い。**23鷸蚌**　シギとハマグリまたはドブガイ。互いに争ううちに第三者に横取りされ、共倒れになることを戒めたたとえ。**24時事小言**　一八八一年に刊行された福沢の書。**25綏撫**　慰め、安心させること。**26乱階**　騒乱が起こる兆し。**27昭代**　よく治まり栄えている世。太平の世。**28万頃**　広大であること。「両三」は二つ、三つ。**29新徴組、新撰組**　ともに徳川幕府が浪人を集めて組織した警備隊。「新徴組」は庄内藩主酒井忠篤の指揮下にあり、江戸市中の警備などを担った。一方の「新撰組」は京都守護職松平容保の支配下で京の治安維持に当たった。30一視同仁　すべての人を分け隔てなく愛すること。31頡頏　拮抗。勢力が釣り合っていて優劣のないこと。32鰥寡孤独　夫、妻、子、親を亡くし身寄りのない者。33局促　かがんで小さくなること。度量が狭いこと。34無告　自分の苦しみを表現できない者。35会社　結社。36規矩縄墨　「規矩」はコンパスとさしがね、「縄墨」は木材などに線を引く墨縄。物事の規準、手本。37「アルバルト」公　アルバート公（一八一九—六一年）。ヴィクトリア女王の夫で芸術分野に造詣が深く、王立技芸協会の会長もつとめた。38連城の璧　秦の昭王が十五の城と交換したいと申し入れた、趙の恵王所蔵の宝玉。またとない宝物のこと。39歯す　同列になること、仲間に入ること。40御家流　書道の一流派。平安時代に成立し、江戸時代に広く普及した。尊円流、青蓮院流とも。41譜代世禄　家に支給され、代々世襲される俸禄。42翕然　一つにまとまるさま。43有心故造　下心をもってわざと行うこと。44「ランカストル」侯国　ランカスター公領。45第一世「ウヰルレム」王　ウィレム一世。オランダ王国初代国王（在位一八一五—四〇年）。46「バシーオ」氏の……　イギリスの著述家、ウォルター・バジョット（一八二六—七七年）の著書『イギリス憲政論』のこと。47ヂョセフヒンナポレオン一世の最初の妻、ジョセフィーヌのこと。48マガリタ　イタリア王国第二代国王ウンベルト一世の妃、マルゲリータのこと。49微行す　身分の高い者がお忍びで外出すること。50駸々平　物事が速く進むさま。51嘉永癸丑開国　嘉永六（一八五三）年。ペリー率いるアメリカ艦隊が来航したこと。

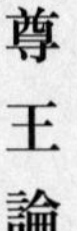

尊王論

緒言

尊王論一篇は、去月廿六日以来連日の時事新報に掲げて読者の高評を煩わしたるものなれども、片々連日の紙上に掲げたるものにては、これを卒読して全体を玩味するに便ならずとて、いまだこれを紙上に掲載し終わらざるのときより、これを小冊子となして世に公にせんことを勧告せらるるもあり、また今日に至りて当時これを掲載せる新報を注文せらるるもあれど、紙数を限りて印刷したるものなれば今はその需めに応ずる能わず、かつや本篇は広く世間の高評を得て、論旨の世に行われんこと我が輩の切望するところなれば、さらに印刷に付して小冊子となし世に公にすることとなせり。

明治廿一年十月

石川半次郎[1]　記

1石川半次郎　当時の『時事新報』の発行名義人。

我が大日本国の帝室は尊厳神聖なり。吾々臣民の分としてこれを仰ぎこれを尊まざるべからずとは、天下万民の知るところにして、そのこれを尊むや、ためにするところあるにあらず。ほとんど日本国人固有の性に出でたるがごとくにして、古来今に至るまで疑いを容るる者なしといえども、開国以来、人文ようやく進んで千差万別の議論も多き世の中となるについては、我が輩は尊王の大義を単に日本国人の性質とのみ言わずして、さらに一歩を進め経世の要用においてもこの大義の等閑にすべからざるを信ずる者なれば、たとえ今日は無用の論に似たるも、天下後世社会の安寧のために尊王論の一編を記して子孫に遺すもまた無益の労にあらざるべし。今その立論を三条に分かつ。

第一　経世上に尊王の要用はいかん。

第二　帝室の尊厳神聖なる由縁はいかん。

第三　帝室の尊厳神聖を維持するの工風はいかん。

第一　日本国人の尊王心はほとんどその天然の性情に出ずるものにして、試みに今匹夫匹婦[1]に向かい、なにゆえに帝室は尊きやと尋ぬれば、ただ帝室なるがゆえに尊しと答うるのみにしてさらに疑う者あるを見ず。ただに匹夫匹婦のみならず、上流の士君子中、あるいは平生尊王の志厚しと称する人物に質しても、帝室は一系万世の至尊なりと答えてさらに詳らかに説明する者甚だ少なきがごとし。今日のところにては我が輩とても強いてその説明を求むるにあらず。実際においてもまた無用なりといえども、文明の開進際限なくして今日の物論既に喧しく今後ますます甚だしきに至るべき世運に当たり、その議論ときとしては人情を後にして道理に訴え、帝室のことに関しても単に道理の一方より言を発し、経世上に帝室の功用いかんなどの問題に遭うことなきを期すべからず。もしも然る場合においては我が輩は、かの匹夫匹婦のごとく、また世間にいわゆる尊王論者のごとく、単に帝室なるがゆえに帝室にして尊厳神聖なりと答うるよりも、我より一歩を進めて質問者の質問に応じ、経世上に尊王の要用を説き、以て他を満足せしめて、人情と道理と両様の点より、ますますその尊王心を養成せんと欲する者なり。

性は善なりと云うといえども、また一方より人間俗世界の有り様を見るに、およそ人として勝つことを好んで多きを求めざる者なし。すなわち人生に具わる名利の心にして、社会運動のよりて以て起くるところの根本なり。また人の智力工風は際限なきものにして、その好むところのもの、その求むるところのものを得んがためには、種々様々の方便を用いてほとんど至らざるところなし。しこうしてその方便たるや、性質の正しきものあり、正しからざるものあり、あるいは当局者[2]においては自ら正当なりと認むるも他人の視るところにて正しからざるものあり、あるいは古の時代にありては正理に叶いし事柄も今の風潮にては然らざるものあり。その事情甚だ錯雑して容易に判断も下しがたき最中に、徳心の発達なおいまだ完全ならざる浮世の俗物輩が名利を逐うて止まざることなれば、心意の険しきも誠に当然の勢いにして、その心意の中に隠伏する間はなお平和を装うべしといえども、発して外に現るるの日には、これを小にして人々個々の不和争論となり、これを大にして党派の軋轢または戦争にも立ち至るべし。社会の不利これより大なるはなし。畢竟その本を尋ぬれば、人生の勝つことを好み多きを求むるの性情に原因するものにして、これを調和することすこぶる易からず。天下の人をしてことごとく勝つことを得せしめんか、勝敗とは相対の語にして、負くる者あらざれば勝つ者あるべからず。天下の人をしてことごとく多きを得せしめんか、多少もまた相対の語にして、他に少なきものあらざれば我に多きの感をなすべからず。然らばすなわち名利は俗界万衆の心に皆欲するところのものなれども、その心のままに任して円満の位に至らしめんとするには、天下の名誉利益を挙げて一人の身に帰し始めて満足すべきなれども、その一人を除くほかはすべて不平ならざるを得ず。ますます不都合にして実際に行わるべからざるや明らかなり。ゆえに経世の要は社会の人をして不平怨望の極に至らしめず、また満足得意の極にも登らしめずして、まさにその中間の地位を授け、苦楽喜憂相半して極端に超逸[3]せしめざるにあるのみ。これを名づけてその分を得たるものと云う。然るに政府の法律のごとき、宗教道徳の勧化のごときは、人事の理非を明らかにし人心の慾を制して、この超逸を禁じまたこれを未萌に防ぐの方便なれども、なおいまだ足らざるものあるがごとし。ことに我が日本国のごときは古来士流の習慣を成して政治に熱心する者甚だ多く、その熱度も至極高くして法律徳教の力もときとして無効に属するの事例なきにあらず。歴史の明証するところにしてあたかも日本固有の気風なれば、この気風の中に居て政治社会の俗熱を緩解調和するためには、おのずからまた日本に固有する一種の勢力なかるべからず。すなわち我が輩がこの勢力のあるところを求むれば帝室の尊厳神聖これなりと明言するものなり。

名利の両者はともに人の欲するところなりと云うといえども、今名誉と利益と相対していずれを重しとするやと尋ぬれば、人の性情は、名を先にして利を後にするものと答えざるを得ず。およそ人間の衣食既に足りて肉体保養の欠乏なき以上は、その求むるところのものまったく名にありと云うも可なり。大廈高楼金衣玉食の奢侈際限なしといえども、本人の肉体口腹に奉ずるところは誠に限りあるものにして、それ以上は悉皆外に対する見聞のためにするのみ。すなわち名のためにするものなれば、人生の利益を求めて多きを欲するも、その実は名を買わんがためなりと云って可なり。あるいは世に守銭奴なる者あり。そのなすところを察するに、いかなる不外聞をも忍んでただ銭これ求め、畢生の目的、利益の外なきがごとくなれども、その本心を叩いて真面目を糺すときは、その人の心事に謂らく、人生に銭なければ不安心なり、無銭貧乏の極に沈むときはいかなる艱苦を嘗めいかなる恥辱を被るも図るべからず、その用心のためには銭こそ最第一の要用なれ、いわんや平生においても銭は権力の基にして、おのずから世間に我が身の重きを成すべしとて、帰するところは名のためにするより外ならず。されば人の性情はかくまでに名を好んで、その名を買うに最も便利なるものは銭なるがゆえに、俗界に名利の紛争を生ずるも決して怪しむに足らず。さてこの紛争に際してその勝敗の明白なること角力の勝負のごとくなれば誠に心配に及ばずといえども、人事は大抵無形の間に錯雑するもの多くして、これを判断すること甚だ易からず。あるいは国の法律に訴えて黒白を分かつの道もあれども、法律はただ外面有形の部分に有力なるのみにして深く無形の心情に入るを得ざるがゆえにいまだ以て満足すべからず。ここにおいてか始めて仲裁の要用を知るべし。そもそもここに記す仲裁の文字は、単に紛争の場合を司るのみの意味にあらず、平生の人事においてもその働くところ甚だ広くして、常に人心の昂激を緩解調和するものなれば、その効用を喩えて云えば病の急劇症に緩和剤の要用なるがごとしと知るべし。例えば坊間[4]血気の少年が祭礼またはは火事場において甲乙打ち当たり、針小の間違いより棒大の争いを起こし、東西相接して互いに五分も引かれぬ意気地となり、警察恐るるに足らず、必死はもとより覚悟なりとて、まさに一大椿事に至らんとするその瞬間に群集の中を割り出でたる者はかねて名に聞く何組の親方にして、単身赤手、[5]右と左に押し分け、この喧嘩はこちらに貰うたりと大声一喝の下に、双方の昂激たちまち鎮静し、総勢粛々としてその場を引き揚げ、果ては仲直りの一盃を以て穏便に事の局を結ぶがごときは、大都下に珍しからぬ事実なり。けだしこの少年らが血気に速りてその極度は生命をも愛しむに足らずと云うまでに至るといえども、瞬間に機を転じてその本心を叩けば、特に殺伐残忍を好むにあらず、最前はただ義侠好男子の名のために引かんと欲して引くべからざりしのみ。今は親分の扱いとなりて双方の面目も立つと云えば、たとえ少々の不平あるもそこは親分に対する子分の義理として勘弁せざるべからず。既に勘弁すると覚悟を定めたる上は、一言半句の筋（苦情）を云わざるこそかえって好男子なれとて、一切の進退を挙げてこれを親分の処置に任ずるは、親分の名望もとより盛んなるがゆえなりとはいえども、内実は子分の者どももその仲裁の扱いをよき機会にして自分らの面目を全うすることなれば、親分一人の名望は数多の子分の無事を維持するの機関にして、緩解調和の妙効を存するものと云うべし。

右は社会の下流と称する坊間少年輩の仲間に行わるることにして、士君子の常に等閑に看過するところのものなれども、滔々たる塵俗世界の事相を解剖してその真面目を視るときは、紳士上流の社会とて何ぞ坊間少年輩の仲間に異なるものあらんや。商人が利を争い、学者が名を争い、政治家が権を争うがごとき、外面はやや穏やかにして美なるに似たれども、その争うの実はすなわち上流も下流も同一様にして殊色あるを見ず。これをその当局者のなすがままに任じて自在に運動せしむるときは、争論底止するところなくしてただに社会の騒擾のみならず、当局者の自身においても事の行き掛かりに載せられていわゆる五分も引かれぬ意気地に迫り、内実甚だ当惑するの事情常に多し。かの射利[6]を目的にする商家の争いは、その運動、なお銭の区域に止まり、いまだその銭を以て名を買うの点に達せざるもの多きがゆえに、単に銭の受授によりて調停に至ることもありといえども、まったく銭を離るるか、または銭を第二着にして専ら名誉権利の一方のみに熱するものに至りては、その争いもまた一層の昂激を増し、殊に政治の争論のごときは最も劇しきものにして、ときとしては由々しき大事をも見るべき場合なきにあらず。すなわち一国社会は政治家の玩弄物となりて意外の災難を被るべきときなれども、この一大事のときに当たりて能くこれを調和し、また平生より微妙不思議の勢力を燿かして、無形の際に禍を未萌に予防するものは、ただ帝室至尊の神聖あるのみ。一盃の酒以て志士の方向を改めしめ、一句の温言以て奸雄の野心を制するがごときは、決して他に求むべからざることなり。帝室はもとより政治社外の高処に立ち、施政の得失については毫も責任あるべからざるものにして、その政治の熱界を去ることいよいよ遠ければ、その尊厳神聖の徳いよいよ高くして、その緩解調和の力もまたいよいよ大なるべし。ただに経世に要用なるのみならず、いやしくもその尊厳を欠き神聖を損することあらば、日本社会はたちまち暗黒たるべきこと、古来の習俗民情を察して疑いを容れざるところなり。

　西洋諸国民は多数少数の数を以て人事の方向を決するの風にして、我が日本国人は一個大人の指示に従いて進退するの習慣なり。すなわち古来東西に趣を殊にするところにして、その是非得失は容易に判断すべからず。多数主義にても大人主義にても、数千百年の習俗を成して人民の情にこれを安んずるときは、社会の安寧を維持するに足るべし。然るに我が日本は三十年前にわかに国を開きて西洋国人に接し、つらつらその事物を視察すれば有形無形ともに彼に及ばざるところのものあるを発明し、これを名づけて西洋の文明開化と称し、ひたすらこの文明開化を採らんとしてこれに熱心するその中に、人間社会のことを決するに多数主義を用ゆるも開明の一箇条なりと聞きて、ようやくその風に赴き、民間の事を処し人を推撰する等にもややもすれば投票の多数を以てし、政治のある部分においても既にこの法を用ゆるもの少からず。近来に至りてかの国会の開設など云うも、天下の大政を議するに多数法を用ゆるの仕組みにして、日本開闢以来の一大変相と称すべし。そもそも今日全世界の事態において人間を支配するものは西洋の文明開化にして、とてもこれに反対すべからざるのみか、文化開化そのものの性質を吟味しても、得失を平均するときは美なるもの甚だ多くして、我が日本国人もようやくその方向に進むこそ利益なれば、多数法の施行、決して非難すべきにあらず。遂には国中公私大小の人事を可否進退するにこの法を用ゆるに至ることあるべし。我が輩の最も賛成するところなれども、ただこの際において心配なるは、幾千百年来大人の指示に従うの習慣を成したる者が、能く多数の命ずるところに服すべきや否やの一事なり。たとえ約束においては余儀なく服するも、能くかの多数なるものを尊敬し、あたかもこれに一種の神霊を付して、一も二もなく甘服伏従すること、西洋国人のごとくなるべきや否や疑いなきを得ず。趣は少しく異なれどもここに一例を示さんに、明治の初年来政府の上流にて困難とするところは、人物の進退、政令の施行を、一人の意のごとくする能わざるの情勢、これなり。本来今の政府の組織は大人主義のごとくなれども、もしも実にこの主義に基づくものなれば、情実由緒などは問うに及ばず、政府の首座に立つ者が厳重にその職権を振るい、一心以て施政の方向を定め、違(たが)う者はこれを擯(しりぞ)けその局部の専権、あたかも徳川政府筆頭の老中のごとくなるべきはずなるに、実際の事情は初めより然るにあらず、上流の人は取りも直さず同胞の兄弟同様にして、その出身の由来にさしたる甲乙もなく、これに加うるに衆議を以て事を決するなど云う談(はなし)も少からずして、何となく多数主義の趣を存するがゆえに、大人専権のことは望むべからずして、さればとてその多数主義が公然たる形を成してこれに依頼すべきものなれば、これを根拠にして自らまた有力なる専権を逞しうすべしといえども、また然るにもあらず、大人主義に似て大人を許さず、多数主義のごとくにしてその多数分明ならず、以て政府の全体を悩ますもののごとし。この事情は独り政府のみならず、民間の私にも行われて、ときとして紛擾(ふんじょう)を醸すこと多し。すなわち今日我が国一般の時勢にして、あるいはこれを評して大人より多数に変遷する途中の難渋と云うも可ならんのみ。しかりといえども前に云えるごとく西洋流の文明開化は無限の勢力あるものなれば、結局政治においてもまた他の人事においても、大人主義は行われずして多数主義に勢力を占めらるることとなるべし。今後の大勢において我が輩のあらかじめ卜(ぼく)するところなり。

右は有形の人事政治上について大人主義より多数主義に移るの難きを陳(の)べたることにして、天下何人たりともこれを易しと云う者はなかるべし。あるいは有形の部分だけは多数を以て制すべからざるにあらず。民事または政事において事を決し人を進退するに当たり、投票の数において然りと云えばまた二言あるべからずといえども、日本の民情なおいまだ多数の神霊を拝する者にあらざれば、形においてこれに服するも感覚はすなわち然るを得ず。ここにおいてか一方に多数を求め多数を争う者あれば、他の一方には多数を憤り多数を愚弄する者を生じ、またあるいは多数を争いこれに失敗して飜って大人主義を唱うる者もあるべし。すなわち人事変遷の波瀾にして、これに浮沈する熱界の俗物はすでに数理の外に脱して情感のうちに煩悶するものなれば、これを緩和するの手段は、法を以てすべからず、理を以てすべからず、法律道理のその外に一種不思議の妙力を得て、始めて能く鎮静の効を奏することあるべし。これを喩えば人身の病において、肉体有形の患えは学理上の医薬を以て治すべしといえども、無形の精神病は往々理外の療法を施して効を奏するもの多きがごとし。さればかの俗世界に浮沈して輸贏を争う輩も、一方より見れば至極神妙にして、国のために用をなす者なきにあらずといえども、顧みて裏面よりこれを窺えば功名症と名づくる一種の精神病に罹る者こそ多ければ、これを和らげてときどき軽快を覚えしむるためには、理外不思議の療法なかるべからず。これすなわち我が輩が特に帝室の尊厳神聖に依頼するゆえんなり。例えば甲乙同等の人にしてこれを上下すれば不平の媒介たるべし。すなわち甲に実を与えて乙に花を授け、あるいは表に甲を重んじて裏に乙を敬し、昨日は酒を飲ましめ今日は茶を喫せしむる等、無限の方便に無限の意味を含んで人を満足せしむるものは、帝室の光明の外に求むべからず。またあるいは政治家が施政の得失を論じて水火相容れず、あるいは人物を黜陟(ちゅっちょく)[8]して失意得意の境遇を倒にし、法においてはともかくも情実においてはもはや堪忍相成らずと双方相対峙し、その熱度の頂上に達して波及するところの広ければ、ときとして腕力兇器(きょうき)に訴えんとするがごときそのときにも、政治社外の高処に在(まし)ます帝室の深慮は云々など云えば、熱度たちまち降りて軽快の奇効[9]を奏すべし。けだしこの功名症の患者も本来残忍刻薄なるにあらず、必ずしも他を不幸に陥れて自ら立たんとするの悪心あるにあらず、ときとしては意外に淡泊なるものなれども、かくては不外聞なり不名誉なりとて、ただ世間に対する栄辱に迫られて、内心に不本意ながらも意地を張り非を遂げんとする者多きの常なるがゆえに、その際に至尊の深慮云々の言こそ幸いなれ、一身の栄辱を挙げてこの一言に帰し、従前無限の煩悶は洗うがごとく脱却して体面を全うするを得べし。ただに本人の幸いのみならず、その実は社会の安寧を買い得たるものにして、経世上の大利益と云うべし。西洋諸国の帝王のごときはその由来もとより我が日本国の帝室に及ばざること遠しといえども、その尊厳神聖の威光を以て民情を調和して社会の波瀾を鎮静するのみならず、自然に世務の方向を示し、文学に技芸にこれを奨励して、民利国益の基を開くもの少なからず。然るをいわんや我が至尊なる皇室においてをや。その経世上の功徳はさらに大なるものあるべし。我が輩はこれを金玉としていやしくも瀆(けが)すことなきを祈るものなり。

第二　世人皆帝室の尊きを知りてその尊きゆえんを説くものなし。その説なければその根拠固からず。今我が輩が特にために説を陳ぶるもまた無益にあらざるべし。そもそも我が輩が立言の眼目は尚古懐旧の情に基づき、帝室の尊厳神聖をこの人情に訴うるものなり。およそ人間社会にある有形のものについてその価を視るに、労働の多寡によりて定まるものと、感情の深浅に従いて生ずるものと、二様の区別あるもののごとし。金銭を宝とし衣裳什器を貴しとするがごときは、その金銀を鉱山より掘り出だして精製するに至るまで非常の人力を費やし、絹糸獣毛を織りて衣裳を仕立て、金属木材等を以て有用または奢侈の什器を作るにも、人の労すること少なからざるがゆえに、その価はまさしくその労働の多寡に準ずべし。すなわち売買市場の物価にして道理至極のことなれども、社会の実際においてこの道理に外るるものもまた少なしとせず。大家の書画と云い遠国の奇物と云うがごときは、以上の道理外に価あるものにして、その書画の巧みなるにあらず、その奇物の実用をなすにあらざれども、大家の人物高くして容易に筆を執らず、遠国の道遠くしてそのものを得ること易からざるがために価を生ずるのみ。すなわち人生稀有の品を悦ぶの情にして、日本唯一にして国中に比類なし、世界第一にして第二を見ずと云えば、瓦片石塊、絶えて人事に無用のものといえども、巨万の金を投じてこれを買うは古今の事実においてつねに見るべし。これを名づけて情感の価（センチメンタル・ヴァリュー）[10]と云う。けだし古器珍品を愛玩するは単に富豪者の好事に出ずるがごとくなれども、決して然るのみにあらず、広くこれを公共の輿論に訴えても事実の見るべきものあり。例えばここに地方の一寒村に千歳の老松樹ありて、世人の常に奇とし神として重んずるところなれども、これを伐り倒すときは稀有の良材を得て銭に易うべきのみならず、その樹蔭たりし地面三反歩は良田となりて、毎年の所得、米にして何俵なるべし。これを伐らんかこれを保存せんかとの議を発することもあらんに、村議は必ず保存の方に多数なるべし。いかんとなれば、その老松は近国に比類なき名木にして、おのずから村の装飾となりまた一種の栄誉たればなり。すなわち他の郡村になき大木が我が村に存在して、日常談話の語次にも老樹名木と云えばあたかも当村の専有にして誇るに足るべきがゆえに、村の人心は遂に名を重んじて利を顧みざるの輿論を成したるものなり。ただに在来の名木を伐らざるのみならず、何か往古の歴史上に名ある場所かまたは人物のためには、千百年の後世よりことさらに石碑銅表などを建てて紀念に存するものあり。その他古城跡、古戦場、神社仏閣、名所旧跡等、すべて人事に直接の用をなさざるものにして、経済一偏より殺風景に論ずれば無用の長物なれども、天下の輿論はこれを毀たざるのみか、その長物の保存のためにかえって銭を費やして愛しまざるもののごとし。

されば人間世界の万物、その価を評するに労力の多寡を標準にするはただ商売工業上の談にして、いまだ以て物価の区域を尽くしたるものにあらず。ただにこれを尽くさざるのみならず、世界中の至宝と称してその価の最も貴きものは必ず人事の実用に適せざる品にして、その実用を去ることいよいよ遠ければいよいよ人に貴ばるるを常とす。某国の帝王には遊船の美なるものありと云うもいまだ以て驚くに足らず、世界無比のダイヤモンドを所有すると云うて始めて人に誇るべし。玉と船といずれが実用に近しと問えばもとより船なりといえども、船は人力を以て造るべし、すなわち銭を以て買うべきがゆえに貴からず。これに反して巨大のダイヤモンドはいかに人力を役するもこれを得ること難くして、遂にこれに付するに天与神授の名を以てし、世界の万物あえてこれに向けて尊卑を争うこと能わざるに至りしものなり。この点より観るときは、人間世界に至宝と称せらるるものは、経済上に直接の実用をなすものにあらずしてかえって無用の品に限るがごとし。甚だ奇なるに似たれども、人事の実相において然るものなれば、いかなる理論者といえども、いやしくも今世に生々して人間に雑居する限りは、その奇に従わざるを得ず。けだし人類を目して理を弁ずるの生物と云い、今世を称して道理の時代と名づくるがごときは、人事の一局部に適用すべき言にして、滔々たる世界無数の人は情海の塵芥の異ならず、その道理によりて運動するものは十中稀に一、二を見るべきのみ。

人間世界稀有の物品はその実用のいかんに論なく珍奇として尊まるる中についても、その珍奇の名は大抵皆年代によりて生ずるなおその上に、これに付するに歴史上の人物を以てするときは一層の声価を増すもののごとし。古器古銭その年代いよいよ古きに従いていよいよ世に珍重せらるるの常にして、三千年前の古鏡、二千年前の銅貨、誠に珍奇なれども、この鏡は往古何々皇后の御物にして、その銭は何々帝の手にしたるものなりと云えば、珍品中にもほとんど出色の位を占むるに足るべし。けだし年月の経過とともに当年の物も事も次第に消滅し次第に忘却するその中に、稀に存在するものにして、また稀にも有名の人の手に触れたりとの由来あれば、珍奇中の珍奇にして、そのものに情感の価を生ずるも偶然にあらざるなり。さて無生の物品に価を生ずることかくのごとくなれば、有生の人に価を生ずるもまた争うべからず。その人の価とは何ぞや。歴史上の家名、すなわちこれなり。人生皆祖先あらざるはなしといえども、人事の錯雑して興敗存亡の繁多なる、数百千年の家系を明らかにする者は甚だ稀にして、あるいはその分明なるものあるも、祖先の功名著しきにもあらず、ただ何世の血統を無難に継続したりとのみにては、なおいまだ香(かんば)しからず。しかるにここに一人あり、その家系は何百年前より歴史に明らかにして、宗祖某は何々の創業によりて家を興し、その第何世の主人は何々の偉功を以て家を中興し、子々孫々今に至るまでその家を存して失わずと云えば、たとえその人の智徳は凡庸なるも、いやしくも非常の無智不徳にあらざるより以上は、社会に対して栄誉を維持するに足るべし。いわんやその徳義才智の少しく尋常を擢(ぬき)んずるものにおいてをや。世の尊敬を博するは他に幾倍なるを知るべからず。その然るゆえんは何ぞや。社会の人心は今のその人を重んずるにあらずして、その家の由来とその祖先の功業とに価を付するがゆえなり。

　前節の言、果たして人情に違うことなきにおいては、我が日本国には帝室なるものあり。この帝室は日本国内無数の家族の中について最も古く、その起源を国の開闢とともにして、帝室以前日本に家族なく、以後今日に至るまで国中に生々する国民は、悉皆その支流に属するものにして、いかなる旧家といえども帝室に対しては新古の年代を争うを得ず。国中の衆家族はおのおの固有の家名族姓なるものを作りて相互いに自他を区別すれども、独り帝室においてはその要を見ず。何姓とも云わず、何族とも唱えず、単に日本の帝室と称するの外なし。その由来の久しきこと実に出色絶倫にして、世界中に比類なきものと云うべし。いわんや歴代に英明の天子も少なからずして、その文徳武威の余光、今に至るまで消滅せざるのみならず、事の得失はしばらく擱(さしお)き、およそ古来国史上の大事件にして帝室に関係せざるものなきにおいてをや。その人心に銘すること最も遠くして最も深きは弁を俟(ま)たずして明白なるべし。尚古懐旧、果たして今世の人に普通の情感なりとするか、日本国民にして誰かこの帝室の古きを尚(たっと)んでその旧を懐(おも)わざる者あらんや。瓦片石塊、古きものはこれを貴重し、老樹古木、その由来を聞けばこれを伐るに忍びず。これより以上に上りて人類に至り、その血統の久しき者は、祖先の功労いかんを問わずして、自ら世間に重きを成すべし。なおこれに加うるに英雄豪傑の子孫とあれば、その子孫の智愚に論なく、あたかも祖先その人を今世に代表して一層の人望を繋(つな)ぐに足るべし。然らばすなわち帝室は我が日本国において最古最旧、皇統連綿として久しきのみならず、列聖の遺徳も今なお分明にして見るべきもの多し。天下万民のともに仰ぐところにして、その神聖尊厳は人情の世界において決して偶然にあらざるを知るべし。けだし世上に尊王の士人少なからずして所説甚だ美なれども、その帝室の神聖を説くや、ただ神聖なるがゆえに神聖なりと云うに過ぎず。古代民心の素朴簡単なる世にありては、事を説くの筆法も簡単にしてかえって有力なりしといえども、人文次第に進歩して世事の繁多なるに従い、人の心もおのずから多端にして聞見の区域を広くし、百般の事物に接してもまずその理由を吟味して然る後に信疑を決するの時勢となりたるについては、帝室のことに関してもときとしては黙信に安んぜざる者もあるべしと思い、尚古懐旧の人情に訴えて鄙言(ひげん)を呈し、以て天下後世のためにするものなり。尊王の士人、もとより我が輩の良友にして、その志は真に嘉(よみ)すべし[11]といえども、心事の簡単にして人に黙信黙従を促すがごときは、もはや今日のことにあらざれば、その志はそのままに存して毫も屈することなく、さらに進んで議論上に我が輩と方向をともにせんことを祈るのみ。また我が輩がこの辺より立言するときは、天子の聖徳いかんについて喋々(ちょうちょう)するを好まず。殊に世の論者が聖徳云々を説くに、ややもすれば直に政治上に関係するもの多きは最も忌まわしく思うところなり。元来政治法律は道理部内のことにして、その利害の分かるるところも道理を標準にすることなれば、一利一害相伴うの社会にありながら、億兆の人民をして聖徳のいかんと政治のいかんと直に影響するがごとき思想を抱かしむるは、ときとして施政のために便利なるがごとくなれども、またときとして聖徳を累(わずら)わすの恐れなきにあらず。けだし政治は一時政府の政治にして、帝室は万世日本国の帝室なり。帝室の神聖は政治社外の高処に止まりて広く人情の世界に臨み、その余徳を道理部内に及ぼして全国の空気を緩和せんこと、我が輩の宿論としてひそかに冀望するところなればなり。

第三　帝室の尊厳神聖を維持するの法、いかんの問題については、我が輩に二様の手段あるその一は、既に前条において尊厳神聖の理由を尚古懐旧の人情に帰したるがゆえに、今これを維持するにもまたまずこの人情に依頼せざるを得ず。これを第一手段とす。そもそも文明日新の今日にありて尚古懐旧とは、一見まず文字の上より不都合にして、老論因循説[12]などの譏り(そしり)もあらんかなれども、少しく眼界を広くして考うるときは、老論決して老ならず、因循かえって活発の方便たるを発明するに足るべし。本来我が輩が我が帝室の神聖を護りてこれを無窮に維持せんとするは、日本社会の中央に無偏無党の一焼点を掲げて民心の景望するところとなし、政治社外の高処にありて至尊の光明を放ち、これを仰げば万年の春のごとくにして、万民和楽の方向を定め、以て動かすべからざるの国体となさんと欲する者なり。かくのごとくして下界の民間を見れば紛擾の俗世界にして、名誉に熱する者あり、利益を争う者あり、学者の議論、政治家の意見、千差万別の利害に汲々(きゅうきゅう)として優勝劣敗、ときにあるいは苦情の増進して騒がしきこともあるべしといえども、その自由に任して帝室の関するところにあらず、競争は文明進歩の約束なりとしてこれを捨て置き、あたかも俗界の万物を度外視するがごとくにしてその実はこれを包羅し、一種無限の勢力を以て間接に民心を緩和することとなれば、紛擾競争も常に極端に至らずして止まるところに止まるを得べし。およそ人間世界の安寧を害するものは極端論より甚だしきはなし。完全無病の主義と称するものにても、その極端に至れば危険なきを得ず。いわんや今世の人類があえて文明の名を冒すといえども、その言行はすべて小児の戯れにして頼むに足らざる者多きにおいてをや。なおいわんや古来遺伝の教育に生々して事物の両極のみを知り、思想浅薄、度量狭隘、かつて自尊自治の何ものたるを解せざる日本国民においてをや。ただこれ無数の頑童に異ならず。もしもこの輩を放ちてその走るところに走らしむることもあらば、極端の災害いかなるべきや。政事家の軋轢のごときは頑石の相触るるに似て、敵と味方と煩悶の中に互いに自ら砕くることならん。かくのごときはすなわち運動の自由なるに似てかえって自由を得ざるものと云うべきのみ。されば我が輩が帝室の尊厳神聖を仰いで民心緩和の功徳を蒙らんとするは、これによりて百般の競争をその極端に防ぎ、無病無害の間に自由ならしめんとするの微意なれば、尚古懐旧以て帝室を護るは文明日新の活動に欠くべからざる方便なりと知るべし。

尚古懐旧の人情は帝室を護るに大切なるものとして、その人情を利用するの手段に至りてまた考うるところなきを得ず。およそ天下の物は独り高きを得ず、独り貴きを得ず。その高貴は他の高貴に比較して後に能く顕るるものにして、その比較するところいよいよ広ければいよいよ以て最高貴の最たるを証すべし。例えばむかしの何某を称して漢学の大先生なりと云うは、その時代に漢学大いに流行して学者先生多き中に、何某がその中の抜群なるがゆえに先生に大の字を冠して大先生と呼ぶことなり。相撲に大関の名あるは、その以下の者も力士として世に知らるる中について、最大最強の実あるがゆえなり。もしも他に比較する者なきにおいては、大先生なり大関なり、たとえ何ほどに学力筋力あるも、その大を顕すに由なかるべし。されば帝室の由来久しくしてその古旧は実に我が国の絶倫なれども、他の古旧なるものに比較してますますその重きを感ずべきは人情自然の勢いなれば、およそ国中の古代に属するものはこれを保存してその区域を広くし、国民をして古を尚び旧を懐うの念に切ならしめ、以てますます帝室の古光を分明にするは緊要至極のことなるべし。八幡宮、天満宮[13]は古くして尊し、高野山は深くして本願寺は大なりとて、人民の仰ぐところなれども、応神天皇は第何代の天子にして、帝室の紀元に比すれば古しとするに足らず、菅原の道真公はただこれ千年前の王臣のみ。高野山は何々天皇の勧請にして、本願寺は何々天皇の御宇に開基し、爾来帝室に対して何々の由緒ありと云えば、人民はこれを聞きて同時に帝室の高きを知り、尚古懐旧の気風いよいよ盛んにして、いよいよ帝室の基礎を固くするは、人情の世界に必然の勢いなりと知るべし。けだし近来政府の筋にても神社仏閣の保存に注意あるがごときは、この辺の趣意に出でたるものか、その趣意はともかくも、我が輩はこれに賛成せざるを得ず。いかんとなれば、国中の寺社は大抵皆由来の久しきものにして、国民をしてその古きを懐わしむるは帝室を懐わしむるの端緒なればなり。すなわち帝室の由来に対する比較の区域を広くするものなればなり。この点より考うればかの出雲の国造[14]、阿蘇の大宮司[15]、または本願寺の門跡[16]等のごときは、その家の由来久しくて尊きのみならず、国民はあたかもその人を神とし仏として崇めたる稀有の名家なれば、これを愚民の迷信と云えば迷信ならんなれども、人智不完全なる今の小児社会においては、その神仏視するところのものをばそのままにして懐古の記念に存するこそ、帝室の利益にしてまた智者のことなるべし。しかるに今やその神仏は下りて人間世界の華族に変じたり。日本の戸籍帳簿上に、異様なる半神仏、半人類の登録は、気に済まぬとの意味にてもあらんなれども、これは思想の潔癖と申すものにて、錯雑なる人間社会の万事万物を、一直線の縄墨[17]に当てて遺すところなからんとするがごときは、とても行わるべきことにあらず。その心事の簡単なる、いまだ小児の域を脱せざるものと云うも可なり。文明開化の天地甚だ広くして大なり。いやしくも経世の利益とあれば、いかなる異様のものといえどもこれを容るるに綽々余地あるべし。いわんや帝室の神聖を護るの一点より見れば、その異様ますます異にして、ますます有効なるべきにおいてをや。我が輩は国造、大宮司、門跡等、その人の運命いかんはもとより喜憂するところにあらざれども、その人間界に下りたるは帝室のために深くこれを愛しみ、今にもその旧態に復せんことを祈るものなり。

またこの緒について云えば藤原家のことあり。同家の帝室におけるやその因縁甚だ深く、帝室に密着して帝室と栄枯苦楽をともにし、千百年来、人臣の上に位する者は藤原の一門に限るの例にして、治にも乱にもかつて変動したることなく、天下万民の視るところにても、藤原とあればその人の賢不肖を問わずしてその家を重んずるの習慣を成したることなれば、我が輩は必ずしも俗世界の政権を取りて常にこの家門に付せんと云うにはあらざれども、たとえこれを政治社外に置くも、その地位は常に人臣の上にあらんことを願う者なり。これまたあえて藤原家に私するにあらず。尚古懐旧の主義より見て、藤原を重んずるの情は帝室を慕うの情と符合するものなればなり。喩えば家来が主人のものを重んずるは、主人その人を重んずるの情に外ならず。一振りの太刀、一領の紋服といえども、主人がかつて身に着けたるものとあれば、人情これを大切にせざるはなし。然るをいわんや器物以上の人にして、その人の家門は唯一無二の名族と称せられ、千年の古より帝室の左右を離れたることなきものにおいてをや。これを重んずるは人情の自然にして、すなわち帝室を重んずるの誠より出でたるものなれば、藤原の家柄に重きを付するは、間接に帝室の基礎を堅くするの方便なりと知るべし。事の大小軽重も同じからず、またその経世上の利害もまったく異なれども、二十年前に行われたる廃藩の事情を案ずるに、王政維新とともに諸藩にて藩政改革と称し、様々の新法を施行したるその中についても、旧来の重臣家老を擯けたるは諸藩ともに申し合わせたるがごとくにして、これがためにすこぶる藩主の勢力を殺ぎ、次いで廃藩の大挙に及びしことにして、藩主一身の私について考うれば唇亡びて歯寒しの事実を見るべし。ゆえに当時この大挙の容易なりし原因はもとより多しといえども、藩主が多年来利害をともにする左右親臣の力を失いしもまたその一箇条として見るべきものなり。されば藤原家は実に帝室の左右にして、いやしくも名族の故を以てことさらに政治上の特権を専らにせざる限りは、人臣最上の栄誉を付して妨げなきことならん。ただに妨げなきのみならず、帝室維持のために一大事なるべし。また世人が華族を目して帝室の藩屏(はんぺい)[18]と称すといえども、ただ漠然これを口にするのみにしてかつて明白なる説明なきは、思想の疎漏なるものと云うべし。けだし我が輩の所見を以てすれば、その藩屏たるゆえんも前陣の理由に外ならざるを信ずるものなり。日本の華族は大名公卿の子孫にして、その人物を見れば必ずしも特に智徳の擢んでたる者あるにあらず。あるいはその種族中資産に富む家もなきにあらざれども、民間には富豪は乏しからずして、華族の右に出ずる者甚だ多し。然らばすなわち人物家産ともに特別絶倫の色なくして、これを帝室の藩屏と称するは何ぞや。我が輩は単にこれを華族の家柄に帰せざるを得ず。今の華族その人は必ずしも大智大徳ならずして、ときとしては平均線の下にある者もあらん、またその財産も誇るに足らずといえども、家の由緒を尋ねてその祖先の功業を聞けば、由来久しくして他人の得て争うべからざるものあるがゆえに、世人は現在の華族の人物家産を問わずしてはるかにその祖先を想起し、あたかも今人をして古人を代表せしめ、その古を慕うの心を以て今を敬するものなり。すなわち尚古懐旧の人情にして、その気風の盛んなるは自然に帝室の利益なれば、華族を以てその藩屏となすの言は決して無稽ならざるを知るべし。日新の道理一偏より論ずれば、身に尺寸の功労なくして栄誉を専らにするは相済まざるに似たれども、いやしくもその栄誉名声を以て政治社会を妨ぐることなきにおいては毫も意に介するに足らず、真に帝室の藩屏として尊敬すべきのみ。またひそかに案ずるに、華族を保存するの利益、果たして前言のごとくなりとするときは、新華族[19]を作るは経世の策にあらざるがごとし。従前の華族が国家に用をなすはただその旧家たる由緒の一点にして、その趣は古物珍器の稀有なるもののごとく、他の得て争うべからざるところに無限の重きを成したることなれども、今人の働き次第にて誰もこの仲間に入るべしとありては、あたかも華族全体の古色を奪い去りたるものにして、我が輩は経世のためにいささか不利を感ずるものなり。世の道理論者はこの古色の二字について容易に説をなし、家の由緒を以て華族たるも人物の働きを以て華族たるも、華族はすなわち華族なり、何ぞ新古の色を分かつべけんやと言う者もあらんなれども、今我が輩が仮に一事例を設けて日本国民の情に質問したらば、民情は今日なお能くこの色を識別するの明ありて、論者の惑いを解くに足るべし。論者は華族に新古の色なしと言えり。好し、その言に任してしばらくこれを許し、ここに数年を出でずして帝室に立后の大典[20]ありと仮定せよ。このときに当たりてこの新皇后の撰に上るべき女流を案ずるに、我が帝室は古来外国の王家と結婚の先例もあらざれば、必ず華族の中よりこれを撰ぶことならんに、その華族はいかなる華族なるべきや。旧例に従えば藤原一門中の名族か、これを外にしても武門華族の旧大家なるべし。いかんとなれば皇后の宮は吾々日本国民が国母として仰ぎ奉るところなるがゆえに、名族大家に固有する歴史上の由来を心に銘して奉仰の感触を安んずる者なればなり。然るにその頃たまたま新たに華族に列せられたる新家ありて、爵位ともに高く、その家の娘は至極怜悧(れいり)にして容色さえ十人に優りたる者なりとて、畏(かしこ)くも立后の撰に当たると仮定せんに、外面の形は毫も差し支えなきに似たれども、日本国民の情において能くこれに安んじ、この娘を国母として仰ぎ奉るべきや否や。我が輩はただ論者の判断に任ずるのみなれども、論者もまたこれ無情の人にあらざれば、天下万民とともに否と答うることならん。その否と答うるは何ぞや。新家の華族は紛れもなき華族なれども、その家に歴史上の由緒を欠くがゆえに、今の家の爵位はともあれ、その娘を国母とは何分にもとて躊躇(ちゅうちょ)するものならん。然らばすなわち前に華族の新古なしと言いしは道理にして、後に躊躇するは人情なり。道理は以て人情に勝つべからざるを知るべし。されば華族の華族として世に重きを成し、国民一般に尚古懐旧の情を養成して、自然に帝室の藩屏たる由縁は、その人の才智にもあらず、その家の財産にもあらず、ただ歴史上の家柄のみに存して、天下万民、皆これを識別するの明あるがゆえに、いやしくも帝室の古色を我が日本国の至宝としてその尊厳神聖を万々歳に維持せんとするには、我が歴史に由緒久しき公卿武家の華族に一種の古色あるこそ幸いなれ。一時の便利のためにこれに新色彩を加え、以て古来固有の族色を損するなからんこと、我が輩の中心に祈るところなり。

また帝室の神聖を維持する第二の手段は、日本全国を同一視して官民の別なく至尊の辺より恩徳を施し、民心を包羅収攬（しゅうらん）して日新開明の進歩を奨励することなり。本来我が輩の所見は帝室を政治社外の高処に仰がんとするの持論にして、施政の得失のごときはもとより至尊の責任にあらず。帝室は政府の帝室にあらずして、日本国の帝室なりと信じて疑わざるものなれば、その降臨するところに官民などの差別あるべからざるは無論のことなれども、事の外形より見て政府の筋はとかく帝室に近きがゆえに、ここに官民の二者相対するときは、帝室を推して政府部内にあるもののごとくに認むる者なきにあらず。大いなる誤解と云うべし。たとえ事の実際において帝室は政府に近しとするも、その政府はただ一時の政府にして、職員の更迭ごとに施政の趣を改めざるを得ず。いわんや近々国会も開けて次第にその体裁を成すときは、政府の改まるは毎々のことなるべければ、万年の帝室にしてかかる不定の政府と密着するの理あらんや。なおいわんやこれに密着して利害をともにするにおいてをや。甚だしきは俗世界の政府と譏誉（きよ）をともにするがごとき忌まわしき次第に至ることなきを期すべからず。我が輩の最も取らざるところなれば、帝室は断然政治の外に独立して無偏無党の地位にあらんこと、あくまでも祈願するところなり。元来帝室は天下万衆に降臨し恩徳の涌源（ようげん）たるのみにして、いかなる場合にも人民怨望の府となるべからず。然るに今政治の性質を吟味するときは、いかに完全の政府と称するものにても、全国を折半して僅かにその過半数の歓心を得るのみなれば、その少半数の者は政府に向けて多少に不平なきを得ず。いわんや今世の人間を平均すれば、私慾は深くして思慮は浅く、ややもすれば自ら省みずして他を怨む者多きにおいてをや。法律の明文によりて裁判を下されさらに言うべき言葉なしといえども、その敗訴したる者は何か私に口実を設けて不平を唱えざるはなし。一令下りて、人民の一部分に便利なれば、他の一部分には多少の不利なきを得ず。租税の減じたるときはさまで評判もなけれども、増税または新税の沙汰あれば口を揃えて苦情を云わざるはなし。殊に今の日本の有り様にて、政府の費用は文明の進歩とともに増加して止むことなきは、永遠の大勢において免るべからざる事実にして、一方には人智の次第に発達するに従って言論の巧みを致し、財政論の喧嘩はこれを予期して違うことあるべからず。この種の不平苦情はあたかも人間世界普通の約束なれば、その衝に当たりて巧みにこれを切り抜け、多数の得意を後楯（うしろだて）にして少数の失意を押し付け、以て一時の安寧を買うはすなわち政治のことなり。そのことたるや至極面倒にして堪うべからざるほどに思わるれども、事あればここにまた人あり、世間おのずから適当の人物を生じて、ただにこの面倒を憚らざるのみか、政治の正面に当たりて事を執り、国民中のこれを悦ばしめて彼を恐れしめ、誰を友として彼を敵とし、右に顧みて喝采の声を聞けば左に眄（み）て案外の誹謗に逢い、一喜一憂、一安一危、ほとんど心身の休息を得ずしてかえって自らこれを楽しみ、甚だしきは身の健康を害して苦しみ、なお甚だしきは身を殺して悔いざる者あり。これを名づけて政治家と云う。ゆえに帝室の高処より臨み見れば、俗世界にかかる政治家のあるこそ幸いなれ。一切の俗務は挙げてこの輩に任じて譏誉の衝に当たらしめ、その一部分の者どもに人望の属する間はこれに施政の権を授け、人望尽くれば他の者をしてこれに代わらしめ、その者どもの間には政敵もあり政友もありて、ときとしては大いに人に怨まれまたときとしては大いに人を怨み、その苦情煩悶ほとんど見るに忍びざるもの多しといえども、帝室は独り悠然として一視同仁[21]の旨を体し、日本国中ただ忠淳[22]の良民あるのみにして、友敵の差別を見ることなし。いかなる事情に迫るも帝室にして時の政府と譏誉を与にするがごときは、我が輩の断じて取らざるところなり。いかんとなれば、帝室は純然たる恩沢功徳の涌源にして、不平怨望の府にあらざればなり。帝室は政治塵外に独立して無偏無党、円満無量の人望を収むべきものなればなり。維新以来僅かに二十年を経て今なお封建主従の余臭を存し、理外に君上を尊信する日本国民なればこそ、今日の政法諸規則に利害を覚ゆることあるも、帝室に対し奉りて一点の不平なきのみか、痛痒を訴えんと心付けたる者もなき次第なれども、封建の遺民は次第に死し去り、第二世、第三世に生まれ来る者は文明流の男子にして、ようやく人情に冷やかにしてようやく法理に熱し、一令下るごとにその文字を読みその字義を論じ、その発令の本を帝室[23]に溯りて喋々するがごときあらば、これをいかがすべきや。恐れ多くも尊厳神聖を俗了するものにして、その禍の及ぶところ実に測るべからず。このときに当たり経世の士人がにわかに狼狽し、尊王の精神家が切歯扼腕するも、事既に晩しの嘆はなかるべきや。我が輩の深く恐るるところなり。されば人は一代の人にあらず、誰か死後を思わざる者あらんや。いやしくも後世子孫を思うて我が日本社会の安寧を祈る者は、帝室の尊厳神聖を我が国の至宝としてこれに触るることなく、身の慾を忘れ心の機を静かにし、今の社会の事相を視察して将来の世運を卜し、今日にまったく無害なるも百年の後に不安なりと思い得たることあらば、決してこれを等閑に付すべからず。鄙言あるいは過慮なりとて世の笑いを取ることもあらんなれども、もとより憚るに足らず。是非の定論はけだし蓋棺の後に知るべし。

右のごとく帝室は政治の外にありてさらに無為無事なるやと云うに決して然らず。至尊の地位は直に事にこそ当たらざれども、日本全国を統御せられて政府ももとよりその統御の下にあることなれば、政府は国民有形の部分を司り、帝室はその無形の人心を支配するものなりと云うてあるいは可ならんか。既に人の心を支配してこれを進退するの本源とあれば、一挙一動もたちまち全国に影響して、そのことの容易ならざるもとより論を俟たず。広く日本社会の現状、すなわちその民心の運動を通覧すれば、今日はこれ文明日新の世の中にして、学問教育の道興らざるべからず、商売工業の法進まざるべからず、人民の徳心養わざるべからず、宗旨の布教勧めざるべからず。なお細事に亘(わた)れば、日本固有の技術はその一芸一能といえどもこれを保存奨励せざるべからず。この種の事項はすべて日本国の盛衰興発に関するものにして、その進歩を助くるに帝室の余光を以てするその功徳は実に無辺なるべし。例えば学問教育のことについては天下の学者を優待し、商工を勧むるには特に有功の者を賞し、孝子節婦を褒め、名僧知識を厚遇し、琴棋(きんき)書画、一種の技芸に至るまでもこれを保護するがごとき、いずれも皆帝室より直達のことにして、天下の面目を改め、ただに文明の進歩を促すのみならず、民心靡然としてその恩徳の渥きに感ぜざるものなく、おのずからその尊厳神聖の基を固くするに足るべし。このことたるや独り我が輩の私言にあらず、また新案にもあらず。西洋諸国において識者の常に言うところにして、またかの帝王もこれを等閑に付せず、学術商工等の業については細事をも洩らさずして奨励の意を示し、有名有功の人物とあればその在朝在野を問わずして一様にこれに厚うするの事例は、つねに我が輩の耳にするところなり。元来帝王は一国を家にするものにして、一家のうちに厚薄するところなく、あまねく恩徳を施してあまねく人心を収攬せんとするの趣意なるべし。我が輩はその規模の大なるに感服するのみならず、一歩を進むればその策略の巧みなるに驚く者なり。帝王は一国を家にしてその家人に厚薄するところなしと主義を定むるからには、国民を遇するに官私などの差別はもとよりあるべからず。あるいは帝王の地位が政府に近しとて政府の辺に偏して厚うすることもあらんか、政府外の人民は帝王の子民にてありながら、その子視せられざるがために君父に近づくを得ずして、王家は国中過半数の人心を失うべきがゆえに、その恩徳を施すに当たり官私の筋を差別するがごときは決してせざるところなり。また有名有功の人物とあれば、たとえ一芸一能の者といえども不問に置かずして必ずこれを眷顧[24]するその意味を尋ぬるに、およそ天下に名を知られたる人物は必ず孤ならずして、徳義上にこれに付属しまた交際する者多きがゆえに、その国の帝王がこの種の主領を撰んでこれに殊恩を施すときは、その恩沢の及ぶところはただに主領のみならず、門弟子友人に至るまでもあたかも同様にこれに浴するの心地して君恩の渥(あつ)きを感佩(かんぱい)[25]し、主家においては人望の要点にて雨露を滴して全面を潤すものに異ならず。しかもこの流の人物は必ず中人以上の種族なれば、その歓心を収むるの効力もまた他に優るの実を見るべし。母鶏(おやどり)に餌(えば)して雛子(ひよこ)を集め、老牛を呼んで群犢(ぐんとく)[26]を来すとは、けだしこれらの意味ならん。かの国々の慣行とは云いながら、その事情を解剖して視察すれば、王家の心匠巧なりと云うの外なし。されば我が国の帝室はもとより日本国を一家視するのみならず、歴史上において実に万民の宗家なれば、その天下に対して一視同心はことさらに案じたる策略にあらず、人情にも道理にもともに戻(もと)らざるものなるがゆえに、今の文明の時節に当たり、あまねく至尊の光明を照らして世事の改進を促し兼ねて人心を収攬するは、また帝室維持の長計なるべし。けだし我が輩が我が帝室を仰いで特にここに日新奨励のことを喋々するは、おのずからその由縁なきにあらず。前段の所論はすべて尚古懐旧の点より説き出だし、その主義もとより無病なりとはいえども、古旧を慕う者は固陋(ころう)に陥るの弊を免れず、その極端に至りては時勢の変通を知らずして、日新開明の主義に敵するものさえなきにあらざれば、我が輩においては特にこの辺に注意し、尚古懐旧の人情に依頼して帝室の神聖を維持すると同時に、その神聖の功徳を以て人文の開進を助け、帝室は日本の至尊のみならず文明開化の中央たらんことを祈り、特に微意のあるところを明らかにしたるものなり。

重複を憚らず終わりに一言して読者の聴を煩わすものあり。本編の旨とするところはもとよりただ尊王の一点にありといえども、我が輩の持論として帝室をば政治社外の高処に仰ぎ奉らんとする者なれば、世人あるいはその意を玩味せずして、かくては天子は虚器を擁する[27]に異ならずとて、たちまち不平を鳴らす者なきを期すべからずといえども、さりとは微意の貫徹せざるものなり。我が輩は徹頭徹尾尊王の主義に従い、帝室無窮の幸福を祈るのみならず、その神聖によりて俗世界の空気を緩和するの功徳を仰がんことを願う者にして、その幸福を無窮にしその功徳を無限にせんとするがゆえに政治社外と云うのみ。そもそも帝室が政治社外にあると云うも、ただ政治の衝に当たらざるのみにして、もとより政府を棄つるにあらず。永遠無窮、日本国の万物を統御し給うとともに、政府もまたその万物中の一として統御の下に立つべきは論を俟たず。天下何物かこの統御に洩るるものあらんや。さればその政治社外にあるは、虚器を擁するにあらず、天下を家にしてその大器の柄を握る者と云うべし。もしも然らずして日本国中ただ政治と名づくる一局部の一器あるのみと認め、そのことに直接せざるを以て虚器を擁するものなりと称し、その局部の虚を実にせんとて動静不定の政府に密着し、これとともに運動を与にするがごときは、あるいは一時の盛観を呈することもあらんなれども、万年の長計にあらざるや明らかなり。方今朝野の士人、誰一人として尊王の主義ならざるはなし。その中心より然るは疑いもなきところなれども、王を尊ぶの心あらばこれを尊ぶにその法を講ずること最も緊要なり。事の利害得失は三、五年にして知るべからず、十年にして悟るべからずといえども、我が輩はただ後世子孫をして大いに悔ゆることなからしめんと欲するものなれば、尊王の士人も今日にありて思想を緻密にし、接近の利害を離れて再三再四熟慮せられんこと、我が輩の切に冀望するところなり。

尊王論　終

1匹夫匹婦　身分の低い者、道理を知らない者。**2当局者**　当事者、当人。**3超逸**　とびぬけてすぐれていること。**4坊間**　町中、世間。**5赤手**　手に何も持っていないこと。素手。**6射利**　ひたすらに利益だけを得ようとすること。**7熱界**　世間のこと。**8黜陟**　功績によって官吏を昇進させたり降格させたりすること。**9奇効**　思いがけない効能。**10センチメンタル・ヴァリュー**　個人的な感情や思い入れに基づく価値。［英］sentimental value　**11嘉す**　大いにほめること。**12老論因循説**　古めかしい保守的な主張。**13八幡宮、天満宮**　「八幡宮」は、現在の大分県宇佐市にある宇佐神宮のこと。応神天皇をまつる。「天満宮」は、京都市上京区にある北野天満宮のこと。菅原道真を主祭神とする。**14出雲の国造**　出雲の国を統治していた豪族。代々大社の祭祀をつかさどり、南北朝期に千家、北島家に分かれて今日に至る。**15阿蘇の大宮司**　阿蘇地方の古代豪族で阿蘇神社の神主家。平安時代以降、大宮司を称して今日に至る。16本願寺の門跡　本願寺門主・門首の俗称。17縄墨　木材などに線を引く墨縄。物事の基準、規則。18藩屛　王家・皇室を守るもの。19新華族　大名や公家などの家格によらず、勲功を認められて華族となった者。20立后の大典　皇后を正式に定める際の儀礼。21一視同仁　すべての人を分け隔てなく愛すること。22忠淳　忠実で素直なこと。23俗了する　世俗的なものにしてしまうこと。24眷顧　特別に情けをかけること。25感佩　深く感謝し、忘れないこと。26群犢　子牛の群れ。27虚器を擁する　実権のない名目上の地位にあって、他人にいいようにあやつられること。

日本婦人論

第一

人種改良のことについては、内外雑婚の工風等、我が輩の常に賛成するところにして、諸方よりの寄書も少なからず、毎度我が時事新報に掲載したるものあり。そもそもこのことたる、容易に着手して容易に成蹟を見るべき事柄にあらず、いわゆる一国百年の謀なるがゆえに、成功の遅速を問わず、いやしくもこれを助くべき方便あれば、これを求めて利害を考究せざるべからず。よって案ずるに、雑婚は外より異種の男女を入るるの工風にして、もとより奨励すべきものなれば、これを他力の改良法として、ここにまた自力の法も等閑にすべからず。すなわち内の男女の体質を改良して完全なる子孫を求むるの法なり。今これを講ずるに、その法甚だ少からず。あるいは食物衣服〔の欠典〕を補うの法あり、あるいは治病摂生（普通に摂生と唱うるものを云う）に注意するの要あり、いずれも皆人種改良に大切なる事項にして実益あるべきは疑いを容れざるところなれども、この衣食、治病摂生の事項にかかわらず、我が輩の所見にて凡俗世人の常に等閑に付するのみならず、上流の学者社会においても軽々看過するところのものあれば、本論においては尋常の治病論また摂生論を離れて、女性の知識快楽の働きを説明し、これを発達せしめて以てその体力の欠を挽回するの工風を陳べんとす。しこうしてその立論の目的は徹頭徹尾、形体の改良にあるものなれば、快楽のことを説くに当たり、ときとしてはただその肉体の獣類に属する部分のみを推究して、あたかも人生を獣類と同一視するものあるがゆえに、行文中、あるいは道徳世教のためにはいかがしく見えて、浅見小量なる徳義論者の思うところに戻る箇条もあらんといえども、精神論と形体論とはまったくおのおの別のものなるがゆえに、看客においてもその辺は特に注意して、本論の趣旨を誤るなからんこと、記者の願うところなり。

さて我が輩が自力によって人種改良を行わんとするは、まず日本国の婦人の心を活発にして、したがってその身体を強壮にし以て好子孫を求めんと欲するの工風なり。近年我が国においても婦人論は少なからず、その論点はいずれも皆婦人の無学無識を憂いてその欠点を補わんとするものにして、あるいは読書技芸を教えて精神を研き、あるいは運動の法を授けて形体を養い、以てその身心の発達を期するは、世上一般いわゆる文明者流の輿論なるがごとし。然りといえども我が輩の所見を以てすれば、この教育法はいまだ以てその発達を促すに足らざるものと云わざるを得ず。かの儒教主義の余流を汲んで組織したる女大学[1]風の教育を以てし、ますますこれを教えてますますこれを萎縮せしむるがごときはもとより沙汰の限りにして、まずその精神を圧迫して結局はその形体を破壊する者より外ならずといえども、我が輩は今一歩を進め、いわゆる文明者流の教育法に従うものにてもなおかつこれに満足するを得ず。いかんとなれば、今の女子に読書技芸を教え身体運動の法を授くるも、その教育はただ学校教場のことにして、本人が家に帰れば純然たる家の娘にして、他に嫁すれば一家の婦人たるに過ぎざればなり。おおよそ人間は苦楽を以て生を成すものにして、その苦楽の大なるもの、これを生の大なるものと云う。然りしこうして人の苦楽を大ならしめんとすれば、従ってその責任もまた大ならざるを得ず。例えば政事世事に関して、この人の一挙一動は全国の休戚[2]に影響し、その人の言行はただ一村一邑を動かすに足るとするときは、甲の責任は乙よりも大にしてその苦楽もまたともに大なるべし。あるいは百万円の主人と十万円の主人と、その責任を比較すればまさに十倍の差違にして、苦楽の大小もまた十と一とのごとくなるべし。ゆえに人の苦楽はただ責任によって生ずるものにして、必ずしもその人の学不学によるにあらず。あるいは不学の輩にても偶然に責任重き地位を得るときは、おのずからその人品を上進して言行容貌までも前年に異なるものあり。商人の大いに資産を増殖しまたは官員の大いに立身したるものを見るに、その身代もその地位も本人の人物には不似合いなりと思うこと多しといえども、歳月を積むの際におのずから品格を増しおのずから風采を生じて、その人の前年を思えば氷炭[3]ただならず、一見、人をして愕然たらしむるがごときは我が輩の往々実験するところなり。この輩の発達はこれを学校に得たる者にあらずして、その人の責任に教育せられたるものと云わざるを得ず。されば人生を大にしてその心身の働きを活発ならしめんとするは、とても学校の教場のみに得べきものにあらず、必ずや相当の責任なかるべからずとのことは、ただに学者の理論上においてこれを許すのみならず、凡俗一般にも、その道理こそ語らざれ、その然るゆえんの事実をば信じて疑わざるもののごとし。俗間に暗弱なる少年を処するの法に、この若者も世帯でも持たせたらば少しは取り締まることならんと云うは、居家の責任を負担せしめてその心身の活発を促すの意ならん。また貧すれば鈍するとの諺(ことわざ)は、責任を除去して心身遅鈍に陥るの実を評したるものならん。人生の発達に責任の緊要なることかくのごとくにして、顧みて日本国の女子を見れば何らの責任あることなし。女子は三界に家なし[4]と称して、生まれて父母に養われてその家は父の家なり、成長して他人の家に嫁してその家は夫の家なり、老して子に養わるればその家は子の家なり。家の富は主人の富にして、女子はただその富を仰ぎて幸いに主人と楽しみをともにするを得るのみ。家(いえ)貧なるもその貧は主人の貧にして、女子は主人に従いてともに苦しむのみ。あるいはその責任は内を治め子を育するにありと云うといえども、その内治とは何ぞや、大なるは衣服、小なるは塩(えん)噌(そ)[5]にして、しかもその出納の権限は常に主人の手にありて、すなわち主人の命令に従うものより外ならず。子を育するもまたかくのごとし。哺乳煦育(ほにゅうくいく)[6]の労はもとより婦人の責任なれども、あたかも良人の子を育するものにして自身の子のごとくならず。その証拠を示さんに、婦人の妊娠中、良人が男児を挙げんことを祈れば婦人もまたともにこれを祈るまでは尋常一様のことなれども、良人のこれを祈るがために婦人はしきりに男児を生まんことを欲して煩悶(はんもん)心配し、その甚だしきは分娩の上、不幸にして女児なれば良人の顔色悦(よろこ)ばずして婦人は恐縮し、男児なれば大いに満足して婦人を誉め、ときとして男児を生みたる手柄を称するとて産婦に品物など与うることあり。そもそも生児の男たり女たるは先天に定まるものを、みだりにそのいずれたらんことを願うはもとより愚の至極なれども、その愚はしばらくこれを許し、己が匹偶の婦人が男を生みたりとてこれに賞典品を与うるとは、畢竟(ひっきょう)婦人を器視したるの処置にして、無礼の甚だしきもの醜体の極むるものと云うべし。ゆえにその子が成長の上にても教育の方法など定むるに、母はほとんどこれに関するを得ずして、決を取るところはただ父の一心あるのみなれば、母の男子におけるは、その子が家の主人となりし上にてこれに従うのみにあらず、幼年のときより既にすでに子の進退に喙(くちばし)を容るるの権なきものなり。その権なければその責任もまたあるべからず。ゆえに曰(い)わく、日本の婦人は己が子を育するにあらずして良人の子を預かるものなりと。

第二

また日本の女子には資産あるものなし。前に云えるごとく三界に家なしと諺するほどの次第なれば、もとより私に有財する者あるべからず。あるいは家父または良人が多少の財を与うることあるも、ただ僅かに嚢中(のうちゅう)の銭にして世事に公用すべきものにあらず。その証拠を得んとならば、金銭出入の詞訟に女子の原告たり被告たりし事例の稀(まれ)なるを見て知るべし。維新以来は女戸主の新法を作り、女子の身を以て地主たり戸主たりまた公債証書の記名主となりて動産不動産の所有を許さるるといえども、その戸主たるやただ当分の欠を補うのみにして、もしもこの女子が婚するかまたは養子するときは、戸主の権はたちまちその入夫また養子に帰するを慣例とす。ただに動産不動産を所有すること稀有なるのみならず、その身辺のものといえども所有の全権ありとは云いがたし。良家の女子他家に嫁し不幸にしてその家の衰運に際するときは、新婦の衣裳金玉をも失うことなきにあらず。甚だしきは良人なる者が無頼放蕩にして妻の箪笥長持を空にし、果ては故意にこれを離別してなお訴うる所なき者あり。惨酷無情の甚だしき者なりといえども、これをいかんともすべからず。もとよりこれらは事の極端を記したるものにして、日本国中の家婦を挙げて皆かかる災難に罹ると云うにあらず。いやしくも国を立てて文明の一社会をなす限りは、その国民居家の法もおのずから整斉して美風の存するもの多しといえども、男子にして一片の情を破るときはいかなる惨酷を行うもこれを禁ずるの方便あることなし。すでにこれを禁ぜずしてこれを行うべきの道を開くときは、たとい実際に行われざるも、女子の身においては毫も恃むところなくして、その安全は偶然に安全なるものと云わざるを得ず。これを要するに女子は男子の恵みによって存在し、その安危運命は男子手中のものなりと云うも可なり。

右の次第なるを以て女子が社会に立ちてその地位の高からざるも自然の勢いにして、幽居終身男子の鼻息を窺って生活し、その負担するところは僅かに塩噌衣服のことに止まり、かつて心事を戸外に馳せたることなく、内に居て身を屈するのみならず、稀に外に出でて人に交わるにも、男子と歯[8]して対等の礼を亨くるを得ず。例えば日本流の宴会等において男女同席するに、人の身分長少を問わず上座は男子に占められて、女子はあたかも男子の宴に陪するもののごとし。甚だしきは婦人が骨肉の子弟とともに座するに、推してこれに上席を命じ、常にその進退を助くるの状あるがごとき、かのいわゆる人倫上より見るも秩序の顚倒したるものと云わざるを得ず。孔子曰、有レ事弟子服二其労一、有二酒食一先生饌[9]と。今我が輩はこの語を借用して日本の男女の関係を評すれば、事あり女子その労に服し、酒食あり男子饌すと云わんと欲するものなり。

かくのごとく我が国の女子は内外ともに責任なくして地位甚だ低く、したがってその苦楽もまた甚だ小なり。数千百年の習慣以て一種微弱の生を成したるものなれば、その心身を活発強壮に導かんとするは容易なることにあらず。世の中には女子教育の議論甚だ喧しく、教育もとより無効なるにあらず、学芸を教うれば学芸を知り、身体を運動せしむれば体力を増すべしといえども、結局その幽閉微弱の生につき局部を改むるに過ぎずして、発達の程度知るべきのみ。我が輩かつて云えることあり、今の学校の教育法を以て今の女子の心身を発達せしめんとするは、盆栽の松を培養してその凌雲の成長を望むに異ならずと。樹木に培養は甚だ緊要にしてまたその功能なきにあらず、精好の肥料を施して湿燥寒温の加減に注意すれば、松の枝葉繁茂して緑色掬[10]すべきの美を致すこと難からずといえども、その美やただ盆中の美にして、幾歳月を経るも亭々百尺の状を望むべからず。今女子の無学無識を憂いてこれを教ゆるに学校その他の手段を用うるときは、その労空（むな）しからずして、あるいは理学文学に長ずるものもあらん、あるいは法学に達するものもあらん、学校の教場においてはこれを男子に比して優劣なきものを生ずべしといえども、学校を去りて家に帰るときはいかなる身の有り様なるべきや。内に居て資産なく、外に出でて地位なし。住居の家は男子の家にして、養育する子は良人の子なり。財なく権なくまた子さえなくしてあたかも男子の家に寄生する者が、その所得の智識芸学を何用に供すべきや。理学文学、用をなさず、いわんや法学においてをや、ただに用をなさざるのみか、世上一般の風潮において女子が法を語り経済を論ずるがごときは、ただその身の不幸を買うに足るべきのみ。学識も所用なくしてこれを閑却（かんきゃく）せしむるときは、その腐敗することまさしく器械的のものに異ならずして、遂にはこれを用いんとするも用に適せざるに至るを法とす。ゆえにかの教育を受けたりと称する女子が、いったん他人の家に嫁したる後の有り様を見るに、純然たる尋常一様の妻君にしてかつて頭角の顕（あらわ）るるなきは、学校の学識も居家の久しきとともに消磨したるものならん。あるいはこれを評して婚姻の一挙以て学問を空しうしたるものと云うも可ならん。かくのごときはすなわち辛苦学校に教育したるは、かの盆栽培養の労にも直らざるもののごとし。いかんとなれば盆栽の矮松（わいしょう）はこれを培養して長くその繁茂の色を保つべしといえども、学校教育の色は学校外に持続するを得ざればなり。なおいわんやその学校なるものがいわゆる儒教主義の流に沿いまた仏教の風を帯びて、女子と小人とは近づけがたしと云い、女子才なきはこれを徳と云い、五障三従[11]、罪深き女人の身など云い、しきりにこれを圧迫して淑徳(しゆくとく)謹慎の旨を教え込み、その余弊は遂に耳目鼻口の働きをも妨げてなお悟らざるがごとき教育法においてをや。ただまさに女子心身の発達を害するに足るべきのみ。

されば学校の教育は深く恃むに足らずとして、何等の法により以て女性の活発を求むべきや。我が輩西洋諸国の女子教育法をことごとく賛成するものにあらず、またその学校以外、男女の関係についても不服の部分甚だ少なからずといえども、その居家ならびに社会交際上の大体を視察するときは、西洋の婦人は概して責任の重き者と云わざるを得ず。女子にして地主戸主たるものあるは無論、たとい夫婦家に居るものにても婦人は自ら婦人の私産を有して必ずしも良人をしてこれを専らにせしめず。およそ人間社会に有力なるものは財にして、権は財によって生じ財は権の源にして、西洋の女子は財を有するもの多し、その権力あるもまた偶然にあらず。既に権力あればその財を処するもまた自由にして、内に居るも外に交わるもおのずから独立の姿をなして他の寄宿生にあらず。世々の相伝以て一般の習慣となり、婦人が家に居て主人の虐待を免るるのみならず、夫婦まさしく匹偶の実を失わざれば、およそ男子のなすところのことにして婦人のなすを禁ずるものなし。学識あるものは文を以て鳴り、世才あるものは才を以て聞こえ、少小の教育は以て終身の用をなし、なお進んで輓近(ばんきん)は女子参政の権を争うものさえ世に現れてその論勢日々に盛んなりと云う。責任の重きことかくのごとくなればその苦楽もまた大なり、心身発達せざらんと欲するも得べからざるなり。我が輩の所望は、我が日本の女子をもその進歩の第一着としてまず西洋の女子のごとくならしめんと欲するにあり、いたずらに学校教場の教えにのみ依頼するがごときはあえて取らざるところなり。

第三

またここに日本の女子をして常に憂愁を抱かしめ、その感覚の過敏を致して遂に身体を破壊し、以て今日の虚弱に至らしめたる一大源因あり。すなわち社会の圧制によりその春情[12]の満足を得せしめずしてこれを束縛幽閉するの流弊これなり。この弊は特に社会中等以上に甚だしくして明らかに睹(み)るべきものなれども、古来世の学者にしてかつてこれに論及したるもののなきは、実にこれを知らざるにあらず、ただその論鋒のややもすればいわゆる世教の域に触れてこれを犯すの嫌疑あるがため、心に知りて言に避けたるものならん。我が輩といえども社会中の社員にして社会に背くを願わず、常に世の風潮に従わんとこそ思う者なれども、真理の真なるを信じて空しく看過するは学者のことにあらず、かつ編首にも一言せしごとく、本編は専ら人の形体の改良を目的として他事に亘(わた)らず、人生を折半してその精神を去り肉体一偏の生物としてその発達を期するものなれば、世論の毀誉(きよ)は観るに遑(いとま)あらず、我が輩の死後数十百年を約束して、いやしくも天下の女性を壮大にして人種改良の一斑に益することもあらばさらに遺憾なきものなり。

ひそかに案ずるに人生はこれを概して三様に分かつべし。曰く形体の生、曰く智識の生、曰く情感の生、これなり。この三様を具えて完全なる人類と云う。既に生あればまたこれを養うものなかるべからず。すなわち形体を養うには食物を以てし、智識を養うには修行を以てし、情感を養うには快楽を以てす。食物を以て形体を養うは誠に睹やすき事実なれども、修行の智識における、快楽の情感における、その関係も食物の形体におけるに異なることなし。修行は智の食物にして快楽は情の食物と云いて可なり。既に食物なりとすれば、これを過食して害ありまた少食して飢うるも、尋常の食物に見るところの事実に異なることあるべからず。例せば書を読み理を講じあるいは良師益友に交わり、社会全般の有り様に注意しまた実際にそのことを執る等、常に精神能力の働きを活用して怠らざるときは智識は日々に成長して強壮なるべし。すなわち修行を以て智識を養うものなれども、その力を用ゆること度に過ぐるときは、精神疲労して修行も無効に属するのみかかえってますます害をなし、遂には全部の能力を破壊することありて、その趣は尋常の食物を過食して胃を損し、ますます食いてますます害をなし、[13]遂に形体の全部を破壊するに異ならず。学者が日夜読書推理に勉強し政事家がしきりに方寸を労して遂に智力の虚耗を致し、ときとしてはその権衡を紊りて発狂する者あるを見てこれを証すべし。智識その食物を節するを知らずして修行の度を過ごしたるものなり。これに反して既に修行に慣れたる者がとみにこれを廃して働力を閑却せしむるときは、精神かえって疲労して遅鈍に陥ることあり。これを智識の飢ゆるものと云う。学者が勉強のことを止め、政治家が政治の活社会を去り、商工の活発なる者がにわかに退隠することがごとき、これなり。かつて都会に居て都人士と交わりすこぶる才名を鳴らしたる人物が、数年地方の田舎に閑居して〔後〕また旧友に邂逅しその言行の迂闊なるを笑わるるは、我が輩の実験するところにして、智識の飢えて疲れたるものとして見るべし。

情感もまたかくのごとし。人生木石にあらず、花鳥風月の楽、詩歌管絃の興、喫煙茶話の閑、酒色遊宴の娯等、いずれも人生に欠くべからざるの要にして、この種の快楽を以て情感を養うときは、人情次第に和してその成跡は顔色容貌にまで現れ、本人の愉快は無論、他よりこれを見ても温和秀麗の相貌掬すべきものあり。すなわち情を養うのよろしきを得たるものなれども、もしもその快楽を享くること甚だしきに過ぎてこれに耽るときは、その害や尋常の過食に異ならず、快楽極まりて放心するを常とす。かの山水を悦ぶ者が山に入りて仙を学ばんとし、酒を嗜む者が人事を省せず、色慾飽満の極度、生を厭うて情死する者のごとき、快楽過食の害と云うべし。これに反して人生無限の事情に妨げられてこの快楽を逞しうするを得ざるときは、憂愁内に鬱積してその苦痛は食料の不足を以て形体を苦しむるよりもなお甚だしきものあり。遊冶郎[14]が檻に入られ、妙齢の婦人が寡居し、富貴の人が幽囚の奇禍に罹りて風月に背き、鯨飲家が禁酒を命ぜられて常に醒むるがごとき、いずれも情の飢えたるものにして、その害はたちまち形体に及ぼし、顔色衰え体力減じ、神経過敏にあらざれば茫（ぼう）として放心すること、快楽過度の者に異ならず。

またこの人生三様の働き、相互いに平均して、一方の養いを十二分にすれば他の飢うるあるも害を免るることあり。例えば力士がただ形体と情感とを養い、智識の養いはこれを等閑に付して苦痛を覚えず、あるいは学者の流が智識に専らにして肉体を忘れ、その養いを薄くして憂を知らざるがごとし。けだしその生の一方に偏し二方に傾くものにして、人生次第に発達するに従い、かかる偏重偏軽の弊は次第に止むことならんといえども、開（かい）闢（びゃく）以来今日までの事相を見れば、その肉体に偏する者は多くして智識に偏する者は少なきがごとし。色慾を根拠にする回々（フイフイ）教[15]の今日なお盛んにして、また亜細亜（アジア）諸国に多妻法の公行するを見てもその一斑を窺うに足るべし。また情の働きの中にてもその一を満足せしむれば他は飢うるも妨げなきことあり。例えば博奕（ばくえき）はもと智識のことなれども、博奕者の目的はこれに勝利を得て他の快楽を買わんとするにあるものなれば、しばらくこれを情感のこととみなして、今この博奕と色慾と相対するときはほとんど軽重なきほどのものなり。旧幕府の時代に力士の仲間または諸藩邸にある折助（おりすけ）[16]の大部屋のごとき、博奕を禁ずれば女郎を買う者多く、遊廓を禁ずれば部屋中に博奕盛んなり。ゆえに親方なるものは遊廓にて悪疾を得せしむるよりむしろ博奕の方をとて、力士、折助らの社会に博奕は公に行われて禁ずることなきの慣行なりき。

以上に記載するところ果たして人生の常に違うことなきの事実ならば、日本の女性は古来その三様の働きを平等に発達し、形体、智識、情感、ともに至当の養いを得て、過食したることもなく飢えたることもなきや、またその発達平等ならずとするときは、三様の中いずれが〔最も後れていずれか〕最も進みたるものなるや、形体の生と智識の生と最も発達に後れて情感の生独り進みたりとするときは、この進発したる情を養うにいかなる快楽を以てしたるや、その快楽果たして情を満たすに足るや足らざるや、これを講ずること緊要なるべし。

第四

形体と智識と情感とこの三様の働きについて、日本の女生はいずれか最も発達したると尋ぬれば、情の発達最も進みたりと云わざるを得ず。女子の体質の薄弱にして男子に異なるは天稟において然りとの説あり、あるいは天にあらず世々の習慣によって進化したるものなりと云う者あり。その議論の是非はしばらく擱き、日本の女子の薄弱なるは実際に明白なることにして、またその智識においても前節に云えるごとく精神修行の方便を欠きて発達の鈍きや争うべからざるの事実なり。されば形体と智識と二様ともに発生を妨げらるるときは、その働きは他の一方に偏せざるを得ず。すなわち情感の力独りその働きを専らにせざるを得ざるなり。しかるに今この情を慰むるにいかなる方便あるや。人生の快楽は情の食物なりとして違うことなくんば、女性の情にはいかなる食物を与うるの風俗なるか、これを与えて果たして飢うることなきやと尋ぬるに、我が輩はこれに答えて食物の不足を訴えざるを得ず。古来今に至るまで、なかんずく徳川の政教を以て社会の秩序を整頓してより以来、女生の有り様を見るに、下流の社会を別にして、中以上においては快楽の少なきこと実に気の毒なるものなりと云わざるを得ず。女子にして花に遊び月に伴うの風流に耽るものは〔最も〕稀にして、その次は糸竹(しちく)管絃の興に過ぎず。これとても多くは深窓[17]中のことにして、戸外の活発、盛会の愉快を許されず。その次はただ稀に演劇を見物するか、または時様の衣服髪飾等を弄(もてあそ)ぶを以て無上の楽事となし、なお下りては服飾以上の件も自由ならずして、幼にしては父母に事(つか)え、嫁しては舅姑良人に事え、女子を育し塩噌を監督するに忙わしきのみ。情感の特に盛んなる女性にして、これを養うに特に食料の乏しきは、その生を害するなからんとするも得べからず。なかんずく我が輩がここに特に云わんと欲するものは、かの春情を慰むるの方便いかんの問題にして、この一点については我が女生を害すること最も惨刻(ざんこく)なるものと云わざるを得ず。古来我が国は多妻を禁ぜざるの法にして、富貴の男子が幾多の妾(しょう)を養い、妻も妾もともに閨怨(けいえん)を抱くの事実はあまねく人の知るところにして、例えば封建の諸藩主が江戸に住居し、隔年帰藩のときに携うるところのものは一、二の愛妾にして、正婦はもちろん、以下の衆妾は江戸の藩邸に遺(のこ)して、終歳空房を守らしむるがごときこれなり。

ただ諸侯のみならず、当時の諸藩士が藩用を以て江戸、大阪、その他の要地に旅勤寄留するにも、大概家族の携帯を許されず、なお広く平民社会においても、商用等に旅行するに交通不便利、妻を伴うなどは絶無と云うも可なり。かくのごとく士族は公用を先にして家を後にし、商人は利を重んじて離別を軽んじ、爾来家にある妻妾は空しく針窓に秋夜の孤月を怨むのみのことなれども、男子は羈旅[18]の天におのずから花柳[19]の春なきにあらず。それらの消息あるいは風に伝えて家郷に達することもあれば、ただますます寒閨の憂怨を添うるに足るべきのみ。また古言に節婦両夫に見え[20]ずとはいかなる意味なるか。我が輩の見解にては人に嫁して匹偶を定めたる婦人が、夫婦の約束にもかかわらず他の男子に情を通ずるは貞節の道にあらずとの義ならんとこそ思えども、古来世間の習慣にては寡婦の再縁をもこの古言の教えに背くもののごとくに認めて奨励するものなし。それも老婦の寡居なればなお忍ぶべしといえども、窈窕[21]たる妙齢の少婦人が婚嫁年ならずして良人に別れ春色いまだ半ばに至らざる者にても、傍らよりその再嫁を勧むる人とては甚だ少なく、あるいはその本人が断じて寡を守ると云えば、親戚郷党概して賛成の意を表せざるものなし。また儒者の書においても稗史小説[22]、演劇の趣工においても、いわゆる節婦の事情を示すに人情忍ぶべからざるを忍ぶの極端を記し、その惨状いよいよ甚だしきものほどいよいよ栄誉なるがごとくに装うがゆえに、遂に世上一般の風を成し、当局の女子においても人生は実にかくあるべきものと信じて、外に向けて不平を鳴らすことを知らず、ただ独り内に鬱して憂愁するのみ。これをかの男子が多妻法の中に悠々として天下至るところに花柳の枝を折り、家にありて不幸にして妻を喪えばただちに第二妻を娶り、第二、第三、踵を回らさずして到り、甚だしきは先妻の葬を送りたる朋友が、葬送の帰路早く既に後妻の周旋談を催し、主人の年齢は耳順[23]にても古稀にても新婚得々たる者に比すれば、実に同日の論にあらず。女生の運命憐むべきものと云うべし。人あるいは鄙見に反対して謂らく、我が国の公法においてもまた世間の習慣においても寡婦の再縁を禁ずるにあらず、再縁する者あり再々縁する者ありて自由自在なるは明白なる事実なりと思う者もあらんなれども、我が輩はこの流の人の疑いを解くに多弁を須いずして単に一言を呈し、今日ただいまにても近く君の知人朋友の間についてその兄弟姉妹に異父の者と異母の者といずれか多数なるやを比較せらるべしと云わんと欲する者なり。世に同父母の子もとより多しといえども然らざる者もまた少なからず、これは先妻の男にしてそれは後妻また後々妻の女なり、甲妾の出、乙妾の出、種々様々なるは我が輩の常に見るところなれども、同腹異父の兄弟姉妹は甚だ稀なり。今統計表の拠るべきものなきがゆえに確言しがたしといえども、漠然臆測を以てするも異父者と異母者との割合は一と百とのごとしと云うも過まることなかるべし。西洋諸国においてその数を計うれば両様たいてい同数なるか、またはある地方にては異父同母の子かえって多きを見ることありと云う。されば他年我が国にてもこの辺の統計成りて鄙言の大いに違うことなきを発見したらば、日本の女子は男子に比較して婚姻の自由を得ること僅かに百分の一なるを証するの日あるべし。驚き入りたる始末にして、女生の運命憐むに堪えたるものなり。

第五

食物の不足を以て身を害するの害は過食の害に異ならず。快楽は情の食物なり。しかるに日本の女性は、この食物に飢えて満足を得ず、なかんずく社会中等以上においては春情を養うの方便最も不自由にして惨刻を極め、これらの憂愁内に鬱して心識過敏、形体脆弱の禍を醸し、世々の遺伝女性の子に伝えまた孫に及ぼし、今日その全般の性質を見るに、些細の事変にも喜怒哀楽、恐怖し、軽少の労苦、寒熱痛痒にも堪うるを得ず、無事健康と称する者にても一見病むがごとく憂うるがごとく恐るるがごとく悲しむがごとくにして、いわゆる人生の萎縮したる者甚だ多し。その発して病症に現れたる者は実に千差万別、無限なるべしといえども、一、二を挙ぐれば、俗にいわゆる婦人の疳症[24]または癪、頭痛など云うものはすなわちヒステリー、子宮病、神経病等の諸病にして、これがためには鬱憂閉塞、心怖不眠、月華不順、飲食不消化等の症を現して、ときとしては眩暈しまたは劇痛に苦しみ、全身次第に瘦瘁して医薬効を奏せず、半死半生、不愉快至極なる日月を消して遂に斃るる者甚だ少なからず。病気とあれば医師に治療を托することなれども、もとより名案のあるべきにあらず、あるいは稀に老練したる医師はひそかにその病の原因を知り、治病一偏より観察するときは病因を除くこと易しといえども、社会の圧制は治病の法を許さずして、いかに磊落（らいらく）なる医師にてもこの病症は患者春情の不逞（ふてい）より来りしものなりとは発言することさえ叶わず、ここにおいてか姑息（こそく）[25]の道を求めて一時の発症を防ぎ、なお一歩を進むれば本人の心情を一変せんことを謀（はか）りて、住居の移転または新奇の遊芸楽事を勧むる等、様々方便を授くれども、いずれも皆やむを得ざるの窮策にして、人身の生理斯くべからず、奏効甚だ少なし。ただ幸いにして中道に斃れず、天然の寿に老朽して木石の身となり、始めて疳症も治まり癪も頭痛も消散すべきのみ。かかる婦人がたまたま子を生むの機会あればとて、その所生児の不完全なるべきは弁を俟（ま）たずして明らかなり。その実証を得んとならば封建諸侯の子孫を見て知るべし。当時の諸侯が衆妾を蓄うるに、その妾の天賦は必ずしも虚弱なるにあらざれども、いわゆる奥向（おくむき）[26]の御奉公中、主公の寵（ちょう）を得ても心配、得ざればなお心配にして、人間快活の楽事とては絶えてあることなく、綺羅（きら）金玉以て楽国の外面を装うたる地獄中に閉じ籠められ、主公の寵恩晴雨の測りがたきがごとくなるその間に生まるる子なれば、心身の不完全はその生前に期してかつて違うことあるべからず。また寡居久しくして既に幾分か心身を破壊したる者が、再嫁して子を挙ぐることあればその子に虚弱なるもの多しと云う。この点より推して考うれば、世に早婚の害を云う者あれども、あるいは晩婚の害に比して軽重なきことならん。

右はただ事実に著しきもののみを引証したることなれども、必ずしも封建諸侯の妻妾のみに限らず、また寡婦晩婚の者のみに限らず、日本全国の女性は概してこの類の憂愁に苦しめられ、その禍は伝えて子々孫々に及ぼし、以て次第に人種の発達を妨ぐるは慨嘆に堪えざることどもなり。この辺のことについては古来医師が衛生の点より論ずべきはずなれども、古流医の主義はおのずから儒流の徳教とその趣を一にし、儒教に富を求めてまたしたがって大いに費やすよりも、求めずして費やさざるの勝れるにしかずと云えば、医流もまた人身を栄養して体力を増すの要をば説かずしてかえってその害のみを摘発し、ひたすら飲食を節するの法を示して淡味小食を勧め、従わざる者はこれを不養生と名づく。ゆえに人の情感においても、快楽以てこれを養うなどのことはかつて口にせざるのみか、常にこれを捨つるを以て人生の義務のごとくに言い倣し、なかんずく春情を慰むるの要用云々に至りては思いも寄らず、かの飲食を節すると同主義にして、これを節しまたこれを減じまったく廃止するも妨げなきものと信じてただその過度を誡むるのみ。あるいは日本の男性においてはときとしてこの誡めの適当する場合もあらんなれども、男子の過度に注意するのみにして女子の不足を忘るるがごときは、医学の怠慢にして衛生の本意に背くの甚だしきものと云うべきなり。然りといえどもこれはただ古流医のことにして深く怪しむに足らず、畢竟その不学に坐するものなればあえて咎むるにも及ばざれども、かの真理原則を根本にして学問一偏と称する西洋の医流においてもなおかつ忘れたるものあるがごときは、我が輩の悦ばざるところなり。けだし忘れたるにあらず、前節に云えるごとく真理の医学も社会の圧制に制せられてことさらに然るものならん。西洋の医書中に人身形体の栄養につき食物の精粗過不足を論ずるは甚だ丁寧にして洩(も)らすところなきも、情を養うに快楽の要用なるを説く者は尋常の食品論のごとくならず。特に女性春情の一事に関しては病原、治病、衛生の諸論においてその働きを示したるもの極めて稀にして、たまたまこれあればただ春情を慰むること度に過ぎ云々とてこれを誡むるその趣は、和漢の古流医が一に節減法を勧むるものに異ならず。食料の過不及、両様ともに人身に害あるは学医のあくまでも知るところにして、形体の食料智識の食料についてはこれを切言しながら、独り情の食料のみに限りその過を咎めて不及を憂うるなきの理あらんや。これを憂いてこれを言わざるはその罪社会全般の圧制にあるのみ。前に言えるごとく、我が輩も社会の一社員なれば世の譏りを受くればずいぶん不愉快なれども、これを言わざれば際限あるべからず。幸いにして身は医師にあらざるがゆえに、傍観者の資格を以て、医に代わり医のあえて言わざるところのものを発言して、女性発達の万分一を助けんと欲するのみ。また我が輩がこの一編において女性の情感を養うの快楽とは、もとより一切の快楽事を包羅したる言にして、特に春情の快楽に限るにあらざるの意味は、読者においても文面に了解せらるることならんなれども、ただ古来社会の習俗に、糸竹管絃、歌舞等の楽事は女性に適当のこととして許す者多けれども、これらの楽事に比してさらに重大至極なる他の一事につきことさらに黙々するがゆえに、我が輩もまた特にこれを喋論(ちょうろん)するのみ。返す返すも記者の微意の存するところを誤らるることなくば幸甚のみ。

第六

西洋諸国にては人の体格を古今比較して次第に長大強壮を増し、例せば古人に適当したる甲冑(かっちゅう)なども今人(こんじん)の身には合わずと云う。その反対に、日本の人は次第に短小微弱に変したるか、古人の用いたる武器類はすべて重大に過ぐるを覚(さと)る者のごとし。けだし徳川の治世二百五十余年の間に、社会中等以上の家族が次第に柔弱に流れて身体を破壊したる原因は一にして足らず、識者の議論も甚だ多し。我が輩もとより異議なしといえども、その論者のかつて発言したることなきかの女性快楽の自由不自由は、その原因中にも著しき一項として計えざるを得ず。社会古今生活の有り様を見れば、歳月を経るに従って上進し、今人は古人よりも美衣美食して住居もまた人身に適す。すなわち衣食住は今世に近きほど次第に自由を致したりといえども、顧みて女性の快楽いかんを視れば、社会の秩序の次第に整頓するに従って次第に減少したるもののごとし。上世未開の時代にありて、公卿(くげ)武家の論なく、その婦女子が字を学び和歌を嗜み月に遊び花に戯れ、自由自在に世と交際するはほとんど男子に異ならず。交際自由なれば男女の通情もまた自由なるべきこと自然の勢いにして、往々淫奔(いんぽん)の譏りを免れず。後世の学者輩がその恋歌など読んで、さては大変の世の中なりと驚く者なきにあらざれども、畢竟時相の弊悪のみにつきて半面の心配たるに過ぎず、細かに内情を視察するときはその淫奔中おのずから活発の気象を存して、後世の孱弱婦人[27]が深窓に幽閉せらるるものに比すれば、心身ともに倔強なりしこと疑いもなき道理にして、当時の一大美事と云わざるを得ず。ましてその淫奔も男子とともに犯したるものなれば、独り女性のみを咎むべきにあらず。後世の男子が女子を蔑して自ら淫を専らにするものと同一視すべからざるなり。王代を下って武家の世となりても女性の自由は後世のごとく検束[28]を蒙ることなし。不文殺伐の世の中なればときとしては婦人女子の虐待せられたることもあらんなれども、その虐待やただ腕力の虐待にして女性の精神を窘むること少なきがゆえに、云わばこれを束縛するの巧みならざるものと評して可ならん。当時の婦人が器械視せられてかつて社会の栄誉を得ざりしては相違もなき事実なれども、器械は器械にしておのずから自由を逞しうし、人に交わるを禁ぜらるるにあらず、戸外に出ずるを咎めらるるにあらず、ときとしては妻妾にして良人に陣中に従い、あるいは馬に騎して戦う者あり、城によって防ぐ者あり、その活発不文なるとともに平生の快楽もまた少なからず。ことにその婚嫁のごとき、自由自在にして、後世にいわゆる名教[29]など云うものに妨げらるることなし。再嫁もとより咎むる者なきのみならず、敵に嫁しても平気なるがごとし。木曾義仲の愛妾巴御前は和田義盛に再嫁して朝比奈[30]を生みたりと云い伝え、織田信長の妹は浅井長政に嫁して三女を生み、長政が信長に亡ぼされて後はその三女を携えてさらに柴田勝家の夫人となり、秀吉は勝家を殺してその三女中の一を取りて妾となしたり。[31]武田信玄は諏訪頼重を亡ぼしその女を取りて妻となし勝頼を生みたり。[32] すなわち不倶戴天の敵味方にして夫妻たりしものなり。また秀吉が徳川家康の歓心を得んがためにとて、その妹の佐次某に嫁したるもの[33]を奪いて家康の夫人となしたれば、某はこれを愧じて自殺したるに、夫人は得々として徳川家の御台所たりしとて、後世あるいはこれを譏る者なきにあらざれども、有心故造その妻を放逐してさらに第二妻を娶り、先妻の憤怨して病を醸しまた自害したるの例は世に稀ならず。けだし徳川の夫人も佐次を放逐し第二夫として家康に婚したることならん。徳義上すべて嘉[34]すべきにはあらざれども、何ぞ必ずしも独り数百年前の徳川夫人のみを咎むるの理あらんや。もしもこれを咎めんとならば今日ただいま世上の男子に申し訳なき者はずいぶん多かるべし。ひそかに案ずるに女性の進退の今日のごとく窮屈不自由なりしは徳川の治世以来のことにして、元和偃武[35]、事物の秩序ようやく緒に就くに従いて儒流ようやく世に頭角を現し、専ら名教なるものを喋々して上下貴賤の分を明らかにするとともに女性の分限をも束縛し、人の私徳を正し内行を慎むの教えはその鋒を女性の一方に向けて、腕力以て婦女を虐するがごとき粗暴の風は次第に止みて衣食住の自由をも得せしむれども、快楽の一点に至りては毫もこれに注意することなく、外面に不自由なくしてその内部の情を苦しめ、俗にいわゆる真綿以て首を締むるものにして、その苦痛はかえって腕力の暴虐よりも甚だしく、遂に以てその形体を害して今日の孱弱に陥りしことならん。名教の虚飾幾十百年の久しきを経れば虚を重ねて実の働きをなし、婦女子の品行を見ていやしくもその教えの字面のごとくならざる者あれば、たちまちこれに反目して厭悪の趣を示し、かえって上世女性の自由なりし事実を忘るるは、世の実際に迂闊なる者と云うべし。世人がややもすれば常盤御前を許し、その節を屈して清盛に事えたるは心苦しきこと[36]なりしならんなど、大いにその情を憐む者多しといえども、我が輩の所見を以てすれば、何ぞ料らん、当時の常盤は稀有の奇を行うたるにあらず、徳川時代、名教家の眼にこそ奇にして、慇懃にその情の苦しみを推察するなれども、本人においてはかえってこれを怪しまず、世間普通の再縁を聴して愛子の生命を救うは幸いなりとて、容易にこれに従いしことならんのみ。

　されば女性の快楽自由は、古代に豊かにして近世に乏しきこと、事実において明白なりと云わざるを得ず。ただしその快楽を遂ぐるの方法においては、我が輩もとより古を慕うにあらず、今の婦女子をしてまさしく幾百年前の粗野風を学ばしめんと云うにあらざれども、粗野の時代には粗野相応の快楽を得ておのずから心身の発達を助け、その効力はただちに所生子孫に及びて、当時の人種のすべて活発倔強なりしは羨むに堪えたるものなり。識者もし今日の社会を視て人文古に優りたりとするならば、その優りたる程度に従って女性の自由を許すの工風なかるべからず。古代にありては男女ともに自由なりしものが、人文の開化するに従って男子のみ自由を専らにして女子を窘むるの理あらんや。畢竟徳川の治世、名教虚飾の罪と云うべきものなり。

第七

婦人論の一題既に編を重ねてこれを記し、日本の女性には責任なくまた快楽なくして、とてもその心身の発達強壮を望むべからず、母体強壮ならざればその子もまた強壮ならず、数百年来の弊習遂に今日の人体矮小（わいしょう）微弱を致して、かえって古代衣食住の不自由なりし先人の体格よりも下等に位し、今後の変遷ますます恐るべしとの次第を開陳したり。されば今この恐るべき弊害の源を防いで女性の心身を活発倔強ならしめんとするに、いかなる手段によるべきやと尋ぬるに、本来今日のこの惨状に陥りたるは、天然にあらずして専ら人為に成りたるものなれば、これを救うの術もまた専ら人為の工風によるべきはもちろんのことにして、しかも禍根の深くして人心の底に達したるものなるがゆえに、大いに改革してその根底より一新すること切要なるべし。然るに人事の大改革は心に思うべくまた口に言うべくして実際に行われがたきもの多しといえども、今の世には行われがたしと知りながらも、断じてこれを言うてまず天下の人心を開くにあらざれば、遂にこれを実施するの日あるべからず。これを喩（たと）えば僧侶が大伽藍（だいがらん）の建立を企ててまずその図を作るがごとし。建立のことたるやとても一僧侶の力に叶うべきにあらず、またそのときの社会に訴えても容易に成功の見込みなきはおのずから明知するところなれども、仏法のために要用なりと自ら信ずる限りは、実際目下の成否に顧慮せずしてただまず絵図面のみを制し、後世ついにこれを成就したるの例は甚だ少なからず。けだし我が輩が今日我が国女性の惨状を救わんとするも、あるいはただ製図にとどまりて、古風流の憎を招くのみならず、実際家と称する人にはその空想なるを笑わるることもあるべしといえども、微心おのずから禁ずるあたわず、空想を記して以て天下後世を待つものなり。

日本古来の習慣として家の系統なるものを重んじ、その重大なるは喩えんに物なきがごとくにして、流弊遂に養子の流行を致し、子なきものは実の血統を絶ちても養子養女の法により家の空名のみを存するもの多し。なお甚だしきはその家族は死に絶えて血属の遺子もなく、家も貧にして財産なきのみか家屋さえなくして、家の〔空名の〕ほか無一物なるものにても、家はすなわち家にして戸籍上これを一戸と云う。子孫にあらずして子孫と称し、戸なくして戸と名づく。人間世界稀有の習慣にして識者の常に怪しむところ、我が輩ももとよりその不都合を知るところのものなれば、今この風を一新するにかねてなお一歩を進め、我が輩の心に思うままの所望を述ぶれば単に左のごときのみ。云く、人生家族の本は夫婦にあり、夫婦ありて然る後に親子あり、夫婦親子合して一家族を成すといえども、その子が長じて婚すればまた新たに一家族を創立すべし。しこうしてその新家族は父母の家族に異なり。いかんとなれば新夫婦の一はこの父母の子にして一はかの父母の子なればなり。すなわち二家族の所出一に合して一新家族を作りたるものなればなり。この点より考うれば人の血統を尋ねて誰の子孫と称するに、男祖を挙げて女祖を言わざるは理に戻るもののごとし。また新婚以て新家族を作ること数理の当然なりとして争うべからざるものならば、その新家族の族名すなわち苗字は、男子の族名のみを名乗るべからず、女子の族名のみを取るべからず、中間一種の新苗字を創造して至当ならん。例えば畠山の女と梶原の男と婚したらば山原なる新家族となり、その山原の男が伊東の女と婚すれば山東となる等、即案なれども、事の実を表し出だすの一法ならん。かくのごとくすれば女子が男子に嫁するにもあらず、男子が女子の家に入夫たるにもあらず、真実の出合い夫婦にして、双方婚姻の権利は平等なりと云うべし。あるいは夫婦の不幸、離別死亡等によって再婚三婚するときは、そのときにしたがって族名を改め煩雑なりとの説もあらんか、もしも然るときは夫婦おのおの別に己が父母の族名を用い、二人合したるところにて合併の族を名乗りて可ならん。すなわち父母の族名はその子の生涯身に付して離れず、自家の族名は婚姻のたびごとに変ずるものとして差し支えなからんのみ。また婚姻の権利平等なれば資産もまた平等なるべきの法を求めざるべからず。人文次第に進歩すれば社会凡百の権利は財より生ずるを常とし、財源すなわち権利なること疑いもなき事実なるに、古来今に至るまで日本の女子には私有の財産なくして、あたかも男子の家に寄生する者に異ならず。私産なければ責任なし。身に責任なきはすなわち智識修行の方便を欠くものにして、女性の発達を待つも無益の冀望なりと云わざるを得ず。畢竟数千百年、人為の慣行によって然るものなれば、今これを矯正するにもまた、人為を用いんとするにはまったく反対の方向に出ずること要用なるべし。例えば今の女性は心身ともに薄弱にして、差し向き自力を以て殖産に従事せんとするも難きことなるべければ、父母の遺産を子に伝うるに不動産は必ず女子に譲るものと定め、女子の記名にあらざれば地面家屋等の所有を許さず、また公債証書の記名なども必ず女子に限るとするも一法ならん。あるいはかくのごとくするも、今日男子跋扈の世の中なれば、女子を脅迫して委任を取り、その私有を勝手次第に左右するならんとの心配なきにあらず。実際において然るものも多からんといえども、然らざるものもまた少なからざるべし。維新以来、百姓町人が四民同等の風に浴しながら、なお旧風を脱すること能わずして自ら卑屈の本色を現す者多しといえども、今日にありて平民社会全体の地位いかんを問えば、重きを加えたること非常なりと云わざるを得ず。ゆえに今女子に不動産所有の権を専らにせしむるも、あるいは自ら退いてこれを専らにせざる者あるべしといえども、女性全体の地位はこれがために九鼎大呂[37]の重きをなすべきやまた疑いを容れざるところなり。

以上は吾が輩の想像論にして、もとより今日の実際に行わるべしとも思われず、かえって世間の耳目を驚かすべきは自ら期するところなりといえども、たとい想像論にてもその立論の道理においては容易にこれを破りがたく、ただ今の浮き世の習いに不都合なりとてこれを擯斥するに過ぎざるべし。これまた我が輩の期するところなり。されども人間社会に道理の行わるると否とはただ歳月の問題にして、いやしくも理に戻らずして人間に利益すべきことなれば、早晩その実施の日に逢うは疑うべきにあらず。ゆえに我が輩の願うところは世間の識者が実施の難易に論なく、まず鄙見に同意を表して実際に行わるべき部分のみの実行を試み、例えば妻を娶り人に嫁するときにも至当の約束を定め、あるいは子を生みてこれに自家自身の資産を分配するにも細かに心を用い、自らこれを行い人にもまたこれを勧め、また政府にても民法の編製等あらば、家屋の遺伝分配、夫婦居家私有の権限、結婚離婚の諸規則等、今日の実際に大いなる妨げなき限りは百年の目的を立て、一歩にても大成に近づくの方向に進まんこと冀望に堪えず。西洋諸国にて離婚の法などは最も厳重にして、その民法容易にこれを許さず、謂れもなく妻を放逐するを禁ずるのみならず、たとい止みがたき事情ある者にても、離婚を出願すればまず夫婦別居を命じ、一両年も試みていよいよ調和の見込みなき事実を証し、然る後始めて離婚の沙汰に及ぶを例とす。また離婚の権は夫婦ともに同様にして、夫たる者が不身持不品行にして他の婦人に通じ、これを家に同居せしむるか、または外に囲い置く等のことあるか、さなきだも夫が不人情にして、妻を家に置きながら棄つるがごとくするときは、その妻は公然離縁を出訴するの権あり。もとよりこれらの法は各国一様ならずして大同中小異なきにあらず、その詳らかなるは西洋諸国の法律書を見て知るべしといえども、つまるところ夫婦の権利まさしく平等に位するだけは明白なる事実なれば、かの国々の婦人が、日本の慣行にて離婚の権は夫の一方に帰し、三行半の一片紙、以て偕老[38]の交際を瞬間に断絶すべしなど聞きたらば、その驚きいかがなるべきや、たとい東洋異国のこととは云いながら容易にこれを信ぜざるほどのことならん。ただしかの国々にてかくまでに法律は厳なれども、男女至情のことは人生極秘の内部に属するものなれば、一概に法によって制すべきにあらず。厳重至極なる法律の下に寛大至極なる自由を存して、往々意外の事相を呈することあり。学者もし西洋の法律書に質さんとならば、よくその辺に心してこれを読むこと緊要なるべし。結局品行の正邪はしばらく擱(さしお)き、正にても邪にても男女は同権にして一歩も相譲らず、しこうしてその同権の根本は習慣に由来するものにして、法律の成文はただその習慣の力を援(たす)くるに過ぎざるのみ。

第八

女性婚姻の権利を挽回して男子と平等ならしめ、その居家私有の権利も確かにして必ずしも他に依頼することなきの場合に至らば、責任の重きは今に幾倍して心配もまた大なるべしといえども、その心配の大なるはすなわち快楽の大なるべき原因にして、苦楽ともに大なるときは心身活発ならざらんと欲するも得べからず。例えば家婦が自家自身の財産を経営してその貧富盛衰の栄辱に任ずるは甚だ大義ならんなれども、良人の家に寄宿して浮沈常ならず、今日の玉の輿(こし)に乗り明日の路頭に迷う者に比すれば、その愉快いかばかりなるべきや。また女性の権利さえ挽回すれば、夫婦の交情は勢いにおいて一層の厚きを増さざるを得ず。従来世の男子が妙齢の佳人を愛して夫婦睦まじきものも、その色ようやく衰うれば棄てて顧みず、これを秋風起くると称す。然りといえども秋風の起くる、何ぞ独り女子に限らんや、男子また秋なきを得ず。ゆえに男子にして他の秋風を厭うて閨友を棄つるならば、女子もまた男子の秋風を待てこれを放却すべし。かく云えば偕老の間柄甚だ殺風景なるがごとくなれども、本来男女の交情は単に親愛のみを以て維持すべきにあらず、その親愛の中におのずから一片の敬意を加えて始めて情を全うすべきものなり。世上は往々銭を以て妾を買い後にこれを正室にしたる者が、その旧時の玩弄物たるを忘れずして敬意を表するを知らず、ついに互いに情を破りたるの事例は甚だ少なからず。ゆえに夫妻室に居てその妻が事情次第にて夫を棄つるの権利をさえ握れば、実にこれを棄つるを要せず、また男子の方にももとより離婚の権あることなれば、双方の権利は取りも直さず双方敬畏の媒介にして、その親愛の情を固くする者と知るべし。

そもそも婦人を軽蔑するは東洋諸国全般の弊風にして、独り日本のみに限らず。特に隣国の支那、朝鮮等において、中等以上の家族にてはこれを幽閉してほとんど戸外に出ずるをも許さず、その酷なるは日本婦人の取り扱いよりも甚だしとのことなれども、また一方よりその裏面に廻りて秘密至極の内部を探れば、想像外のものなきにあらず。例えば朝鮮の士大夫その他良家にてひとたび許嫁したる女子は、たといいまだ婚礼の式を行わざるものにても、夫たる者が死すれば寡と称して再嫁するを許さざるの慣行なれば、寡婦の多きこと日本の比にあらず。甚だしきは十歳前後、少女のときより寡居して生涯を終うる者ありと言う。この言を聞けば真に無情にして憐むべきがごとくなれども、その内実はさまで無情なるにあらず。深窓の少寡婦も陌頭の楊柳[39]とともに春風に吹かれて死灰おのずから温気を催すときは、傍らよりひそかにその温度を窺うて通情の道を周旋する者あり。これを慇懃者と云う。朝鮮にて慇懃者の盛んなる、あたかも一種職業の体を成して、その手に依頼するときは男女ともに意のごとくならざるはなし。ただに少寡婦のみならず、秋風起こりて寵衰えたるの老細君、妻妾閨権を争うて劣敗したる者、主公久しく外にありて寒閨長夜の孤眠に倦みたる者等、すべて慇懃者の花主[40]にして、その密会往来甚だ繁多なり。ただしかく会合の便ありといえども、その便を買うの銭はただ慇懃者に投ずるのみにして、当局の男女はもとよりこれを利するにあらず、また最初よりその相手を誰と指名するにもあらざるがゆえに、慇懃者の不注意によりときとしては言語道断なる不都合に逢い、双方赤面して退く等の奇談もありと云う。以上はただ朝鮮国の一紀事なれども、また以てその内情の実を知るに足るべし。およそいずれの国にても名教正しとは大抵皆外面の一通りにして、人生の内部を制するは甚だ難きものなり。道徳の教えの文面は売り物の掛け直のごとし、その教旨の厳は誠に厳なれども、受教者がこれを半分に聴きまた四半分に行うて、以て社会の事情に適し以て人生の快楽を達するその趣は、品物を買う者が掛け直を半分また四半分に命じてついにこれを買い取るの情に異ならず。朝鮮のごときは儒教主義の掛け直の最も甚だしき国なるがゆえに、受教者がこれを聴きて事実の価を命ずることもまた甚だ低く、以て前記の事相をも実際に現じたることならん。然るに我が日本国においては、徳川治世の間に名教次第に明らかにして秩序次第に整斉し、その女性に係る教えのごとき隣国の虚教のごとく酷ならずといえども、中等以上の家族においてはその教えの文字のままにこれを引き受けかつて余裕なきその有り様は、徳教の掛け直を云うがままに買い取るものに異ならず。ゆえに支那、朝鮮等の婦人が深窓に幽閉せらるると聞けば、日本の婦人ははるかに自由にして快楽を享くるがごとくなれども、その実は掛け直の高きものを直切ると、言い直の安きものをそのままに買うとの区別にして、掛け直を大いに直切るこそかえって幾倍の自由を恣にするものと云うべし。

右のごとく論じ去ればとて、我が輩は日本の婦人をして支那、朝鮮の婦人の淫を学ばしめんと云うにあらず、また我が輩は西洋の婦人の活発にして不羈なるを欣慕して止まずといえども、活発不羈に伴うに放恣専横はときとして免れがたき病なれば、その極端の病を挙げてこれを慕うにもあらず。西洋諸国、女徳修らずして往々男子を軽蔑し、心身ただ穎敏にしてしかも内行汚れ、家事を事とせずして浮き世に飄々たるがごときは、断じて日本女性の模範にあらず。男子の跋扈を厭うて女子を跋扈せしむるは、暴と暴と相対する者にして、なお進みて女子の勝利に帰することあらば、すなわち暴を以て暴に易るに異ならず。その辺は特に弁解するにも及ばず、読者において既に微意のあるところを洞察せられたることならん。畢竟するに我が輩の志願は男性に向かって多を求むるにもあらず、女性のために特に利せんとするにもあらず、ただ双方平等ならんことを期するのみ。人間世界の自由快楽は男女共有のものたりとの一義は争うべからざるの道理ならん。また限りあるものを双方に共有して、これをこの一方に専らにすれば他の一方に減少するとの義も争うべからざるの数ならん。然るに今日本世界にて自由快楽はいずこにあると尋ぬれば、男性の方に偏重なりと云わざるを得ず。試みに世上の風潮習慣を見よ。およそ女子のなすべきことにして男子のなすべからざるものとてはほとんど絶無にして、男子にして許されて女子に禁ぜらるるものは枚挙に遑あらず。前節に云える財産私有の権利を許されざるのみならず、日常些末の一挙一動に至るまでも、女子なれば不遠慮なりと咎めらるるものが、男子にありては磊落なりとて誉められ、女子に醜なるものも男子には醜ならず、なかんずくかの情を養うの快楽中に至大至重なる一項を忘却して、男子が到るところに花柳の枝を折りて酒店青楼（せいろう）、揚々自得すれば、女子は深閨に春を空しうして再婚の権利をも暗々裏に奪却せらるるがごときは、人事の数の平等なるものと云うべからず。ゆえに我が輩はあえて女子のために特に利せんとするにあらず、ただ人生共有の快楽を一方に専らにすることなくして、ともに享有して互いに分かたんことを冀う（こいねがう）のみ。例えば再婚の自由にても、男子が九十九にして女子が一ならば、その四十九を返却して正しく等分ならしめんと欲するのみ。また我が輩立論の本意は、今の女性のために代言して男子と権を争わんとするにもあらず、期するところの目的は人種の改良にして、今の婦人に依頼して良子孫を求めんとするは結局無益の冀望なるがゆえに、まずその心身を活発ならしめざるべからず、これを活発ならしむるにはその責任を重くしてその快楽を大にせざるべからずとの大意を述べたるものなり。精神を別にすれば人身もまたこれ一種の禽獣（きんじゅう）のみ。試みに牝牡（ひんぼ）二頭の犬を飼い、その牡（おす）は常にこれを放ちて自由自在に逍遥遊戯せしめながら、牝（めす）をば鎖以て小屋の内に繋（つな）ぎ、食物こそ与うれども容易に他の犬に群するを許さず、青艸（せいそう）に輾転（てんてん）[41]するを得ず、白雪に戯るを得ず、あまつさえその孳尾（じび）の期[42]をも検束して自由ならしめず、遂にその気を荒立てその体を衰弱せしめ、然る後にその牝犬が偶然の機に逢うて子を孕（はら）むことあらば、いかなる性質の者を生むべきや、犬を飼うの術を知らざる我が輩にても、その犬児の不完全なるを知るべし。犬にして果たして然るものならば、人類にして何ぞこれに異ならんや。経世の識者この飼い犬の説を非するなくば、速やかに日本女性の鎖を解くことに尽力すべきものなり。

日本婦人論　終

1女大学　江戸中期から明治期にかけて広く普及した女子用の教訓書。著者未詳。夫やその親への服従を強調するなど、封建的な色合いが濃い。　2休戚　喜びと悲しみ。　3氷炭　違いがはなはだしいことのたとえ。**4女子は三界に家なし**　女性は、幼少のころは親に、嫁に行ってからは夫に、年を取ってからは子に従うものだから、どこにも安住できる場所がないということ。**5塩噌**　塩と味噌。日常の食べもの。**6哺乳煦育**　育児。「煦育」は温かく育てること。**7匹偶**　連れ合い、夫婦。**8歯す**　同列になること、仲間に入ること。**9有事弟子服其労……**　「骨が折れる仕事は若者が引き受け、ごちそうがあれば年長者にすすめる」といった意。『論語』為政編の一節。**10掬す**　手ですくって味わいたいと感じること。**11五障三従**　「五障」は仏教用語で、女性がもっているとされた五つの障害のこと。「三従」は女性が守るべきとされた三つの道。家では父に、嫁に行っては夫に、老いては子に従うべきというもの。**12春情**　恋情、色情。**13方寸**　心中。**14遊冶郎**　道楽者、遊び人。**15回々教**　イスラム教のこと。**16折助**　武家に仕えていた下男。**17深窓**　家の奥深く。**18羇旅**　旅行。**19花柳の春**　遊郭などで遊び楽しむこと。**20節婦両夫に見えず**　貞淑な女性は夫を亡くしても再婚しないものだ、ということ。貞女は二夫に見えずとも。**21窈窕**　しとやかで奥ゆかしいさま。**22稗史小説**　小説一般。**23耳順**　六十歳のこと。「古稀」は七十歳。**24疳症**　癇症。気がいらだち、ちょっとしたことでも激しやすいこと。「癪」は胸腹部に起こるけいれん痛。女性特有の心因性の痛みとされていた。**25姑息**　その場しのぎ。**26奥向**　武家の屋敷のなかで寝食など家族生活が営まれる空間。**27孱弱婦人**　かよわい女性。**28検束**　拘束、束縛。**29名教**　儒学の教え。**30木曾義仲の……**　平安末期の武将である木曾義仲（源義仲）の妾、巴御前はすぐれた武将として知られ義仲につき従っていたが、義仲の没後、頼朝方の武将、和田義盛に嫁ぎ、朝比奈義秀を産んだと伝えられる。**31織田信長の妹は……**　織田信長の妹、お市の方（小谷の方）は、浅井長政に嫁いだが、のちに信長に攻められた際に、三女とともに城を出て、織田信孝の計らいで柴田勝家と再嫁した。その後、勝家が秀吉に攻められたとき、勝家とともに自刃し、長女の淀君は秀吉の側室となった。**32武田信玄は……**　諏訪頼重は信玄の父、信虎の娘をめとったが、信虎を追放した信玄に攻められ自害した。頼重の娘は信玄の側室となり、勝頼を産んだ。33妹の佐次某に…… 秀吉の異父妹である朝日姫は佐治日向守に嫁いでいたが、秀吉により離婚させられ、家康の正室になったとも伝えられる。34嘉す 大いにほめること。35元和偃武 元和元年(一六一五年)の大坂夏の陣以降、戦乱が収まり天下泰平になったこと。36清盛に事えたるは…… 源義朝の妾であった常盤御前が、義朝の死後に母子の助命を請い、彼を攻め亡ぼした清盛の妾になったとされるのは無念であったろう、ということ。37九鼎大呂 「九鼎」は夏の禹王が作ったとされるかなえ。「大呂」は周の大廟の大鐘。貴重な宝物、重要な地位のたとえ。38偕老の交際 ともに老い、最後まで連れ添う夫婦のむつまじい関係。39陌頭の楊柳 道端に生えている柳。40花主 得意先。41青艸に輾転す 草むらで遊びまわること。42孳尾の期 繁殖期。交尾する時期。

解題

学問のすすめ（抄）

本論は、「初編」の端書にもあるように、はじめ一八七一（明治四）年に、福沢の故郷である小倉県中津（現・大分県中津市）に開校した中津市学校の教職員・生徒に向けて書かれ、のちに「初編」が出版された。以降、一八七六年にかけて、十七編まで執筆・出版され、一八八〇年に「合本学問之勧序」を付した合本版が刊行された。本書では、四編までの抄録とした。

『福澤諭吉著作集』（以下、「著作集」）第3巻に収録されている。

文明論之概略（抄）

本論は、一八七五（明治八）年に、全六巻で刊行された。同論について、『福澤全集緒言』では次のように記されている。「明治七、八年の頃に至りては世態ようやく定まりて人の思案もようやく熟するときなれば、このときに当たり西洋文明の概略を記して世人に示し、なかんずく儒教流の故老に訴えてその賛成を得ることもあらんには最妙なりと思い、これを敵にせずして今はかえってこれを利用しこれを味方にせんとの腹案を以て著したるは文明論之概略六巻なり」。本書では、「緒言」「第一章」「第九章」のみ採録した。「著作集」第4巻に収録されている。

民情一新

本論は、一八七九（明治十二）年五月から七月にかけて執筆され、同年八月に慶應義塾出版社から刊行された。『文明論之概略』とならび、福沢の文明観・政治経済史観が明確に打ち出された重要著作である。こののち福沢は『国会論』の執筆にとりかかるが、そのなかでも本論の一節が引用されている。「著作集」第6巻に収録されている。

尚商立国論

本論は、一八九〇（明治二十三）年八月二十七日から翌月一日にかけて『時事新報』に五回に分けて掲載された。「著作集」第6巻に収録されている。

分権論

本論は、一八七六（明治九年）十一月に執筆され、翌年の十一月に慶應義塾出版社より刊行された。同論について、福沢は次のように述べている。「先日御滞在中の頃より少し見込みこれあり、一ヶ月の労を費やし、分権論と申す一冊の書を認め申し候。しかしこの書はなにぶん条令に触るるの恐れあるにつき、出版は出来申さず、百枚ばかりの小冊子、写本にいたし候つもりにてただ今写しおり候。出来候わば差し上ぐべく、島津様へも御廻し置き願い奉り候」（山口広江宛書簡、明治九年十二月二十日付）。「著作集」第7巻に収録されている。

通俗民権論

本論は、一八七八（明治十一）年四月から六月にかけて執筆され、同年九月に慶應義塾出版社から『通俗国権論』とともに刊行された。これについて福沢は、『通俗国権論』の「緒言」に、「民権と国権とはまさしく両立して分離すべからず、殊に国権のことを論ぜずして民権の旨のみを唱えなば、世間あるいはその旨を誤解する者も多からんと思い、……二冊同時に印刷に付して発兌するものなり」と記している。「著作集」第7巻に収録されている。

国会論

本論は、一八七九（明治十二）年七月二十九日から八月十四日にかけて『郵便報知新聞』に十回に分けて掲載され、七月二十八日に同紙に掲載された「国会論之緒言」（藤田茂吉）もあわせて八月に出版された。「著作集」第7巻に収録されている。

脱亜論

本論は、一八八五（明治十八）年三月十六日に『時事新報』に掲載された。「著作集」第8巻に収録されている。

明治十年 丁丑公論

本論は、冒頭で石河幹明が記しているように、西南戦争が勃発した一八七七（明治十）年にひそかに執筆されたが、その内容から長らく公表はされず、福沢最晩年の一九〇一年二月に『時事新報』に八回に分けて掲載され、福沢の死後、同年五月に「瘠我慢の説」とともに時事新報社より刊行された。「著作集」第9巻に収録されている。

瘠我慢の説

本論は、一八九一（明治二十四）年秋ごろに執筆されたが発表はされず、一九〇一（明治三十四）年一月に『時事新報』に掲載され、その後『明治十年 丁丑公論・瘠我慢の説』として刊行された。本書に採録するにあたり、石河幹明による序文および付録として収録されていた「福沢先生の手簡」、「勝安芳氏の答書」、「榎本武揚氏の答書」、「瘠我慢の説に対する評論に就て」（石河幹明）、「福沢先生を憶う」（木村芥舟）については、紙幅の都合から割愛した。

「著作集」第9巻に収録されている。

帝室論

本論は、一八八二（明治十五）年四月二十六日から翌月十一日にかけて『時事新報』に十二回に分けて掲載され、同月単行本として出版された。初版表紙には「福澤諭吉立案 中上川彦次郎筆記」とある。

「著作集」第9巻に収録されている。

尊王論

本論は、一八八八（明治二十一）年九月二十六日から翌月六日にかけて『時事新報』に九回に分けて掲載され、同月単行本として集成社より刊行された。初版表紙には「福澤諭吉立案　石川半次郎筆記」とある。

「著作集」第9巻に収録されている。

日本婦人論

本論は、一八八五（明治十八）年六月四日から同月十二日にかけて『時事新報』に八回に分けて社説として掲載された。この翌月に福沢は「日本婦人論 後編」を同紙社説として十回にわたり掲載し、八月に刊行している。ただし「日本婦人論」自体は福沢の生前には単行本として刊行されることはなく、一九三〇（昭和五）年に「日本婦人論 後編」「女大学評論」などを併録し、『日本婦人論』として時事新報社から出版されている。

「著作集」第10巻に収録されている。

解説

はじめに

二一世紀の今日、私たちは福沢諭吉をどのように読むべきであろうか。福沢といえばまず、『西洋事情』や『学問のすすめ』などの著作を通じて、近代日本における西洋理解を進めた啓蒙思想家というイメージか、あるいはそれとも重なるが、慶應義塾大学を創設して明治政府の専制に対抗し、「私立」や「民権」の重要性を説き、人材育成に励んだ教育家というイメージが思い浮かぶだろう。これらのイメージは決して間違っていないが、この魅力的な人物を捉えるにあたっては、必ずしも十分な枠組みではないと思われる。

福沢の書いたテキストを読み直すならば、その独特なリズム感に驚くはずだ。躍動するような文体を読むうちに、読者は福沢の思考のリズムに乗せられ、自分の思考が活性化していることに気づく。抽象的な話をしているかと思えば、突如として思いがけない具体例が飛び出し、取り上げられる話題も実に幅広い。明治社会のきわめて時事的な問題が取り上げられるかと思えば、一転して中国や日本の古典や歴史に話が及び、そこから個人や国家のあり方をめぐる根源的考察が引き出される。今から思えば偏見だと思う書き振りも少なくないが、現代を生きる私たちの状況をずばりと言い当てていて、思わず喝采したくなる指摘にみちている。言葉の本質的な意味で、福沢は「思想家」であると思う。

福沢のテキストを二一世紀に読み直すにあたって、その魅力を三つのポイントにしぼって論じたい。

文明転換期の知的格闘の証言

第一は、その絶妙な歴史的タイミングである。福沢が生まれたのは、旧暦で一八三四(天保五)年、後に徳富蘇峰が「明治の青年」と対比して「天保の老人」と揶揄した世代にあたる。時代の転換についていけなかった旧世代に対する批判であるが、福沢が『文明論之概略』で「一身にして二生を経るがごとく」(四九頁)と述べたように、江戸と明治という二つの大きな文明の転換期にあって、その両方を経験したことは、むしろ肯定的な意味を持つのではないか。

なるほど蘇峰(一八六三年生まれ)や夏目漱石(一八六七年生まれ)の世代もまた、幼少期には四書五経、あるいは『史記』や『春秋左氏伝』を読むなど、漢学の素養を得た上で西洋文明に接した点では変わりがない。しかしながら福沢が二〇歳近くになってようやく蘭学に接したように、江戸時代の伝統的な武士的教育を受けて成人した世代はより明確に、そしてより自覚的に文明の転換に立ち向かうことになった。まして、一八七〇年代以降に生まれた人々が最初から翻訳を通じて西洋文明を学んだのに対し、福沢らは自ら訳語を考案するなど、まさにゼロからの異文明体験をした世代である(訳語を選ぶにあたっても、彼らの漢学の教養が重要な背景となっている)。その知的格闘の営みそれ自体が、異なる文明との遭遇を証言し、そこで起きた事態をよく示していると言えるだろう。逆に、福沢のテキストを読むことで、私たちは異なる知の地層と地層とがぶつかり、折り重なる現場を見てとることができる。

よく知られているように、福沢は society を「人間交際(じんかん)」と訳した。この言葉を自動的に「社会」と訳してその意味を深く考えない私たちと違い、権力による垂直的な支配・服従の関係と異なる、平等な人間相互の関係を指し示す概念として、福沢はこの言葉を深く捉えていたことがわかる。また福沢は right を「(権理) 通義」と訳している。「権利」という言葉につられて、ややもすれば自己利益に傾斜してこの概念を捉えがちな私たちに対し、福沢はこの概念に文字通り「正しさ=義」を見出していると言えるだろう。その意味で、「実は福沢の方が正しかったのでは」という反省を私たちに促すのが、福沢のテキストである。さらに「塾」や「社中」といった言葉遣いが、むしろ西洋語の association を想起させるなど、文明間の意外な接点を見つけられるのも福沢のテキストを読む楽しさである。

政府と市民社会の間に立つ

第二に、政治的立ち位置である。福沢といえば「私立」や「民権」の人であり、藩閥政府に対抗して民間の力を発展させようとした人物として知られる。が、その福沢も、最初から政府に対して距離を置いたわけではない。例えば福沢は一八六四（元治元）年に幕臣となっているが、この時期に「大君のモナルキ」を唱え、軍事力を含め幕府の力を強化する立場をとっている。外国勢力の力を借りてでも長州征伐を完遂することを主張するなど、後年の福沢とは正反対の中央集権的な絶対主義者である。幕府の使節団の一員としてアメリカ、そしてヨーロッパを訪問した福沢にとって、文明化を推進するためには、幕府権力の強化が必要であった。

そのような福沢も、第二次長州征伐の失敗以降の幕府には希望を持てなくなる。かといって攘夷を唱える薩長勢力は問題外であった。この時期、医師の緒方洪庵門下の同窓であり、長州出身の大村益次郎（村田蔵六）の攘夷ぶりに福沢が驚いた話は有名である。同じ師の下で学んだ二人の精神的資質は、かくも対照的であった（ただし、後年の「瘠我慢の説」などを思えば、二人の間に相通じる側面がなかったわけではない）。

上野の山で彰義隊と薩長勢力がぶつかる中、動揺する学生たちに福沢が学問に集中することを説き、F・ウェイランドの『経済学原論』を読み続けたという逸話は象徴的である。そのような政治的挫折の結果、政府との独自の距離の取り方は次第に固まっていった。ある意味でそれは、「大君のモナルキ」構想の失敗の結果でもあった。福沢は自覚的に政治を相対化し、個人の自立に依拠する市民社会の構想を温めていったのである。

その後、幕府の洋学知識人たちが新政府に出仕し、新たな明治国家の建設に協力していったのに対し、福沢は何度声をかけられても、その要請に応えることはなかった。自覚的に「私立」の立場を選んだのであり、その点で、『明六雑誌』の仲間であった西周、西村茂樹、津田真道、中村正直らとの違いは大きい。政府が権力を独占し、学問もまたその権威に従属することを、福沢は良しとしなかったのである。この点で福沢は、明治はもちろん、現代に至る日本の歴史を見ても、きわめて顕著な「市民社会」主義者であった。

明治一四年の政変により、盟友であった大隈重信が政府から排除され、矢野文雄（龍渓）や犬養毅、尾崎行雄ら慶應義塾出身者が官職から追い出されることで、このような姿勢はさらに確固としたものになった。

ただし、このことは、以後の福沢が、単に政府を批判するだけの人物になったことを意味しない。福沢は政策提案という意味で、つねに明治政府への協力を惜しまなかった。確執のあった伊藤博文に対しても、福沢は一方的に門を閉じることはなかった。文明化を推進する政府の役割を否定しなかった福沢であるが、政府と市民社会の明確な役割分担については、これを一貫して志向し続けたのである。

近代日本における独特な自由主義者

第三に、福沢の自由の精神である。近代日本の思想家の中で、福沢ほど自由主義者の名にふさわしい人物は少ないのではないか。すでに触れたように、天保年間に誕生した福沢であるが、その生地は大阪（坂）の堂島新地である。父の百助が、商人を相手に藩の借財を処理する職務にあったことから、豊前国中津藩の蔵屋敷がその生誕の場所になったのである。とはいえ、百助は儒学者であり、念願の『上諭条例』（清朝乾隆帝時代の法令）を手にした喜びから息子に諭吉という名前をつけたように、その宿願は職務と別にあった。にもかかわらず、勤勉に職務にあたった百助は身分の格差の激しい同藩で苦労し、報われることがなかった。後年、諭吉が「門閥制度は親のかたきでござる」（『福翁自伝』）と語ったように、生まれによって職業や身分が決まる封建社会に対する怒りこそが、諭吉を自由の思想家へと成長させるきっかけとなった。

『学問のすすめ』冒頭の有名な文章で、福沢は「天は人の上に人を造らず、人の下に人を造らずと云えり」（一〇頁）と説いている。とはいえ、続いて「ただ学問を勤めて物事をよく知る者は貴人となり富人となり、無学なる者は貧人となり下人となるなり」とあるように、福沢は貧富の差を自明視しており、それを学問の有無によって正当化しているとも取れる。このあたりの直截な物言いが、福沢の人気の理由でもあり、同時に嫌われる理由でもあろう。ただし、これをもって福沢を格差の肯定論者として捉えるのは一面的である。

学問をしたかった父が、その思いを抑えて職務を忠実に果たしたにもかかわらず、それに報いることのなかった固定的な封建社会、それこそが福沢の怒りの対象であった。大切なのは個人であり、その独立である。身分制秩序や、それに基づく人間関係から個人を独立させること、そして逆にそのような個人が自由に活動できるような社会を発展させることこそが、福沢の目指したものであった。

福沢がときに露悪的なほど金銭欲を肯定したのも、このことと無縁でない。各人が自由に自己利益を追求して他人に迷惑をかけず、それがむしろ秩序を可能にするならば、そのような社会こそがむしろ文明の名にふさわしいのではないか。そう考えていたからこそ、福沢は江戸の戦火の下でなお、ウェイランドの『経済学原論』を読んでいた。ここに福沢の凄みが見えてくるはずだ。

しかも、福沢はこのことを単なる自己利益の肯定に終わらせず、一つの精神の哲学へと昇華していった。戦後日本を代表する政治学者の丸山眞男の福沢好きは有名であるが、丸山が強調するのは、福沢が「惑溺」という言葉を多用する点である（『福沢諭吉の哲学 他六篇』、岩波文庫）。固定的な閉鎖社会において、人は自らの思考や価値判断を絶対化する。これに対し開かれた社会関係において、人の思考はより闊達に、ダイナミックになる。福沢が「惑溺」と論じたのは、このような自らの価値判断の絶対化であり、秩序や制度の自己目的化を批判するためではなかったか。丸山が福沢の自由論の鍵として「惑溺」を見出したのは、やはり慧眼であったと言えるだろう。

「権力の偏重」からの独立

その上で、本書に収録された福沢の論考についても、コメントしておきたい。第一のグループは、『学問のすすめ』『文明論之概略』『民情一新』「尚商立国論」である。『学問のすすめ』で有名なのはまず、初編の「天理人道に従いて互いの交を結び、理のためには「アフリカ」の黒奴にも恐れ入り、道のためには英吉利(イギリス)、亜米利加(アメリカ)の軍艦をも恐れず」(一三頁)であろう。当時の国際社会の状況(やその偏見)を反映した福沢らしい表現であるが、重要なのは「理」の強調である。学問の目的は物事の道理を理解することにある。このような指摘に、人に従うのではなく「理」に従うならば、列強の力とて恐れるに足らないという福沢の強い自負を見出せるだろう。朱子学的な「理」という言葉を用いると同時に、自由とは道理の下で他人を妨げることなく享受しうるものであり、平等とは「権理通義」が等しいことを指すという福沢の論旨は明快である。

もし西洋列強が道理に反するならば、交流する必要はない、ただ打ち払うだけだとさえ福沢はいう。「一身独立して一国独立す」(二七頁)という言葉が登場するのも、このような文脈においてであった。独立するためには他人に依存しないこと、言い換えれば経済的な自立が必要であるし、さらには自由独立の気風、「スピリット」が求められる。まずは自己の独立を実現し、余力があれば他人の独立を支え、さらには一国の独立を維持すべきであると福沢は主張する。

印象深いのは、四編の学者職分論であろう。政府には政府の役割が、人民には人民の役割があり、両者は対等である。このように説く福沢は、学者が卑屈になり、政府の専制に屈することを批判する。政府ばかりが強くて、国民不在であるならば意味はない。「人間の事業は独り政府の任にあらず、学者は学者にて私に事を行うべし」（四一頁）と宣言し、官途につき、官に仕えることを喜ぶ学者を批判しているのは、福沢の真骨頂であろう。

『文明論之概略』も読みどころ満載であるが、ここでは第九章の「日本文明の由来」を取り上げたい。その前章において、西洋の文明が単一の原理に支配されることなく、むしろ多元的な原理が競い合った点にあると分析した福沢は（このような洞察はF・ギゾーの『ヨーロッパ文明史』などから得たものである）、その対比において、日本社会を支配する「権力の偏重」を批判する。

福沢に言わせれば、師弟、主従、貧富貴賤、新参故参、本家末家など、「日本にて権力の偏重なるは、あまねく人間交際の中に浸潤して至らざるところなし」（六四頁）。人は至るところに序列を見出し、卑屈に従うが、それこそ「独立自尊」を説く福沢にとって我慢できないものであった。日本においても、貴族から武士の世へ、さらに武士の世でも様々な栄枯盛衰があったが、治者と被治者の関係は変わらなかった。豊臣秀吉が百姓から関白になっても、彼だけが偉くなったのであって、百姓一般の地位が高くなったわけではない。宗教も学問も等しく「権力の偏重」に屈し、独立した宗教や学問は不在である。見られるのは「精神の奴隷（メンタルスレーブ）」だけであると福沢は嘆く。はたしてこの福沢の嘆きは過去のものになったと言えるだろうか。

地方自治の習慣と政権交代

第二のグループは、『分権論』『通俗民権論』『国会論』である。ある意味で、福沢の政治論を堪能できるのがこの部分である。

福沢の政治論の一つのポイントは、その担い手である。福沢の見るところ、士族以外の諸身分は長く政治から排除され、「政治の生なき者」であった。維新を成し遂げたのも士族の力が大きかった。しかしながら、そのうちで新政府に地位を占めたものは一部に過ぎず、野にあり不平不満を抱くものも少なくない。福沢が特に注目するのは、地方にある守旧的な旧士族である。中央集権が進む一方で、地方に残された彼らは暴発するか、あるいは逆にその気力を失い停滞しかねない。彼らを無用の長物にするか、新たな政治的人材の供給源にするかが鍵であると福沢は指摘する。

きわめて興味深いことに、この文脈で福沢はA・トクヴィルの『アメリカのデモクラシー』に言及する。国の全体的利害や外交に関する「政治の集権」と、特定の地域にのみ関わることまでを中央政府が決定する「行政の集権」の区別であり、これを福沢は「政権」と「治権」と訳している。トクヴィルは、前者は国家の統一のために不可欠であるが、後者はむしろ国民の自立心を奪うと警告した。福沢はこのトクヴィルの議論に全面的な賛意を示し、時間をかけて日本の国民に「治権」を自ら行使する習慣を定着させたいと説く。地方自治の習慣の確立と不平士族の処遇を結びつけて論じたことこそが、福沢の卓見であったと言えるだろう。

このような視座に基づき、福沢はまず地方に民会を設立し、その後さらに中央の国会を実現する筋道を構想した。背景にあるのは言うまでもなく、西南戦争をはじめとする士族反乱であり、議会開設を訴える自由民権運動である。このような危機的状況にあって、福沢は『通俗国権論』とともに『通俗民権論』を執筆し、様々な政治的解決の課題を「官」のみに頼るのではなく、「民」の力で実現することを主張した。両者のバランスの上に一国の独立が可能になるというのが、福沢の信念であった。

その上で福沢は、『国会論』において、独自の政党論や政権交代論を展開する。不平がある「非政府党」を政治から排除してはいけない。不満のある人間をすべて排除することなどできないし、やっても状況を悪化させるだけである。政府と異見を持つことを憎むのではなく、むしろ公に議論を交わすことが重要である。権力をめぐる競争は決して否定されるべきではないと福沢は説く。

その際に福沢は英国の政党政治をモデルとして示す。行政府と立法府を分離する米国の大統領制ではなく、両者をつなぐ英国の議院内閣制を推奨する福沢は、一定の主義を持った政党が時勢に応じて権力の座を交代することを主張する。その主義を貫いた上で選挙に敗れた場合は、決然とその地位を去り、再び世論の支持を得る日を待つ。「真にこれ大丈夫の競争にあらずや」(三七九頁)と福沢は議論を締めくくっている。

非合理な情念と権威

第三のグループは、「丁丑公論」「瘠我慢の説」『帝室論』『尊王論』である。「丁丑公論」は西南戦争の勃発した明治一〇(一八七七)年に執筆され、以後長く篋底に秘してあったものを、福沢の死の数日前にようやく公開したものである。「瘠我慢の説」とともに、福沢は意外なことに「賊軍」の西郷隆盛への共感を隠さない。返す刀で福沢は、幕末に抵抗することなく薩長勢力に屈したとして勝海舟を批判するが、この批判に対し勝が「行蔵は我に存す、毀誉は他人の主張」として弁明しなかったことは有名である。福沢の別な一面、あえて言えば非合理な情念がうかがえて興味深い。

世に大義名分と呼ぶものは、その実、ただ単に政府の命令に従っているだけのことが多い。西郷の反乱は現在の政府の大義名分に反しただけで、天下の道徳品行を損なったわけではない。むしろ西郷が示した抵抗の精神こそが、現在の日本において欠けているものではないか。惜しむらくは西郷には学問が欠け、武力による抵抗に走ったことであるが、自らの「権理」に基づいての抵抗はむしろ文明を発展させる。強者に立ち向かう弱者の「瘦我慢」が今こそ大切であると説く福沢の議論は、それがどこまで説得的であるかはともかく、不思議と読むものの心を打つ。

「立国は私なり、公にあらざるなり」(四二六頁)という有名な言葉も、人類の視点からすれば国家の存在も相対化されるべきという主張にも読めるし、むしろ私情ではあれ、自分の国を支える非合理な感情を擁護するものにも読める。福沢を単に合理主義者として理解するものは、このテキストにつまずくだろう。

『帝室論』と『尊王論』も面白い議論である。一見すると合理主義者・福沢が天皇主義者・皇室主義者にでもなったかと思わせるタイトルであるが、福沢の議論のねらいは別にある。その主眼は天皇や皇室を政治社会の外部のものとして、政党間の争いを超えた存在にすることにある。天皇や皇室が国民に対して持つ精神的権威を重視した上で、それを機能的な政党政治と明確に区別するという発想は、W・バジョットの『英国憲政論』につながるものであろう(『帝室論』にもその名の言及がある)。読み込んだ欧米の文献を自家薬籠中のものとし、日本の文脈にさらりと当てはめてみせるのは、福沢の得意とするところである。同時に、政治的対立はむしろこれを肯定し、天皇の権威と合わせることで政治体制に取り込もうとした福沢の政治的構想がうかがえて示唆的である。

結び

本書にはさらに「脱亜論」と「日本婦人論」も含まれている。いずれも現在の目からすれば問題を内包する文書であるが、福沢理解にとって必要であると考え収録した。前者には「我は心において亜細亜東方の悪友を謝絶するものなり」(三八七頁)という一文があるし、後者ではいきなり冒頭により良い子孫を残すための「人種改良」が説かれていてギョッとさせられる。もちろん、「脱亜論」には福沢も支援した韓国における改革運動の挫折という文脈があり、「日本婦人論」の主眼はあくまで女性の地位向上であることを踏まえるべきであろう。とはいえ、福沢がこのような文章を書いたということを、私たちは客観的に受け止めなければならない。

はたして福沢が捉えた「亜細亜の固陋」とは何であったのか。「儒教主義」といい「古風の専制」といい、福沢がそこに見出した屈折した思いを分析することは、アジアの未来を考える上で今後の課題である。また「日本婦人論」においては、単に女子教育の重要性を説くばかりでなく、家庭内の男女の平等を説き、女性が財産を持つことを示唆するなど、興味深い内容が多く含まれている。さらに女性の「快楽」の解放を説き、結婚にあたって男女の名前から「新苗字」を創造すべきであると主張するなど、さすが福沢だと思わせる主張も少なくない。その多様な側面を含め、福沢を読む必要がある。

いずれにせよ、福沢のテキストは私たちが自由について、政治について、市民社会について、そして何より精神の独立について考える上での、多くの示唆にあふれている。奔放な歴史的連想、自由で創意溢れる言葉づかい、たたみかけるような日本語のリズムを学ぶ上で、これ以上の教材はないと言える。「交通」によってますます一体性を増す世界の中で、主体の独立と社会の多元性を説き続けた福沢の志を私たちは継承していかねばならない。

福沢諭吉年譜

西暦（年号）	年齢	事歴
一八三五年（天保六年）	○歳	天保五年十二月十二日（西暦一八三五年一月十日）、大坂の中津藩蔵屋敷で、父福沢百助と母お順の次男として生まれる。清朝乾隆帝の治世の法令を記録した『上諭条例』にちなんで諭吉と命名される。
一八三六年（天保七年）	一歳	父が病死。中津に帰り、兄三之助が家督を相続する。
一八三八年（天保九年）	三歳	このころから漢書を学び始める。また物心ついたころから飲酒を覚える。
一八五四年（安政元年）	十九歳	兄の勧めで長崎に蘭学修業に出る。
一八五五年（安政二年）	二十歳	長崎を去り、大坂の緒方洪庵の適塾に入門。
一八五六年（安政三年）	二十一歳	兄が病死。福沢家を継ぐ。
一八五八年（安政五年）	二十三歳	藩命により江戸中津藩中屋敷に蘭学の家塾を開く。
一八五九年（安政六年）	二十四歳	横浜見物を契機に、英学に転じる。
一八六〇年（万延元年）	二十五歳	一月、咸臨丸に乗船し、渡米。五月に帰国。最初の出版物である『増訂華英通語』刊行。
一八六一年（文久元年）	二十六歳	中津藩士土岐太郎八の次女錦と結婚。十二月から一年間、幕府の遣欧使節に随行し、仏英蘭普露葡を歴訪。
一八六三年（文久三年）	二十八歳	長男一太郎生まれる。

一八六四年（元治元年）	二十九歳	幕臣となり、外国奉行翻訳方に出仕。
一八六五年（慶応元年）	三十歳	『唐人往来』脱稿。次男捨次郎生まれる。
一八六六年（慶応二年）	三十一歳	『雷銃操法 巻之一』『西洋事情 初編』刊行。
一八六七年（慶応三年）	三十二歳	幕府の遣米使節に随従し、渡米。多数の原書を購入。謹慎処分を受ける。『西洋旅案内』『条約十一国記』『西洋衣食住』刊行。
一八六八年（明治元年）	三十三歳	四月、家塾を慶応義塾と命名。長女里生まれる。八月、幕臣を辞す。『西洋事情 外編』『雷銃操法 巻之二』『訓蒙窮理図解』『兵士懐中便覧』刊行。
一八六九年（明治二年）	三十四歳	榎本武揚の助命に奔走する。福沢屋諭吉の名で出版業の自営に着手。『洋兵明鑑』『掌中万国一覧』『英国議事院談』『清英交際始末』『世界国尽』刊行。
一八七〇年（明治三年）	三十五歳	次女房生まれる。『雷銃操法 巻之三』『西洋事情 二編』刊行。
一八七一年（明治四年）	三十六歳	慶應義塾を三田に移転する。『啓蒙手習之文』刊行。
一八七二年（明治五年）	三十七歳	『学問のすゝめ 初編』『童蒙教草』『かたわ娘』刊行。
一八七三年（明治六年）	三十八歳	三女俊生まれる。明六社に参加。『改暦弁』『帳合之法 初編』『日本地図草子』『文字之教』『学問のすゝめ 二、三編』『会議弁』刊行。
一八七四年（明治七年）	三十九歳	『民間雑誌』創刊（翌年廃刊）。母死去。三田演説会を

一八七五年（明治八年）	四十歳	開く。森有礼の商法講習所設立に協力し、「商学校を建るの主意」執筆（翌年開設）。『学問のすゝめ 四〜十三編』『帳合之法 二編』刊行。
一八七六年（明治九年）	四十一歳	三田演説館開館。『学問のすゝめ 十四編』『文明論之概略』刊行。
一八七七年（明治十年）	四十二歳	四女滝生まれる。『家庭叢談』創刊。『学者安心論』『学問のすゝめ 十五〜十七編』刊行。
一八七八年（明治十一年）	四十三歳	『家庭叢談』を『民間雑誌』と改題（翌年廃刊）。「旧藩情」「明治十年 丁丑公論」執筆。『分権論』『民間経済録 初編』刊行。
一八七九年（明治十二年）	四十四歳	東京府会議員に選出。『福澤文集』『通貨論』『通俗民権論』『通俗国権論』刊行。
一八八〇年（明治十三年）	四十五歳	東京学士会院初代会長となる。東京府会議員を辞す。五女光生まれる。簿記講習所開設に出資。『通俗国権論 二編』『福澤文集 二編』『国会論』『民情一新』刊行。
一八八一年（明治十四年）	四十六歳	交詢社を結成。『民間経済録 二編』刊行。
一八八二年（明治十五年）	四十七歳	東京学士会院の会員を辞任。三男三八生まれる。『時事小言』刊行。
		新聞『時事新報』創刊。「朝鮮の交際を論ず」発表。

一八八三年（明治十六年）	四十八歳	『時事大勢論』『帝室論』『兵論』『徳育如何』刊行。
一八八四年（明治十七年）	四十九歳	四男大四郎生まれる。『学問之独立』刊行。 『全国徴兵論』『通俗外交論』刊行。
一八八五年（明治十八年）	五十歳	「脱亜論」「日本婦人論」発表。『日本婦人論 後編』 『士人処世論』『品行論』刊行。
一八八六年（明治十九年）	五十一歳	全国漫遊を思い立つ。『男女交際論』刊行。
一八八八年（明治二十一年）	五十三歳	『日本男子論』『尊王論』刊行。
一八九〇年（明治二十三年）	五十五歳	「尚商立国論」発表。慶應義塾大学部が設置される。
一八九一年（明治二十四年）	五十六歳	「瘠我慢の説」執筆。
一八九二年（明治二十五年）	五十七歳	北里柴三郎と出会い、伝染病研究所の設立に尽力（翌年、土筆ヶ岡養生園開設）。『国会の前途・国会難局の由来・治安小言・地租論』刊行。
一八九三年（明治二十六年）	五十八歳	『実業論』刊行。
一八九七年（明治三十年）	六十二歳	『福翁百話』『福澤全集緒言』刊行。
一八九八年（明治三十一年）	六十三歳	『福澤全集』（全五巻）、『福澤先生浮世談』刊行。
一八九九年（明治三十二年）	六十四歳	『福翁自伝』『女大学評論・新女大学』刊行。
一九〇一年（明治三十四年）	六十六歳	二月三日、脳溢血により死去。『福翁百余話』『明治十年丁丑公論・瘠我慢の説』刊行。

本書は、ちくま学芸文庫オリジナルである。

ちくま学芸文庫

近代日本思想選　福沢諭吉

二〇二一年四月十日　第一刷発行

著　者　福沢諭吉（ふくざわ・ゆきち）
編　者　宇野重規（うの・しげき）
発行者　喜入冬子
発行所　株式会社　筑摩書房
東京都台東区蔵前二―五―三　〒一一一―八七五五
電話番号　〇三―五六八七―二六〇一（代表）
装幀者　安野光雅
印刷所　株式会社精興社
製本所　株式会社積信堂

ISBN978-4-480-51046-4 C0110